KB209090

지금, 사랑하라

BE LOVE NOW: The Path of the Heart
by Ram Dass with Rameshwar Das
Copyright © 2010 by Love Serve Remember Foundation. All rights reserved.

Korean translation copyright © 2024 by OLIVE TREE PRESS
This Korean edition is published by arrangement with HarperOne, an imprint
of HarperCollins Publishers through EYA Co.,Ltd.

이 책의 한국어판 저작권은 EYA Co.,Ltd 를 통해 HarperCollins Publishers와 독점계약한
올리브나무에 있습니다. 저작권법에 의하여 한국 내에서 보호를 받는 저작물이므로 무단전재
및 복제를 금합니다.

지금 사랑하라

· 람 다스 & 라메슈와 다스 지음
· 유영일 옮김

올리브나무

지금 사랑하라

펴낸날 ‖ 2024년 8월 15일 초판 발행

지은이 ‖ 람 다스 & 라메슈와 다스

옮긴이 ‖ 유영일

표지화 및 디자인 ‖ 김천정

펴낸곳 ‖ **올리브나무** 출판등록 제2002-000042호

경기도 고양시 일산동구 정발산로 82번길 10, 705-101

전화 031-905-8469, 010-7755-2261

팩스 031-629-6983 E메일 yoyoyi91@naver.com

인스타그램 olive.tree.books

펴낸이 ‖ 유영일 대표 ‖ 이순임 기획이사 ‖ 유지연

ISBN 979-11-91860-37-5 03270

값 22,000원

마하라지. 사진 발라람 다스.

임에게 바칩니다

세상을 떠났지만 여전히 내 안에 살아계시는
언제나 내 가슴 속 진심을 아시는 이,
모포 한 장 두르고 계시는 그분은
시간을 초월한 웃음을 선물하는 우주의 놀이친구,
연인보다도, 아버지나 어머니보다도,
내가 나 자신을 사랑하는 것보다도,
언제나 나를 더 깊이 사랑해 주시는 이,
내가 그분을 향한 사랑을 잊고 있을 때에도
변함없이 사랑을 보내주시는 이,
내 가슴 속에 자리한 고요한 안개 같은 그분의 에너지, 달콤하여라.
나에게 길 없는 길을 보여준 사람,
나아가고 나아가는 길목마다에서 길을 밝혀주시는 이,
그분 없이는 나의 그 무엇도 존재하지 않을 것입니다.
그분을 통해 나는 진짜 나를 만났지요.
그분은 이 책을 인정하지 않으실 테지만,
이 책은 그분의 것입니다.

일러두기

* 각주는 본문의 이해를 돕기 위해 모두 옮긴이가 작성한 것이며, 인용문의 전거를 밝힌 주(註)는 미주로 처리하였다.

차례

거기에서 여기까지

●

라메슈와 다스

1967년 봄, 나는 스무 살이었고, 코네티컷주 미들타운에 있는 웨슬리언 대학교 2학년이었다. 나는 프랑코가 통치하는 스페인에서 한 학기를 보내고 이제 막 돌아온 참이었다. 베트남 전쟁이 한창이었고, 캠퍼스는 소란스러웠다.

1학년 때 나는 '고대 중국과 인도에서의 자유와 해방'이라는 주제로 열린 세미나에 참석한 적이 있는데, 그로 인해 도교와 불교에 관심을 갖게 되었다. 그 무렵, 나는 마리화나를 피우고 메스칼린, DMT, LSD를 실험하기 시작했다. 환각제가 가져다주는 시각적, 정서적 효과는 나의 예술적·철학적·시적 직관을 자극하고, 내적·외적 경계를 넓혀주었다. 물론, 그런 것들이 나의 학문적 위상을 격상시켜 준 것은 아니었다.

그해 봄, 전 하버드대학교 심리학 교수인 리처드 앨퍼트 박사의 초청 강연이 있다는 소식을 들었다. 웨슬리언대학교 대학원 과정의 일부였다. 그의 제자였던 사라 윈터와 데이비드 윈터가 웨슬리언에서 심리학을 가르치고 있었는데, 그들이 그를 초대한 것이다.

나는 당시 앨퍼트를 반문화의 아이콘인 티모시 리어리의 동료로만 알고 있던 터여서, 그에 대한 인상이 좋지 않았다. 환각제로 인해 두 사람 다 하버드에서 해고당한 처지였다. 앨퍼트는 하버드대학교를 비롯한 아이비리그 전체 교수진 중에서 공식적으로 파면당한 유일한 종신 교수라는, 괄목할 만한(?) 기록을 남긴 것이다. 그들은 조용히 사라진 것이 아니었다. 1960년대, 리어리 박사의 "전원을 켜고, 주파수 맞추고, 다 떨쳐버려 Turn on, turn in, and drop out"*라는 구호는, 방송에 자주 등장하는 만트라가 되다시피 하였고, 일종의 문화적인 모토가 되었다. 환각제가 사람들 속으로 급속도로 파고들어 알코올을 대체할 정도가 되었다. 비틀즈와 롤링 스톤스가 환각적인 경험을 바탕으로 세상을 흔들었고, 대담한 내면 탐색과 정치적 분노가 뒤섞인 재미로 세상이 시끌벅적하게 돌아가고 있었다. 그 중 일부는 쾌락주의였고, 일부는 멍청했으며, 일부는 한 시대의 뼈대가 되었다.

앨퍼트 박사의 강연은 학생 라운지에서 오후 7시 30분에 시작되었다. 나는 '최신 화학 물질로 더 나은 삶을 살라'(당시 DuPont Chemical의 광고 슬로건)는 식으로 부추기는 발언이나 하는 정도겠지, 하고 넘겨짚었다. 참석자 50여 명 중 대부분은 학생들이었고, 저마다 소파, 의자,

---

* 1967년 리어리가 샌프란시스코 골든 게이트 파크에서 열린 3만 명의 히피 모임에서 연설한 가운데 나온 말로, 이는 1966년에 녹음된 그의 앨범 제목이기도 하다. 이 앨범에서 리어리는 단조롭고 부드러운 목소리로 "내면의 삶"에 대해 읊조렸다.

카펫 위에 자리를 잡았다. 연사는 하버드의 점잖은 사이키델릭 심리학자답지 않게, 텁수룩한 턱수염과 샌들에 흰색 로브 차림으로 입장했다. 앨퍼트 박사는 이제 막 인도에서 돌아온 참이었고, '신의 종'을 뜻하는 '람 다스'로 이름이 바뀌었다고 말했다. 그는 '거리의 예언자'처럼 보였다. 나는 그런 류의 사람을 런던의 하이드 파크에서 본 적이 있었다.

사이키델릭에 대한 칭송으로 입을 여는 대신, 그는 히말라야 산기슭의 아쉬람에서 6개월 동안 살았던 경험을 이야기하기 시작했다. 그는 자신의 의식에 지대한 영향을 준 구루를 만났다고 말했다. 구루의 영향이 너무 커서, 요가와 명상을 배우기 위해 그 구루의 아쉬람에서 6개월 동안 지내게 되었다고 했다. 이야기가 그 대목에 이르자, 그동안 열심히 듣고 있던 청중들 중 일부가 자리를 떴다. 잠시 후 누군가가 불을 껐고, 람 다스는 자궁 속 같은 어둠 속에서 이야기를 이어갔다. 어둠 속에서, 그의 실체 없는 목소리가 방 안 전체에 울려퍼졌다. 그는 새로운 발견을 해낸 과학자나 '미지의 세계'에 들어선 탐험가처럼 흥분에 차서 이야기했다. 그는 새벽 3시 30분까지 자신의 경험을 이야기했다.

람 다스가 자신이 겪은 내면의 변화에 대해 이야기하는 동안, 나 역시 그런 변화를 경험하기 시작했다. 대조가 뚜렷한 이미지가 시각을 달리함에 따라 전혀 다른 이미지로 보이는 전경-배경 그림*처럼, 그동안 보아왔던 이미지가 전혀 다른 이미지로 바뀐 것 같았다. 나

 * Figure-Ground: 시각에 따라 전경과 배경이 달리 보이는 이미지. 예시된 그림에서는, 검은색을 배경으로 삼으면 잔으로 보이고, 흰색을 배경으로 삼으면 두 사람이 얼굴을 맞대고 있는 것으로 보인다.

자신이 세계의 중심이나 된 듯이 살았던 내가, 이제는 나 자신을 수십억 개의 의식의 불꽃 중 하나로 바라보고 있었다. 그 순간 나는 우리 모두가 무한한 시간과 공간을 통과하면서 깨달음을 향해 나아가는 진화의 여정 위에 있다는 것을 알았다.

그것은 개념적인 이해를 넘어선 깨우침이었다. 깊은 사랑의 공간 안에서, 람 다스가 '우리의 곤경'이라고 불렀던 것에 대한 공감대와 연민 안에서, 함께 만나고 있는 느낌이었다. 2년 반 후, 나는 인도에 갔다가 구루를 만났는데, 이런 느낌을 정확히 다시 느꼈다. 마치 데자뷰 같았다. 그날 나 또한 마하라지라고 부르게 된, 모포를 두른 노인을 만났는데, 강연에 참석했던 날 밤에 람 다스에게서 느꼈던 것과 너무나 똑같은 느낌을 받았다! 구루에게서 느꼈던 사랑과 연민, 하나됨을 코네티컷에서 미리 경험했던 것이다.

나 자신이 누구인가에 대한 탐구에 빠져 지냈던 스무 살 청년에게, 이것은 계시였다. 내면 탐구의 여정을 다 끝마친 사람들이 실제로 이렇게 존재하고 있다니, 놀라운 일이 아닐 수 없었다.

다음날 나는 람 다스를 만나러 그가 머무는 겨울 별장으로 갔다. 뭔가 더 알아볼 필요가 있다는 생각이 들어서였다. 어쨌든 나는 더 많은 경험을 원하고 있었다. 그 자리에서 우리 사이에 어떤 얘기가 오갔는지는 거의 기억이 나지 않는다. 경외감과 감사함을 느꼈지만, 대화를 나누면서 나는 내가 나의 길을 열심히 가고 있듯이, 람 다스 또한 그렇다는 것을 깨달았다. 나중에 나는 람 다스가 깨달음 상태를 전달하려 할 때마다, 어려움을 겪곤 한다는 것을 실감하게 되었다. 그가 무엇을 말할 수 있었겠는가? "미안해요, 제가 그렇게 말했던가요?"

나는 그런 전달의 어려움이 그로 하여금 더욱 더 자신의 '일'을 열심히 하게 만들었다고 생각한다.

그는 항상 자신의 욕망을 솔직하게 드러냈고, 인정받고 싶어 하는 자신의 마음을 진솔하게 고백했다. 그리고 그는 자신의 신경증마저도 소위 '깨달음을 위한 방앗간 곡식'으로 사용했다. 그는 자신의 약점이라고 할 만한 구질구질한 일들도 감추지 않고 드러내어, 유머의 먹이로 삼았다. 자신을 특별한 존재로 보는 시선을 앞질러 차단하고, '거룩한 사람'이 따로 있는 것은 아니라는 발상에서 나온 이야기들이었다. 그는 거룩함보다는 전체성을, 경건함보다는 실재를 더 강조했다. 람 다스는 확실히 내면 탐구를 위해 자기 자신을 더 깊이 들여다보려고 애썼고, 그 점에 대해서는 다른 사람들도 높이 평가했던 것 같다. 심리학 전공자로서 환각제에 대한 열린 마음, 동양 종교에 대한 깊이 있고 폭넓은 그의 이해는, 1960년대의 격변기에 의식의 진화를 위한 완벽한 자원이 되어 주었다. 그는 그것을 이해할 수 있는 언어로 표현해 냈다. 그리고 그 점은 그가 훌륭한 이야기꾼이었다는 것을 방해하지 않는다.

그 후 2년 동안, 나는 정기적으로 람 다스를 만나러 갔다. 웨슬리언 대학교에서 I-91 고속도로를 따라 코네티컷주에서 메사추세츠주를 거쳐 그의 가족의 여름 별장인 뉴햄프셔주 프랭클린 근처 호수에 있는 농장으로 갔다. 따뜻한 날씨에 그는 작은 게스트하우스에 머물면서 명상과 요가를 하고 매일 쌀과 렌틸콩을 함께 섞은 키치리 요리를 했다. 겨울이면 그는 본채의 다락방에 있는 하인들의 숙소로 이사했다.

람 다스는 나에게 요가와 명상의 기초를 가르쳐 주었고, 인도에서 알게 된 성자들과 요가에 관한 글들을 추천해 주었다. 프라나야마(호흡법)와 만트라 암송이 내 일과의 일부가 되었다. 나는 키치리를 요리하고 인도의 납작빵인 차파티를 만드는 것을 배웠다.

람 다스의 아버지 조지 앨퍼트는 변호사로서 뉴욕-뉴헤이븐-하트포드 철도회사의 사장을 지낸 변호사였다. 내가 프랭클린에 있는 람 다스를 방문할 때면, 나는 가끔씩 그와 그의 짝인 필리스를 만날 수 있었다. 그들은 매우 친절했고, 나를 가족처럼 대해주었다. 하버드대학교 교수였던 람 다스가 갑작스럽게 파면당한 사건은 그들을 당혹스럽게 한 것이 분명했지만, 그들은 여전히 그를 사랑했고, 그가 왜 그렇게 심한 변을 당하게 되었는지에 대해서는 크게 신경 쓰지 않는 것 같았다. 조지는 계속해서 그를 리처드라고 불렀고, 각양각색의 젊은이들이 집을 들락거리는 것에 아무래도 마음이 쓰이는 것 같았다. 어쨌든 모두가 약간의 미스터리이긴 했지만, 그들 역시 사랑에 감염된 사람들이었다.

1967년 람 다스는 대부분 은둔자로 지냈지만, 펜실베이니아주 벅스카운티 세미나 하우스에서 강연을 하기도 했다. 프랭클린에서는 대개 수행을 하면서, 인도에서의 경험에 대해 글을 썼다. 1967년과 68년 겨울에는 맨해튼 이스트 사이드에 있는 스튜디오에서 일련의 강연을 했다. 같은 사람들이 밤마다 나타났고, 때로는 자기 친구들을 데리고 오기도 했다. 강연을 통해 그의 엄청난 에너지와 존재감에 영향을 받는 사람들이 점점 많아졌다.

람 다스는 진지한 깨달음의 여정에서 일어난 자신의 실수를 가감없이 드러내며, 자기비하적인 유머로 사람들에게 웃음을 선사했다. 자신의 내면에 감추어진 악마성을 정직하게 대면하는 그의 솔직성과 동양의 신비주의에 접한 하버드 심리학자의 모순된 기쁨은, 그의 프레젠테이션의 특징이 되었다. 그는 그 무렵 유행했던 환각제에 대한 자신의 경험을 동양 철학이 가리켜 보이는 '에고의 죽음'과 연결시켰다. 그리고 그는 구루와의 만남을 더 높은 의식, 곧 깨달음에 이르기 위한 하나의 모델로서 활용했다.

1969년 나는 대학을 졸업한 직후, 징집되어 신체검사를 받았다. 수염이 많이 난 나는 하루 종일 속옷 차림으로 서서 염주를 굴리면서 만트라를 외웠다. 나는 검사를 받는 동안 미칠 듯이 기도하고 있었고, 결국 마지막 심판관인 심리학자에게 불합격 판정을 받아냈다.

그로 인해 나는 람 다스에 관해 직접 알고 있거나 입소문을 듣고 프랭클린으로 찾아오는 젊은이들과 학생들, 히피들과 자유롭게 합류할 수 있었다. 남동생과 여동생은 우드스탁의 록 페스티벌에 갔고, 그동안 나는 람 다스와 함께 요기 캠프에서 명상을 했다.

주말이면 야외에서 열렸던 람 다스와의 영적 모임(다르샨)은, 조지의 은혜로운 허락을 받아 마당의 나무 아래에서 열리는 여름 캠프로 발전했다. 우리는 내면 탐구의 모험을 떠난 20~30명의 오합지졸 그룹이었다. 농장 위쪽의 숲에는 텐트 플랫폼과 다르샨 하우스가 세워졌고, 조지가 사랑한 3홀 골프 코스에서는 수피 댄스와 요가 수업이 열렸다. 람 다스는 인도에서의 경험을 이들 요가 지망생들에게 전수해 주려고 애썼다. 그룹 명상과 요가가 매일의 일과에 포함되어 있었다. 우리는 부족하다 싶은 부분을 열정과 사랑으로 보충했다. 여름이 끝날 무렵이 되자, 주말에는 나무 아래에 모인 인파가 수백 명에 달했다. 그때 함께 캠핑을 했던 이들 중 일부는 소식이 캄캄이고, 일부는 세상을 떴지만, 여전히 연락을 하며 지내는 이들도 있는데, 거의 모두가 할아버지 할머니가 되었다.

인도 여행에 관해 공들여 쓴 람 다스의 원고는 출판의 길이 쉬이 열리지 않았다. 그는 공개 강연을 계속했고, 그해 가을에는 빅서에 있는 에살렌에서 가르치기 위해 캘리포니아주를 횡단했다. 당시 에살렌은 심리학적, 영적 성장을 위한 센터로서 이제 막 자리를 잡아가기 시작하는 단계였다. 에살렌은 람 다스를 위해 작가인 존 블라이프트로와 그의 아내 캐티와 함께 숙소를 쓰도록 배정했다. 존은 자동차에서 짐을 꺼내면서 뉴욕의 스튜디오에서 진행되었던 람 다스의 강연 녹취록을 발견했다. 그는 그것을 좀 볼 수 있는지 물었다. 그는 멋진 스토리가 있다고 생각했고, 자신이 좋아하는 것들에 체크를 했다.

람 다스는 에살렌에서 뉴멕시코주 타오스 근처의 라마 재단으로 갔다. 이 재단은 그가 인도를 여행하기 전에 창립에 도움을 주었던 예술가와 히피들의 공동체로, '땅으로 돌아가자'는 기치를 내걸었다. 그의 친구인 선구적 예술가 스티브 더키가 그곳에서 주도적 역할을 하고 있었다. 그 또한 녹취록을 보고, 그것이 무엇인지 물었다. 라마의 상주 예술가 5~6명이 함께 저녁식사를 하면서 존 블라이프트로이가 체크한 구절들을 삽화나 도표 등으로 표현할 수 있는지를 놓고 의논을 거듭했다.

1969년과 70년 가을과 겨울 동안, 람 다스와 스티브 및 라마 공동체는 람 다스의 말들을 '텍스트 아트'로 만드는 작업에 들어갔다. 람 다스는 강연을 할 때마다 장차 그의 '선물'이 나오게 되면 받을 수 있도록 라마에 보내게 되어 있는 엽서를 나누어주었다. 나도 내 역할을 했는데, 람 다스가 인도에서 가져온 성자들의 사진 몇 장을 복사하는 일이었다.

1970년 초, 라마 재단에서는 가로 12인치, 세로 12인치의 골판지 상자 수천 개를 우편으로 발송했는데, 그 내용물과 인쇄 비용은 람 다스의 강연 수익금으로 충당될 예정으로, 전부 무료로 배포되었다. 상자 안에는 'From Bindu to Ojas'(산스크리트어로 "물질 에너지에서 영성 에너지로"라는 뜻)라는 제목의 책자가 들어 있었다. 그 책자는 갈색 종이에 인쇄되어 끈으로 제본되었다. 그 책자 말고도 HisStory라고 제목을 붙인 '구루를 향한 람 다스의 여정'에 대한 소책자, '영성 요리 책'(Spiritual Cookbook)이라고 불리는 수행 섹션, 냉장고에 붙이거나 제단에 올려놓을 성화(일부는 이 책에 소개되어 있다), 참고도서 목록, 동시대의 성가들을 담은 LP 음반이 들어 있었다. 그것은 영적 여행을 위한 DIY 키트였다.

1970년 여름, 프랭클린 요기 캠프가 잠시 부활했다. 람 다스가 1년 동안 강연 여행을 하고 돌아온 후에는, 조지의 농장에 모이는 사람들이 갑자기 많아지기 시작했다. 그렇게 왔다가 가는 그룹들이 서구식 사트상의 기원이라 할 만한 구도자들의 공동체가 되었다.

람 다스는 계속 강연을 하고 여행했지만, 마하라지가 그에게 2년 후에 인도로 돌아오게 될 것이라고 한 말을 염두에 두고 있었다. ('마하라지'는 문자 그대로 '위대한 왕'을 의미하는 경칭이다. 이 책에서 마하라지는 대개 람 다스의 구루인 님 카롤리 바바를 지칭한다. 람 다스가 대체로 그렇게 불렀기 때문이다.) 람 다스는 대중에게 알려지기 시작했지만 지치기 시작했고, 그래서 자기 자신을 위한 작업을 위해 인도로 돌아갈 것을 생각하고 있었다. '물질 에너지에서 영성 에너지로'에 대한 수요는 초판본의 공급량을 빠르게 초과했다. 스티브 더키는 이 선물 꾸러미를 크라운 출판사에서 책으로 내기로 하고, 제목을 『지금 여기에 살라』*로 정했다.

람 다스가 그의 강연과 꾸러미 상자에서 마하라지라고만 언급했던 그의 구루는, 그에게 자기 자신에 대해 사람들에게 말하지 말라고 당부해 두었던 터였다. 그러나 람 다스는 '우리 학생들' 세 명에게, 마하라지를 뵈러 가도 되는지 인도에 있는 한 헌신자에게 편지를 써도 괜찮다고 허락을 해주었다. 제프 카겔(Jeff Kagel, 나중에 Krishna Das), 대니 골만(나중에 뉴욕 타임스의 심리 부문 편집자가 되었으며 베스트셀러 *Emotional Intelligence*를 펴냄), 그리고 나는 K.K. 샤(Krishna Kumar Sah)에게 편지를 보내어, 마하라지를 만나러 가는 우리의 인도 여정을 위해 마하라지의 축복을 받고 싶다고 요청했다.

K.K.에게는 마하라지가 양부모인 셈이었는데, 마하라지와 관련해서는 여전히 자기 자신을 그분의 어린아이라고 생각하고 있었다. 람 다스가 마하라지를 처음 만났을 때, 마하라지는 그를 K.K.의 집에 머물도록 보냈다. 그래서 K.K.는 람 다스에 대해 특별한 책임감을 느끼고 있었다. 몇 년 후 K.K.는 자신이 우리의 편지를 마하라지에게 가져갔을 때 무슨 일이 있었는지를 이야기해 주었다. 마하라지가 앉아 있던 침상 위에 그가 편지를 내려놓자, 마하라지는 그것이 무엇인지 물었다.

---

* 2024년 정신세계사에서 Be Here Now라는 영어 제목 그대로 한국어판 발행, 이균형 옮김.

K.K.가 마하라지를 만나러 오고 싶어 하는 람 다스의 학생들에게서 온 편지라고 말하자, 마하라지가 말했다. "이 사람들을 어떻게 해야 하지? 오지 말라고 해!"

마하라지에게 정성스레 사과 조각을 먹이고 있던 K.K.가 동작을 멈췄다. 그가 고개를 숙이고 실망한 표정을 지었다. 마하라지는 다른 사람들과 이야기를 나누다가 마침내 K.K를 내려다보았다.

"왜 그러지?"

"그들에게 오지 말라고 할 수가 없어요, 마하라지. 그들은 람 다스의 학생들입니다."

한동안 실랑이가 계속되었다. 마침내 마하라지가 말했다. "그 사람들에게 원하는 것이 무엇인지 말하라고 하세요."

우리는 K.K의 정교한 손글씨 편지를 받았다. "마하라지는 누구도 초대하지 않지만, 그의 문은 항상 열려 있습니다. 인도에 있는 동안 카인치 아쉬람 근처에 오신다면…" 미묘한 답변이긴 했지만, 우리가 티켓을 끊고 비자를 확보하는 데에는 부족함이 없었다.

인도에 도착했을 때, 나는 예상했던 문화적 충격 같은 것은 느낄 수 없었다. 오히려 완전히 자연스러운 느낌을 받았다. 모든 것이 아무런 가식 없이 거리에 드러나 있었다. 거지들조차도 아주 자연스럽고 향기롭게, 있는 그대로 전체의 일부였다. 우리는 봄베이(지금의 뭄바이)에서 델리로 간 다음, 델리에서 나이니탈로 갔는데, 그곳에서 K.K. 샤를 만날 수 있기를 바랐다. 여행의 마지막 구간은 고물 버스를 타고 산까지 12시간 동안 올라가는 여정이었다. 나이니탈은 영국인들이 평원에서의 여름 더위를 피하기 위해 아름다운 호수 주변에 건설한 '고지대의 역'이다. 버스가 아래쪽의 먼지와 교통 체증을 뒤로 하고 수 마일을 지그재그로 오르고 있는 동안, 문자 그대로 공기가 완전히 변한다.

나이니탈에서 보왈리의 작은 마을을 거쳐 카인치 계곡으로 굽이굽이 내려오면서, 우리는 아쉬람의 주황색 첨탑을 얼핏 보았다. 집에 돌아온 것 같은 깊은 감정이 솟아났다. 여름방학 때 롱 아일랜드의 할아버지 할머니 집에 갔을 때와 비슷했다.

우리가 도착했을 때, K.K.가 말했다. "마하라지, 그들이 지금 여기에 왔습니다." 마하라지는 "잘 먹이세요." 하고는, 바나나를 잔뜩 보냈다.

그것은 좋은 징조였다. 우리는 나뭇잎 접시 위에 감자 요리와 튀긴 빵인 푸리를 쌓아 놓고 자리에 앉았다. 나는 감자 세 덩어리와 푸리 열일곱 개를 먹었다.

식사가 끝나자 K.K.는 마하라지의 '사무실'이라고 할 수 있는, 그가 앉아 있는 침상 앞으로 우리를 데려갔다. 망설임도, 낯설음도 없었다.

마하라지는 K.K에게 "그들은 좋은 사람들이야."라고 말했다.

새로 온 사람들이 그렇게 좋은 대우를 받게 되자 K.K는 기뻐하면서, "나는 절대 나쁜 사람을 데려오지 않아요."라고 거침없이 대답했다.

모두가 웃었고, 그가 우리를 위해 통역을 진행했다. 마하라지는 우리가 좋은 집안에서 왔다고 말했고, 우리가 입은 옷을 가지고 농담을 했다.

얼마 후, 우리는 K.K.의 사촌이 소유한 호텔에 머물기 위해 나이니탈 로 돌아갔고, 며칠에 한 번씩 아쉬람을 방문하도록 허용되었다.

마하라지를 만나면서 나는 웨슬리언 대학교에서 람 다스를 처음으로 만났던 날 밤을 떠올렸다. 느낌이 너무나 똑같았다. 전경-배경 이미지처

마하라지, 라메슈와 다스, 야가나스 다스.

림, 똑같은 그림인데도 예전과는 전혀 다른 이미지를 보고 있는 것 같았다. 나는 나 자신의 에고 중심의 세상에 초점을 맞추는 대신, 존재의 바다에서 표류하는 하나의 점이 되었다. 마하라지의 넘치는 정과 사랑으로 인해 나는 완전히 안전하다고 느꼈다. 나는 스펀지처럼 그 사랑을 흡수하고 있었다. 그를 처음 만났음에도 불구하고 나는 그를 이미 알고 있었던 것 같았고, 그는 나를 영원히 알고 있었던 것 같았다. 나는 가슴속의 진짜 내 집, 핏줄을 초월한 집으로 돌아온 것이다.

람 다스는 스와미 묵타난다와 함께 세계 여행을 한 후, 나이니탈에서 우리와 합류했다. 그가 도착했을 때는 추수감사절이 가까웠고, 마하라지는 겨울이면 몹시 추운 고산지대를 떠나 따뜻한 평원으로 내려갔다. 우리는 그가 어디로 갔는지 몰랐고, 한 달이 넘도록 그를 찾지 못했다. 나중에 알고보니, 그가 우리를 찾아내곤 하는 것이었지만.

람 다스는 인도에서 1년을 보내고 난 후, 1972년 런던에 들러 여러 차례 강연을 했다. 이어 미국으로 돌아온 그는 자신이 영성계의 유명인

마하라지. 사진 모한 바움.

사가 되어 있다는 것을 알게 되었다. 문화계에 충격을 가져다준 『지금
여기에 살라』가 판을 거듭하며 팔려 나가고 있었다.

그는 강연여행을 계속했다. 1973년에는 6개의 레코드 상자인 *Love
Serve Remember* *가 발매되었는데, 나를 비롯한 최근의 인도 군단에
속한 많은 사람들이 함께 작업했다. 그것은 뉴욕의 WBAI 라디오에서

---

* 마하라지의 가르침을 짧게 요약한 말로, '모든 사람을 사랑하고, 섬기고, 신을 기억하라'
는 뜻.

폴 고먼(작가이자 큐레이터)과의 일련의 대화를 기반으로 했으며, 뉴욕 북부의 ZBS라는 미디어 코뮌에서 제작했다.

나는 녹음 프로젝트를 완료하기 위해 인도로 돌아가는 것을 연기했고, 1973년 9월에 람 다스를 방문하기 위해 프랭클린으로 갔는데, 마하라지가 몸을 떠났다는 소식이 담긴 전보가 도착했다.

나는 밀려오는 슬픔과 돌아가지 못한 것에 대한 후회, 그의 마지막 소식이 전해졌을 때 내가 '패밀리' 군단에 속해 있었다는 것에 대한 감사, 그리고 사랑이 여전히 거기에 있어서 나 자신이 사랑으로 목욕을 하고 있다는 자각을 연쇄적으로 느꼈다. 어느 것도 영원한 것은 없다는 불교의 무상에 대한 가르침이 북받치도록 가슴을 쳤다. 모든 것이 다 변해가고 있었다. 마하라지의 새로운 가르침은 "침몰하지 않으려면 헤엄을 치라."는 것이었다.

우리 중 일부는 인도의 패밀리를 방문하고 마하라지의 유골을 보기 위해 인도로 짧은 순례 여행을 떠났다. 우리가 미국으로 돌아와 삶을 재개했을 때에는, 보이지 않고 설명하기 어렵지만, 구루의 현존을 여전히 강하게 느낄 수 있었다. 사트상에 참가한 많은 이들이 어떤 형태나 모습을 통해서 봉사를 하도록 고무되었다.

람 다스는 강연을 계속하는 한편 여러 권의 책을 쓰고, 사회봉사, 죽음, 그리고 인간 의식의 모델을 바꾸기 위해 일했다. 그는 요가의 가치관을 실현하기 위해 세바 재단(Seva Foundation, 'seva'는 산스크리트어로 '섬김'을 뜻함)의 설립에 도움을 주었다. 나는 그를 정기적으로 만났지만, 그는 서부 해안에 있었고 나는 여전히 롱아일랜드에 살고 있었다.

람 다스는 인도 자이푸르에서 섬김과 헌신의 원숭이 신인 하누만의

상을 조각하여 로스앤젤레스 항구로 보냈다. 헌신자들이 하누만 사원을 지을 땅을 찾는 동안, 이 아름다운 1,500파운드짜리 흰색 대리석 원숭이는 뉴멕시코주 아로요 혼도에 있는 땅에 임시 거처를 잡게 되었다. 신상을 봉헌하는 방법에 대해 신도들 사이에 의견이 분분했다. 어떤 이들은 브라만 사제를 모시고 완전한 힌두교식 의식으로 봉헌하길 원했고, 어떤 이들은 그냥 상자를 개봉하고 꺼내서 세우자고 했다. 우리 중 한 명이 LSD에 취해 밀봉 상자 속으로 뛰어들어 나무 부스러기, 신문지, 조각들을 헤치고 말았고, 그러자 하누만이 햇빛 속에 모습을 드러냈다. 그 후 하누만은 그곳 헛간에 세워져 있게 되었다. 나중에 그 신상은 타오스 외곽의 창고로 옮겨졌고, 이를 기념하기 위한 모임이 그곳에서 열리기 시작했다. 매년 마하라지의 열반을 기념하는 모임이 그곳에서 열렸다. 결국 그 땅은 사트상 멤버에 의해 매입되었고, 미국 땅에 마하라지의 아쉬람이 자리잡게 되었다.

1975년 우리에게 스와미 묵타난다를 소개해준 뉴욕의 힐다 찰튼은 브루클린에서 온 한 주부를 만났다. 그녀는 요가를 배우면서 변화를 경험하고 마하라지와 (아마도) 소통하고 있다고 했다. 그녀의 이름은 조이스였는데, 힐다는 그녀를 조야라고 불렀다. 힐다는 람 다스에게 그녀를 소개하면서, 마하라지가 브루클린에 있는 조야의 지하실에 살고 있다고 말했다. 람 다스는 곧이어 힐다의 내부 서클에 입문하였고, 비전의 코스를 빠르게 밟아나가기 시작했다.

조야는 주변에 사람들이 지켜보는 가운데 황홀경에 빠지곤 했는데, 유체이탈 상태에 들어가는 것 같았다. 하지만 사람들은 때로 그녀가 여전히 일상의 멜로드라마에 빠져 있는 것 같아서 의아하게 여기기도 했다. 조야의 이런저런 이야기는 2년 동안 계속되었다.

람 다스는 뉴욕에서 지내고 있었다. 람 다스와 나는 사진작가인 친구 피터 사이먼과 함께 이 책을 작업하기 시작했다. 당시에는 사진이 많이 포함된 서구인들을 위한 '영성 여행 가이드'를 구상했었다. 35년이 지난 지금 돌이켜보면, 그 여정은 우리 중 누구도 예상할 수 없었던 심오하고도 즐거운 성찰 여행이 된 것 같다.

람 다스는 뒤늦게 조야의 비밀스러운 가르침이 비전의 계시라기보다는 속임수라는 결론에 도달했고, 조야를 떠났다. 그가 뉴에이지 저널에 기고한 '어리석었던 나를 고백하다'라는 제목의 글이 1면에 대서특필되었다. 거기에서 그는 자신이 속아 넘어갔던 경험을 솔직하게 토로했다. 나는 비뚤어진 충성심 때문에 조야 군단에 더 오래 머물렀고, 그 원고는 20년 동안 잊혀진 채 선반 위에 올려져 있었다. 조야로 인해 많은 다리가 끊어졌다. 그 중 하나는 람 다스와 나 사이의 다리였는데, 회복하는 데 시간이 걸렸다. 우리는 세바 재단, 타오스의 아쉬람, 사트상 모임 같은 행사를 통해 점차 연락을 재개했고, 마하라지의 사랑은 여전히 우리를 이어주는 접착제로 작용했다.

람 다스는 다시 투어에 참여하여, 강연을 하고 수련회를 이끌었다. 여행 중이 아닐 때에는, 돈독한 관계에 있는 한 예술가와 함께 북부 캘리포니아에 살면서 책과 비디오 프로젝트, 라디오 전화 쇼의 초안을 작성하는 일을 했다.

1993년, 나는 케이트를 만났다. 나는 그녀에게 반했고, 우리의 운명은 분명히 서로 얽히기로 되어 있는 것 같았다. 1996년 11월, 람 다스는 마르타의 포도원 언덕 위에 있는 그녀 가족의 여름 별장에서 우리와 합류했다. 리셉션에서 나의 약혼녀가 람 다스와 춤을 추던 중, 람 다스가 갑자기 쓰러졌다. 기절을 한 것이다. 나는 다른 손님들과 어울리느라 눈치채지 못했다. 그는 곧 정신을 차리고는, 파티에 참가한 사람들 사이에 자리를 잡고 앉았다. 케이트는 많이 놀랐다고 말했다. 밴드는 연주를 계속했지만, 그 일은 나중에 일어난 사건의 전조였다. 다음날 그는 수련회를 인도하기 위해 카리브해로 떠났다.

1997년 2월, 나는 캘리포니아의 사트상 형제인 래리 브릴리언트 박사로부터 전화를 받았다. 그는 람 다스가 심각한 뇌출혈과 뇌졸중으로 생존하지 못할 수도 있다고 말했다. 밤중에 그런 일이 일어난 모양이었는데, 람 다스는 그의 매니저인 자이 락슈만이 뉴멕시코주에서 전화를 걸어올 때까지 누구에게도 도움을 요청할 수가 없었다. 람 다스는 가까스로 전화를 받았지만, 제대로 응답을 하지 못했다. 자이는 "무슨 일이 생겼나요? 그렇다면 전화기를 한 번 두드리고, 그렇지 않다면 두 번 두드리세요." 람 다스가 전화기를 한 번 두드리자, 자이는 근처에 사는 람 다스의 비서인 마를린에게 전화를 걸었다. 그녀는 바닥에 누워 있는 람 다스를 발견하고, 911에 전화했다. 람 다스의 생존과 회복이 불확실했다. 인도와 미국에서 사람들이 그를 위해 기도했다.

다음 몇 년 동안은 시시포스식 투쟁이 이어졌다. 장애에 적응하고, 언어 능력의 회복에 매진하고, 가능한 한 많은 신체 기능을 회복하기 위한 투쟁이 이어졌다. 그의 이야기 재능은 실어증으로 사라졌고, 그의 오른쪽 몸은 마비되었다. 다행히 그는 왼손잡이였다. 그의 마음, 그의 의식은 확장을 멈추었는지 모르지만, 그래도 온전한 상태로 유지되었다. 그의 가슴, 그의 연민은, 순수한 현존의 빛나는 보석이 되었다.

뇌졸중이 발병하기 전, 람 다스는 노화에 관한 책을 집필하고 있었다. 말할 필요도 없이, 그의 이해와 접근 방식이 달라졌다. 작가인 마크 마투섹의 도움을 받아, 람 다스는 힘겹게 『여전히 여기에 Still Here』를 완성했고, 2000년에 출판되었다. 그 책을 완성하는 데에 얼마나 많은 힘이 들었는지, 람 다스가 그런 처지에서 책을 썼다는 것이 얼마나 커다란 성취인지, 아는 독자는 거의 없었다. 다큐멘터리 영화감독인 미키 렘레는 이 시기에 람 다스에 관한 다큐멘터리 「사나운 은총 Fierce Grace」을 제작했다. 람 다스가 자신의 내면으로 깊이 깊이 들어가는 과정을 연대기적으로 표현한 것으로, 그가 자신의 고통을 '깨달음을 위한 방앗간의 곡물'로 사용하면서 진화해 가는 과정을 그렸다.

람 다스는 짬짬이 여행을 시작하였고, 강연을 하고 수련회를 이끌었다. 실어증으로 인해 그의 말은 기묘하게 중단되곤 했고, 그래서 말은 더 느리고 더 깊게 진행되었다. '호그 팜Hog Farm' 공동체의 오랜 친구인 웨비 그레비는 이렇게 말했다. "그는 예전에 재치 있고 날카로운 한 줄짜리 대가였습니다. 이제 그는 긴 호흡의 대가입니다."

2004년 10월, 람 다스는 다시 한번 인도에 갔고, 고지에 있는 그 사원을 다시 방문했다. 그곳에서 그는 처음으로 요가와 힌두교에 몰입했고, 약물 없이 내면을 탐구하는 법을 배웠다. 케이트와 나는 지금은 다섯 살과 일곱 살 된 두 자녀를 데리고 독립적으로 여행길에 나섰고, 두르가 푸자 여신의 추수 축제가 열리는 곳에서 람 다스와 만났다. 람 다스에게는 감동적인 순례였다. 그는 다시는 이런 순례를 할 수 없을 것이라고 생각했다. 주변의 따뜻한 사랑과 단순한 생활, 침묵은 그의 재기에 큰 힘이 되어 주었다. 불편한 몸으로는 접근하기 어려운 아쉬람의 계단과 출입구에도 불구하고, 그곳의 편안한 분위기는 그의 재활에 밑천이 되어 주었다.

그는 열흘 가량 머물렀고, 싱가포르를 거쳐 캘리포니아로 돌아갔다. 우리 가족은 그 후로도 3개월 동안 더 머물렀다. 36시간의 긴 여행을 통해 캘리포니아로 돌아온 그는, 하루 동안 집에 머물렀을 뿐 하와이로 날아가 마우이에서 장기 수련회를 이끌었다. 수련회가 끝날 무렵, 고열로 인해 마우이의 응급실로 실려간 그는 급성 신우신염 진단을 받았다.

우리는 인도에서 날아온, 람 다스를 걱정하는 사람들의 이메일을 받았고, 아는 대로 답변을 해주곤 했다. 그는 거의 한 달 동안 병원에 입원해 있었는데, 대부분의 항생제가 듣지 않아서 소변을 볼 때마다 심한 통증 때문에 고통스러워했다. 병원에서 퇴원할 무렵에는 몸이 약해져서 더 이상 여행을 할 수 없었다. 마우이 수련회를 조직한 오랜 친구인 스리다르 실버페인은 그에게 집을 구해 주었고, 그가 회복할 수 있도록 가정을 꾸리는 데 도움을 주었다. 이 모든 일이 천천히 진행되었다. 그 후 람 다스는 타오스의 하누만 사원을 방문하기 위해 본토로 한 번 여행한 것을 제외하고는 마우이에 머물렀다. 조용한 분위기와 열대 기후는 치유와 회복에 도움이 되었다.

2004년 11월 마우이에 도착했을 당시, 오랫동안 강의와 여행에 의존해 왔던 그의 재정은 고갈된 상태였다. 마하라지는 그에게 아버지로부터 유산을 받지 말라고 말했고, 람 다스는 항상 다른 사람들을 위해 자금을 모금하곤 했었다. 친구들, 학생들, 지지자들, 특히 작가이자 교사로서 마우이 주민인 웨인 다이어는 람 다스가 그곳에 정착해서 살 수 있도록 기금을 마련해 주었다.

뉴욕으로 돌아온 나는 2005년 이른 봄에 마우이에 있는 람 다스를 방문했다. 그는 천천히 힘을 되찾고 있었고, 더 잘 먹었으며, 30년 전 람 다스가 나로파 대학교에서 가르쳤을 당시 학생이었던 침술사이자 한의사인 중국인이 그를 돌보고 있었다. 그는 뇌졸중 후 1년 동안 중단했던 물리 치료를 다시 받고 있었다. 하와이에서 연례 수련회가 시작되었다. 람 다스의 첫 번째 학생들 중 한 명인 크리슈나 다스는 성가 마스터가 되어, 본토에서 학생들을 데려오는 등, 수련회를 주도했다. 새로운 웹사이트 www.ramdass.org가 개설되었다.

이듬해 가을에 다시 만났을 때, 우리는 내 지하실에서 오랫동안 잠자고 있는 휴면 원고를 떠올렸다. 우리는 이제 그것이 햇빛을 볼 때가 되었다고 뜻을 모았다. 우리가 1970년대에 주고받았던 말의 의미를 상기하면서 그것을 재작업했고, 현재의 순간으로 되살려냈다. 그 일은 우리에게 뜻밖의 선물을 안겨주었다. 1960년대와 1970년대는 이미 지나갔지만, 그때 일깨워진 무조건적인 사랑, 즉 구루의 사랑이라는 큰 바다의 물결은, 우리들이 살아가는 세계의 변함없는 등대이다.

여러 해에 걸쳐 람 다스 안에서 무언가 보석 같은 것이 결정화되었다. 대학, 심리학, 환각제, 인도, 뇌졸중에 대한 그의 경험들이 무지개처럼 합해져서 맑고 하얀 지혜의 빛이 되었다. 그와 함께 일하면서, 나는 의식의 여러 층들에 대한 그의 인식을 새롭게 알아차리게 되었다. 내가 아는 척하면서 지식의 말을 하면, 그는 그것을 가슴의 말로 해석했다. 내가 에고의 늪에 빠져 있을 때면, 그는 영혼에 대한 관점으로 미묘하게 변화시켰다.

우리의 카르마적 재난과 그때 그때 일어나는 상황의 표적들, 이 길의 우여곡절은 헤아릴 수 없는 신비가 아닐 수 없다. 람 다스와 함께 그 차원을 탐색하면서, 환상과 실수, 구덩이에 빠졌던 경험을 낄낄대며 돌이키는 것은, 기쁨이었다. 세상에 변하지 않는 것은 없다. 변화가 많을수록, '변하지 않는 것은 없다'는 진실은 더욱 변함이 없이 확실해진다.

모든 것이 다 변하지만, 변하지 않고 남아 있는 것은 사랑뿐이다. 사랑 말고는 아무것도 없다. 우리 모두가 지금 여기에서 사랑받는 자들이 되기를. 지금 사랑으로 존재하기를.

제1장

●

가슴의 길

당신이 지금까지 만난 어떤 사람보다 당신을 더 많이 사랑하는 누군가가 나타났다고 상상해 보라. 어렸을 때 당신이 받았던 엄마의 사랑보다 더 많은 사랑, 아버지나 자녀, 심지어는 당신의 연인보다 더 깊고 너른 사랑을 받고 있다고 상상해 보라. 당신을 사랑하는 그 사람은 당신에게 아무것도 요구하지 않는다. 자기 자신의 만족을 구하지도 않는다. 오직 당신의 완전한 만족을 바랄 뿐이다.

당신은 존재하는 그 자체만으로도 사랑을 받는다. 사랑을 얻기 위해 당신이 해야 할 것은 아무것도 없다. 당신의 결점이나 자존감의 결여도 아무런 상관이 없고, 신체적 완벽함이나 사회적·경제적 성공 여부도 전혀 중요하지 않다. 문제 될 것은 아무것도 없다. 당신에게서 이 사랑을 빼앗을 수 있는 사람은 아무도 없다. 그 사랑은 항상 여기에 있을 것이다.

이 사랑 안에 있다는 것은, 따뜻한 욕조에 몸을 담그고 끝도 없이 휴식을 취하고, 그래서 모든 생각과 느낌 속에 그 사랑이 스며들게 되는 것과 같다. 당신은 사랑 속으로 녹아들고 있는 것이다.

실제로 이 사랑은 당신의 일부로서, 항상 당신을 통해 흐르고 있다. 그것은 우주의 아원자적 피륙이며, 만물을 연결해 주는 암흑물질과도 같다. 당신이 그 흐름에 맞추어 조율될 때, 당신은 당신 자신의 가슴에서 그 사랑을 느낄 것이다. 육신의 심장이나 감정적인 마음이 아니라, 당신이 자기 자신을 가리켜 보일 때의 자리인 당신의 영적인 가슴에서.

이 자리는 당신의 직관이 발휘되는 깊은 가슴의 자리이다. 그곳은 고결한 마음, 순수한 자각, 미묘한 감정, 영혼으로서의 정체성이 모두 함께 모여 우주와 연결되는 곳으로, 존재와 사랑이 있는 자리이다.

무조건적인 사랑은 실제로 우리 각자 안에 존재한다. 그것은 우리의 깊은 내적 존재의 일부이다. 그 사랑은 적극적인 감정이라기보다는 존재의 한 상태이다. 이러저러한 이유로 "나는 당신을 사랑한다."라고 말하는 그 자리도 아니요, "당신이 나를 사랑한다면 나도 당신을 사랑해요."라고 말하는 자리도 아니다. 무조건적인 사랑은 아무 이유가 붙지 않는 사랑이고, 대상이 없는 사랑이다. 그것은 단지 사랑 속에 앉아 있는 것이고, 주변의 모든 것에 충만하게 스며 있는 사랑이다. 생각하는 마음은 그 사랑 안에서 불이 꺼져버린다.

내가 내 안에 있는 사랑의 그 자리로 들어가고 당신은 당신 안에 있는 사랑의 그 자리로 들어가면, 우리는 사랑 안에서 함께 있는 것이다. 그때 당신과 나는 진실로 사랑 '안에', '사랑인' 상태에 있는 것이다. 그것이 '하나임'으로 들어가는 문이다. 그것이 내가 구루를 만났을 때 들어간 공간이다.

여러 해 전, 나는 히말라야 산기슭에 있는 작은 사원의 안뜰에 앉아 있었다. 우리들 30~40명이 나의 구루인 마하라지 주변에 모여 있었다. 모포를 두른 이 노인은 나무침상 위에 앉아 있었고, 모두가 잠시 동안 침묵에 빠져 있었다. 갑작스럽게 닥친, 흔치 않은 시간이었다. 바람 없는 날의 들판처럼, 잔물결 하나 없는 깊고 맑은 호수처럼, 명상적인 고요함이었다. 나는 나를 향해 방사되는 사랑의 파도를 느꼈고, 그 사랑은 열대 해변의 잔잔한 파도처럼 나를 덮치고, 나를 몰입시키고, 흔들고, 내 영혼을 쓰다듬어 주었다. 나는 마음이 활짝 열려, 나 자신이 아무런 제한 없이 받아들여지고 있는 것을 느꼈다.

나는 눈물이 날 지경이었다. 너무나 감사하고 감사한 마음에, 그런 일이 일어나고 있다는 것을 믿기 어려울 정도로 기쁨으로 충만해졌다. 눈을 뜨고 주위를 둘러보니, 주변의 모든 사람들도 사정이 비슷하다는 것을 느낄 수 있었다. 나는 구루를 넘겨다보았다. 그는 아무것도 하지 않고, 그저 거기 앉아서 주위를 둘러보고 있었다. 그는 그저 거기에 있을 뿐이었다. 누구에게나 똑같이 빛을 비추어주는 태양처럼 거기에서 그렇게 빛나고 있었다. 태양은 누구에게도 특별한 혜택을 베풀지 않는다. 그에게는 특별할 것이 아무것도 없었다. 그것이 그의 본성이었다.

이 사랑은 햇빛과 같고, 자연의 힘 같으며, 존재하는 모든 것의 완성처럼 여겨지고, 존재의 모든 입자에 스며드는 지복 같았다. 산스크리트어로는 사트 치트 아난다sat-cit-ananda, 즉 "참-의식-지복"이라고 한다. 사랑의 이 진동장은 만물에 스며든다. 그 진동 속에 있는 모든 것은 사랑 안에 존재한다. 그것은 마음 너머에 있는, 존재의 다른 상태이다. 우리는 마하라지의 사랑에 의해 한 진동 차원에서 다른 진동 차원으로, 에고 차원에서 영혼 차원으로 옮겨졌다. 마하라지가 그 사랑을 통해 나를 나의 영혼으로 데려왔을 때, 나의 마음은 작동을 멈췄다. 이것이 바로 무조건적인 사랑을 설명하기 어려운 이유일 것이고, 마음을 넘어선 신비주의 시인들이 가장 잘 묘사하는 이유일 것이다. 우리는 이러한 무조건적인 사랑조차도 대부분 조건부 사랑의 관점에서, 사람과 사람의 관계를 바탕으로 묘사하려 든다. 우리의 조건적인 사랑은 태양 같은 무조건의 사랑을 만나면, 그 즉시 녹아 버린다.

마하라지가 내 곁에 있었을 때, 나는 그 사랑에 흠뻑 젖어들었다. 마하라지와 함께 지낸 적이 있는 래리 브릴리언트는 다음과 같이 말했다.

마하라지가 누구였는지, 그가 어떤 일을 했는지를 어떻게 설명할 수 있을까? 나는 설명할 수가 없다. 아마도 그것은 그의 '신의 사랑'이었을 것이다. 나는 그가 누구인지 설명할 수 없다. 나는 그가 어떻게 모든 사람을 사랑했는지 이제야 겨우 이해하기 시작했을 뿐이다. 내 말은, 그게 그의 직업이었고, 그는 성자였다는 것이다. 성자들은 모든 사람을 사랑한다.

하지만 그것이 나를 항상 자극했던 것은 아니었다. 그가 모든 사람을 사랑했다는 것도 아니다. 그분 앞에 앉아 있으면, 나는 웬일인지 모든 사람을 사랑하는 마음이 되었다. 나로서는 아무래도 이해하기가 어렵다. 어떻게 그는 그와 함께 있는 사람들의 정신을 그토록 완전히 변화시킬 수가 있는 것일까? 그는 도대체 우리 안에 있는 최고의 것들뿐만 아니라 우리 안에 없었던, 우리가 몰랐던 무엇인가를 끌어낼 수 있을까? 나는 우리 중 누구도 그 사람 앞에 앉아 있었을 때만큼 선하고, 순수하고, 사랑스러웠던 적이 없었다고 생각한다.[1]

가슴의 길에 오신 것을 환영한다! 믿거나 말거나, 무조건적으로 사랑받고 그 사랑이 되기 시작하는 이것은, 가상 현실이 아니다. 당신의 실제 상황일 수 있다. 이 사랑의 길은 어느 곳으로도 가는 것이 아니라, 당신을

> 누군가 마하라지께 명상하는 법을 물었을 때, 그는 대답했다. "그리스도가 명상했던 대로 명상을 하시오. 그는 사랑 안에서 자기 자신을 잃어버렸어요."

지금 여기 이 순간에로, 본래의 당신에게로 데려다준다. 이 길은 당신을 당신의 머리에서 당신의 가슴으로 데려간다.

사랑은 인간의 자연스러운 성향이다. 다른 시대, 다른 장소에서 살았던 사람들도 서로 다른 많은 문화적 상황 속에서 이 길을 찾았다. 인도에서는 박티 요가라 불리며, 사랑을 통해 궁극적인 하나됨을 찾는 길로서, 수세기 동안 이어져 온 전통이다. 박티 요가 수행은 무조건적인 사랑으로, 빛나는 가슴으로 들어가는 길이다. 사랑의 바다 안에서, '하나임' 안에서 자신을 녹이는 길이다. 책 뒷부분에, 그렇게 사랑의 화신이 되신 몇 분의 성자들을 소개해 놓았다. 우리 또한 그 길을 밟을 수 있는 방법을 살펴볼 것이다. 공식적인 방법은 없다. 우리들 각자는 저마다 자기 가슴의 실재를 여는 자신만의 열쇠를 가지고 있다.

사랑에 빠지기

어른이 되어 조건 없는 사랑을 처음 경험하면, 빙하가 부드럽게 녹는 것 같은 느낌을 갖게 된다. 혹은, 당신의 내핵을 뒤흔드는 거대한 지진을 맞은 것처럼 느낄 수도 있다. 강렬하고도 모든 것을 다 감싸안는 사랑을 받게 되면, 당신 자신에 대한 당신의 개념이 변화된다. 드넓은 바다에서 헤엄을 쳐 본 당신은, 그동안 헤엄쳐 온 제한된 자아의 작은 연못에 더 이상 머물 수 없게 된다. 그 열림이 단지 한 순간의 일일지라도, 그 일이 사라져 잊혀졌다 할지라도, 가슴이 열리는 깨어남의 그 순간은 나머지 인생 전체를 물들인다. 뒤로 돌아갈 수는 없다. 궁극의 그 달콤함에 대한 여운은 계속 남아 있어서 부인할 길이 없게 되는 것이다.

예수는 '사람을 낚는 어부'에 대해 말했다. 심오한 기쁨을 처음으로 느끼게 되면, 당신은 신성한 어부의 순수한 사랑이라는 그물에 붙잡혀 놓여날 길이 없게 된다. 당신은 그 사랑에 낚인 것이다.

나의 구루는 플라이 낚시꾼과 같다. 에고는 달아나려고 몸을 뒤틀고 당기고 도망치지만, 사랑의 고리는 점점 더 깊이 박혀 마침내 소소한 당신, 당신의 개성과 그 모든 습관, 생각과 욕망의 덩어리들은 결국 참자아에, 당신을 하나가 되도록 계속해서 끌어당기는 순수한 사랑과 의식의 그 존재에 항복하게 된다.

처음으로 인도에 갔을 당시, 나는 구루라는 개념을 혐오했다. 내 안의 심리학자는 불교에 끌리고 있었다. 내가 힌두교 구루 앞에 앉아 있게 되리라고는 상상도 하지 못했다. 그를 처음 만났을 때, 나는 내가 그곳에서 도대체 무슨 짓을 하고 있는지조차 알지 못했다.

그러나 마하라지는 나를 그분의 무조건적인 사랑 안으로 끌어들였고, 그것은 내 삶의 방향을 바꾸어 놓았다. 나 자신에 대한 관점이 완전히 바뀌었다. 그 만남이 내 가슴을 열었다. 그 순간, 나는 담요를 뒤집어쓴 채 내 앞에 앉아 있는 노인에게뿐만 아니라, 나의 참자아를 비추어주는 그 사람 안의 한 장소에 마음이 열린 것이다. 나의 참자아, 그 영적 참자아가 무조건적인 사랑의 근원이다.

첫 인도 여행을 마치고 미국으로 돌아왔을 때, 나는 마치 내 가슴 안에 소중한 보석을 담고 온 것 같았고, 그것을 나누고 싶었다. 나는 내 가슴의 열림에 대하여, 그로 인해 새로워진 의식에 관하여 이야기할 수 있었다. 하지만 나는 구루에 대해서는 별로 이야기하지 않았다. 서구 사회에는 너무 부적절해 보였기 때문이다.

무엇보다도, 다른 누군가에게 자신을 다 내려놓는다는 개념에 대해서는 항상 반응이 엇갈렸다. 우리 문화에서, '내려놓음'은 거의 항상 부정적인 것으로 간주된다. 우리는 무엇을 해야 할지에 대해 듣는 것을 좋아하지 않는다. 우리는 우리 스스로 알아내는 것을 좋아한다. 내려놓는다는 것은 우리의 힘을 포기하는 것을 의미하며, 대개는 에고의 힘이나 성적 주도권과 관련이 있다.

'구루'라고 하면, 대개 영적 스승보다는 사기꾼의 이미지를 떠올린다. 물론 구루라고 하는 자들이 돈, 섹스, 파워에 얽혀 있는 경우가 적지 않아서, 그런 냉소적인 태도도 이해가 간다. 구루의 이미지는 성적, 물질적 꼬드김이나 탈세, 고가의 자동차, 고가의 만트라 같은 것과 연결된다. 할리우드에서조차 「사랑 도사 The Love Guru」 같은 풍자 영화를 만들었을 정도이다. 마음 약한 추종자들을 잡아먹는, 카리스마 넘치는 가짜 도사의 이미지를 피하기 어렵다. 대부분의 사람들은 진짜 구루를 만나본 적이 없고, 그러니 진짜 구루가 어떤 사람인지 알 도리가 없다.

처음에 마하라지는 나에게 거의 마법 같은 존재였다. 그에게는 믿을 수 없을 정도로 놀라운 영적 능력이 있었지만, 내가 진실로 낚인 것은 그의 사랑의 바다였다는 사실을 나는 서서히 깨달아가기 시작했다. 그리고 그것은 진짜였다. 언제나 무조건적인 사랑의 상태로 살고 있는, 살과 피를 가진 존재가 지금 여기에 있었다. 그 사랑은 나로 하여금 모든 것을 다 내려놓고 내맡길 수 있게 했고, 그 사랑을 찾기 위한 내면의 길 위에서 그분의 인도를 받아들일 수 있게 해주었다.

나중에 나는 다른 스승들도 만났는데, 살아 있는 분들도 있었고, 몸을 떠난 분들도 있었다. 그분들은 가슴의 길을 걷기 위한 로드맵을 가리켜 보여주었다. 이런 존재들도 겉보기의 모습은 우리와 조금도 다르지 않다. 우리들 각자가 자신의 길을 가야 하긴 하지만, 그분들은 박티 요가, 곧 사랑의 길을 걷는 우리에게 이정표이자 안내자이다. 나에게 영감을 준 분들 중 일부는 이 책에도 영감을 준 존재들이다. 나는 그분들이 당신의 길에도 도움이 되기를 바란다.

무조건적인 사랑은 우리가 그 달콤함에 취함에 따라 우리의 합리적 망설임을 녹여버린다. 우리는 촛불 주위를 맴돌다가 마침내 살아있는 사랑의 불 속에 자기 자신을 태워버리는 나방들과 같다.

살아있는 사랑의 불꽃

오, 살아있는 사랑의 불꽃이여,

당신은 내 존재의 핵심까지
얼마나 부드럽게 파고드는지요.
당신이 시작한 일을 다 마쳐 주소서.
이 달콤한 만남으로부터 베일을 찢어 주소서.

아, 부드러운 불의 칼날이여!
아, 아름다운 상처여!
당신은 타오르는 애무로 나를 달래줍니다.
당신은 나의 묵은 빚을 모두 갚아주었습니다.
나에게 영원의 맛을 선사해 주소서.
나를 죽임으로써, 당신은 죽음을 삶으로 변화시킵니다.

아, 타오르는 등불이여!
당신은 내 영혼의 가장 어두운 구석구석을 비춥니다.
한때 쓰라린 분리의 상태에 빠져 있던 곳,
이제 절묘한 강렬함으로
나는 나의 연인에게 빛과 온기를 발산합니다.

당신은 나의 가슴을
얼마나 평화롭게, 얼마나 사랑스럽게 깨우는지요,
내 안에 거하시는 당신만의 그 비밀스러운 장소를!
내 얼굴에 닿는 당신의 숨결은 달콤하고,
고요함과 활기를 동시에 불어넣습니다.
당신은 당신을 향한 사랑으로
나를 미치게 만듭니다,

그토록 우아하게, 그토록 밝게!

-성 십자가의 요한[2]

어떤 비유를 사용하든(당신이 직접 선택하고 조합할 수 있다), 로맨스의 절정에서 녹아들었다고 하든, 사랑의 파도에 휩쓸렸다고 하든, 별의 중력장에 빨려 들어갔다고 하든, 무조건적인 사랑을 경험하고 나면, 당신은 더 이상 갈 곳이 없게 된다. 어디론가 달려갈 수는 있겠지만 숨을 곳은 더 이상 없다. 씨앗이 뿌려지고, 그러면 그 씨앗은 자신의 때에 따라 성장할 것이다. 당신은 '진정한 당신 자신'으로만 성장할 수 있다.

당신은 원하는 곳으로 자유롭게 가고 오고 놀 수 있다고 생각할 수 있지만, 사랑하는 그분은 당신을 자신의 것으로 삼으시고, 당신은 그 신성한 끌림에 점점 더 항복할 수밖에 없다. 서서히 그러나 확실하게, 한 순간 혹은 수천 생애에 걸쳐, 사랑하는 그분은 당신을 끌어당긴다. 참자아의 사트-치트-아난다(참-의식-지복)의 '하나임'으로 다시 합쳐질 때까지.

가족과 친구들

나의 구루 마하라지를 처음 만난 날, 그와 형성된 유대감은 내 인생을 돌이킬 수 없게 변화시켰다. 나이니탈 근처에 사는 한 남자가 나를 위해 통역해 주었는데, 그의 이름은 K.K. 샤(Krishna Kumar Sah)였다. 그 만남이 끝날 무렵, 마하라지는 그에게 나를 그의 집으로 데려가라고 요청했다. 그는 나에게 더블 로티(토스트)를 대접해 주라고 말했다.

K.K. 샤와 마하라지.

내가 인도 음식에 익숙하지 않은 서양인이었기 때문일 것이다.

K.K.는 처음에 나를 완고한 낯선 서양인으로 여겼고, 그래서 어떻게 대해야 할지 몰랐다. 하지만 그는 스승으로부터 명령을 받았고, 어린 시절부터 그래왔듯이, 의심의 여지 없이 순종했다. 그와 그의 여동생과 남동생은 아무런 망설임 없이 나를 가족이라는 사랑의 세계로 끌어들였다. 그들은 서로를 혈육만이 아닌 영적인 존재로 대하며, 허물없이 지냈고, 나를 가족의 일원으로 대해주었다. 40년이 지난 지금도 우리는 여전히 그런 관계를 유지하고 있다.

하룻밤 사이에 나는 기적의 존재들과 성자들, 구루들이 일상생활의 날실과 씨실의 일부인 세계로 들어가게 되었다. 성자나 구루라고 해서 드러내놓고 과시하거나 메시아 행세를 하는 이도 전혀 없었다. 이 사람들은 그저 자신의 삶을 살고 있을 뿐이었다. 그들에게는 평범한 일상이었지만, 생전 처음 보는 그들의 삶은 나의 내면에 일대 변화의 큰 바람을 몰고 오고 있었다.

K.K.와 그의 가족은 마하라지와 함께 자랐다. 인도의 전통적인 가정에서는 박티 수행이 일상화되어 있다. 그들에게 있어서 사랑은 '말 없는 말'이다. 여러 세대가 함께 어우러져 살아가노라면, 유아기에서 어린 시절로, 그리고 호르몬 분비가 왕성한 청소년기를 거쳐 성인에 이르기까지, 순수한 사랑의 교류가 생생하게 이루어진다. 가족의 구루나 영적 어르신은 젊은 세대에게 무한한 사랑을 어떻게든 맛보게 해준다. 당신의 가족 중에도 그런 어르신이 있었을 것이다.

K.K를 좋아하는 미혼의 여동생 비나는 부엌의 장작불 위에 쪼그려 앉아 차파티를 만들었다. K.K.가 나를 대화에 참여시켰을 때, 나는

K.K. 샤의 동생들인 하리쉬와 비나. 사진 라메슈와 다스.

K.K. 샤와 람 다스.

그녀가 만든 음식들로 한껏 배가 불러 있었다. 내가 K.K.에게 고개를 돌리자마자, 비나는 접시에 또 다른 차파티와 야채를 얼른 올려놓았다. "고맙습니다"라거나 "사양합니다"라고 말할 기회가 없었다. 나는 그것을 다 먹었다. 인도에서는 대접하는 음식을 다 먹지 않으면 모욕으로 여긴다. 이런 일이 몇 번 더 일어났고, 즐거움은 고통으로 바뀌기 시작했다. 하지만 K.K와 비나는 너무나 순진한 기쁨으로 나를 놀리고 있었고, 나는 그 모든 것을, 심지어는 소화불량까지도 즐기지 않으면 안 되었다.

　　K.K.는 나와 비슷한 또래였지만, 나보다 몇 살 더 어렸다. 거룩한 존재들과의 관계는 세대에서 세대로 이어진다. 마하라지는 그가 어렸을 때 처음으로 그의 집을 방문했다. K.K.의 아버지 바와니 다스 샤는 영국령인 쿠마온 지역을 담당하는 경찰이었다. 그의 임무는 여름 시즌

이 시작될 때와 끝날 때 히말라야의 바드리나스 고지대에 있는 큰 사원을 열고 닫는 일과 지역 전체를 순찰하는 일이었다. 20세기 초에는 고지대에 자동차가 거의 다니지 않았고, 말을 타고 다니거나 도보로 다녔다. K.K.의 아버지는 매우 영적인 사람으로, 순찰을 도는 동안 전통적인 휴양지인 외딴 아쉬람을 방문하여 성자들과 요기들을 만날 수 있었다.

그는 알려지거나 알려지지 않은 몇몇 위대한 성자들을 따르는 헌신자가 되었고, 그분들은 마을을 지나갈 때마다 그의 집을 찾아왔다. 님 카롤리 바바(마하라지)도 그분들 중 한 분이었다. K.K.는 그때마다 과자를 먹게 되어서였는지, 잔치가 열린 것처럼 마음이 들뜨곤 했다고 회상한다. 마하라지가 처음 집에 왔을 때, 그는 또 다른 위대한 성자인 하이라칸 바바가 잠을 잤던 침대가 어디에 있는지를 묻더니, 그 침대 위에 누워 보았다.

K.K.의 아버지는 K.K.가 아주 어렸을 때 세상을 떠났고, 가족의 구루였던 마하라지는 여러 면에서 그의 아버지 노릇을 하게 되었다. 하지만 세상에 그런 아버지가 어디에 또 있겠는가! K.K.는 학교를 빼먹고는 마하라지와 함께 언덕을 산책하곤 했다. K.K.의 담임선생님은 마하라지를 따르는 헌신자로서, 마하라지를 만날 수 있도록 K.K.가 주선해 주기만 하면 그를 출석으로 표시해 주곤 했다. 하지만 그런 것이 마음에 걸렸는지, 선생님은 아주 가끔씩은 K.K.가 수업에 실제로 참석하고 있는데도 "넌 결석을 너무 많이 했으니, 오늘은 결석으로 표시하겠다!"고 말하기도 했다.

K.K.는 나를 위해 통역을 해주었을 뿐만 아니라 (그는 시위원회

서기로 일했는데, 영어를 아주 잘 했다), 그와 마하라지 사이에, 그리고 마하라지에게서 나에게 흐르는 사랑을 실감나게 전해주었다. 나는 K.K.와 함께 살면서 그의 여동생 비나가 장작불로 요리한 음식을 먹고, 그들이 함께 매일 예배를 드리는 것을 지켜보면서, 성자들에 대한 그들의 사랑과 존경심을 느낄 수 있었고, 이는 내가 통과해 가고 있었던 변화에 단초를 제공해 주었다. 그들로 인해, 마하라지가 내 존재의 깊은 곳으로 터널처럼 열어주었던 가슴의 연결이 더욱 강화되었다. K.K.가 성자들을 존중하고 사랑하는 방식은 내 안에서 일어나고 있었던 변화에 큰 틀을 제공해 주었던 것 같다.

그럼에도 불구하고, 가슴이 울리는 그 경험은 처음에는 나에게 너무 낯설었다. 40년이 지난 지금 돌이켜보면, 머리를 열심히 굴려가며 마하라지와의 만남을 해석하려고 애썼던 것 같다. 처음 만났을 때, 그는 내가 그 전날 엄마 생각을 하고 있었지 않느냐고 말했는데, 제삼자인 그가 그런 것을 안다는 것은 도저히 불가능한 일이었다. 도대체 어떻게 그런 일이 있을 수 있단 말인가! 처음에는 마하라지가 내 마음을 읽었다는 사실에 집중했다. 실제로 나를 변화시켰던 것은 내 가슴이 열렸기 때문이라는 것을 깨닫기까지는 10년이 걸렸다.

당시의 나는 그가 내 마음을 읽었다는 것 때문에 완전히 흔들렸다. 그가 그렇게 내 마음을 읽을 수 있다면, 내가 감추고 싶어 하는 비밀들도 훤히 들여다볼 수 있을 것이라고 생각하면서, 땅바닥만 내려다보고 서 있었다. 나에 대한 모든 것을 알고 있는 사람을 만나게 된다는 것은, 상상도 할 수 없는 일이었다.

죄책감으로 가득 차서, 나는 결국 마하라지를 올려다보았다. 그의 얼굴이 바로 내 코 앞에 있었다. 그의 눈과 마주쳤을 때, 나는 그의 눈빛에서 사랑을 느꼈다. 그는 사랑이 가득한 눈으로 나를 바라보고 있었다. 아무 조건이 없는 사랑이었다. 모든 것을 다 알고, 모든 것을 다 받아들이는 사랑이었다. 지금까지 내가 살아오는 동안 지어낸 모든 불순물들이 깨끗이 씻겨 나가고 있는 것 같았다. 그렇게 나는 사랑의 샤워를 하고 있었다.

> 그대가 그대 자신을 사랑하는 것보다
> 그대를 더 사랑합니다.
> ―메허 바바

나는 그가 나에 대해 도는 것을 알고 있다는 것을 알았기 때문에, 나의 모든 것이 다 용서받았다고 느꼈다. 그는 모든 것을 알고 있었고, 그럼에도 여전히 나를 사랑하고 있었다. 얼마나 아름다운 일인가!

그의 사랑은 내가 품고 다녔던 모든 죄책감과 수치심, 나라는 인간의 개성을 구성하는 무의식적 소품들이었던 감정들을 깨끗이 씻어주었다. 그 한 번의 눈 마주침과 더불어 내 에고의 사상누각이 여지없이 무너져 내렸고, 성인이 되고 나서는 처음으로 나 자신을 순수한 한 영혼으로 보게 되었다.

그 후 10년 동안, 사람들은 그 만남에서 무슨 일이 있었길래 내가 그렇게 변화되었는지를 물었고, 내가 말할 수 있는 것은 그가 마음을 읽는 사람이라는 것뿐이었다. 그게 아니라는 것을 깨닫기까지, 10년이 걸렸다. 그가 귀신같이 내 마음을 안다는 것이 나를 무장해제시킨 것이 사실이지만, 내 가슴을 열어준 것은 사랑이었다.

개성을 초월하는 사랑

가슴(Heart)이라고 하면, 육신의 심장이나 심장 부위를 가리키지만, '마음'의 뜻으로 쓰일 때에는 '가슴에 맺히다', '가슴이 미어지다'의 쓰임에서처럼 '감정적인 가슴'을 가리키기도 하고, '가슴으로 새기다'의 쓰임에서처럼 '영적인 가슴'을 가리키기도 한다. 둘 다 '가슴'이지만 서로 다른 의식 수준을 나타낸다. 우리 모두에게 친숙한 '감정적인 가슴'은 로맨스와 시가 일반적으로 다루는 감정이다(신비적인 시는 제외). 감정적인 사랑은 우리의 가슴을 고동치게 하는 끌림과 증오, 질투, 달콤함, 부드러움 등의 모든 극적인 느낌들을 두루 망라한다. 이런 사랑에는, 집착심을 계속해서 만들어내어 우리의 에고를 고착시키는 고리들이 장착되어 있다.

두려움, 분노, 정욕, 시샘과 같은 대부분의 감정은 우리의 개성 및 의식적, 무의식적 마음의 충동, 생존과 종족보존의 본능과 연결되어 있다. 사랑은 감정적 스펙트럼의 일부이지만, 우리의 영혼에서 방사되어 나온다는 점에서 다른 감정들과 차별화된다. 우리의 에고가 투사되어 혼돈스러워질 때에도, 사랑은 실제로 우리들 존재의 더 높은 본질, 곧 영과 합쳐져서 '하나'에 근접한 부분에서 시작된다.

감정은 생겨나서 일어나고 사라지면서 우리의 마음 속에서 해석된다. 화가 나면, 우리는 마음 속으로 분노를 느낀다. 감정과, 그 감정을 촉발하는 외부 자극이나 내적 충동(대개 분노로 이어지는 좌절)이 마음속으로 들어와 마치 돌풍처럼 생각을 휘저어 놓는다.

싯디 마는 마하라지의 아쉬람을 하나 되게 하는 놀라운 여성이다. 그녀는 어려서부터 성자들에게 끌리는 마음이 컸다. 혼자가 되어 자녀들이 다 성장하고 난 뒤에는, 줄곧 마하라지의 아쉬람에서 살았다. 그녀는 분노에 대해 말하기를, "일단 불이 붙으면, 결국 자기 자신을 다 태워버린다."라고 했다. 충동 단계에서 알아차리지 못하면, 자신이나 다른 사람들에게 고통을 야기하고 나서야 없어진다.

감정은, 습관적인 패턴에서 나오든 자발적인 반응에서 나오든, 그 자체로 생명력을 갖고 있는 것 같다. 감정은 우리의 주변 환경에 대한 여러 차원의 정보를 우리에게 제공해 준다. 그것은 마치 우리를 높이 들어올렸다가 내동댕이치면서 우리를 제자리로 다시 내려놓는 파도와도 같다.

감정적인 사랑을 느낄 때, 우리는 그 파도에 올라타고, 파도가 가라앉으면 다시 사랑에 목말라 한다. 우리의 정신은 감정적인 사랑의 필요 위에 세워져 있다. 우리의 마음은 그 언저리에서 현실 전체를 창조한다. 그런 식으로 거의 모든 사람들이 감정적인 사랑을 필요로 하고, 그것을 얻지 못할 때는 박탈감을 느끼거나 불안해한다. 우리의 마음은 우리에게, 감정적인 사랑을 더 많이 받을수록 더 나은 삶을 살게 된다고 속삭인다.

우리 문화는 사랑을 거의 전적으로 대인관계와 그 반응들에 관련시킨다. 감정적인 사랑은 외적인 만족감에 기반하는데, 그런 외적 만족감은 우리의 사랑 상태를 그대로 반영한다. 그것은 내면에서 나오는 사랑의 느낌을 바탕으로 하는 것이 아니다. 바로 그것이, 우리가 계속적으로 더 많은 사랑을 필요로 하는 이유이다. 누군가를 감정적으로 사랑할 때는, 사랑에 대한 상대방의 피드백을 필요로 하기 때문에, 집착심이 강해진다. 우리는 그렇게 관계에 너무 사로잡혀서 살기 때문에, 사랑 안에서 산다는 것이 어떤 것인지 그 참맛을 알기가 어렵다.

사랑에 빠졌던 여자와 헤어진 적이 있다. 감정적 소용돌이 속에서 고통을 겪었지만, 몇 주 후에 나는 내가 여전히 사랑 안에 있다는 것을 깨달았다. 더 이상 그녀와 함께하고 있지 못했고, 영원히 갈라섰지만, 나는 마지못해 그 사실을 받아들였다. 하지만 나는 여전히 내 안에서 사랑을 느끼고 있었고, 그것을 안고 다니고 있었으며, 내 가슴은 여전히 활짝 열려 있었다. 나는 사랑을 받을 사람이 있든 없든 사랑 안에 있을 수 있다는 것을 깨달았다. 사랑은 내 안에 있다는 것, 그리고 사랑과 그 사랑의 대상이 반드시 같은 상태 안에 있는 것은 아니라는, 고통스럽지만 깊은 깨달음이었다.

사랑은 사실 존재의 한 상태이자 신성한 상태이며, 우리 모두가 그리로 돌아가고 싶어 하는 상태이다. 외부에 존재하는 사랑의 대상은 사랑의 느낌을 자극하지만, 그 사랑은 우리 안에 있다. 우리는 그것을 외부에서 오는 것으로 해석하고, 그래서 우리는 사랑을 소유하고 싶어 한다. 우리 안에 이미 있는 것을 구하려고 바깥을 향해 손을 뻗치는 것이다.

사랑의 방정식은, 우리가 사랑을 보다 보편적인 방식으로, '하나임'에 도달하기 위한 하나의 길로서 이해하게 될 때, 바뀌게 된다. 우리는 우리의 가슴에 이르는 열쇠, 사랑하는 이에게 이르는 열쇠를 소유하려고 애쓸 수 있지만, 조만간 그것이 불가능한 일임을 알게 된다. 그 열쇠를 소유한다는 것은 그것을 잃는 것이다. 역설적이게도, 내면으로부터 우리를 밝혀주는 영혼의 사랑을 찾기 위해서는 감정적인 사랑을 해방시켜야 하는 것이다.

인도의 대서사시 『라마야나 Ramayana』를 새롭게 다시 쓴, 16세기의 시인이자 성자인 툴시 다스에 관한 이야기가 있다. 툴시 다스는 아내를 깊이 사랑했는데, 어느 날 아내가 그에게 말했다. "당신이 더러운 이 육신에 집착하는 것의 절반만큼만 신께 집착했다면, 당신은 지금쯤 해탈했을 거예요." 그는 그녀의 그 말에 깨어났다.

마하라지는 나에게 개인성을 초월하는 사랑이 실제로 가능하다는 것을 보여주었다. 나는 그의 사랑이 얼마나 큰지 경험했지만, 그는 자신의 사랑에 대한 보답 같은 것을 필요로 하는 사람이 아니었다. 처음에 나는 감정적인 사랑에 대한 나의 오래된 습관을 그대로 지닌 채 살고 있었다. 그래서 그는 내 애정의 대상이 되었다. 나는 그와 사랑에 빠졌다. 처음부터 나는 그가, 나를 사랑했던 그 어떤 사람보다 나를 더 사랑한다는 것을 느낄 수 있었다. 예전에는 느껴본 적 없는 새로운 차원의 사랑이었다. 그리고 그 사랑은 계속 이어졌다. 그것은 또 다른 세계의 사랑이었다.

그의 현존은 내가 나의 영혼 안에 있을 때에만 알아볼 수 있는 무엇이었다. 내가 나 자신의 현존 속으로 더 깊이 들어갈수록, 나는 그의 사랑을 더 온전히 느낄 수 있었고, 뚜껑이 더 많이 열렸으며, 사랑이 더 많이 흘렀다. 깊이 들어갈수록, 더 많은 사랑이 있었다. 결국 그 사랑은, 나의 일상적인 깨어 있는 의식으로는 감당할 수가 없을 정도가 되었다.

나는 점차 그의 사랑이 개인으로서의 나 자신에 대한 것이 아님을 알아차리기 시작했다. 나는 그것이 나를 향한 것이 아니라는 것을 깨달았지만, 그 사랑에 몸을 담글 수 있었고, 그렇게 사랑에 나를 담그자 모든 부정적인 생각과 감정이 깨끗이 지워졌다. 나는 그것을 속으로 느꼈고, '우와, 이곳은 내가 한 번도 와본 적 없는 곳이네.'라고 생각했다. 신경과민적인 나의 에고는 전에는 한 번도 그리로 가도록 나에게 허락해 본 적이 없었다.

감정적 만족에 대한 욕구의 필요성과 함께, 그런 만족감을 잃을지도 모른다는 불안감이 서서히 스러져갔다. 그 사랑을 잃을까 봐 두려워질 때마다, 나는 여전히 과거의 그 어느 때보다 큰 사랑에 감싸여 있다는 것을 깨달았다. 나는 "람, 람, 람"이라고 입술을 달싹거리며 말하는 그의 모습을 보면서, 사랑이 물결쳐 오는 것을 느끼곤 했다.

내가 사랑을 받고 싶다는 개인적인 욕망을 포기할수록, 그의 존재와 내 존재 사이의 거리가 줄어들었고, 그가 훨씬 더 가깝게 느껴졌다. 그가 몸을 떠난 후에도, 그를 향한 나의 사랑은 멈추지 않았다. 내 사랑은 그의 형상에 한정되어 있지 않았다. 우리는 사랑 안에서 하나였다. 우리는 그냥 함께 있을 수 있다, 사랑 안에.

내가 내 자신 안으로 더 깊이 들어갈수록, 사랑은 더욱 커진다. 이것은 피상적인 이야기가 아니다. 그가 죽었다고 해서 사랑이 사라진 것은 결코 아니었다. 과거에는 내가 인도에서 스승님 곁에 있을 때만 그 사랑을 느낄 수 있곤 했는데, 이제는 그렇지 않다. 이 순간을 깊이 음미하기만 하면, 사랑을 느낄 수 있다. 처음에는 마하라지를 사랑의 원천으로 삼았지만, 내 안에도 똑같은 사랑이 있다는 것을 서서히 확신하게 되었다. 그리고 그런 사랑의 기쁨은, 언제나 흐르는 샘처럼 마르지 않는다.

이제 그는 그 모든 것 뒤안에서 웃고 계신다, 온통 사랑뿐인 존재 자체로. 마하라지의 가르침은 바로 사랑이다. 그는 그 누구도 비판한 적이 없다. 내가 더 많이 열릴수록, 나는 그 사랑을 더 많이 받아들일 수 있다. 사랑은 여정의 전부이다. 시작이고, 중간이고, 끝이다.

가슴-마음*

잠시 동안 가슴-마음을 울리는 영혼의 사랑이 비롯되는 지점이 어디인지 가늠해 보자. 인도의 성자인 라마나 마하르쉬가 그의 가슴 한가운데에서 진아眞我를 경험했을 때, 그가 '가슴'이라고 한 것은 그의 심장도 아니었고 우리가 흔히 '가슴 아프다'고 할 때의 그 '가슴'도 아니었다. 그것은 그의 영적인 심장, 곧 '의식의 자리', 퀘이커 교도들이 말하는 '하나님의 작고 고요한 소리가 비롯되는 자리'였다.

가슴-마음은 에고가 아니다. 우리의 에고는 우리가 자기 자신이라고 '생각하는', 끊임없이 변화하는 생각 다발이다. 우리는 각자 사념체들과 느낌들로 '나'라고 하는 건축물을 짓는다. 에고는 우리가 진짜라고 받아들이는 일련의 생각들과 감정들 위에 겹겹이 쌓아 올려진 '자아의 개념'이다. 에고를 갖는다는 것이 나쁠 것은 없다. 건강한 개성을 살기 위해 생각과 느낌은 반드시 필요한 것이기도 하다. 하지만 에고를 자기 자신과 너무 강하게 동일시하여 그것만이 전부라고 생각한다면,

---

* heart-mind. 뇌와 심장이 통합된 마음자리. '마음'은 사람이 다른 사람이나 사물에 대하여 생각, 인지, 기억, 감정, 의지, 그리고 상상력의 복합체로 드러나는 지능과 의식의 단면을 가리키는데, 여기에는 뇌의 인지 과정도 포함된다. 영어권에서 mind는 주로 뇌와 관련되고, heart는 가슴(심장)과 관련된다. 이 책에서 '마음(Mind)'은 생각, 기억, 판단, 분별 등을 담당하는 '머리(뇌)에서 일어나는 작용'을, '가슴(heart)'은 직관이나 감성을 담당하는 '심장에서 일어나는 작용'을 지칭하기로 한다.

그렇게 제한된 관점으로 인해 자기 자신의 참자아를 볼 수 없게 된다.

나는 심리학자로서 항상 이러한 생각의 다발들을 다루어 왔다. 서양인으로서 나의 심리적 자아는 내가 '나의 마음'이라는 전제를 바탕으로 한다. 프로이트의 학설에 대한 훈련과 여러 해 동안의 정신분석을 통해서도, 나는 나의 가슴-마음의 문을 열지 못했다.

이성적인 마음을 통해서는 영적인 가슴에 도달할 수 없었다. 가슴이 열리려면, 머리로 생각하는 마음이 멈춰야 했다. 파탄잘리가 요가 체계의 기초가 되는 『요가 수트라』에서 말했듯이, "합일(요가)은 생각의 파도가 멈출 때 일어난다."

> 당신과 나를 묶어주는 사랑의 줄, 그 진실은 나의 영혼만이 압니다. 내 영혼은 언제나 당신과 함께합니다. 이것이 내 사랑의 진실임을 알아주세요.
> —『라마야나』, 시타에게 보내는 람의 메시지[3]

마하라지를 처음 만났을 당시, 그가 처음 본 나를 향해 내가 간밤에 6개월 전에 세상을 떠나신 엄마를 생각하고 있었다고 말했을 때, 나는 그만 마음이 무너지고 말았다. 나는 누구에게도 그 사실을 발설한 적이 없었다. 그러니 그가 그런 것을 알 리 없었다. 그런데도 그는 나의 가슴을 들여다보고 있었다. 엄마에 대한 나의 깊은 사랑과 슬픔 같은 나의 내밀한 생각들과 느낌들을 그가 알고 있다는 사실은, 나를 문자 그대로 '찢어놓았다'. 나로서는 도저히 생각할 수도 없는 일이었다. 그는 나의 영적인 심장(가슴)의 문을, 나의 가슴-마음의 문을 열었다, 엄마에 대한 나의 사랑과 나를 향한 그의 사랑을 통하여. 그는 예전에 내가 받았던 그 어떤 사랑보다 더 많이 나를 사랑했다. 앞서 말했듯이, 그렇게 가슴이 열리고 난 후에도, 나는 그의 타심통에 초점을 맞추고 있었지만.

영적 수행을 함에 따라, 나는 내 마음을 지켜보기 시작했다. 나는 내 눈이 보는 것을 알아차리고, 내 몸 안에서 생기는 느낌을 알아차렸다. 그렇게 지켜보는 의식은 가슴-마음의 일부이다. 가슴-마음은 내면으로 향하는 인식, 내면의 영적 우주에 대한 인식이다. 그리고 그 인식의 본질과 거기에 수반되는 느낌은 사랑이다.

사람들은 본능적으로 자신들의 인식을 자기 자신이라고 생각한다. 사람들에게 당신은 누구냐고 물으면 대개는 자기 가슴을 가리킨다. 인식이 일어나는 자리는 머릿속에 있는 생각하는 마음 안에 있는 것이 아니다. 가슴마음에 있다. 인지 심리학은 의식의 메커니즘을 밝혀내지 못했다. 우리의 인식은 개별적인 것이며, 더 넓게는 신의 인식의 일부이기도 하다. 그것은 다르지 않다. 우리는 신의 광대한 인식의 손가락들, 혹은 덩굴손들이다.

서양에서는 인식을 가슴-마음이 하는 일이라기보다는 생각이 하는 일이라고 여긴다. 그러나 사실 우리의 인식의 근원은 가슴-마음이다. 우리 자신을 에고로 여기지 않고 가슴마음이라고 여기는 것이 영적인 변화의 시작이다. 순수한 인식은, 영혼의 영역이다. 개인이 윤회전생을 통해서 이루어야 할 영적인 과업은, 자기 자신을 에고가 아닌 영혼으로,

> 신적 참자아인 아트만은 몸과 분리되어 있다. 아트만은 둘이 없는 '하나'로 순수하고, 자체발광하며, 속성이 없이 두루 퍼져 있다. 그는 영원한 목격자이다. 이 아트만을 아는 자에게 복이 있을지니, 왜냐하면 비록 몸을 입고 있을지라도 그는 몸에 붙어다니는 특성과 변화로부터 자유로울 것이기 때문이다. 그만이 영원히 '참나'와 하나 되리니.
>
> —스리마드 바가바탐

영적인 참자아로 보게 되는 변화의 과정이라고 할 수 있다. 영혼의 본질은 단지 인식만이 아니라, 사랑과 연민, 평화와 지혜이기도 하다.

인도에서는 마음의 차원들을 더 명확하게 나눈다. 생각하는 마음에서 가슴-마음까지, 세 차원이 있다. 생각하는 마음은 마나스manas 이다. 직관적인 지성과 분별력은 붓디buddhi 이다. 개인적인 '나'에 대한 순수한 인식은 가슴-마음이자 목격자로서 아함카라ahamkara 이다. 마음의 이런 차원들은 모두 개별 영혼, 즉 지바트만 jivatman 에서 나오는 것이며, 이는 모든 것을 아우르는 우주적 영혼인 아트만 atman 과 우리를 연결한다.

이러한 마음의 차원들은 우리를 아트만, 즉 우주적 영혼으로부터 분리시키는 일련의 베일 혹은 환상(마야)이라고 할 수 있다. 달리 말하자면, 이것들은 의식적 우주를 상징적이고 단순한 방식으로 표현한 것이다. 아트만이라는 우주 의식은 우리 개인의 영혼인 지바트만을 통해 구체적으로 표현된다. 자아에 대한 우리의 가장 기본적인 경험은 개인의 인식인 아함카라이다. 더 높은 마음, 즉 붓디는, 순수한 인식과 형상의 세계를 연결시켜 주는 분별력 있는 지혜이다. 날이면 날마다 우리를 감각적 경험과 동일시하게 하는 여러 생각들과 느낌들의 연속체는 마나, 즉 생각하는 마음이다. 물론 이것들은 단지 명칭들일 뿐이다.

실로시빈을 처음 복용했을 때, 나는 아트만을 경험했고 나의 정체성과 몸을 입게 된 나의 화신化身의 모든 층들layers을 목격했다. 하지만 나는 생각하는 마음에 대한 집착의 힘 때문에 그 정체성을 유지할 수 없었고, 그 안에 머물 수 없었다. 나는 여전히 나 자신을 심리학자로 자리매김하고 있었다. 환각 여행에서 내려오는 것은, 생각에 의해 매개되지 않은 참자아에 대한 직접적인 경험의 영역에서 생각하는 마음으로 내려오는 것이었다. 나에게는 그런 경험이 있었기 때문에, 인도에 도착했을 때, 나는 마하라지를 아트만의 차원에서 만날 수 있었다.

가슴의 자리가 나의 집

마하라지와 함께 있게 된 초기에, 나는 그가 모든 것을 알고 있다는 것과, 나를 아무 조건 없이 사랑하고 있다는 것, 이 두 가지 면에 초점을 맞추었다. 이 두 가지를 나 자신 안에 통합하는 데에, 그렇게 할 수 있는 존재의 깊이를 이해하기까지, 오랜 시간이 걸렸다. 나는 나의 머리가 아니라 나의 가슴-마음이라는, 정체성의 변화를 통과해야 했다.

마하라지와 함께한 첫날 아침 마하라지가 했던 일을 자꾸 되새김질하게 된다. 그것은 단순한 마음읽기가 아니었다. 그분은 나를 아무 조건 없이 사랑해 주셨고, 그 사랑이 나를 '하나임'으로 이끌어주었던 것 같다. 이제 나는 그것을 은총이라고 생각한다. 그 은혜로운 사랑은 인식과 사랑이 가슴-마음 안에서 통합되도록 허용해 주었고, 의식의 하늘의 지평을 열어주었으며, 나로 하여금 '하나임'을 경험하게 해주었다. 은총은 사랑과 인식이 만나는 자리에서 일어난다. 그곳은 모든 것이 열려 있고 모두가 사랑인 자리이다. 나는 만물을 '하나'로 볼 수 있지만, '하나'가 되게 하는 것은 은총이다. 그분은 나에게 잠시나마 그것을 경험할 수 있는 은총을 베풀어 주셨다. 고향 집에 돌아온 듯한 깊은 안도감이었다. '하나'는 인식과 사랑이지만, 이 둘의 합계보다 더 큰 무엇이고, 그것이 곧 고향 집이다.

　당시에는 이 모든 느낌과 경험이 한꺼번에 몰아쳐서 일어났고, 40년이 지난 지금도 여전히 통합 중이다. 하지만 내가 마하라지를 믿고 그를 길잡이로 삼아 가슴의 길로 들어설 수 있었던 것은, 사랑 때문이었다. 그분의 사랑 안에서 나는 완전히 안전하다고 느꼈고, 두려움과 무가치함을 잠시 내려놓고 나의 영혼, 나의 지바트만 안으로 들어갈 수 있었다.

　마하라지와 함께 있을 때는, 세상 전체가 사랑으로 가득 차 있는 느낌이었다. 나는 그것이 그의 현존으로 인해 그렇게 느껴졌다는 것을 깨달았다. 그는 신께 이르는 문이었다. 그의 의식은 나의 의식을 마음대로 가지고 놀아서, 마치 큰 물체가 작은 물체를 끌어당기는 중력처럼 나를 끌어당겼다. 우리의 관계는 나의 내면의 여정이다. 마하라지는 나의 내면의 참자아이다.

　마하라지는 나에게 모든 사람을 사랑하라고 가르쳤고, 그 가르침은 내 안에서 울려 퍼졌다. 나는 점차 내가 모든 사람, 모든 것을 다 사랑한다는 것을 알아차리기 시작했다. 사람들의 개성까지 다 사랑하는 것은 아닐지라도, 나의 본질이기도 한 그들 존재의 본질 자체를 사랑했다. 그것이 바로 지바트만에서 나오는 영혼의 지각이다. 사랑이 인식과 결합하면, 가슴-마음과 영혼으로 통하는 문이 열린다. 그는 나를 위해 그것을 함께 가져다주었다. 가슴-마음, 곧 영적인 가슴은 인식과 사랑이다.

　나의 길은 모든 사람과 모든 것에 대한 그 사랑을 나날이 깊게 하는 것이다. 그것이 내가 마하라지를 섬기는 길이고, 다른 사람들로

하여금 자신들의 영혼에 조율하도록 돕는 방법이다. 내가 내 영혼에 깃든 사랑과 기쁨을 발산하고 있으면, 그 사랑과 기쁨은 나에게 다시 돌아온다. 내가 영혼에 접속된 상태에 있으면, 나는 그 영혼의 환경 속에서 살고 있는 것이고, 그럼으로써 다른 사람들 역시 저마다 자신들의 영혼으로 들어갈 기회를 주게 된다.

누군가가 불러서 문을 열고 밝은 햇빛이 비추는 곳으로 나아가면, 그 온기를 느낄 수 있게 된다. 이것은 개념이 아니다. 지식으로 되는 일이 아니다. 그런 상태로 존재할 수 있을 뿐이다.

내가 곧 사랑이다

나는 '내가 곧 사랑'이라고 나 자신에게 말하는 연습을 한다. 먼저, 나는 내 가슴의 한가운데, 가슴-마음에 주의를 집중한다. 몇 차례 심호흡을 하는 것이 주의 집중에 도움을 준다. 나는 사랑을 들이마시고 사랑을 내쉰다. 나는 내 마음을 구성하는 모든 생각을 지켜보고, 모든 것을, 내가 인식할 수 있는 모든 것에 사랑을 보낸다. 나는 그저 사랑하고, 사랑하고, 사랑하면서, 사랑 안에 있다.

나는 당신을 사랑한다. 당신이 아무리 부패했더라도, 나는 당신을 사랑한다. 당신은 신의 현현의 일부이기에. 사랑의 가슴마음 안에서는, 나는 리처드 앨퍼트도 아니고, 람 다스도 아니다. 그것들은 역할들일 뿐이다. 나는 더 깊은 '나'의 시선으로 그 역할들을 바라본다. 가슴마음 안에서 보면, 나는 나의 역할들이 아니다. 그것들은 옷장에 걸려 있는 의상들이나 유니폼들과 마찬가지다. "나는 독자다.", "나는 아버지다.", "나는 수행자다.", "나는 남자다.", "나는 운전사다."—이것들은 모두 역할들이다.

나의 전 존재는 사랑이다. 나는, '내가 곧 사랑이라는 깨어 있는 인식'이다. 그것은 내가 어디를 보든, 나의 인식이 닿는 것이 무엇이든, 나의 사랑을 받게 될 것이라는 뜻이다. 그 사랑의 인식이 가장 근본적인 '나'이다. 사랑의 인식은 우리가 에고로서 살아가는 차원과는 다른 의식의 차원에서 '몸을 입고 살아가는 나'를 목격하지만, 나날의 경험을 완전히 포함하고 서로 스며든다.

아침에 일어나면, 나는 공기와 천장의 팬을 인식하고, 그것들을 사랑하게 된다. **나는 사랑의 인식이다.** 하지만 내가 에고로 있게 되면, 나는 모든 것을 나의 생존과 관련시켜서 판단하게 된다. 공기는 나를 감기에 걸리게 할 수 있고, 감기가 심해지면 폐렴이 될 수도 있다. 나는 나 자신을 방어하지 않으면 안 되는 세상 속에서 두려움을 갖고 살아간다. 내가 나를 에고와 동일시하게 되면, 에고는 자신이 죽게 될 것임을 알고 어리석게도 겁을 먹는다. 하지만 내가 사랑과 하나가 되면, 두려워할 것이 없다. 사랑은 두려움을 무력화시킨다.

내가 곧 사랑이라는 인식, 사랑의 인식이 바로 영혼이다. '나는 사랑의 인식'이라는 연습은, 영혼을 향해 안으로 방향전환을 하게 한다. 영혼 속으로 충분히 깊이 들어가면, 신께 나아갈 수 있다. 그리스어로 그것은 아가페, 즉 '신의 사랑'이라고 불린다. 마틴 루터 킹 주니어 목사는 이 아가페, 더 차원 높은 사랑에 대해 이렇게 말했다. "그것은 순전히 자발적이고, 동기가 없고, 근거가 없고, 창조적인, 넘쳐나는 사랑이다. …인간의 가슴 속에서 작용하는 신의 사랑이다."[4]

마하라지가 전파하는 사랑, 무조건적인 사랑이 바로 그런 사랑이다.

그는 당신을 그냥 사랑한다. 아무 이유 없이 사랑한다. 자발적이고, 동기가 없고, 근거가 없는 사랑. 그는 당신이 뭔가를 성취했거나 헌신자이기 때문에 사랑하는 것이 아니다. 요기이기 때문에 사랑하는 것이 아니다. 수행자이기 때문에 사랑하는 것이 아니다. 그는 그냥 당신을 사랑한다. 당신은 그것을 받아들일 수 있는가? 무조건적인 사랑을 받아들일 수 있는가?

무조건적인 사랑을 받아들일 수 있다면, 당신은 그런 사랑을 줄 수 있다. 당신은 당신이 인식하는 모든 것에 항상 사랑을 줄 수 있다. 나는 사랑의 인식이다. 눈이 보고, 귀가 듣고, 피부가 느끼고, 마음이 꼬리를 물고 이어지는 생각을 만들어낸다는 것을 알아차릴 수 있다. 생각은 끔찍하게 유혹적이지만, 그 생각과 당신 자신을 동일시할 필요는 없다. 당신은 생각들이 아니라, 그 생각들을 알아차리는 인식이다. 당신의 인식하는 모든 것을 사랑으로 인식하려면, 당신은 사랑으로 존재해야 한다. 이 순간이 사랑이다. 나는 사랑의 인식이다.

당신이 사랑을 발산하면, 그때 당신은 자기 자신을 사랑의 바다에 담그게 된다. 당신은 사랑을 되돌려받기 위해 사랑을 내보내는 것이 아니다. 사랑은 거래가 아니다. 당신은 그저 주변 사람들에게 사랑의 등불이 되어주는 것이다. 마하라지의 존재 자체가 바로 그렇다. 그렇게 사랑으로 존재하게 될 때, 당신은 깨어나는 순간부터 잠들 때까지, 그리고 꿈속에서도, 사랑에 에워싸여 있게 된다.

당신의 생각 형태들을 알아차리고 그것들을 당신과 동일시하지 않도록, '내가 곧 사랑'이라는 알아차림을 연습해 보라. 그러면 당신은 당신을 두려움과 불안이 아닌 자신의 영혼과 동일시할 수 있게 된다.

일단 당신이 영적 존재라는 사실을 받아들이게 되면, 당신은 '사랑'일 수밖에 없다.

간단하다. 나는 내가 인식하고 있다는 것부터 알아차리고, 그러면 나는 모든 것을 사랑하게 된다. 마음 속에서 일어나는 것은 모두 생각이고, 생각은 내가 곧 사랑이라는 알아차림의 인식이 아니다. 설령 그것이 생각이라 할지라도, 사랑의 인식은 생각이 아닌 자리를 가리켜 보인다. 그것은 공空의 개념이 가리키는 존재 방식의 한 상태를 가리켜 보이는데, '텅 빈 충만'이라 할 수 있을 것이다.

영혼들은 사랑한다. 영혼들이 하는 일이 바로 그것이다. 에고들은 사랑하지 않지만, 영혼들은 사랑한다. 한 영혼이 되어 주위를 둘러보면, 놀라지 않을 수 없을 것이다. 주변의 모든 존재들이 영혼들로 보일 것이기 때문에. 모두가 하나다. 그러니 하나로 존재하고, 하나를 보라.

이러한 가슴의 연결 상태에 있는 사람들이 많아질수록, 우리는 모두가 하나라는 것을, 행성 위의 모든 인간 존재들이 하나라는 것을 알게 될 것이다. 우리는 하나이고, '하나의 사랑'이다.

동물들, 나무들, 구름, 은하계도 마찬가지다. 모두가 하나이다. 하나의 에너지이다. 저마다 개별적으로 표현되어 나타나지만, 하나의 에너지이다. 에너지라고 부를 수도 있고, 사랑이라고 부를 수도 있다. 나는 나무를 바라보고 있으면서도 그것을 사랑이라고 알아차리는 것을 좋아한다. 당신은 그렇지 않은가?

사물들이 실제로 있는 것이 아니라고 해도
진실을 놓치게 되고,

사물들의 텅 비어 있음을 확신해도
진실을 놓치게 된다.
말이 많고 생각이 많으면
더욱 더 진실에서 멀어져 상응치 못함이요
말이 끊어지고 생각이 끊어지면
통하지 않는 곳 없으리라.

근본으로 돌아가면 본질을 알게 되고,
모양이나 '깨달음'을 추구하면 '근본'을 놓치게 된다.
잠깐 동안이라도 깨어 있으면
모양과 공空을 두루 뛰어넘으리라.

—승찬, 『신심명 信心銘』[5]

제2장

●

무거운 짐 내려놓기

삶은 경험의 연속이다. 우리가 처한 상황에 깨어 있지 못하면, 하나의
경험은 더 많은 경험을 하고 싶다는 집착으로 우리를 몰아간다. 만물의
하나됨과 우리의 참자아를 순간적으로라도 알아차리기 시작하면, 우리
의 시야가 바뀌게 된다.

우리에게 주어진 각각의 경험들은, 거기에 함몰되지 않고 깨어
있으면서 사랑을 확장하라는 가르침의 장치들이다. 우리가 깨어나기
시작하면, 경험은 성찰과 관상으로 이어진다. 우리가 더 깨어 있을수록,
경험은 정화의 불, 에고를 불 태우는 마당, '진화하는 의식의 방앗간'을
위한 곡식, 영혼을 속박에서 벗어나게 해주는 음식이 된다.

우리를 에고에 묶어두는 마음 보따리의 본질은 무엇일까? 에고에
대한 집착은 생각의 습관들이고, 경험의 찌꺼기, 우리가 발전시키고
강화해 온 욕망들, 혹은 무의식적인 충동과 성향일 수도 있다.

집착들은 우리가 '나'라고 부르는 에고의 '변화무쌍한 사고 형태와 감정들의 엉겨붙은 다발'을 만들기 위해 공모한다. 우리는 '나'라고 자신만만하게 내세우곤 하지만, '나'란 사실 항상 변하는 생각들과 감정들과 느낌들의 집합체일 뿐이다. 어느 날 아침 나는 깨달음에 관해 생각하며 일어나고, 다음 날 아침에는 세계의 정치와 환경 재앙에 대해 생각하며 깨어난다. 다음 날에는 이 책을 끝낼 수 있을지 걱정한다. 우리의 에고를 형성하는 이러한 일시적인 경험들은 덧없이 지나가는 쇼의 깜박이는 이미지들과도 같다. 당시에는 모두가 진짜인 것 같지만, 세상에 변하지 않는 것은 없다.

이러한 에고에 대한 집착에서 벗어나는 첫 번째 단계는, 지켜보는 자의 시선을 확보하는 것이다. 우리에게는 헤아릴 수 없이 많은 '나'가 있지만, 다른 모든 '나'를 지켜보는 '나'가 있다. 지켜보는 자는 의식의 다른 차원 위에 있다. 그것은 단지 또 하나의 역할이 아니다. 그것은 가슴-마음의 일부이다.

참나는 지켜보는 자이고,
모든 곳에 두루 미치고 완전하며,
자유롭고, 한마음이며,
움직임이 없고,
어디에도 집착하지 않으며,
아무런 욕망이 없고,
영원히 고요하다.
그것은 세상에
환상을 통해 나타난다.
—아쉬타바크라 기타 1:12

지켜보는 자는, 인생 게임에서 지렛대와 같다. '지켜보는 나'는 '다른 나'의 어떤 것도 바꾸려고 하지 않는다. 지켜보는 자는 평가자도 아니고, 심판관도 아니다. 슈퍼에고도 아니다. 지켜보는 자는 어느 것에도 상관하지 않는다. 단지 관찰할 뿐이다. "흠, 그/그녀가 또 그런 짓을 하고 있군." 당신 안에 있는 그 지켜보는 자의 자리는, 당신이라는 존재의 중심 장치이고, 방향타이다.

지켜보는 자는 당신의 영혼의 일부이다. 그것은 이번 생애에 몸을 입고 태어나서 살아가는 당신의 화신化身을 가슴·마음으로 목격하고 있는 중이다. 지켜본다는 것은, 당신의 영혼과 에고, 당신의 참자아와 작은 자아를 분별하게 되는 시작 단계이다. 일단 지켜보는 장소에서 살기 시작하면, 당신은 자신을 더 이상 역할과 사고 형태로 규정짓는 데서 벗어나기 시작한다. 자신을 지켜보게 됨에 따라, 당신은 이제 영화 속의 주인공이기보다는 영화를 보는 자에 더 가까워진다.

참자아의 깨어 있는 의식 안에서 살기 시작함에 따라, 에고의 역할과의 오래 된 동일시는 저절로 사라지기 시작한다. 당신은 외부 역할과 당신이 집착하는 것들로 자신을 규정지었던 것에서 벗어나, 내면의 깨어 있는 의식을 자기 자신으로 여기게 된다. 내면 의식은 '행위하는' 무엇이 아니라 '존재하는' 무엇이다.

당신은 아무것도 '하지' 않는다. 나는 마하라지의 오래된 제자들 중 한 사람인 다다 무케르지에게 집착을 내려놓는 법에 대해 물은 적이 있다. 그는 이렇게 말했다. "글쎄요, 당신이 어떤 것들을 포기할 수도 있겠지만, 그것들이 당신을 포기할 때까지 당신이 기다릴 수도 있겠지요."

다다는 평생 흡연자였고, 아쉬람 환경에서는 흡연이 확실히 허용되지 않았다. 하지만 마하라지는 친절하게도 그에게 가끔씩 담배를 피울 수 있도록 시간과 공간을 허용했다. 마하라지가 몸을 떠난 후, 다다는 담배를 끊었다.

에고는 두려움에 기반을 두지만, 영혼은 사랑에 기반을 둔다. 마하라지는 우리에게 영혼에 대해 가르친다. 그분은 우리의 영혼을 인정하신다. 당신이 에고의 짓들을 목격할 때, 그것을 풀어주는 한 가지 방법은 그것을 계속적으로 당신 가슴 속의 사랑의 불 속에 끊임없이 던져넣는 것이다. 내가 곧 사랑이라는 알아차림으로.

지켜보는 자의 의식으로 들어가서 신의 관점으로 에고를 바라보기 위해 내가 사용해 온 또 다른 만트라는, 다음과 같다. 나는 신의 불 같은 의지 안에서 타오르는 희생제사의 불씨이다. 나는 니티야난다의 제자였던 힐다 찰튼으로부터 이 만트라를 받았다. 그녀는 맨해튼의 세인트 존 더 디바인 성당에서 매주 수업을 열어 수많은 사람들에게 영성을 가르쳤다. 힐다는 젊었을 때 현대 무용수였다. 그녀는 1940년대에 인도를 여행했고, 생활비를 벌기 위해 마하라자의 궁정에서 춤을 추었다. 그녀는 열정이 넘치는 교사로, 이 만트라와 더불어 살 것을 주문했다. 그녀의 구루인 니티야난다는 시바 신을 따르는 깨달은 존재로, 무한한 사랑과 연민으로 늘 충만해 있었다.

수행을 계속하고 명상이 깊어짐에 따라, 당신은 에고와 자신을 점점 덜 동일시하게 되고 사랑의 자리로 점점 더 깊이 들어가게 된다. 당신은 점점 더 많은 사람들을 향한 사랑을 경험하기 시작하고, 당신의 의식의 장 안으로 들어오는 경험들 속에서 사랑을 발견하기 시작한다.

마하라지가 "람 다스, 모두를 다 사랑해."라고 말했을 때, 나는 "그럴 수 없습니다."라고 말했다. 내 에고가 그렇게 말했던 것이다. 그러면 그는 다시 "모든 사람을 다 사랑해."라고 말했다. 그는 내 에고가 하는 말을 듣지 않았다. 그 순간 나는 내 에고가 죽어가고 있는 것을 보았다. 나는 에고가 아닌 다른 무엇이 되어가고 있었다. 마하라지와 나 사이에, 시체를 넣은 관이 보였다. 나의 옛 자아가 관 속에 있었다.

나는 다 내려놓아야 했다. 그는 더 이상 내 에고를 존중해 주지 않았다.

사랑으로부터 움츠러들게 하는 습관들을 계속 내려놓음에 따라, 놓아버리는 것에 대한 에고의 두려움은 사랑 속에서 녹아버린다. 에고의 입장에서 보면, 사랑에 항복하는 것이고, 영혼의 입장에서 보면, 집으로 돌아오는 것이다. 분리의 경계가 희미해지고, 둘은 하나가 되어간다. '하나임' 안으로 들어가 사랑으로 존재하기 시작할 때, 당신은 당신의 에고로부터 인식하는 대신 당신의 영혼으로부터 바라보고 인식하게 된다. 당신은 당신의 정체성을 에고에서 영혼으로 옮겨 간다. 그렇다고 해서 에고를 죽이는 것은 아니다. 에고를 당신으로 여기는 관점을 죽이는 것이다. 사랑에 녹아 들어가면, 에고는 사라진다. 사랑하는 것에 대한 생각 속에서 살아간다는 것이 아니다. 태양처럼 빛을 발하는 사랑으로서 존재하게 된다는 뜻이다. 그 단계에는 은총이 요구된다.

람 다스와 마하라지. 사진 라메슈와 다스.

압력솥 안에서

마하라지 주변에서는 아무 일도 일어나지 않는 것처럼 보였지만, 모든 사람에게 많은 일이 일어나고 있었다. 겉으로 보기에는 거의 아무 일도 일어나지 않는 것처럼 보여도, 속으로는 정말 많은 일들이 일어나는 놀라운 곳이었다. 그곳은 미시시피강이나 콜로라도강과 같았다. 겉으로는 잔잔해 보일지 몰라도, 수면 아래에서는 거친 물살이 거대한 바위와 수많은 퇴적물, 진흙을 운반하여 전체 풍경을 만들어 간다. 우리가 아무것도 하지 않고 앉아 있는 동안에도, 표면 아래에서는 마하라지가 미묘한 수준에서 우리를 지질학적, 신경학적으로 뜯어고치고 있었다.

우리가 마하라지와 함께 앉아 있는 대부분의 시간 동안, 그는 가족이나 직업, 결혼, 건강에 관해 신자들과 일상적인 대화를 나누었다. 그러는 동안 나는 아픈 기억 속을 헤매고 있을 수도 있고, 감정의 롤러코스터를 타고 있을 수도 있다. 가끔씩은 마하라지가 나에게 직접 과일 조각을 던져주기도 했고, 꿰뚫어 볼 듯이 바라보기도 했다. 순간적으로 마하라지가 나를 인정하고 있다는 느낌을 받기도 했다. 마하라지 자신은 일어나고 있는 모든 일을 알고 있다는 것을, 나에게 말하고 있는 것 같을 때도 있었다. 이런 일이 많이 일어났다.

우리 중 많은 사람들이 환각제로 인한 변화를 경험한 적이 있었다. 마하라지에 대한 우리의 믿음은, 환각제처럼 일시적으로 고조된 기분과는 달랐다. 환각제는 우리를 한껏 끌어올렸다가 항상 다시 아래로 끌어내리기 때문에, 그 안에는 실망과 상실의 씨앗이 내재되어 있다. 하지만 그는 우리의 두려움과 신경증, 집착을 계속 불태우면서 우리를

서양 구도자들과 마하라지. 사진 라메슈와 다스.

진정시켜 주었고, 우리는 계속해서 그에 대한 깊은 사랑의 마음을 품었다. 그것은 '믿음'이라고도 부를 수 있는 사랑과 신뢰의 기반을 구축했다.

1970년에 마하라지를 만나러 인도에 다시 갔을 때, 나는 한 보따리의 의심을 짊어지고 있었다. 미국에서 나의 학생이었던 한 소년이 사망했다. 소년의 아버지는 과학자였고, 아이는 매우 영적인 아이였다. 가족은 부유했고, 뉴햄프셔와 애리조나에 집을 가지고 있었다. 소년은 뉴욕에 살았지만, 애리조나에 있는 동굴로 명상을 하러 가곤 했다. 나중에 나는 그의 어머니로부터 그가 죽었다는 소식을 들었다.

어머니는 "내 아들이 마하사마디*를 성취했어요."라고 말했다. 그녀

---

* mahasamadhi: samadhi(삼매)는 '보는 자'와 '보여지는 것'이 하나 되어 대상을 있는 그대로 바라보는 상태. samadhi에 '크다'는 뜻의 maha가 붙은 mahasamadhi는

는 아들의 일기장을 나에게 보여주었다. 그 일기장에는, 그가 삼매를 성취했으며, 어머니에게 아무런 걱정을 하지 말라고, 엄마를 지켜줄 것이라고 적혀 있었다. 그녀는 나에게 "그 아이가 말한 것이 모두 진실일까요?"라고 물었다.

내가 대답했다. "글쎄요. 나는 알 수 없지만, 가을에 구루를 만나러 인도에 다시 가게 되니, 그때 그분께 여쭤보지요. 그분은 틀림없이 아실 거예요."

나는 의심을 품고 있었다. 내 학생들 중에는 누구도 마하사마디를 얻지 못했기 때문에, 나는 그 아이의 죽음이 마약 때문이 아닌가, 생각하고 있었다. 나중에 나는 그가 실제로 LSD를 복용했다는 것을 알게 되었다. 동굴 벽에는 피가 묻어 있었고, 그래서 나는 그가 LSD를 복용한 상태에서 프라나야마*를 하다가 선을 넘은 것이 아닌가 하고 생각했다.

어느 날, 우리 모두가 마하라지에게 지갑에 간직하고 있는 여권 사진이나 다른 사진들을 보여준 적이 있었다. 나는 그 소년의 사진을 내가 가지고 있다는 것을 기억하고는, 그것을 가지러 갔다. 고등학교 졸업 사진이었다. 내가 기억하고 있는 그의 모습과는 별로 닮지 않았지만, 내가 그의 사진을 마하라지에게 보여주자 그는 "몸을 떠났네."라고 말했다. 그러고는 소년의 일기를 그대로 인용하듯이 말하는 것이었다.

요가의 최고 단계로, 궁극적인 실재로 흡수되는 깊은 명상상태를 뜻한다. 본문에서는 '몸을 떠나기로 의식적인 결정을 하고 절대의 세계로 열반한 것'을 의미하고 있다.

* pranayama: 요가의 호흡법. '우주의 기(氣)를 통해 소우주인 몸을 다스리고 확장시킨다'는 뜻을 지닌다.

"람 다스에게 내가 내 일을 다 마쳤다고 말해 주세요. 나는 엄마를 지켜줄 거예요." 일기장에 적힌 내용을 줄줄이 다 읊는 것이 아닌가. 마하라지는 "그는 그리스도와 하나가 되었어. 그는 일을 다 마쳤어. 자기 엄마를 지켜보고 있어."

마하라지는 또 이렇게 말했다. "그가 죽은 것은, 그대가 생각하듯이 약 때문이 아니야." 그의 죽음이 내 마음을 짓누르고 있던 터였다. 나는 소년의 엄마에게 편지를 써서, 마하라지께서 아들의 일기장 내용이 다 사실임을 확인해 주었다고 말했다. 이것은 마하라지가 우리의 믿음을 확증해 주기 위해, 겉으로는 알 수 없는 미묘한 삶의 진실을 밝혀주었던 한 사례일 뿐이다.

그는 또한 우리의 관계를 통해서도 일했는데, 때로는 우리 중 한두 명이나 모두를 불러서 대화를 하거나 가르침을 주었다. 인도인 제자들 사이에 있었던 멜로드라마 같은 인생사를 이야기하기도 했다. 하루가 끝나면 우리는 그를 뵙고 나서, 마을로 돌아가는 마지막 버스를 타곤 했다.

어느 날 마하라지는 나를 서양인들의 '대장'으로 임명했다. 나는 모두를 줄 세워 버스에 태워야 했다. 고양이 떼를 길들이는 것 같았다. 크리슈나 다스 같은 사람은 사원에 머물고 싶어 했다. 그래서 그는 마하라지에게 물었고, 마하라지는 그를 축복해 주며 그렇게 하라고 말했다. 그럼 난 뭐란 말인가? 내 권위는 땅에 떨어져도 괜찮단 말인가! 대장으로서의 내 존재감은 풍선처럼 바람이 빠져 버렸다.

한번은 우리가 알라하바드에 있었을 때였다. 마하라지가 나에게 오후 6시에 그가 머물던 집으로 모두를 데려오라고 하셨다. 몇몇 악당들이 일찍 간 모양이었다. 내 말을 충실하게 따르는 사람들과 함께 그곳에 도착했을 때, 일찍 일어난 새들은 모두 마하라지와 함께 즐거운 시간을 보내고 있었다. 우리가 도착하자마자 그는 즉시 자기 방으로 들어갔고, 우리는 그날 저녁 내내 그를 보지 못했다.

내가 무게를 잡고 내 자리를 확립하려고 할 때마다, 그는 계속해서 내 밑에서 방석을 잡아당겨 빼 버렸다. 농락당한 내 에고는 설 자리가 없었다. 나는 내 에고의 자존심과 그를 향한 사랑 중 하나를 선택해야 했다. 내 가슴이 선택을 할 때까지, 나는 자존심과 씨름을 해야 했다. 나는 대장 노릇의 희극을 계속했지만, 더 이상 심각하게 받아들이지 않게 되었다.

우리는 아름다운 사원이 있는 히말라야 기슭의 카인치에서 마하라지와 가장 많은 시간을 보냈다. 1966~67년에 처음 방문했을 때, 나는 겨울 내내 거기에서 요가를 배우고 새로운 세계관을 흡수해 갔다. 대개는 혼자 지냈다.

1970년 내가 돌아왔을 때에는, 이미 한 무리의 서양인들이 포진하고 있었다. 겉으로 보면 매우 목가적인 장면처럼 보였을 것이다. 사원은 강물이 흐르는 계곡 옆에 자리하고 있었고, 조용한 시골에 좋은 음식과 따뜻한 태양이 있었다. 하지만 안으로 들어가면, 편안한 일들과는 거리가 멀었다. 늘 신경질적인 긴장감이 흐르고 있었다. 마하라지가 실제로 함께 있든 없든, 마하라지의 존재감은 엄청났다. 마치 압력솥 같았다.

서로에 대한 우리 사이의 긴장감도 믿을 수 없을 정도로 컸다. 이질이나 간염 등의 병으로 고통을 겪는 이들도 있었고, 인도 문화에 적응하느라 어려움을 겪는 이들도 있었다. 마하라지는 계속해서 압력을 유지했다. 서양인들 사이에는 마하라지의 관심과 애정을 놓고 벌이는 질투와 경쟁심이 만만치 않았다. 저마다 자신이 그런 것에 영향을 미칠 수 있는 능력이 있기나 한 것처럼! 그것은 모두가 그의 릴라(유희), 그의 춤이었다! 우리의 에너지와 의식이 더 높아질수록, 우리의 불완전함도 에너지를 더 얻는 것처럼 점점 더 드러났다. 우리는 그것을 '은덕 입기 경주'라고 부르기 시작했다.

때로는 서양인과 인도인 사이에서도 긴장도가 높아졌다. 우리의 부주의한 문화적 우월감 노출로 인해서였든, 정신 나간 외국인들에게 마하라지를 빼앗겼다는 그들의 감정 때문이었든. 정확하게는 말할 수 없었지만, 모든 사람들이 어떤 과정인가를 통과하고 있었다. 마하라지는 대개 그런 일들과 자신은 아무 관련이 없는 것처럼 행동했지만, 우리는 그가 그 모든 일의 배후에 있다는 것을 알고 있었다.

이러한 상황들은 우리가 사는 곳에서 계속해서 우리를 쳤다. 우리가 집착하는 것이 있을 때에는, 얼마 가지 않아 명백해졌다. 마하라지는 때로는 매우 사납고, 때로는 차갑고, 때로는 따뜻하고 유머러스하여, 마치 우리에게 인생을 그렇게 심각하게 받아들이지 말라고 말하는 듯했다. 그리고 그 모든 것은 우리를 자유롭게 하기 위해서 우리들 각자와 더불어 함께하는 그의 릴라의 일부였다. 마하라지는 동시에 여러 차원에서 많은 사람들에게 현존했다. 그가 한 사람과 이야기를 해도, 우리는 그것을 우리에게 필요한 가르침으로 받아들이고, 우리들 자신의 상황에 맞추어 해석하곤 했다.

우리의 인생 문제들

오물을 뒤집어쓴 채로 마냥 살 수는 없는 법이다. 우리가 어떤 것들을 억압하거나 억제하면, 그것들은 에너지를 얻는다. 결국 우리 모두는 각자의 오래된 카르마적 장애들을 해결하지 않으면 안 된다. 마하라지는 탐욕과 분노, 혼란, 욕망의 문제를 시시때때로 열거하곤 했다. 그것은 우리 내적 우주와 현실관을 모양 짓는 충동과 욕망의 스펙트럼이다. 우리는 이 문제를 잘 처리해야만 다시 아래로 끌려가지 않고 산을 오를 수 있다.

이러한 정화는 개인적, 사회적 차원 모두에서 우주 법칙과 조화를 이루며 살아가도록 다르마의 문을 열어준다. 당신이 다르마를 행한다면, 당신은 신에게 더 가까이 다가가게 된다. 당신은 우주의 영적 법칙과 조화를 이루게 된다. 다르마는 죄와 벌이라는 반향을 환기시키지만, '의義'로도 번역된다. 그것은 영성적인 인간이 되기 위한, 갑판 청소의 문제에 더 가깝다.

파탄잘리의 요가 시스템에서는 해야 할 것들(니야마, 권계)과 하지 말아야 할 것들(야마, 금계)이 있는데, 판단함이 없이 유용한 다르마에 대한 기능적인 접근 방식이다. 당신은 신께, '하나'에, 더 가까이 다가갈 수 있는 일을 하고, 신으로부터 더 멀어지게 만드는 일을 하지 않는다. 행해야 하는 일들이란, 청결과 순수성, 만족, 고행과 종교적 열정, 탐구, 그리고 신에 대한 순복 등이다. 하지 말아야 하는 일들은, 비폭력과 해를 끼치지 않음, 진실함, 도둑질하지 않음, 자제, 문란하지 않음, 그리고 탐욕으로부터의 자유 등이다.

수행을 둘러싼 이런 미묘한 문제들이 많지만, 이것이 기본이다.

람 다스.

처음 히말라야 사원에 갔을 때, 나는 마하라지가 나에게 요가를
가르치도록 배정해 준 하리 다스 바바에게 이러한 수행법을 배웠다.
그는 묵언 수행을 하는 중이어서, 칠판에 글을 썼다. 그는 매우 다정했지만, 금계와 권계는 마치 빅토리아 시대의 도덕률처럼 보였다. 하지만 요가에 대해 더 많이 배우면서, 나는 이러한 영적 훈련이 왜 필요한지 그 필요성을 인정하게 되었다.

6개월 동안 금계와 권계를 지키는 연습을 하고 나자, 나는 한결 가벼워지고 밝아졌다. 내가 보기에도, 진정한 요기가 되기 시작하고 있었다. 금계와 권계는 산만한 외부 세계에서 내 주의를 돌림으로써 나로 하여금 내면 여행에 더 집중할 수 있게 해주었다.

나에게는 이때가 고독 속에서 진행된 강렬한 수행 기간이었다. 하지만 이로 인해 한결 진척될 수 있었던 것 같다. 서양의 '시장터'로 돌아와 보니, 어디에나 주의를 산만하게 하는 것들 천지였다. 하지만 그것들은 나를 그다지 끌어당기지 않았고, 나는 더 이상 모든 욕망에 멱살이 잡혀 헤매는 그런 사람이 아니었다. 이것이 금계와 권계가 하는 일이다. 그것들은 하나의 관점을 창조하고, 영혼에 기반한 삶으로 더 깊은 충족감에 초점을 맞추게 한다. 예를 들면, 종종 '금욕 생활'로 번역되는 브라마차리야는 사실 '신과 연결된 상태'를 뜻한다. 금욕주의를 뜻할 수도 있지만, 그것은 섹스에 부정적이라는 뜻이 아니다. 신을 향한 자세 때문에 저절로 금욕주의가 되는 것이다. 미묘해지고 있지만, 그 일은 아직도 진행중이다. 지금도 나는 노년기에 충만한 삶을 영위하기 위해 씨름하고 있다고 할 수 있다.

나의 영성 스크랩북

신을 향한 길 위에서 인생을 살아갈 때 중요한 것은 무엇을 경험하느냐가 아니라, 그 경험을 어떻게 바라보고 경험하는 것에 어떻게 집착하느냐이다. 당신의 방법에 따라, 경험은 당신이 개인적으로 가는 길의 바탕이나 상징이 될 수 있다. 경험은 지배적인 주제가 될 수도 있고, 크게 관련성이 없게 될 수도 있다. 예를 들어 보자. 붓다가 깨달음을 얻은 보드가야에서 S. N. 고엔카와 아나고리카 무닌드라와 함께 위파사나 즉 통찰 명상을 공부할 때, 나는 내 이마에 압력을 느끼기 시작했다. 나는 그것이 큰 영적 진보라고 생각했고, 제3의 눈인 아즈나가 열리고 있는 것이라고 여기고 전율했다.

그런데 고엔카는 이렇게 말했다. "그건 단지 에너지가 막힌 것일 뿐이네. 아무 쓸모가 없어. 정원으로 나가서, 오른팔을 아래로, 손끝을 통해 흘러내려 땅으로 보내게."

나는 흠잡을 데 없는 곳에
나의 집을 지었다.
나는 형상 없는 곳으로 합해졌다.
나는 환상 없는 것과 하나이다.
나는 깨지지 않는
하나됨을 성취하였다.
투카는 말한다.
이제는 에고가 설 자리가 없다.
나는 '영원한 순수' 자체이다.
—투카람[1]

나는 그의 지시에 따랐다. 손끝에서 푸른 빛이 나오는 것을 보았고, 이마에 가해지는 압력도 사라졌다. 나는 그 감각을 잃어버린 것이다. 위파사나 체계에서는 그것이 중요하지 않았다. 샥티, 즉 에너지 중심의 시스템에서는 그것에 집중하고, 더 높이 밀어붙이고, 에너지와 함께 일하게 한다.

모든 방법은 결국 동일한 자리로 가기 위한 길들이다. 산에 오르는 길은 많지만, 정상은 똑같다. 아래쪽에 있을 때에는 정상을 알 수 없다. 어떤 시스템의 길을 걷고 있든, 우리는 정상에 대해서 잘 알 수가 없다. 왜냐하면 정상에 도달한 사람은 거의 없기 때문이다.

경험 많은 불교 명상가는 나에게 말하기를, 여러 해 동안 명상을 해야만 가슴을 열 수 있는 자애 명상을 할 수 있게 된다고 했다. 그는 머리를 쓰는 마음이 고요하게 된 후에야 가슴이 열릴 수 있다고 했다. 그것은 내 경험이기도 했다. 위파사나에 어느 정도 집중한 후, 나는 더 집중된 사랑으로 마하라지에게로 돌아갈 수 있었다.

반면, 당신이 만약 박티 수행자라면, 당신의 가슴이 당신이 사랑하는 자를 사랑하는 데 집중할 때에만, 마음이 가슴과 합쳐질 수 있게 된다. 정상에 오르는 길은 이처럼 다를 수 있다. 각기 다른 방향에서 산에 오르더라도, 정상에서 사랑의 눈이 되어 바라보는 풍경은 '하나'이다.

영적 진보의 정도에 대한 이런 미묘한 진단은, 당신이 아직 이르지 않은 지점에 대한 단서들이다. 정상의 관점에서 보면, 이런 상태들이 다 유용하다는 것이 보이고, 그래서 어느 것에도 집착하지 않게 된다. 자기 자신을 그 어떤 것과 관련지어서 정의하지 않게 된다. 당신은 그들 모두이고, 그들 중 누구도 아니다. 당신은 더 이상 경험자로서의 존재에 갇혀 있지 않다. 모든 것이 여기에 있다.

'하나임'으로 통합되는 것은, 경험을 초월한다. 그것은 에고에 갇힌 사람들을 겁나게 하는 일이다. 에고는 하나됨을 원하지 않는다. 에고는 분리된 자아로서 더욱 더 미묘해지는 경험들을 더 계속해서 수집하고 싶어 할 뿐이다. 그리하여 사람들은 그 여정을, 하나의 미묘한 경험들일 뿐이라고 생각하게 된다. 영적 여정은 그렇지 않다.

통합되기 시작하면, 에고에게는 두려운 일이 벌어진 셈이다. 한번은 마하라지와 함께 앉아 있는데, 에너지가 고양되기 시작했다. 몸이 너무 세게 떨리기 시작해서, 목이 부러질까 봐 걱정될 정도였다. 그는

"아직 준비가 안 됐어."라고 말했고, 에너지인지 뭔지는 멈추었다. 나는 아직 내 마음에 붙들려 있었고, 그것을 알 수 있었다. 아직 갈 길이 남아 있었다.

에고는 자신의 생존을 위협하는 것들에 반응하게 마련이다. 경험자는 경험이 사라질 때 두려움을 경험한다. 그렇기 때문에 해탈한 사람이 그렇게 적은 것이다. 다 내려놓아야 하는데, 그것은 곧 에고의 죽음을 뜻하기 때문이다. 많은 사람들이 신을 찾아 나서지만, 실제로 그곳에 도달하고 싶어 하는 사람은 그리 많지 않다.

다섯 팔이 달린 요가

인도의 카인치에서 마하라지와 함께 있었을 때, 우리는 대개 이른 아침 나이니탈에서 버스를 타고 사원으로 가곤 했다. 마하라지가 그곳에 있을 때, 한 번은 우리 중 몇몇 사람이 사원에 머무는 것이 허용되었다. 나중에는 더 많은 서양인들이 사원에 머물게 되었지만, 나는 그러지 않았다. 사원에 도착하면, 우리는 즉시 사원에서 모시는 신상 앞에 절을 했고, 마하라지가 그의 나무침상에서 일어나 나오면, 우리는 구루 앞에 엎드려 발에 손을 갖다대는 알현을 한 후, 그분에게 사과나 우리가 가져온 다른 공물을 드린다.

수행과 관련하여, 마하라지와 함께하는 시간은 뭐라고 쉽게 설명할 수가 없다. 마하라지가 특별한 가르침을 주는 경우는 드물었고, 그를 중심으로 맴도는 우리의 일과는 일정한 형식이 없이 즉흥적일 때가 많았다. 사원에는 정해진 일과가 있었지만, 서양인들의 나날은 그에게 집중된 채 행복의 구름 속에서 흘러갔다. 서양인들의 마음은 충동적이기 일쑤여서, 결국 우리 중 한 명은 이 대본 없는 연극을 '마하라지의 다섯 팔이 달린 요가'(고전적인 라자 요가나 아쉬탕가 요가에는 8단계가 있음)라고 불렀다. 다섯 개의 팔다리는 '먹기', '잠자기', '차 마시기', '이야기 나누기', '돌아다니기'였다.

신은 가난한 자들에게
음식의 모습으로 나타난다네.

—마하라지

유머스럽게 표현한 말이긴 하지만, 이 단순한 일상의 행위들은 히말라야 계곡의 작은 사원에 스며 있는 강렬한 분위기 속에서 확실히 의미를 가지고 있었다. 마하라지가 우리를 무시한 채 누군가와 이야기하고 있을 때가 있는데, 그러면 우리는 그냥 앉아서 그를 바라보고 있게 된다. 때로 그는 사과를 받아서 우리에게 다시 던지기도 했고, 우리 인생에서 일어나고 있는 어떤 일에 대해 대화를 하기도 했다. 우리와 함께 조용히 앉아 있기만 할 때도 있었다. 그 모두가 소중한 순간들이었다. 그러다가 그가 우리를 위해 차를 주문하면, 아쉬람 일꾼 중 한 명이 찻주전자를 가져오고, 우리는 함께 차를 마신다. 한번은 어떤 사람이 마하라지에게 어떻게 집착심을 없애느냐고 묻자, 그는 이렇게 대답했다. "차를 마시고 싶은가? 드시지 말게."

그는 대개 우리를 사원 뒤편에 있는 방들로 보내곤 했는데, 우리는 거기에서 하루의 대부분을 보냈다. 점심 시간에는 푸리와 양념한 감자를 듬뿍 먹었고, 가끔씩은 과자를 먹기도 했다. 음식은 우리 몸의 영양뿐만 아니라 내면의 배고픔도 채워주었다.

마하라지는 주방 너머에서 모든 것을 일일이 확인하고 체크했다. 음식이 다른 사람들에게 제공되기 전에, 그가 먼저 음식에 축복을 했다. 그는 우리에게 음식은 사랑으로 요리해야 하며, 그렇지 않으면 독이 된다고 가르쳤다. 그는 또 배가 고프면 신도 찾지 않게 된다면서, 배부터 채워야 한다고 했다.

마하라지는 매일 준비하는 음식의 양을 확인했다. 아무것도 낭비되지 않았고, 모든 것이 소비되었으며, 다음 날을 위해서는 아무것도 남겨두지 않았다. 마하라지는 부엌의 요리사들에

> 마하라지는 가난한 자를 섬기라고 말했다. "마하라지, 누가 가난한 자입니까?" "그리스도 앞에서는 모두가 가난한 자다."

게 얼마나 많은 사람들이 식사를 하게 될 것인지 예상 인원 수를 말해 주곤 했는데, 언제나 딱 들어맞았다. 그는 항상 사람들을 먹이는 것을 중요하게 생각했다.

점심 식사 후에는 휴식 시간이나 낮잠 시간이 주어질 때가 많았다. 책을 읽는 사람들도 있었고, 잠을 자는 사람들도 있었다. 때로는 졸음이 몰려오기도 했다. 낮잠은 종종 무의식과 아스트랄계로의 탈출이 되었다. 생생한 꿈을 꾸는 경우가 많았다. 잠은 쉬는 시간이 아니라 다른 차원에서 이루어지는 가르침의 일종이었다. 우리는 샥티, 즉 우주 에너지에 둘러싸여 있었다. 마지막 버스를 타고 나이니탈로 돌아가기 전에, 우리는 마하라지를 다시 뵙고 키르탄 성가를 부르곤 했다.

때로 마하라지는 우리 중 한 명을 불러 세워놓고, 인도 신자들에게 우리가 진지한 영적 탐구를 위해 미국에서 얼마나 멀리 왔는지를 누누이 이야기했고, 종종 인도 사람들의 불순함을 놀리기 위해 터무니없이 순수한 사례로서 우리를 세워놓은 채로 설명하기도 했다. 때로 그는 우리가 얼마나 경건하고 거룩한 존재들인지를 보여주기 위해

베란다에서의 식사 장면. 사진 라메슈와 다스.

우리가 배운 힌두교 기도나 노래를 우리에게 부르게 하기도 했다. 새로운 청중들이 도착하고 우리가 찬가를 배우게 됨에 따라, 이런 일은 며칠씩 반복되기도 했는데, 이런 제스처 게임을 하면서 모두가 기뻐했다. 우리는 저마다 잘하고 싶은 마음에 기도문을 빨리 익혔다.

한번은 고등 법원 판사와 이야기를 나누고 있던 마하라지가 나를 불렀다. 나는 하버드 교수로 소개되었다. 판사는 고등법원을 방문하도록 나를 초대했지만, 물론 나는 그럴 생각이 없었다. 나의 아버지와 형제들은 모두 변호사였고, 나는 그 세계가 어떻게 돌아가는지 잘 알고 있었다. 나는 예의를 갖추려고 "오, 기쁜 일이네요!"라고 말했다.

마하라지는 내 대답을 흉내 내어 "기쁜 일이지!"라고 말했다. "람 다스가 기쁠 것이라고 말하니, 당연히, 그는 갈 것입니다."

나는 고등법원에 가서 변호사들의 사무실을 방문했고, 거기에서 타임지를 읽었는데, 닉슨의 중국 방문에 대한 기사가 나와 있었다. 이는 인도가 중국과 국경 전쟁을 벌인 직후의 일로, 뜨거운 화제였다. 다음날 변호사들 중 한 명이 나에게 와서 변호사협회에 한 말씀 해주지 않겠느냐고 물었다.

결국 나는 "글쎄요, 그건 저의 구루에게 물어 보세요"라고 대답했다. 그러자 그는 마하라지에게, 닉슨과 중국과 관련하여 변호사협회에 내가 이야기할 수 있는지 물었다.

마하라지가 대답했다. "아닙니다. 람 다스가 그런 중요한 문제에 대해 이야기하는 것은 적절치 않아요. 그 사람은 나에 대해서나 영적인 것에 대해서만 이야기할 수 있어요."

그러자 변호사는 "아, 그럼 그렇게 하겠습니다. 가끔씩 그 사람을 우리 집에 초대하여 몇몇 변호사들과 함께 영적인 이야기를 나누도록 하겠습니다."

토기로 된 컵에 우윳빛 차이chai가 몇 시간마다 제공되었다. 맛이 강했고, 컵 때문인지 약간은 흙냄새가 났다. 차이는 우리를 늘 깨어 있게 했고, 적어도 마시지 않았을 때보다는 정신이 더 초롱초롱했다. 인도인들은 차이와 베텔 열매*를 달고 사는 것 같았다. 마하라지의 옛 제자 중 한 명인 조시는 "차를 마실 시간은 항상 있어요!"라고

---

* 입에 넣고 씹으면 얼마 되지 않아 붉은 액이 나와 입이 개운해지는 기호 식품.

말하는 것을 좋아했다. 차를 마시는 것은 사교 활동을 하고 이야기를 나누면서 영적 가족의 신비한 유대를 심화시키는 기회이기도 했다.

대개는 마하라지에 관한 이야기가 분위기를 조성하고 유지하는 데 도움이 되었다. 그것은 서로 다른 서양인들의 집단을 하나로 묶는 실이었다. 서양인들 중에는 강한 개성의 소유자들이 적지 않았다. 영적 성취의 비교, 대인관계에 대한 소문, 라이벌 의식에서 나오는 그다지 미묘할 것도 없는 경쟁 심리 같은 것들이 이야깃거리들이었다.

1971년 여름, 우리 중 몇몇은 불교 교사인 아나고리카 무닌드라와 함께 락쉬미 아쉬람에서 우기雨期 명상 수련회를 계획했다. 무닌드라는 매년 여름 히말라야 마을 카우사니의 산 꼭대기에 머물곤 했다. 카우사니로 떠나기 전, 나는 마하라지에게 불교 명상을 공부하겠다고 자랑스럽게 말했다. 그는 "원하는 대로 하시게."라고 말하면서, 우리가 우리 자신의 욕망의 꼬부랑길을 따르도록 내버려두었다.

카우사니는 히말라야 봉우리들의 놀라운 전경을 제공하지만, 그 시기에는 거의 항상 몬순 구름에 가려져 관광객이 거의 없었다. 하지만 며칠에 한 번씩은 구름이 갈라져서 까꿍 하고 놀라운 광경을 보여주기도 했다. 진창길에 거머리가 많았다.

원래 우리는 다섯 명이었고, 무닌드라와 공부할 예정이었다. 카우사니에서 지낸 지 며칠이 지나, 무닌드라로부터 오지 못해 유감이라는 편지가 왔다. 그는 어머님의 병 간호를 해야 한다고 했다. 그러니 저마다 스스로 수련을 해야 하게 되었다.

얼마 안 있어 집이 너무 작다는 것이 드러났다. 어느 날 산 아래를 내려다보니 한 무리의 서양인들이 버스에서 내리는 것이 보였다. 마하라지는 그들에게 람다스와 함께 명상을 공부하라고 하면서, 계속해서 더 많은 서양인들을 우리에게로 보냈다. 마하라지가 나를 세운 것이다. 우리는 20여 명과 함께 카우사니의 큰 호텔인 간디 아쉬람으로 이동했다. 그곳은 간디가 영국군에 의해 잠시 격리되었던 곳이었다.

나는 명상 수련 외에도 이른 아침마다 찬가를 불렀다. 사람들의 업장을 가볍게 하는 데 도움이 되는 활동으로 내가 고안한 것이다. 그런 다음에는 자리에 앉아서 서로의 눈을 들여다보는 훈련을 했다. 잠시 동안 그렇게 눈을 맞추면서, 흘러가는 구름처럼 오가는 마음속의 생각들을 지켜보게 한 후, 나는 "마음에 불편한 것이 있으면, 말할 수 없는 고민이라고 느껴지더라도 나에게 한번 말해 보십시오."라고 말하곤 했다.

나는 마하라지가 사람들의 '문제'를 다루는 방식을 본떠 재창조해 보려고 애썼다. 하지만 그는 사람들의 머릿속에 있는 모든 것을 알고 있었고, 나는 그렇지 못했다. 나는 마하라지의 무조건적인 사랑을 목표로 삼고 있었다. 사람들이 나에게 크게 수치스러워하는 일이나 고통스러운 일을 고백하고 난 후에도, 나는 변함없이 사람들을 사랑했다.

걱정과 불안, 억눌린 분노, 성적인 감정, 수치심과 후회의 비밀스러운 이야기의 강물이, 사람들의 가장 깊은 곳에서 쏟아져 나왔다. 그 모든 것이 사랑으로 풀려 나왔다. 그런데 알고 보니, 천장에 보이지 않는 구멍이 있었다. 위층 방에 있는 젊은 여자가 모든 것을 들을 수 있었던 것이다. 머지않아 모든 사람이 다른 모든 사람의 가장 깊은 비밀을 알게 되었다. 감출 곳이 없었다. 저마다의 비밀이 맛있는 이야기 안주로 씹히고 있었다. 그 일은 모든 것을 다 알고 있는 마하라지를 다시 한번 상기시켜 주었다.

무사히 '명상 수련회'를 마치고 마하라지의 사원 안으로 돌아오니 살 것 같았다. 우리가 돌아왔을 때, 마하라지는 나를 가리키며 "불교 명상 스승님이 여기 오고 계십니다!"라고 말했다. 그가 활짝 웃어 보였다. 내 공부를 그만 포기해야 했던 것을 멋쩍어하며, 나도 따라 웃었다. 배우거나 해야 할 일은 아무것도 없다는 것을 다시 한번 일깨워 주는 일이었다. 행위가 문제가 아니라, 존재가 문제인 것이다.

어슬렁거리기. 우리 중 많은 이들이 불교 걷기 명상을 배웠고, 정식으로 수행한 것은 아니지만, 아쉬람 주변을 어슬렁거리는 우리의 산책은 실제로 명상적이었다고 할 수 있다.

아쉬람까지는 걸어갈 수도 있었다. 인근 마을에서 구불구불한 산길을 따라 택시나 버스를 타고 이동하는 거리는 약 14km이지만, 도보로 가면 아쉬람까지 더 빠른 길이 있었다. 호텔 뒤편에서 히말라야 봉우리가 보이는 '눈 맛집' 지점까지 올라간 후, 계곡과 작은 농장 마을을 통과하는 오솔길을 걸어 내려가면 (방향을 잘못 잡지 않고) 두 시간 정도 걸려서 아쉬람 뒤쪽에 도착할 수 있게 된다. 그 길이 훨씬 단순하고 목가적이었다. 힘든 농사와 히말라야의 극단적인 날씨가 추가된 톨킨의 신화 세계에서 호빗들이 좋아할 법한 곳이었다. 그렇게 시간을 초월한 인도 마을을 산책하다 보면, 마음이 고요하게 가라앉아서 아쉬람에 도착하곤 했다.

제3장

●

하나 되기

첫 번째 장에 나오는 '나는 사랑의 인식'이라는 알아차림 수행은 일종의 만트라로서, 기도의 말이나 확언이라고 부를 수도 있을 것이다. 만트라는 다양한 방식으로 작동한다. 한 가지 방법은 개념적 마음을 사로잡아 새로운 공간으로 데려가는 것으로, 이 경우 모든 것을 사랑으로 보도록 끊임없이 일깨움으로써 마음을 가슴 속으로 녹여내는 것이다. 티베트 만트라 옴 마니 파드메 홈 OM MANE PADME HUM도 비슷하다. 만트라와 함께하면, 마음은 가슴 안으로 가라앉게 된다. 만트라는 하면 할수록 좋다. 반복할수록 더 멀리 나아갈 수 있다.

옴OM과 같이 씨앗 음절을 사용하여 더 순수하게 진동적인 만트라들이 있는데, 이런 만트라는 의식의 여러 차원에서 반향을 일으킨다. 람Räm은 신에 대한 힌두어 이름들 중 하나로, 진동적인 면과 개념적인 면을 결합한 만트라이다. 영혼의 차원에까지 가 닿아서 하나 된 상태로 열릴 수 있을 때까지 람의 이름을 계속해서 부르거나 찬양할 수 있다. 당신은 가슴의 울림이 시작되어 결국 우주 자체가 됨으로써 당신을 '하나'로 데려가는 진동장을 창조한다. 그리하여 은총이 쏟아져 들어오는 문을 열게 되는 것이다. 람.

나는 시장터 같은 세상에 나갈 때마다 조용히 염주알을 만지작거리며 람 람 람을 반복한다. 주위를 둘러보면 모든 것이 람이고, 모든 것이 하나이다. 어떤 상황 속에 있든, 나는 그것을 람의 진동장으로 데려가서 람화(化)시킨다. 그렇게 되면 의식이 두 차원에서 작동한다. 나는 식료품점에서 염주를 손가락으로 돌리고 있고, 내 주변 사람들은 고객이나 점원으로서 자기 역할들을 하고 있지만, 나는 그들을 모두 영혼으로 본다. 나는 내 영혼 안에 있기 때문에, 그들을 영혼으로 볼 수 있다. 당신이 영혼으로서 존재할 수 있고, 당신 자신을 영혼으로 볼 수 있다면, 당신은 다른 존재들 역시 영혼으로 볼 수 있다. 마하라지는 우리에게, 우리가 영혼의 존재들임을 가리켜 보이고 있었다. 그는 자신의 영혼 속에 안주하고 있으며, 그것은 다른 영혼들과 공감하는 진동을 창조한다. 이렇게 다른 사람들로 하여금 자신들을 영혼으로 인식할 수 있도록 하는 것은, 신을 섬기는 참한 방법이라고 할 수 있을 것이다.

람 만트라는 진동적인 면과 개념적인 면에서 다같이 작동한다. 만트라를 반복하면, 우리는 신의 이름의 진동장으로 들어가게 된다. 신을 향한 몰입은, 신이 존재하는 가슴의 공간을 열어준다. 힌두인들의 경전인 『라마야나』에는 람에 관한 여러 층위의 이야기와 상징이 들어 있어, 그들의 신앙을 풍요롭게 한다.

『라마야나』에서, 원숭이 신 하누만은 악마 라바나에게 납치된 람의 아내(영혼)인 시타에게 람의 반지('신의 사랑'을 상징)를 되찾아 줌으로써 봉사와 헌신의 전형을 보여준다. 열 개의 머리를 가진 라바다는 감각의 세계에서 날뛰는 에고의 힘을 상징한다. 스리랑카에서 이별의 슬픔을 노래하며 영혼의 어두운 밤을 통과해 가던 시타는, 하누만으로 부터 신의 사랑을 확인받고 기뻐한다! 람 람 람 람 람 람 람 하고 외울 때에는 그러한 모든 생각과 감정을 되새긴다.

마하라지가 나에게 준 이름인 람 다스 Ram Dass는 '람의 종'이라는 뜻으로, 하누만의 또 다른 이름이다. 나는 하누만의 이름을 따서 명명된 것이다. 그 이름은, 마하라지가 계속해서 "모든 사람을 사랑하고 모든 사람을 섬기라"라고 말한 것을 끊임없이 상기시켜 준다. 어떻게 사람 들을 사랑하고 섬길 것인지, 계속해서 모색하게 한다.

힌디어 40절로 된 '하누만 찰리사'(chalis는 힌디어로 '40'을 뜻함)처럼 더 복합적인 기도는, 하나의 복잡한 태피스트리 안에 개념적인 것과 진동적인 것을 결합한다. 하누만의 공적을 묘사하는 긴 기도문은, 감동적인 내용과 진동으로 그 이야기를 떠올리게 하여 나를 하누만의 현존으로 데려간다. 그것은 하누만에게 '나와 함께하면서 나를 돕고 보호해 달'고 간청하는 기도문이기도 하다.

우리는 인도에서 마하라지께 노래를 불렀는데, 그 구절들은 그에 대한 회상을 불러일으킨다. 힌디어 단어를 이해하든 못하든, 신을 향한 열망으로 찬가를 부르면, 그 순간 신과 함께하는 진동의 문이 열리게 된다. 이것이 바로 만트라가 하는 일이다.

인도에서 처음 하누만 찰리사를 들었을 때에는, 서양에서 사람들이 하누만 찰리사를 연습하게 되리라고는 상상할 수 없었다. 그런데 지금은 수천 명의 서양인들이 그것을 암송하는 법을 배웠거나 배우고 있다. 그렇게 많은 사람들이 그 찬가를 기억하려고 애쓰다니, 놀라운 일이 아닐 수 없다. 찰리사는 하누만에게로, 람에게로, 신에게로 가는 문을 열어준다.

음악은 감정을 전달하는 독보적인 능력을 갖고 있으며, 이것이 만트라의 진동 특성과 결합하면, 가슴으로 직접 통하는 길을 열어준다. 『라마야나』에서는, 람의 이름을 부르는 것이 람 자신보다 더 강력하다고 말한다. 람을 반복해서 부르는 것은, 『라마야나』의 한 캐릭터인 람이 아니라 람 곧 신에게로 당신을 데려갈 수 있기 때문이다.

신의 힌두식 이름들인 람과 크리슈나, 어머니 여신인 두르가를 노래하는 키르탄은, 우리가 마하라지를 위해 할 수 있는 몇 안 되는 일들 중 하나였다. 우리가 그를 위해 노래를 부르면, 그는 아무리 서툴러도 좋아했다. 우리에게 그것은 신을 향한 우리의 열망과 사랑을 표현하는 방법이었고, 우리가 함께 모여 그 이름을 노래할 때마다 신성한 감미로움의 분위기가 그곳에 자리잡기 시작했다.

반드시 그룹으로 노래할 필요는 없다. 멜로디가 반드시 있어야 할 필요도 없다. 그냥 똑같은 이름을 계속 반복해서 부르기만 해도 된다. 그냥 앉아서 신께 노래를 하면 된다. 키르탄을 위한 특별한 시간을 갖는 것은 멋진 일이다. 하지만 빨래를 하거나 차를 운전하는 동안에도 노래를 부를 수 있으며, 그러면 영혼으로서 가슴으로 살아가는 삶을 상기하게 될 것이다. 이 간단한 실천이 당신에게 당신 영혼의 지평을 열어줄 것이다.

마하라지가 키르탄 노래꾼들과 함께 노래를 부르라고 카인치에 보냈던 크리슈나 다스는 이렇게 말한다.

이 찬가들은 신의 이름들을 부르는데, 우리의 생각보다 깊고 마음보다 깊은 우리의 가슴에서 나온다. 우리가 그 노래를 부를 때 우리는 우리 자신을 향하고, 우리 자신 속으로 들어가게 된다. 노래는 우리로 하여금 내면으로 들어가게 하고, 그런 경험은 우리를 변화시킨다. 이 찬가들은 우리가 그것을 행함으로써 얻는 바로 그 경험 외에는 다른 의미가 없다. 힌두교 전통에서 유래했지만, 힌두교도가 되거나 어떤 신앙을 갖고 있어야 하는 것은 아니다. 그냥 노래를 부르고, 그것을 경험하면 된다. 그냥 앉아서 노래를 부르기만 한다.[1]

인도의 영적 관점에서 보면, 지구에서의 이 시기는 칼리 유가Kali Yuga 시대로, 툴시 다스의 『라마야나』에서는 다음과 같이 말한다.

칼리 시대에는 요가(마음의 집중)도, 희생제사도, 영적인 지혜도 아무 소용이 없다. 유일한 희망이 있다면, 스리 람을 찬양하는 것이다. …칼리 시대에는 그 이름의 힘이 나타날 것이다.[2]

물질성

언젠가 마하라지는 이렇게 말했다. "모든 것을 어머니로 보라, 그러면 신을 알게 될 것이다." 무엇을 보든 그것을 자기 어머니로 보라니,

무슨 뜻일까?

우리 서양인들은 프로이트 박사의 풍부한 해석을 통해 어머니와 관련된 콤플렉스들을 공유하고 있다. 인도에서는 어머니에 대한 관점이 다르다. 그들은 자기 나라도 '어머니 인도'라고 부른다. 서양인 헌신자 중 한 명은 마하라지에게 자신이 어머니를 미워한다고 말한 적이 있는데, 그가 무슨 뜻으로 그런 말을 하는지 아무도 이해하지 못했다. 그 말은 문화적 장벽을 넘지 못했다. 인도에서는 어머니가 너무나 존경받고 숭앙받는 분위기였기 때문에 어머니를 미워한다는 것은 도저히 있을 수 없는 일이었다. 인도에는, '나쁜 아이는 있어도 나쁜 엄마는 없다'는 속담이 있다.

> 신을 사랑하는 자들은 어째서 신을 '어머니'로 표현하기를 그렇게도 좋아할까? 아이는 엄마와 함께 있으면 편안하고 자유롭기 때문이다. 아이는 다른 누구보다도 엄마가 좋다.
> —라마크리슈나[3]

'신성한 어머니', '그 여신'은 많은 차원을 가지고 있다. 가장 넓은 의미에서 보면, 의식과 에너지, 영원한 영과 물질은 남성과 여성(물질성)이다. 이원성의 첫 번째 희미한 빛 안에 있는 '하나'에서 형태가 없는 영인 푸루샤purusha가 나오고, 우주 에너지인 프라크리티prakriti와 합쳐진다. 그들은 신이자 여신으로서, 순수 절대 의식과 출산의 씨앗으로 나타나는 시바Shiva와 무한한 형상으로 나타나는 샥티Shakti이다.

세상을 어머니로 보는 것, 만물을 어머니의 현현으로 보는 것은 인식의 대전환을 가져온다. 먹고, 자고, 배변하고, 번식하고, 서로 사귀고, 감각을 만족시키고, 생계를 유지하고, 문제를 해결하고, 사회에 공헌하고, 고통을 완화시키는 등, 일상생활을 하는 방식은 동일할 수 있다. 그러나 이제 당신은 그 모든 것을 '어머니'의 사랑의 팔 안에 보호받는 어린아이로 보게 된다. 푸른 하늘은 '어머니'의 마음이고, 녹색 잎은 고동치는 '어머니'의 피이며, 바람은 '어머니'의 숨결이고, 비는 '어머니'의 생명수이다. '어머니'는 '대지의 어머니'인 가이아이면서도 그보다 더 미묘하다.

눈을 감고 당신 주위를 온통 희부연 안개가 감싸고 있다고 상상해 보라. 이 물질은 물리학자들이 말하는 가장 작은 양자 에너지보다 더 미세한 물질이다. 그것은 모든 형상에 스며들어 있다. 사실 모든 형상은 이 안개의 패턴들이다. 만물은 살아있는 영이 현현된 것이며, 우리의 감각 세계를 창조하는 '어머니'의 질료이다. 만물을 그렇게 '어머니'로서 바라본다고 생각해 보라.

일상의 경험을 엄마와 아이 사이의 강렬한 사랑의 표현으로 본다면, 우리는 우리가 사랑하는 분께 더 가까이 다가갈 수 있다. 우리의 집착, 욕망, 불결함 역시 '어머니'의 표현이며, 그렇게 볼 때, 우리는 우리의 일상적인 경험들을 더 편하게 받아들일 수 있다. 일상생활에서 우리 자신의 고통과 욕망에 붙들려 살면서도, 우리는 그 모든 현상계의 놀이가 어머니가 하시는 놀이라는 것을 상기할 수 있게 된다. 마하라지 도 함께 참가하고 있는.

오 어머니, 나를 당신의 사랑에 미치게 하소서!
지식이나 이성은 더 이상 필요하지 않습니다.
당신의 사랑의 포도주로 나를 취하게 하소서.
오, 헌신자들의 마음을 다 훔쳐가 버리시는 당신,

당신 사랑의 바다 깊은 곳에 저를 익사시켜 주소서!

여기 이 세상, 당신의 미친 집에서,

어떤 사람은 웃고, 어떤 사람은 울고,

어떤 사람은 기뻐서 춤을 춥니다.

예수, 부처, 모세, 크리슈나,

모두가 당신의 사랑의 포도주에 취해 있습니다.

오 어머니, 저는 언제 축복을 받게 될까요?

그들 지복의 사람들의 공동체에 언제 합류하게 될까요?

—라마크리슈나[4]

마하라지는 우리에게 만물을 '어머니'로 보라고 말함으로써, 삶의 모든 세세한 부분을 '영성 발전의 방앗간'을 위한 곡식으로 사용할 것을 주문했다. 모든 경험은 그 순간 우리의 의식이 어디에 있는지, 우리가 무엇을 하고 있는지를 반영하는 거울이다. '어머니'의 자애로운 포옹 속에서는 오래된 습관, 선입견, 과거 경험의 찌꺼기 등이 모성애의 바다 속에 녹아버리게 된다.

사랑의 공동체

가슴 속에 머무는 것을 상기하는 한 가지 방법은, 같은 여행을 하고 있는 다른 사람들과 어울리는 것이다. 사트상Satsang은 진리를 추구하는 사람들의 커뮤니티이다. 사트sat는 '진리', '참'을 의미하고 상가sangha는 '길을 가는 사람들의 모임', 곧 영적 공동체를 의미한다. 사트상은 가슴의 길을 여행하는 동료나 가족의 모임이다. 각 헌신자는 다른 사람들을 먹이고, 고무한다. "물에 젖은 천이 마른 천을 적시는 것처럼, 한 가슴이 다른 가슴을 적신다."[5)]

가장 기본적인 수준에서, 자신을 위해 작업하고 있는, 길 위에 있는 친구들과 자신을 연결하거나 주변에 두는 것은, 자신의 사다나, 즉 '영적인 작업'을 지원하는 분위기를 조성해 준다. 마찬가지로, 늘 맥주를 마시고 TV를 시청하는 사람들과 어울리는 것은, 영성적인 길을 가는 데에 방해가 될 것이다.

사트상에 참여한다고 해서, 사랑과 빛으로 곧 충만해진다는 의미는 아니다. 어떤 사트상이 너무 순수해 보인다면, 아마 그럴 것이다. 사트상에 참여하는 사람들이 순수하거나 영적인 척하려고 하지 않고, 저마다 자신이 길의 어디쯤에 서 있는지에 대해 진실하다면, 그들은 당신의 길을 가도록 도움이 되어줄 것이다. 당신이 함께 노래하고 서로 섬길 때, 당신은 진정한 가슴의 공간을 창조하게 된다.

사트상은 영적인 가족과 같다. 대개는 미친 친척도 있게 마련이고, 관계에는 기복이 있게 마련이다. 마하라지의 사트상은 상상할 수 없을 정도로 다양하다. 마하라지라는 초점이 없었다면, 우리 중 대부분은 서로를 알지도 못했을 것이다. 마하라지는 너무나 힘들고 거의 절망적인 일들을 떠맡은 셈이었다고 할 수 있다. 나는 그것을 '미쳤다는 표시'라고 부르곤 했다.

때로 마하라지는 정신병원의 의사 같았다. 서양인들이 모인 사트상은, 사랑스럽지만 미친 것 같은 사람들의 천국이다. 우리는 오랫동안 서로 알고 지낸 사이인 데다 마하라지는 우리를 속속들이 다 끄집어내어 보여준다. 너무나 친밀한 분위기다. 우리는 서로 사랑하지만, 항상

'나이니탈 하이' 그룹 사진. 나이니탈의 에블린 호텔에서.

서로 좋아하는 것은 아니다. 이제 나는 우리 모두를 영혼으로 보고, 우리 모두를 사랑한다.

우리의 차이점에도 불구하고, 여러 해 동안 연결을 유지해 온 우리는 마하라지를 통해 떼어낼 수 없을 정도로 깊은 사랑의 유대를 발전시켜 왔다. 우리는 여러 면에서 혈족보다 더 가까운 진짜 가족이다. 아웅다웅 다투고 서로 시기하고 또 용서하는 가운데, 우리는 대륙과 문화와 세월을 초월하여 한 가족이 되었다. 사트상은 우리가 얼마나 멀리 떨어져 살고 있는지, 얼마나 자주 만나지 못했는지에 관계없이, 서로를 기꺼이 포용하는 환대를 제공한다. 이는 마하라지가 몸을 입고 살아 있을 때 마하라지와 함께 있었던 사람들에게만 국한되는 것이 아니다. 우리는 만날 때마다 서로를 포용할 뿐만 아니라 마하라지도 함께 포용한다.

길은 여러 가지

사랑은 하나로 묶어주는, 가슴 안에서 하나가 되게 하는 감정이다. 일상생활에서 그것은 관계와 생화학, 감정, 욕망, 판타지, 낭만적인 환상의 자연스러운 소요 속에 섞이게 된다. 박티 요가는 그러한 자연적 충동을 사랑하는 분의 주위를 타고 올라가는 덩굴식물로 바꿈으로써, 우리로 하여금 궁극적인 하나됨을 향해 나아가게 하는 통로로 전환함으로써, 영적인 가슴을 함양한다. 모든 형태의 사랑, 모든 사랑의 관계는 그 통로가 될 수 있다. 부모와 자녀, 사랑하는 자와 사랑받는 자, 학생과 교사, 진리 탐구자와 종교 지도자, 친구와 친구, 애완동물과 주인도 마찬가지이다. 각자는 자기 안에 무조건적인 사랑으로 성장할 수 있는 사랑의 씨앗을 품고 있다. 어느 것이나 영적인 가슴으로 가는 길이 될 수 있다.

박티 전통은 이러한 다양한 관계의 방식이 어떻게 사랑하는 분과의 관계를 발전시키고 열어갈 수 있는지를 보여준다. 박티 요가에서는 신성한 사랑을 위한 공간을 창조하기 위하여 어머니와 아기, 부모와 자식, 사랑하는 자와 사랑받는 자, 주인과 헌신적인 하인, 진정한 친구와 같은 인간 관계의 비유를 사용하여 함양해 가는 춤, 태도, 기분, 감정 상태를 표현한다. 이것은 실제로 당신과 당신 자신의 더 깊은 자아의 관계이며, 그러니 당신에게 무엇이 작동하고 있는지를 살펴보아야 한다는 것을 잊지 말아야 한다.

인도에서는 아기 크리슈나인 고팔Gopal을 숭배하며, 그의 신성한 유희와 어린이 같은 태도를 좋아한다. 그는 자라서 소를 치는 목동인 고빈다가 되고, 자신이 가장 좋아하는 라다와 다른 소 치는 소녀들을 위해 플루트를 매혹적으로 연주한다. 그는 동시에 만 가지의 모습으로 나타나 수많은 연인들을 모두 만족시킨다.

크리슈나와의 신성한 로맨스, 곧 릴라는 오감을 뛰어넘는 관능이며, 그에 대한 생각만으로도 사랑에 빠지는 소 치는 소녀들을 황홀경에 빠지게 한다. 그것은 "넥타가 솟아오르는 바다와 같다."[7] 당신은 사랑에 빠지고, 모든 것이 다 사라져 없어질 때까지, 사랑 속으로 함몰해 간다.

> 잘 들어봐… 플루트 소리?
> 아냐, 나는 꿈을 꾸고 있는 거야!
> 세상의 어떤 플루트 소리도
> 저런 천상의 음악을
> 담을 수가 없어! …플루트 소리가
> 그렇게 멀리 갈 수 있겠어?
> 아, 나의 가슴은 기쁨으로
> 터질 것 같구나!
> 진실로 나는 죽어서,
> 인드라의 하늘에 있네.
> —고피의 심장[6]

내 사랑이여,
당신의 눈빛 한 번에 나는 무너지고 말아,
당신의 자태와 얼굴은 달빛처럼 부드러워라.
사랑하는 자여, 당신이 걷고 움직일 때마다
당신은 창조된 모든 것의 가슴을 뒤흔들고,
모두가 다 당신을 열망합니다.

사랑하는 분이여, 당신은 너무나 완벽합니다.
사랑과 열정의 모든 것이 당신 주위를 소용돌이치고 있습니다.
당신은 사랑의 게임의 달인이시니,
오, 나의 사랑하는 이여, 당신의 모든 것이 눈을 사로잡습니다.

초승달같이 고운 당신의 눈썹조차 너무나 완벽하니

형상이 있는 이 땅 위를 걷는다 할지라도

오, 형상을 넘어선 당신은 모든 이의 고향 집이며 피난처입니다.

—자야데바 Jayadeva[8]

『바가바드 기타』의 크리슈나는 아르주나의 충성스러운 친구이자 마부이고 구루이며, 전쟁터의 절망에서 아르주나를 일으켜세워 내면의 적들과 맞서게 함으로써 영혼의 무한한 지혜를 이끌어내고자 한다. 이것은 영혼뿐만 아니라 마음도 참여시키는, 가슴의 더 깊은 지혜이다. 기타는 영적인 길을 따르면서도 세상에서 살아가는 방법에 대한 우주적 계시와 가르침이 담겨 있는 위대한 보물창고이다. 카르마 요가를 통해, '결과에 집착함이 없이 일한다'는 미묘한 개념은 혁명적인 발상이다.

카르마 요가는 박티(헌신), 세바, 즉 이타적인 봉사와 직접적으로 연결된다. 대서사시 『라마야나』에서 람과 시타를 섬기는 원숭이 신 하누만은, 사심 없는 봉사와 헌신의 화신이다. 그는 자신의 모든 존재를 그의 주님이자 마스터이신 람과 어머니 시타에게 바친다. 나의 구루인 마하라지는 그 하누만 바바를 향한 나의 모델이자 영감의 원천이다. 하누만은 '원숭이의 본능적인 동물적 특성'을 '위대한 요기와 신성한 현자의 초자연적인 힘과 헌신'과 하나로 결합한다.

툴시 다스가 다시 쓴 『라마야나』에서, 람은 자신을 만나기 위해 오랫동안 기다려 온 한 현자의 아내에게 이렇게 말한다.

"오 착하신 부인이여, 내 말을 잘 들으십시오. 나는 헌신의 친족

하누만을 껴안고 있는 람.

외에는 다른 친족 관계를 인정하지 않습니다. 계급, 친족, 혈통, 경건함, 명예, 부, 체력, 가족의 수적 힘, 공적과 능력에도 불구하고 헌신이 부족한 사람은, 물 없는 구름이나 마찬가지로 가치가 없습니다. 이제 나는 당신에게 헌신의 9가지 형태에 대해 말하겠습니다. 귀 기울여 들어주시고 마음속에 간직해 주시기 바랍니다.

첫 번째는 성도들과의 교제이고, 두 번째는 내 이야기를 좋아하는 것입니다. 스승의 연꽃 같은 발을 겸허하게 공양하는 것이 세 번째 헌신이고, 네 번째 헌신은 순수한 목적으로 나를 찬양하는 노래를 하는 것입니다. 흔들리지 않는 믿음으로 내 이름을 웅얼거리는 것은 베다에 게시된 숭배의 다섯 번째 형태입니다. 여섯 번째는 절제와 미덕의 실천으로, 여러 가지 활동을 그만두고 성도로서 행해야 할 것들을 추구하는 것입니다. 일곱 번째 유형의 헌신은 아무 분별 없이 세상을 '나'로 가득 차 있다고 보고, 성도들을 나보다 더 큰 자로 여기는 것입니다. 여덟 번째 유형의 헌신은 무엇을 얻든 만족하며, 다른 사람의 허물을 찾아낼 생각을 전혀 하지 않는 것입니다. 아홉 번째 유형의 헌신은, 모든 사람을 순진하고 정직하게 대하고, 환희심나 우울함이 없이 '나'에 대한 절대적인 믿음을 가슴 속에 품는 것입니다.

이 아홉 가지 형태의 헌신 중 어느 것 하나라도 실천하는 사람은 남자든 여자든, 다른 어떤 생물이든(유정물이든 무정물이든), 나에게 가장 소중한 사람입니다. 오 착한 여인이여, 당신 자신은 이 모든 유형의 헌신으로 확실히 축복을 받았습니다. 오늘 당신은 요기들이 거의 얻지 못하는 상을 받을 수 있게 되었습니다. 나를 봄으로써 얻게 되는 최상의 열매는 영혼이 본연의 상태에 도달하는 것입니다."

…그녀는 주님의 얼굴을 바라보았고, 그분의 연꽃 같은 발의 형상을 마음에 새겼다. 그리고 요가의 불 속에 자신의 몸을 내던진 그녀는 영원한 대해탈의 상태에 들어갔다. 툴시 다스는 이렇게 말한다. "오 사람들이여, 여러분의 다양한 행동, 죄, 갖가지 믿음들을 버리십시오. 그것들은 모두 슬픔을 낳을 뿐입니다. 진정한 믿음으로 스리 라마의 발 앞에 헌신하십시오."[9]

이러한 존재들, 혹은 그 존재들이 전하는 것들은, 저마다 무조건적인 사랑에 접근하고 신의 사랑에 자신을 여는 방법이다. 어느 방법을 통해서든, 박티 요가(기도, 찬양, 예배, 만트라 반복, 명상 등)의 수행으로 사랑에 젖어들 수 있다. 궁극적으로는 생각이 개입되지 않아야 한다. 그저 행하기만 하고, 되어가기만 하고, 사랑 안에서 존재하기만 하면 된다.

연습(수행)을 하면 완벽에 가까워진다. 나는 쓸 수 있고 당신은 읽을 수 있지만, 우리가 진실로 그 사랑을 원한다면, 결국 우리 모두는 실제로 길을 걷고 실천해야 한다.

인도에는 사랑의 길을 가르치고 실천하는 구루, 교사, 종파 등 복잡한 전통과 계보가 있다. 박티 전통의 시와 문학은 번역을 통해서도 영감을 주지만, 문화의 맥락을 뛰어넘어 그 실제 수행법들을 그대로 이식받기는 어려운 일이다. 수세기 전에 차이타냐 마하프라부 같은 인도의 선각자들은 인도 전역에서 신자들과 순례자들을 끌어들이는 대규모 영성 부흥 운동을 일으켰다.

실제적인 수준에서 보면, 박티가 인간관계를 신의 사랑에 대한 비유로 사용하는 것처럼, 우리는 우리 자신의 가족 및 친구 관계를 우리의 헌신 수행에 적용할 수 있다. 자신의 자녀, 연인, 배우자, 혹은 멘토를 신의 현현으로 보도록 하자.

헌신의 바다

무조건적인 사랑의 생명수를 한 번이라도 마셔 본 사람은, 다른 어떤 우물에서도 갈증을 달랠 수가 없게 된다. 분리의 상심이 너무 강렬해지면, 사랑하는 분의 애정을 구하는 것에 지나치게 매달리게 될 수도 있다. 마하라지와 함께 있었을 때, 우리는 그의 모습, 담요의 색깔, 버터처럼 부드러운 피부, 원숭이 같은 손가락들, 종종 그의 눈을 가리곤 했던 긴 속눈썹, 큰 발과 붉은 발톱에 매료되었다. 마치 연인과 함께 있는 것처럼, 마하라지의 하나하나 모든 것에 매혹당했다. 이런 것들이 육체적인 욕망이 아닌 영적인 행복을 촉발하긴 했지만.

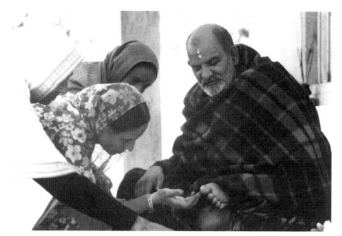
마하라지와 그의 발을 만지고 있는 헌신자들. 사진 발라람 다스.

길을 따라가다 보면, 매료되고 중독되는 것은 헌신에 대한 비유적인 상황임을 깨닫게 된다. 무조건적인 사랑을 한 번이라도 경험하고 나면, 누구라도 거기에 낚일 수밖에 없다. 서로를 끌어당기는 힘은, 사랑하는 자와 사랑받는 자가 친밀해지기 위해서 존재한다.

당신은 노래, 이야기, 이미지, 그리고 사랑하는 분에 대한 끊임없는 기억에 너무 빠진 나머지, 그 형상을 붙잡고 다음 단계로 가고 싶지 않을 수도 있다. 당신은 항상 거기에 대해 생각하고, 사랑하는 사람과 친밀한 사랑의 관계를 유지하기 위해 당신의 존재를 거기에 맞추어 조율한다.

그러나 사랑하는 분은 통상적인 의미의 사람이 아니며, 그 형상은 단지 연극(릴라)의 의상에 지나지 않는다. 궁극적으로, 이 형상은 당신을 형상 너머로 데려가기 위한 형상이다. 사랑하는 분이신 당신의 구루가 당신에게 드러내는 것은 당신 자신의 영혼이다. 그럼에도 불구하고 당신은, 하누만과 마찬가지로, 이원성의 세계에 머물러 헌신의 바다에 몸을 담그는 상태를 선택할 수 있다.

헌신의 길이 반드시 깨달음에 이르는 지름길은 아니다. 에고와 영혼 사이에는 앞으로 갔다 뒤로 갔다 하는 수많은 타협이 있게 된다. 당신은 고통의 이모저모를 둘러보고는, 판단 속에서 가슴을 닫아버리는 당신을 목격한다. 그런 다음에는 다시 그것을 여는 연습을 하고, 사랑하는 분의 존재가 그렇듯이, 이것 또한 사랑하는 분이 모습을 취하는 또 다른 방식인 것을 알아차린다. 당신의 사랑은 다시 한번 크게 자라난다. 박티에서는, 사랑하는 분의 자질을 묵상하고, 흉내 내고, 받아들임에 따라, 온 우주를, 심지어 고통까지도 사랑하는 분의 현현으로 볼 때까지, 가슴을 계속해서 확장해 가고자 한다.

> 신에 대한 헌신은 오래 오래 끝나지 않고 지속되는 중독이나 마찬가지다.
> —마하라지

나 자신과 다른 사람들의 사랑을 향한 여정을 탐색하면서, 나는 다양한 종류의 행복을 만났다. 쾌락이 있고, 행복이 있고, 기쁨이 있다. 중독은, 넓은 의미에서 보면 항상 무언가를 더 원하고 있다는 점에서, 쾌락만을 줄 뿐이다. 감각의 교류를 통해 쾌락을 얻을 때, 쾌락은 매우 현실적이며, 항상 상반되는 면을 갖는다. 또한, 만족에 대한 욕구는 끝이 없다. 행복은 감정적이며, 감정은 왔다가 간다. 행복이란 것은 우리 모두가 가지고 다니는 다른 감정적인 것들과 복합적으로 작용한다. 그러나 영적인 행복도 있는데, 그것은 기쁨과 매우 가깝다고 할 수 있다.

개체적인 것이 줄어들수록, 영적인 행복은 기쁨이 된다. 진정한 기쁨은 '하나'의 일부로서 존재하는 것이다. 그것은 나무가 기쁨에 차 있는 것과 마찬가지로, 영적이고 기쁨으로 충만한 우주이다. 그것은 지복, 즉 아난다ananda이다. 그게 그 모든 것이다. 지복은 영혼에서 비롯되는 것이다.

온전한 내맡김

내가 처음 마하라지와 함께 있었을 때, 나는 단지 그와 함께 있는 것만으로도 너무나 큰 지복과 사랑을 경험했다. 그의 발을 만지고만 있어도 너무나 좋았다. 시간이 지날수록 그 사랑은 계속 커져 갔고, 나중에는 그와 멀리 떨어져 있어도 그의 충만한 존재감을 느끼게 되었다. 나는 그의 사랑이 단지 나에게만 향하는 것이 아니라는 것을 깨닫기 시작했다.

그의 형상과 더불어 있는지를 전혀 신경 쓰지 않게 될 때까지, 나는 점점 더 깊어져 갔다. 나는 '인도의 그 사람'과 관계 맺는 것을 멈추고, 구루의 본질과 관련되기 시작했다. 내가 더 많이 이해함에 따라, 내 가슴이 계속 열리고, 점점 더 나를 항복시키고 내맡기게 됨에 따라, 역학이 계속 변해 갔다. 그는 나에게 들어오기 시작했다. 내가 어디에 있든, 나는 그와 함께 현존하고 있었고, 그가 있지 않은 곳에는 어디에도 갈 수 없다는 것을 깨닫기에 이르렀다.

나는 여전히 그의 모습을 사랑했고 그와 함께 있고 싶었지만, 그 모습은 단지 일종의 문일 뿐이라는 것을 깨달았고, 그렇게 보아야 했고, 그 너머로 나아가야 했다. 어떤 면에서 보면, 그가 세상을 떠난 것은, 우리가 모습을 넘어서야 한다는 메시지였다. 다행스럽게도, 나는

람 다스와 마하라지. 사진 라메슈와 다스.

그가 몸을 떠나기 전에 그것을 깨달았기 때문에, 그의 현존에 대한 느낌을 그대로 간직할 수 있었다.

서양에서 항복은 힘을 포기하는 것을 의미한다. 그러나 구루나 사랑하는 분에게 항복한다는 것은, 다른 인간에게 힘을 부여하는 것을 의미하지 않는다. 그것은 우리를 계속 분리시키는 것들을 내려놓는 일이다. 우리는 항복할 때마다 더 깊이, 더 깊이, 자신 속으로 들어가게 된다. 우리는, 형상 너머로 우리를 데려가는 우리 안의 그 자리에 항복하는 것이다.

당신을 붙잡고 있는 집착과 욕망을 포기하는 것은, 성취 지향적인 당신이 추진력을 갖고 무엇인가를 향해 나아갈 때, 정말 어려운 일일 수 있다. 반면, 사랑의 현존 앞에서는 포기하는 것이 믿을 수 없을 정도로 쉽다. 집착하는 것들은 사랑 앞에서 녹아버린다. 정말 강력한 사랑을 해본 사람들은, 자기 자신보다 사랑하는 사람을 더 걱정하는 것이 어떤 것인지를 알 것이다. 당신이 가장 좋아하는 음식이 식탁 위에 있다면, 당신은 당신의 연인에게 그것을 먹이고 싶다는 생각을 피워 올린다. 연인이 그것을 먹어 주어야만 당신은 온전해질 수 있는 것이다.

아이를 키우다 보면 이런 경험을 하게 된다. 사람들은 "네 인생은 어디로 갔지? 왜 그렇게 자식을 위해서 희생하는 거야?"라고 하지만, 그것은 희생이 아니라, 기쁨이다. 메마른 가슴으로 하는 고행은 무겁기만 하지만, 사랑으로 행할 때는 "사랑하는 사람을 위해 이것을 포기하도록 하자. 그러면 우리가 훨씬 더 가까워질 거야"라고 말한다. 사랑하는 사람과 가까워지는 길이라면, 포기하지 말라고 해도 포기하게 된다. 그것이 사랑이다. 사랑은 사랑이 가는 길에 언제 어디에서도 윤활유를 제공해 준다. 사랑 속에서는 점점 더 기쁨으로 충만하게 된다.

사랑에 빠지는 것은 사랑하는 사람과 합쳐지려는 욕망이고, 완전히 사랑에 잠겨서 사랑받고 싶은 욕망이다. 당신은 사랑하는 사람을 점점 더 친밀하게 알고 싶어 한다. 그 열망은 모든 것을 포기하게 하고, 모든 형태의 만족, 심지어 삶 자체까지도 포기하도록 동기를 부여한다. 역사를 통해서 볼 때, 사람들이 기꺼이 큰 희생을 하는 것은 사랑을 성취하기 위해서이다. 신이나 구루를 사랑한다는 것은, 당신이 사랑하는 분과 당신을 분리시키는 모든 것을 내려놓는 일이다. 이것이 헌신적인 항복과 포기의 본질이다.

그런 것들에 대한 이해가 부족하면, 항복과 포기를 특징으로 하는 외적 행위들은 모방하려는 욕구에 의해, 죄책감, 무가치감, 자기 의로움, 구조적 안정에 대한 욕구, 혹은 마조히즘에 의해 동기가 부여될 수 있다. 그러나 진정으로 사랑하는 사람은 사랑하는 분을 위해 자신의 행복을 포기한다는 것이 그런 것들과는 다르다는 것을 알고 있다. 그것은 가장 순수하고, 활짝 열려 있는 완전한 엑스터시의 흐름에 자신을 담그는 일이다.

사실, 때로는 깊이 사랑할 만큼 충분히 가슴이 열리려면, 사랑의 펌프질을 위한 마중물이 필요할 수 있다. 가능하다고 생각하는 만큼, 정화 과정을 시작한다. 신과의 사랑 속에서 사는 일은, 깊은 물 속으로 다이빙하는 것과 같다. 먼저 다이빙 보드 끝까지 걸어가야 한다. 신과 사랑에 빠지기 위한 자리를 확보하기 위해서는 정화의 과정을 거쳐야 한다. 우리가 훈련을 하는 것은, 죄책감, 수치심, 도덕적 책임 때문이 아니라, 신과 함께 있을 수 있을 만큼 순수해지려는 엄청난 열망 때문이다. 다이빙의 실제 순간은 우리가 준비하고 훈련한 것을 현실에 적용하는, 피할 수 없는 정점이다.

이 게임에는 쉬는 시간이 없다. 누군가 점수를 기록하기 때문이 아니라, 우리가 빛에서 멀어지는 상태를 견딜 수 없기 때문이다. 분리가 가져다줄 절망과 우리의 열망이 우리를 깨어 있게 한다.

형상에서 형상 없는 형상으로

마하라지의 방법은 완전히 유연했고, 순간의 유동성에 열려 있었다. 무언가를 가리켜 보이기만 하는 것은, 가르침이라고 할 수가 없다. 스쳐 지나가는 순간적인 상황일 뿐이지만, 그 순간의 일이 당신의 가슴 깊은 곳을 건드릴 수도 있고, 여러 해가 지나서야 그 순간에 있었던 일의 중요성을 깨달을 수도 있다. 그것이 참된 가르침이다.

그것은 가르침이었을까, 아니면 그냥 삶의 연속이었을 뿐일까? 그것은 기적이었을까, 아니면 삶 자체가 기적의 빛깔을 띤 것뿐일까? 여러 일들이 깜짝 놀랄 정도로 여러 수준에서 너무 빨리 일어났지만, 마하라지는 우리 모두가 빠져들 수밖에 없을 정도로 어린아이 같은 단순함을 보여주었다. 때로 그는 "그렇지? 그렇지 않아? 무얼 하지?" 같이 말하곤 했다.

마하라지는 말했다. "마음을 비우기란 어려운 일이야. 하지만 마음을 비우려고 숲으로 가야만 하는 것은 아니지. 어디에서나 그럴 수 있어. 세상 사람들은 밖으로 가지만 그대들은 거북이처럼 껍질 안에 오감을 움츠리고 안으로 들어가야 해."

가르침은, 사랑이 넘치는 그의 존재로부터 자연스럽게 흘러나왔다.

사랑의 흐름, 거기에서 모든 전이가 이루어진다. 마하라지의 사랑이 내 안의 사랑에 닿아, 나는 그 사랑이 된다. 그 사랑을 표현하는 형태는 실존적 상황의 일부이다. 그러나 사랑의 흐름 속에서 이루어지는 전이에는, 모양이 없다. 그것이 사랑이다.

이 사랑의 순간에 우리는 존재의 새로운 방식을 음미하고 감사하기 시작한다. 잠시 멈추고, 이 순간의 현존에 빠져들면, 드라마는 계속되지만 그것은 모두 사랑일 뿐이다. 우리는 그 순간 속으로 기어 올라간다. 1초 정도에 지나지 않는다. 그 순간에 있으면, 시간을 초월하게 된다. 시간을 초월한 순간이다. 그 순간 속에 영원함이 있다. 그 순간 속에 신이 계시다. 이 시간을 초월한 순간들 안에, 마하라지의 경계선 없는 사랑이 나의 사랑과 연결되는 자리가 있다. 그때 우리는 형상 너머, 형상이 없고 시간이 없는 '존재'를, 형상과 시간이 나오는 근원을 들여보기 시작한다.

매 순간에 대한 이러한 사랑의 자각 속에서 당신은 구루에게, 그 순간에, 당신의 영혼에게 모든 것을 내맡긴다. 메허 바바가 말했듯이, "존재는 사랑으로 인해 죽어가게 된다."

그때 당신은 다른 존재를 볼 때, 사랑을 보고 있게 된다. 조만간 당신은 온 우주와 사랑에 빠지게 될 것이다. 당신은 모든 것이 단지 '한 사랑'인 곳에 앉아 있게 된다. 당신은 사랑이다. 당신은 사랑과 더불어 존재한다. 당신은 모든 존재와 사랑하는 상태가 된다.

우리는 우주를 있는 그대로 사랑하는 법을 배운다. 우리는 우주를 신의 법이 구체화되어 나타난 아름다움으로 보는 법을 터득한다. 우리는 순간 속에서 기쁨을 느끼는 법을 배운다. 우리는 우리 모두가 '많은 몸 속에 있는 한 의식'이라는 책임을 받아들이는 방법을 터득한다. 우리는 '한 가족'이다.

자기 자신을 잃어버리는 법을 배워야 사랑하는 자에게 이를 수 있음을 알라. 그걸 터득하는 데 다른 비결은 없다. 그 이상은 모른다.
— 헤라트의 안사리 Ansari of Herat[10]

대상 없는 사랑

당신이 어머니, 아이, 혹은 연인으로서의 신이나 구루처럼, 사랑하는 이의 한 면에 자신을 헌신한다고 해도, 당신은 성취나 그 대상을 위해서가 아니라 사랑을 위해 그렇게 하는 것이다. 이는 길을 가는 중에 만나게 되는 놀라운 역설 중 하나이다.

우리는 사랑을 얻을 수 없다. 우리가 사랑이 되어야 할 뿐이다. 그 과정에서 주체와 객체, 사랑하는 자와 사랑받는 자는 하나가 된다. 당신은 자기 자신을 잃어버고, 참자아를 얻는다. 경험자가 '하나'와 합쳐진 자가 되기 위해서는 은총이 요구된다.

사랑 안에 머물기 위해, 또는 하누만이 람을 섬기듯이 섬기기 위해, 신실한 헌신자는 작은 자아와의 연결 고리를 유지한 채로 완전히 합쳐지지 않고, 합일의 상태를 들락거린다.

이 가슴의 길에는 사실 길이 없다. 사랑하는 자가 사랑받는 자가 되기 위해서 소모시키는 가슴과 사랑이 있을 뿐이다. 사랑은 존재의 상태이지, 여기에서 저기로 가는 여행이 아니다.

제4장

●

다르샨

모든 존재는 반드시 다원주의적 진화는 아니라 할지라도, 진화의 여정 위에 있다. 누구나 완전함, 하나됨, 신성을 향해 나아가는 의식의 진화를 계속하고 있는 중이다. 힌두교도와 불교도는, 각 개인은 완전한 성취를 향한 이 길에서 수많은 환생을 거친다고 믿는다.

많은 사람들이 나에게 "환생에 대해 어떻게 알고 계십니까?"라고 질문을 한다. 나는 나의 과거의 환생을 직접 경험해 본 적이 없지만, 마하라지와 함께함으로써 모든 일이 어떻게 이루어지는지를 이해하게 되었다. 그는 환생이 현실이라고 말하곤 했다. 나와 그의 주변의 다른 사람들은, 마하라지 자신과는 물론이고 서로 서로 깊은 관계를 갖고 있다는 것이다. 이번 생에서 비롯된 혈육으로서의 가족의 배경이나 양육에서 비롯되지 않은, 전생의 인연을 갖고 있다고 했다.

우리 인간의 형상들은, 아원자에서부터 우주 규모에 이르기까지 끊임없이 움직이는 무한한 형상들로 구성되어 있고, 둘러싸여 있다. 이것이 릴라, 곧 존재의 매혹적인 춤이고, 의식과 에너지의 신성한 상호작용이다. 이 신성한 놀이 속에서 우리는 완전한 성취, 완벽함, 몰입, 자유, 깨달음, '하나임'을 추구한다.

모든 형상은 시간 속에 있기 때문에, 형상의 지배적인 특성은 변화이다. 이는, 한 순간에서 다음 순간까지 무슨 일이 일어날지 아무도 모른다는 것을 다른 방식으로 표현한 것이다. 나의 구루 형제들 중 한 명은 "놀라더라도 놀라지 마세요!"라고 즐겨 말한다. 예를 들어 보자. 나는 내가 휠체어를 타고 생활하게 될 것이라고는 꿈도 꾸지 못했다. 변화와 더불어 살아가는 방법은, 그 순간에 온전히 존재하는 것이다(*Be Here Now*를 기억하시라).

우리는 형상이나 형상의 경험들에 집착해서는 안 된다. 왜냐하면 형상이란 언젠가는 부패하고, 결국 형상 없는 상태로 용해될 것이기 때문이다. 시간 속에서 무엇이든 붙잡으려는 시도는 궁극적으로 소용없는 짓이며, 많은 고통을 초래한다. 정말로 붙잡아야 할 것은 무엇일까? 세상에 변하지 않는 것은 없다는 진실 외에는 영원한 것이 없다. 견고한 것도 없고, 지속적인 것도 없다.

형상의 놀이에서 만족이나 성취의 한계가 얼마나 유한한지 깨달을 때는, 절망하지 않을 도리가 없다. 그 절망은, 모습 있는 어떤 것도 궁극의 의미를 제공할 수는 없다는, '세상 어떤 것에도 열정을 가질 수가 없다'는 쓸쓸한 이해에서 비롯된다. 그것은 또한 깨어남을 강요하고 요구하며, 고통을 초월할 것을 추구하게 한다.

덧없는 것들에 대한 무익한 집착이 우리의 고통을 낳는다면, 그것을 내려놓고 변화를 친구 삼는 것은 기쁨이요 해방이다. 젊을 때에는 삶이 우리 앞에 무한히 펼쳐져 있는 것처럼 보인다. 나이를 먹고 보면, 경험의 축적이 눈 깜짝할 사이에 이루어진 것 같다. 이제 일흔아홉 살이 된 나는, 죽기 전까지 많은 변화가 뒤따르리라는 것을 깨닫고 있다. 몸의 변화, 친구와 가족의 변화, 기억의 변화 등, 많은 변화가 기다리고 있다. 이러한 경험들은 지혜와 자유를 심화시키고, 형상을 넘어선 영역으로 깊이 잠수하게 한다.

역사가 기록되기 오래전부터, 인간들은 (인디언들이 마야라고 부르는) 형상의 환상이나 분리의 환상에서 깨어나고 있었다. 인류의 극소수, 그러나 여전히 많은 존재들이, 자신들의 일을 마치고 깨달음의 과정을 완성시켰고, 형상 있는 것과 없는 것을 통합시켰다. 깨어난 이 존재들은 탄생과 죽음의 환영을 초월하여, 이 물질계와 다른 모든 계에 대한 집착을 넘어섰다. 그들의 가슴은 깨달음의 지복으로 충만해 있다. 암흑 물질이 별들 사이의 우주 공간에 스며 있는 것처럼, 무한한 사랑으로 가득 차 있다. 그 사랑은 우리 물질 세계의 미묘한 바탕을 이루는 피륙이요, 보이지 않는 에너지이며, 텅 빈 충만이다.

사랑의 눈을 뜨고 이 세상에 없는 곳 없이 계시는 그분을 보십시오!
이곳은 바로 당신 자신의 나라입니다.
진정한 구루를 만난다면, 그분은 당신의 가슴을 깨울 것입니다.
그분께서는 당신에게 사랑과 초연함의 비밀을 말씀해 줄 것이며,
그러면 당신은 그분이 이 우주를 초월한 분임을
참으로 알게 될 것입니다….
거기에서는 '영원한 샘'이

탄생과 죽음의 끝없는 생명의 춤을 추고 있습니다.
진리 중의 진리이신 분,
안에 모든 진리가 저장되어 있는 그분은 공空이라 불리웁니다.
그분 안에서는 창조가 끝없이 이루어지니,
그 일은 모든 철학을 뛰어넘습니다.
철학은 그분께 도달할 수 없기 때문이지요.
오 나의 형제여! 끝없이 펼쳐지는 세상이 있고, 거기에는
어떤 말도 말해질 수 없는 '이름 없는 존재'가 있습니다.
거기에 도달한 사람만이 그것을 압니다.
그것은 듣고 말하는 모든 것과는 다릅니다.
형상도 없고, 몸체도 없고, 길이도 넓음도 보이지 않으니,
그것이 무엇인지 내가 어떻게 말할 수 있겠습니까?
그는 주님의 은총이 쏟아지는 '무한의 길'로 나아갑니다.
그는 생사를 해탈하여 그분께 도달합니다.
카비르는 이렇게 말합니다.
"입으로 말해질 수도 없고 쓰일 수도 없다.
마치 꿀맛을 본 벙어리와 같으니 어찌 설명할 수 있으리요?"

　　　　　　　　　　　　　　　　　　　　　　　—카비르[1]

　마침내 분리의 환상에서 벗어날 때, 자유로워진 존재들은 형상 없는 상태로 돌아가 다시 합쳐질 수도 있고, 이 차원이나 저 차원에서 형상으로 남아 있을 수도 있고, 아무런 차이가 없는 지점까지 진화를 계속할 수도 있다. 그들은 물질계에서 다시 태어날 수도 있고 태어나지 않을 수도 있다.

성자의 특성

동양에서는 해탈한 존재를 흔히 '성자' 혹은 '성인'이라고 부른다. 이 용어는 문화에 따라 다른 의미를 갖는다. 가톨릭 교회에서 성인이란 교회에 의해 시성諡聖되고 기적을 행한 것으로 확인된 사람을 말한다. 서양에서는 "그녀는 진짜 성자다.", 혹은 "그건 성스러운 일이었다."라고 말할 때, 이 용어를 은유적으로 사용하기도 한다. 일반적으로 '성인'이라고 하면, 교회에 의해 공식적으로 인정을 받은 것과는 상관없이, 유난히 선하거나, 사랑이 많거나, 특별히 자기희생적인 사람들을 가리킨다.

인도에서는 순수하고 빛을 지향하는 사람, 착하고 영적인 사람을 성자라고 한다. 다른 존재들의 고통을 덜어주기 위해 계속해서 태어나는 '깨달은 자', 불교에서 말하는 보살들도 성자에 속한다.

인도의 고대 전통에는 요기들과 리쉬들, 즉 '숲속의 현자들'에 대한 이야기가 전해져 내려온다. 이들 위대한 영혼들, 즉 마하트마들은 베다에 기록된 바와 같이 수천 년 전에 인도의 영적 문화의 기초를 놓았다. 드루바 왕과 시바지 왕, 현대의 마하트마 간디처럼 사회, 정치 분야에서도 성자 칭호를 받는 이들이 있다.

또한 구루, 영적 안내자, 교사들 중에도 성스러운 남자/여자가 있다. 도시화된 오늘날에는 이런 전통이 많이 약화되었지만, 인도 문화에서는 오늘날까지도 지속되고 있다고 할 수 있다. 성자는 바바baba라고 불리곤 하는데, 이는 '아버지'나 '할아버지'를 뜻하는 힌디어이다. 예를 들면, 님 카롤리 바바와 같이 경칭으로 사용된다. 의식의 최정점에 도달한 소수의 위대한 성자나 요기, 완전히 깨달은 존재, 완전한 존재, 즉 싯다들도 있다. 이런 위대한 성자들에게 존경을 바치는 사람들은 그들에게 조언을 구하고, 그들의 발자취를 따라 순례를 떠나기도 한다.

서구에는 거룩한 남성/여성을 찾는 뿌리 깊은 전통이 거의 없다. 서양이라고 해서 왜 그런 존재들이 없겠는가? 나도 몇 분 만난 적이 있다. 보스턴의 어느 자동차 정비공, 타오스의 한 예술가, 아메리카 인디언 추장들, 선불교인들, 수피교인들, 예술가들, 화학자들, 음악가들, 치유사들, 시인들… 어떤 분들은 훌륭한 교사였다. 대부분은 여전히 카르마를 갖고 있었다. 각자는 빛을 발하는 구석을 갖고 있었고, 모두가 아름다운 인간이었다. 이는 우리 서양인들이 진리를 추구하는 사람들이 아니라는 뜻은 결코 아니다. 그러나 우리는 아메리카 원주민 같은 전통 문화를 가지고 있지 않다. 영적인 원로들에 대해 깊은 존경심을 갖는 아메리카 원주민들은, 영적인 삶을 직조해 내는 인도의 거룩한 사람들과 비슷한 데가 많다.

히말라야 산기슭에 있는 나이니탈과 뉴욕 시를 오가면서, 나는 이런 대조를 확연하게 알아차릴 수 있었다. 나이니탈 사람들 중에는 자기 자신을 영혼으로 인식하는 이들이 일부나마 확실히 존재한다. 인도의 그 지역에서는 여전히 영혼의 관점에서 세상을 바라보고 있다. 히말라야 지역은 평지와는 다르며, 수천 년 동안 수행자와 성자들이 자주 방문해 왔던 지역이다. 사람들은 소박하고, 친절하고, 정이 많은 것 같다. 그들의 전통 문화는, 자신을 영혼으로 아는 깨달은 존재들의 생생한 이야기들을 간직하고 있다.

인도의 도시는 대부분 서구화되어 있지만, 시골 마을의 전통적인

테와리와 그의 손녀 무자. 사진 라메슈와 다스.

사람들은 자신들이 영적인 길을 걷고 있다는 것을 여전히 인식하면서
살아간다. 그들은 환생을 믿기 때문에, 인생을 원대한 관점에서 바라본
다. 한 영혼이 신과 하나가 되기까지는 많은 삶이 필요할 수 있지만,
그들은 자신들이 어디로 가고 있는지를 알고 있다. 인도의 마을들은
방랑승이나 거룩한 사람들인 사두와 깨달은 존재인 싯다의 전통을
수천 년 동안 응원하고 지지해 왔다.

　비행기 여행을 하다 보면, 동서양의 차이를 더욱 뚜렷하게 느끼게
된다. 뉴욕에서 비행기 문이 열리는 순간부터는, 에고, 에고, 에고
들이 걸어다닌다. 모두가 다 자기 자신의 역할과 자신을 동일시한다.
서양에서는 사람의 정체성이 그/그녀가 하는 일에 따라 결정된다.

에고가 보는 견해는 죽음으로 끝나는 단 한 번의 이번 생에 국한된다. 죽음에 대한 두려움은 매우 강력한 동기부여자가 된다. 영혼에게는 그런 두려움이 없다. 에고 차원에서 영혼 차원으로 의식을 전환하면, 두려움이 사라진다.

인도에서 집으로 돌아와 보니, 아버지와 미래의 계모인 필리스가 함께 살고 있었다. 새로워진 의식으로 보니, 두 분 모두 영혼이라는 것이 실감났다. 두 분 다 늙어가고 있었고, 아버지는 죽음을 향해 더 가까이 가 계셨다. 비록 그는 유대교 회당의 이사회 임원이었지만, 그의 종교 행위는 겉치레일 뿐이어서 내적으로는 두려움이 많았다. 마하라지와 함께함으로써 차분해진 나는, 이곳에서도 크게 흔들리지 않을 것 같았다. 나는 내 영혼 속에 있었고, 그들을 영혼으로 보았으며, 그것은 그들로 하여금 자신들의 삶을 더 폭넓게 보기 시작하도록 허용했다. 그 후 여러 해에 걸쳐 우리 관계에 큰 변화가 있었지만, 우리는 영혼들로서 함께했다.

몇 년 전, 우리는 뉴햄프셔주 프랭클린에 있는 가족 농장에서 아버지의 3홀 골프 코스의 야외용 의자에 앉아 있었다. 일몰이 너무 아름다워서 나는 "아빠, 정말 아름답지 않나요!"라고 말했다.

"그래, 정말 아름다운 장면이야." 그가 대답했다. 그는 방금 잔디를 깎았기 때문에, 잔디를 가리키면서 자기 솜씨를 자랑스러워했다.

아버지가 95세였을 무렵, 우리는 매사추세츠 남쪽 해안을 따라 있는 코하셋에 살고 있었다. 나는 침대에 누워 있는 그의 손을 잡고 있었다. 우리는 창밖을 내다보고 있었는데, 그가 말했다. "봐라, 리치, 정말 멋진 일몰이구나!" 영혼까지 울리는 경이로움을 느꼈다.

나이니탈에서 사람들은 사회적 역할의 다르마를 수행하지만, 그와 동시에 그들은 자신들의 영혼이 각자가 하고 있는 역할과는 아무 상관 없이 분리되어 있다는 것을 알고 있다. 청소부는 단지 청소부이기만 한 것이 아니고, 왕은 단지 왕이기만 한 것이 아니다. 그들은 이번 생을 위해 다르마를 행하고 있는 반면, 내면의 존재는 그곳에서 그냥 지켜보고 있다. 영혼의 관점에서 볼 때, 나의 카르마는 나의 다르마이고, 내가 하는 일은 내면의 여정의 일부이며, 내가 해야 할 일은 나 자신을 나의 영혼으로 데려가는 것이다. 그런 깨우침이 있어야 우리는 뒤로 물러서서, 몸을 입고 살아가는 이번 생에서, 한 영혼으로서의 나 자신은 물론, 신께로 가는 길 위에 있는 다른 사람들에게 도움이 될 만한 일이 무엇인지를 살펴볼 수 있는 여유를 갖게 된다.

마음의 만남, 가슴의 만남

서양에서는 깨달은 존재들이라는 것을 떠올리기조차 어렵다. 우리는 그런 존재들에 접근하는 방법, 그런 존재들과 함께 있는 방법, 가슴으로 가는 우리의 여정에 그런 존재들을 활용하는 방법에 대해 배울 것이 많다. 인도 문화에는, 비록 직접적으로 전달되지는 않더라도, 거룩한 사람의 현존 안에 있는 방법을 알 수 있는 관습들이 있다.

십대 시절 나는 데이트 준비를 하면서 옷을 차려입고, 머리를 빗고, 꽃을 사고, 용돈을 타고, 저녁을 어떻게 보낼 것인지 계획을 세우느라 많은 시간을 쏟곤 했다. 이것저것 신경을 써야 하는 것들이 많았다. 모든 것이 제대로 된 후에야 나는 관계를 열 수 있었다. 신발이 긁힌 경우, 나는 신발을 의자나 소파 밑에 숨기거나, 당황하고 난처해하거나,

거기에 대해 염려하느라, 황금 같은 저녁 시간을 보내버리곤 했다. 당신의 영혼을 사랑하는 거룩한 존재의 현존에 자신을 여는 일에도 그와 같은 종류의 심리적 준비가 요구된다.

처음으로 인도를 여행하면서 성스러운 존재들을 보았을 때, 나는 그런 만남을 다소 가볍게 여겼고, 우연히 만나게 된 그 사람이 누구이든 함께 있는 것을 즐겼다. 그러나 시간이 지남에 따라, 나는 영적인 존재들을 더 깊이 받아들이고, 그들의 경험의 우물에서 생수를 마실 수 있는 기회를 가진 것에 감사하기 시작했다. 나는 이러한 살아있는 영의 전달에는, 그것을 받아들이기 위한 준비가 필요하다는 것을 이해하게 되었다. '인도식 시간 개념' 속에서, 그 순간에 집중할 수 있을 만큼 마음을 늦추는 것도 그중 한 부분이었다. 그들의 사랑을 느끼기 위해 가슴을 여는 것은 또 다른 일이었다.

2,500년 전에 인도에 살았다고 상상해 보라. 당신은 고타마 붓다라는 깨달은 존재가 이 땅 위를 걷고 있다는 이야기를 듣는다. 당신은 그의 가르침을 받기 위해 그를 찾기 시작한다.

당신은 아마 사르나트로 갈 것이다. 붓다가 첫 번째 설교를 했던 녹야원이 거기에 있다. 당신은 그곳에 모인 새로 계를 받은 비구들과 이야기를 나누고, 그의 행방을 묻는다. 당신은 걸어서, 혹은 말이나 소가 끄는 마차를 이용해 북쪽으로 길을 떠난다. 마을마다에서 이 이야기 저 이야기를 들으며, 점점 가까워지고 있다는 느낌을 받는다. 이 마을에서 저 마을로 이동해 가는 당신은, 마침내 그 앞에 앉아 그의 가르침을 받을 순간을 고대하면서, 날마다 기대가 커져 간다.

몇 주가 지나, 당신은 방금 부처님과 함께 있었다는 사람들을 만나기 시작한다. 그들의 눈은 빛나고, 가슴은 열려 있다. 그들은 평화를 발산하면서, 자신이 겪은 경험을 말해준다. 마침내 당신은 부처님과 하룻길 안에 있게 된다. 그를 만날 준비를 어떻게 해야 할까? 목적지에 가까워지자, 목욕을 하고, 옷을 세탁하고, 어느 마을에서는 꽃을 꺾고 과일을 딴다. 아주 가까이에 이르자, 당신은 너무 흥분한 나머지 그를 받아들일 만큼 고요한 마음이 되지 못할까 봐 걱정을 한다. 그래서 시냇가 바위 위에 앉아 마음을 모아 본다.

마침내 당신은 부처가 앉아 있는 동굴에 접근한다. 당신은 산길을 올라 동굴 입구에 도착한다. 동굴 안은 어둡다. 작은 불이 깜빡거리고, 그 불빛 속에서 명상에 잠긴 누군가가 보인다. 얼마 후, 그는 당신의 존재를 알아차리고, 들어오라고 손짓을 한다. 당신은 들어가서, 그 앞에 절을 하고 과일과 꽃을 바친다. 당신은 그 앞에 앉아, 마침내 눈을 들어 그를 본다. 시간이 멈춘다. 당신이 기대했던 모든 것이 이 순간 속에서 결실을 맺고 있다.

우주가 사라진다. 그의 눈만이 존재한다. 사랑과 지혜와 의식의 흐름이 당신들 사이를 지나간다. 어쩌면 몇 마디 말이 오갈지도 모른다. 그 말을 당신은 앞으로 몇 년 동안 계속해서 음미하게 될 것이다. 혹은 아무 말도 오가지 않은 채 단지 그의 고요함, 그의 현존, 그에게서 흘러나오는 믿을 수 없는 사랑 속에서, 당신은 깊은 연민을 느낄 수도 있다. 그의 시선 앞에서 당신은 벌거벗은 듯한 느낌을 받는다. 그분은 당신을 꿰뚫어 본다. 과거, 현재, 미래의 모든 것을 아시는 그분은 그럼에도 아무것도 판단하지 않고, 모든 것을 있는 그대로 인정할 뿐이다. 그러한 연민의 순간에는, 한 순간에 지나지 않을지라도, 해탈될 수 있다.

이정표, 그리고 지도 판독기

이 여행에는 지도가 없다. 하지만 깨달음이나 깨어남이 실제로 무엇인지를 이해하는 것은 도움이 된다. 사실, 대도大道는 우리들 각자의 가슴을 통해 공명하여 울려퍼지고 있다. 우리에게는 저마다 자기의 길이 있다. 산을 오르는 길은 여러 가지가 있지만, 모두 똑같은 정상에서 끝난다. 우리가 위대한 자들을 찾아낼 줄만 안다면, 위대한 이들의 은혜와 관용적인 사랑이 우리의 발걸음을 인도해 줄 것이다.

> 오 형제여, 내 가슴은 참된 구루를 열망하나니, 그분은 참된 사랑의
> 잔을 채워서 직접 마시고, 나에게도 주시네.
> 그분은 눈에서 베일을 벗기시고, 참된 브라만의 비전을 주시네.
> 그분은 그분 안에 있는 세계를 드러내시고, 나에게 '소리 없는
> 음악'을 들려주시네.
> 그분은 기쁨과 슬픔이 하나이고,
> 모든 말씀을 사랑으로 채우시네.
> 카비르는 말하네. "안전한 쉼터로 인도해 줄 구루가 있는 사람은
> 진실로 두려움이 없도다!"
> ─카비르[2]

물론, 만사가 기대한 대로 되지는 않는다. 내가 처음 인도에 가게 된 주된 동기는, 1961년 3월 6일 처음으로 실로시빈 버섯을 먹었을

때 나에게 펼쳐졌던 의식의 지도를 읽을 수 있는 사람을 찾기 위해서였다. 서구의 심리학으로는 그런 환각의 세계를 설명할 길이 없었다. 그런 의식 세계는 심리학으로 설명되지 않았다. 그 시점까지 내가 본 최선의 묘사는 『티베트 사자의 서』에 나오는 것뿐이었다.

나는 토요일 밤에 겪은 LSD 여행을 통해 그것을 확신했는데, 말로는 표현할 길이 없었다. 그다음 화요일에 올더스 헉슬리가 우리에게 준 『티베트 사자의 서』를 처음으로 보았는데, 에반스 웬츠가 번역한 판본이었다. 책을 본 티모시 리어리는 에반스 웬츠를 직접 만나기도 했다. 그 책에서 나는 나의 LSD 여행에 대한 놀라운 설명을 발견했고, 그로 인해 우리의 책 『환각 체험 The Psychedelic Experience』이 나오게 되었다. 우리는 티베트 바르도(출생 사이에 몸을 벗어나 있게 되는 아스트랄 상태)를 환각 여행의 한 모델이라고 보았다. 그것이 나로 하여금 인도에 가도록 영감을 준 '지도'였다.

인도에서 나의 목표는, 의식의 지도를 읽을 수 있는 사람을 찾는 것이었다. 하지만 마하라지를 만났던 그날을 돌이켜보면, 나는 단지 차에 올라탄 승객에 불과하다는 생각이 든다. 나의 여행 동반자인 바가반 다스는 비자 때문에 자신의 구루를 만나러 가야 한다고 말했다. 나는 내 친구 데이비드 패드와가 나에게 사용을 허락한 랜드로버를 가지고 있었다. 나는 그것에 대한 책임이 있었고, 바가반 다스는 이 구루를 만나러 가는 데에 그 차를 이용하게 해 달라고 말했다. 구불구불 산길을 올라가야 한다고 했다. 그는 내가 여러 신들과 조상彫像들, 그리고 사원의 확성기 소리 때문에 내가 힌두교인을 좋아하지 않는다는 것을 알고 있었다. 나는 불교에 더 매력을 느꼈다.

바가반 다스. 사진 람 다스.

우리는 히말라야로 향하면서 바레일리 근처에 있는 어느 집에서 밤을 보냈다. 한밤중에 나는 바깥채에 있는 화장실에 가야 했다. 별들이 매우 크게 보이고, 하늘이 아주 가까이 다가와 있는 것 같았다. 나는 6개월여 전에 돌아가신 엄마를 생각했다. 엄마도 매우 가깝게 느껴졌다. 바깥채로 가는 길에 엄마를 생각하면서, 나는 그런 나 자신이 우스워졌다. 나 같은 프로이트주의자가 그런 감상에 젖다니! 그런 다음 나는 다시 잠자리에 들었다. 다음날 아침, 우리는 구불구불 이어지는 산길을 50마일 정도 더 달려 히말라야 기슭의 쿠마온 지역으로 갔다.

우리는 마침내 부미다르라 불리는 곳에 있는 길가의 작은 사원에 도착했다. 사람들이 몰려들어 랜드로버를 에워쌌다. 그들은 힌디어를 유창하게 구사하는 바가반 다스를 매우 따뜻하게 대해주었다. 내가 할 수 있는 건 듣는 것뿐이었다. 그가 나에게 말했다. "구루가 언덕 위에 있다고 하네. 그러니, 자네가 괜찮다면, 난 그리로 올라가겠네." 그는 자신의 구루를 만나게 된 것에 너무 감동한 나머지, 울면서 언덕을 올라갔다. 나는 차 안에 남아 있었다. 피곤했고, 좌절감을 느꼈고, 미국으로 돌아가고 싶었다. 나는 그가 언제 돌아올지 알 수 없었다. 그는 내가 구루 어쩌고 저쩌고 하는 사람들을 좋아하지 않는다는 것을 알았기 때문에, 함께 가지 않았던 것이다.

나는 일이 어떻게 진행되고 있는지 전혀 알 수가 없었다. 나는 크고 멋진 차를 타고 있었다. 그가 가고 난 후, 사람들이 나에게 적대적으로 변한 것 같았다. 나는 신경이 곤두섰다. 나는 힌디어를 할 줄 몰랐고, 구루를 만날 생각도 없었다. 그런데 차 주위에 있던 사람들은 나에게 그를 만나러 가라고 고집했다. 내가 마하라지를 만나기 위해 친구를 따라 언덕을 올라가지 않았기 때문에, 그들은 나에게 소리를 지르고 있었다. 그들은 내가 성자를 만나야 한다고 생각하고 있었다. 하지만 나는 그들이, 내가 차에서 나가면 랜드로버를 타 보기 위해서 그런다고 생각했다. 그 정도로 신경이 곤두서 있었다. 그러나 마침내 나의 호기심이 더 커져서, 나는 차에서 내려 바가반 다스를 따라 언덕 위로 올라갔다. 하지만 나는 사람들이 랜드로버를 어떻게 할까 봐 걱정하면서 계속 뒤돌아보았다.

언덕 위에는 담요를 걸친 한 남자가 풀밭에 앉아 있었고, 그 주위에 10~12명 정도가 있었다. 나는 거리를 유지했다. 마하라지가 나를 가리키며, 힌디어로 뭐라고 말했다. 누군가 나를 위해 번역을 해줬는데, 나중에 알고 보니 K.K. 샤였다. 마하라지가 나에게 가장 먼저 물은 것은 "큰 차를 타고 오셨네?"였다. 이어 그가 한 말은 "그 차, 나한테 줄래?"였다.

그 즉시 구루에 대한 나의 편집증이 되살아났고, 화가 났다. 바가반 다스는 바닥에 납작 엎드린 자세로 깊은 존경을 표하고 있었다. 그는 자리에서 벌떡 일어나더니 "마하라지, 원하신다면, 가지셔도 됩니다."라고 말했다.

분노가 끓어올랐다. 게다가 주위에 모여 있는 인도인들도 모두 나를 비웃고 있는 것 같았다. 물론 그들은 마하라지가 자동차를 요구하는 것이 아님을 잘 알고 있었지만, 나는 그것을 몰랐다. 그는 고양이가 쥐를 놀리듯이 나를 놀리고 있었다. 나는 그가 누구인지, 어떤 식으로 살아가는지 전혀 몰랐다. 몇 년 후, K.K.는 그때 내가 청바지 주머니에 손을 찔러넣은 채, 화가 나고 두려운 표정으로 웅크리고 서 있었다고 묘사했다. 그때 나는 매우 불안한 느낌이었다는 것을 기억한다. K.K.는 내가 완전히 에고에 갇혀 있다고 생각했다. 확실히 그랬다.

그다음에는 진정한 구루만이 할 수 있는 그런 일이 일어났다. 그는 단 한 번의 타격만으로도 견과류가 좌악 벌어지게 될 만큼 익게 되는 정확한 시점을 잘 알고 있었다. 마하라지는 별빛 아래에서 보낸 전날 밤에 대해 이야기하면서, 그로서는 도저히 알 길이 없는 최근 내 어머니의 죽음에 대해 말하는 것이었다. 그러면서 그는 "비장"이라고 말했다. 엄마는 비장암으로 돌아가신 터였고, 히말라야에 있는 이 바바가 내 어머니에 대해 모든 세부사항을 알고 있다는 불가능한 사실로 인해,

억눌려 있었던 감정이 봇물처럼 쏟아져 나왔다. 내 안의 무언가가 산산조각이 났고, 나는 곧 흐느끼기 시작했다. 나는 슬픔과 안도감, 그리고 모포를 뒤집어쓰고 있는 이 사랑스러운 노인을 찾기 위해 그토록 먼 길을 날아왔다는 엄청난 감흥으로 주체할 길이 없었다. 여전히 멍하고 혼란스러운 상태에서 나는 그날 밤 나이니탈에 있는 K.K.의 집에 머물렀다. 마하라지는 그에게, 나에게 토스트를 구워 먹이라고 말했다.

요기 되기: '내려놓음'에 관한 6개월 단기 코스

마하라지와의 첫 만남부터, 나는 온전히 그 순간 순간에 집중할 수 있었다. 내가 그에게 완전히 항복한다는 것, 그래서 그가 나를 차지한다는 것은, 도저히 상상할 수도 없는 일이었다. 그것은 계산된 일이 결코 아니었다. 나는 시간 계산을 할 수가 없었다. 과거와 현재를 연결시킬 수도 없었다. 마하라지가 나를 그렇게 만들었다. 그의 사랑이 그런 것 모두를 그냥 받아들이게 만들었다.

나는 바가반 다스와 작별하고, 이틀 후에 미국으로 돌아갈 계획이었다. 하지만 그 대신, 히말라야 아쉬람에 6개월 동안 머물게 되었다. 처음부터 마하라지가 그렇게 계획한 것 같았다. 항상 나를 놀라게 하는 것은, 그런 일을 허용하면서도 나에게는 저항할 기미조차 없었다는 것이다. 그날 일찍, 나는 랜드로버에 대해 신경이 곤두서 있었고, 구루라는 존재를 만난다는 것 자체가 너무 싫었다. 그러나 그 직후, 나는 마하라지의 지시에 따라 기꺼이 K.K. 샤의 집으로 갔고, 거기서 머물기로 했다. 내 집에 있는 것처럼 편안했다.

그것은 중대한 변화였다. 아직도 그것을 정의할 만한 단어가 딱히 떠오르지 않지만, 나의 인지적 관점이 완전히 변화된 것은 분명하다. 나는 단호하고 결단력 있는 사람이었는데, 이제는 마하라지에게 나를 완전히 내맡기고 내 삶을 운영하도록 허용하는 사람이 되었다. 더구나 그런 변화에 대해 이렇다 저렇다 생각조차 하지 않았다. 그냥 바뀌었다. 나는 그것에 대해 의식하지 않았다. 완전히 자연스러운 느낌이었다. 나는 갑자기 완전히 다른 삶의 길로 들어서게 되었고, 어떤 의식적인 결정도 스스로 내리지 못했다. 그 전날에는 마하라지와 힌두교가 혐오스러웠다. 하지만 이제는 그것들이 나를 차지해 버렸고, 마치 내 집에 있는 것처럼 편안했다. 그것이 바로 마하라지의 사랑의 힘이다.

나는 LSD 여행을 너무 많이 했기 때문에, 의식의 비약적인 도약에 익숙했다. 약물 경험이 나를 마하라지에 준비시킨 것이다. 그렇지 않았더라면, 나는 결코 인도에 그렇게 오랫동안 머물지 않았을 것이다. 랜드로버의 문을 열고 나가고 싶은 호기심은 생기지 않았을 것이다. 그 전에는, 바가반 다스와 그 모든 멜로드라마에 대한 결정을 내리느라 너무 바빴다. 우리는 맨발로 사르나트의 이 사원 저 사원을 걸어다녔다. 덥고 불편하고 물집이 생겼다. 힌두교인들은 우리를 방랑하는 사두처럼 대했다. 순례자들이 내 앞에 루피를 공물로 바쳤다. 내 주머니에는 여행자 수표가 들어 있었는데도.

그 첫 만남 이후, 마하라지는 나를 K.K. 샤와 그의 가족들과 함께 머물도록 보냈는데, 그들은 매우 다정하고 친절하게 대해주었다. 나는 그들의 삶을 방해하는 미지의 외국인이었는데도, 그들은 나를 받아들여 주었다. 그들은 나를 마하라지 가족의 일원처럼 대했다. K.K는 마하라

마하라지. 사진 발라람 다스.

지의 손발이나 마찬가지였다. 마하라지는 그 모든 것을 미리 봤을 것이고, K.K.의 역할은 서양인들과 함께 어울려 노는 것이었다. K.K.의 가족과 함께 하루 이틀을 보낸 후, 나는 부미아다르에서 마하라지를 다시 만났다. 그는 나를 카인치의 아쉬람으로 보내어, 하리 다스와 함께 요가를 포함한 사다나(매일의 영적 수행)를 시작하게 했다.

다르샨: 하나의 관점

인도에는 다르샨을 위해 성자, 구루, 싯다(깨달은 자)를 방문하는 간단한 의식이 있다. 사원에 들어가면 신들에게 경의를 표하고, 그러면 가슴의 공간이 열리기 시작한다. 거룩한 사람에게 경의를 표하거나 엎드려 절한 다음, 과일이나 꽃, 과자나 돈을 바치고 그들의 발을 만진다. 그것은 물질계에서 주고받는 행위라기보다는, 더 많은 영적인 에너지, 즉 샥티에 자신을 여는 일에 더 가깝다. 나중에 가슴이 열리면서, 나는 이러한 간단한 의식 행위가 내 경험을 얼마나 풍요롭게 하는지를 깨닫게 되었다.

물론, 처음 마하라지를 만났을 때, 나는 그런 의식을 전혀 행하지 않았고, 그것은 중요하지 않았다. 진정한 성자는 의식을 초월하며, 구루나 싯다는 비정통적인 경우가 적지 않다. 그들은 당신을 인정하거나 무시할 수도 있고, 당신을 멀리 보내거나 먹일 수도 있고, 당신이 그들의 존재를 공유하고 잠시 또는 몇 시간 동안 그들의 다르샨을 즐기도록 허용할 수도 있다.

다르샨은 말 그대로 '하나의 관점'을 의미하며, 다른 사람의 관점을 공유하는 것을 가리킨다. 다른 존재로서 나타나는 영의, 더 높은 위치에서 바라보는 관점이다. 그것은 에고의 관점에서 영혼의 관점으로의 심오한 대전환이다. 그것은 당신의 모든 연구와 독서를 한 순간에 생생하게 경험하도록 만들어 줄 수 있다. 그것은 당신의 삶의 방향을 바꾸고, 당신을 영적인 뿌리로 되돌리고, 모든 말과 생각을 넘어 가슴의 가장 심오한 깊이로 당신을 데려갈 정도로 심오한 경험이 될 수 있다. 그 깊이에서, 작은 영혼은 더 큰 영혼으로 녹아들기 시작한다. 개별 영혼인 지바트만에서 더 큰 영혼인 아트만으로의 움직임은, 마치 사랑의 바다로 녹아 들어가는 것과 같다.

나는 인도에서 마하라지와 함께 있었지만, 다르샨을 갖기 위해 반드시 성자의 물리적인 실체 앞에 앉아 있어야 할 필요는 없다. 다르샨은 꿈 속에서, 그림, 조상彫像, 물리적 장소를 통해서, 또는 깨달은 존재의 음성을 듣거나 글을 읽을 때 이루어질 수 있다. 다르샨의 진정한 본질은 물질계에서의 만남이 아니다. 그것은 영혼계에서의 만남이다. 그것은 말이나 사진, 순례나 가르침이 아니다. 그것은 우리의 감각이나 생각의 내용이 아니다. 다르샨은 가슴과 가슴의 만남이요, 영혼들의 합일이며, 완전한 인식, 연민, 사랑, 에너지와 더불어 그 순간을 공유하는 일이다.

말씀들과 사진들을 통해, 우리는 말할 수 없는 것에 대해 서로 이야기한다. 우리는 보이지 않는 것을 보려고 한다. 알 수 없는 것을 이해하려고 노력한다. 그리고 이 모든 과정, 즉 열망하고, 노력하고, 듣고, 보고, 생각하는 모든 과정이 서로 다른 차원에서 진행되는 동안 내내, 그 순간은 그 자체로 완전하다. 그 완전한 순간에, 전달자와 전달받는 자, 그리고 전달 자체는 하나이다. 순수한 사랑의 순간이다.

헌신자에게 있어서, 다르샨은 물리적인 존재를 훨씬 뛰어넘는 것이다. 성자에 대해 생각하는 것, 사진을 보는 것, 소중한 순간을 기억하는 것, 다른 헌신자들과 이야기를 나누는 것 모두가 다르샨의 연속이다. 헌신자들은 더 많은 꿀을 만들기 위해 꽃을 찾아 날아가는 벌들과 같다. 헌신자들은 나침반 바늘이 자북을 가리키는 것처럼 다르샨에 초점을 맞춘다.

히말라야 기슭의 나이니탈 주변에는 그 지역에 살았다는 성자들의 이야기가 전해져 내려온다. 각 가족마다 고유한 이야기가 있다. 우리는 종종 부엌의 불 주위에 앉아 차이를 마시며, 우리 중 누군가가 만났던 존재들과 일상의 사건들에 대해 이야기를 나누곤 했다. 특정 사건에 대한 이야기를 통해 우리는 서로를 알아간다. 그들은 이야기, 이야기, 이야기를 나누면서, 날로 새로운 풍요로움을 더하고 사랑의 깊이를 더해간다. 이러한 사건들은 단순한 이야기나 민담이 아니라, 영적인 삶의 피륙이자 믿음의 토대이다. 나이 많은 헌신자들에게 이런 이야기들, 성자들의 릴라에 대한 이야기를 듣는 것은 정말 행복한 일이다. 이야기 속의 성자들도, 이야기를 하는 자들도, 듣는 자들도, 모두가 살아 있음의 지복을 누리게 된다.

> 그는 자기 향기를 맡게 된 한 송이 꽃과 같고, 거울을 들여다보고 자기 모습을 알게 된 얼굴과 같다. 그래서 스승과 제자는 두 사람으로 나타나지만 둘로 변장한 상태에서도 스승은 홀로 자기 자신을 즐긴다.
>
> —야네스와르[3]

인도와 서양의 헌신자들은 함께 불 주변에 앉아 성자들의 사랑 이야기를 나누곤 했다. 결국 누군가가 이렇게 말한다. "그런데 누가 그런 존재를 이해할 수 있겠어?" 우리의 마음은 그들의 의식과 자비와 지혜를 진정으로 이해할 만큼 충분히 확장될 수 없다. 그러나 이런 이야기는 계속해서 의미를 갖는다. 그러한 존재들의 가장 단순한 행위조차도. 시간이 지나면서 여러 차원에 반향을 일으킨다.

우리는 이야기하고 또 이야기했다. K.K.의 여동생인 비나는 들어와서 우리에게 차를 마시겠느냐고 묻곤 했다. 우리가 이미 차를 마셨기 때문에 거절할 것이라고 생각하면서 그렇게 묻곤 했지만, 우리는 차를 마시겠다고 대답하곤 했다. 지금처럼 가스레인지가 없었기 때문에 그녀는 가서 다시 장작불을 피워야 했다. 아무도 말리지 않았다. 그러한 헌신의 기쁨은, 가족의 그런 분위기를 경험해 보지 않은 사람이라면 상상하기 어렵다.

내가 그 히말라야 마을의 부엌에 앉아 있었을 때, 처음에 나는 나의 구루인 님 카롤리 바바에 관한 이야기에만 관심이 있었다. 다른 이야기들은 몸을 떠난 지가 오래된 성자들에 대한 것이었다. 그러나 점차 나는 각자의 기억을 통해 전달되는 심오한 가르침에 감사하기 시작했다. 나는 이 위대한 존재들의 삶에서 일어난 각각의 사건, 일상적으로 일어나는 기적에서 그 빛의 핵심 부분, 영적 가르침의 보석에 귀를 기울이기 시작했다. 이러한 모임들은 사트상, 곧 구도자들의 공동체로서, 모두가 함께 진리를 인식하고 헌신의 분위기를 공유하는 '영적 가족'이다.

인도 역사에는 수천 명의 성자들이 있다. 스리 라마크리슈나, 라마나 마하라쉬, 쉬르디 사이 바바 같은 몇몇 사람들은 잘 알려져 있고, 그들에 관해 쓰여진 책들도 있다. 수천 명의 신자들이 따르는 경우도 있고, 사원이 세워진 경우도 있다. 그들에게서 흘러나온 신을 찬미하는 시와 노래를 통해 기억되기도 하고, 이는 인도의 민속 음악으로 전해지기도 한다. 지역의 성자들과 정글의 사두들, 산속 동굴에 살거나 몇몇 마을에만 알려진 수행자들도 있다. 행인에게 배설물을 던지면서까지 자신을 철저히 고립시킨 바바의 이야기도 전해진다. 가장 주목할 만한 이야기 중 상당수는 이러한 존재들에 관한 것이다.

이러한 이야기들 중에는 인간의 능력을 훨씬 넘어서는 놀라운 기적에 대한 것도 있다. 일상적인 삶의 소소한 이야기들이지만, 누군가가 '하나'로서 존재하게 된 살아 있는 진실을 반영하는 것들도 있다. 깨달은 존재의 모든 행위는 가르침이다. 그들이 설거지하는 방식에는 시대를 아우르는 지혜가 담겨 있다. 그들이 거리를 걷는 방식이나 손의 움직임, 표정 하나하나가 모두 순수한 은총이다. 사랑과 합쳐진 존재, 진리와 합쳐진 존재는 은총 자체이다. 우리들 가운데 걸어다니는 사람들 중에도 그런 존재가 있을 것이다. 그러나 얼마나 많은 사람이 그런 존재인지, 우리는 결코 알 수 없다.

해방

내가 '해방된 존재'라고 말할 때, 그것은 '의식의 한 차원이나 상대적 현실의 어디에도 갇히지 않은 사람'을 의미한다. 지구 궤도를 벗어날 수 있는 로켓은 중력의 당기는 힘으로부터 해방될 것이다. 각 현실에는 욕망과 신념 체계의 중력장이 있다. 이 물리적/심리적 차원에서 해방된 사람은, 출생과 죽음, 출생의 욕망과 죽음에 대한 믿음을 자신과 동일시하지 않는 사람이다.

우리들 대부분은 이 물리적 존재계에 강한 집착을 갖고 있으며, 그것에서 벗어나 다른 계로 들어가는 것을 일종의 해방으로 받아들인다. 그러나 이 계에서 자유로워도 다른 계에 갇힐 수 있는데, 이는 온전한 완전함과는 거리가 멀다. 나가는 능력은 다시 들어올 수 있는 능력, 즉 차원을 통합하는 능력과 다르다. 누군가가 지구계의 정신적 중력에서 벗어날 때, 그들은 신의 임재에 너무 감동받은 나머지 돌아오고 싶지 않을 수도 있다. 인도에서는 그런 존재들을 '신에 취한 자'라고 부르기도 한다. 이들은 물질계에 다시 통합되지 않았기 때문에, 정신병적이거나 방향 감각을 잃은 것처럼 보일 수 있다. 그들은 아직 내부와 외부가 있어서, 서서히 들어오고 나가는 방법을 배우게 된다.

일부 구도자들은 아스트랄계의 즐거움에 너무 사로잡힌 나머지, 거기에 머물 수도 있다. 거의 완전하게 되어 이 계나 저 계에서 일하는 성자들이 많지만, 최종 단계에 이르지 못한 자들이 적지 않다. 이는 그들이 위대한 교사나 성자가 아니라는 뜻이 아니라, 단지 그들이 아직 자신의 일을 끝마치지 않았다는 뜻일 뿐이다.

완전한 존재, 즉 싯다는 아무것도 붙잡지 않고, 어디에도 서 있지 않으며, 모든 계에 들어가고 나올 수 있다. 그들은 동시에 모든 계에 있기 때문에, 실제로 계에 들어가고 나오지 않는다. 그러한 존재들은 더 이상 시간과 공간에 얽매이지 않으며, 몸으로 나타나거나 나타나지 않을 수도 있고, 몸을 유지하거나 벗을 수도 있다. 그렇게 유동적인 상태에서는, 모든 것이 가능하다. 몸을 젊게 유지할 수도 있고, 몸을 떠날 수도 있으며, 신과 합쳐질 수도 있다. 모든 존재의 해방을 위하여 형상 안에 머무는 선택을 할 수도 있는 것이다. 그러한 존재들은 모든 법과 한계를 초월한다. 그들은 신의 뜻과 인간의 마음의 완벽한 조화를 뜻하는 '다르마' 자체이다. 모든 계는 다른 계로 흘러가고 있으며, 신은 도구들인 그것들을 통해 흐르고 계신다. 그것은 끊임없는 흐름이다. 특별할 것도 없고 다를 것도 없이, 모두 '하나'이다.

이러한 관점에서, 해방이란 경험에 관한 것이 아니라 경험자에 관한 것이다. 계들이 함께 모이기 시작함에 따라, 당신은 경험 속으로 들어가는 경험자로서 당신이 죽는 장소로 가게 된다. 그것은 당신과 아무 관련이 없는 일이다. 단지 '있음'이며, '당신'이 그것을 행하고 있는 것이 아니다. 많은 존재들은 그 단계, 즉 개인의 희생이나 해체에 한 번도 이른 적이 없다. 분리된 자아는 홀로 존재하는 반면, '참자아'는 '하나'가 되어 더 이상 자신을 분리된 존재로 인식하지 않는다.

'하나임'의 패러독스는, 에고가 해체될 때 경험은 있지만 경험자는 없다는 것이다. 경험은 일어나지만, 경험자로서의 '당신'은 예전과 달리, 작은 자아를 넘어서 있다. 외적인 경험은 동일할 수 있다. 선불교에서 말하듯이, "깨닫기 전에는 장작을 패고 물을 나른다. 깨달은 후에도 장작을 패고 물을 나른다." 그러나 거기에는 그런 상태의 실존적 현실도 있으니, 육체 안에 있는 동시에 절대 세계인 공空 안에도 '있는' 것이다. 궁극의 장소는 형상이 있는 동시에 형상이 없는 상태, 한 발은 세계 안에, 한 발은 공 안에 있는 상태로, 빛나는 공과 완전히 연속되는 물리적 현실이다. 공은 경험이 아니다. 말로는 표현할 길이 없다. 이들은 의식의 두 가지 다른 장소로서, 인간은 동시에 두 계 위에서 기능할 수 있다.

집에는 아무도 없다

한 존재가 완전히 깨달았는지의 여부는, 그 존재가 정말로 에고가 없는지, 아니면 그냥 그렇게 보이는지에 달려 있다. 어떤 사람이 여전히 사고 형태나 욕망을 자기 자신과 동일시한다면, 일이 아직 끝나지 않은 것이다. 전혀 집착이 없어야 완전한 깨달음이라고 할 수 있다.

어쩌면 당신은 내려놓아야 할 집착의 미묘함을 이제야 보기 시작했을 수 있다. 신에 대한 경험과 그 하나됨의 황홀경, 심지어 전지全知, 무소부재, 무한한 힘의 경험, (단순히 '하나'가 되는 것과는 다른) '일자 the One'가 되는 경험에 대한 집착은, 남방 불교에서 말하는 자나스jhanas, 즉 일시적인 몰입 상태이다. 경험자의 흔적이 있는 한, 여전히 자의식의 요소, 즉 경험자라는 에고가 존재한다. 그것이 여전히 하나의 경험이라면, 그것은 궁극의 현실이 아니다. 간단하다. 당신이 하나의 경험을 하고 있다면, 당신은 그것을 넘어서야 한다는 것을 알고 있다. 아름답지 않은가?

완전한 존재인 부처의 집에는 아무도 없다. 그들은 완전히 '여기'에 있고, 어디에도 없다. 그러면서도 동시에 어디에나 있다. 완성된 존재는 존재의 흐름 속에 온전히 있기 때문에, 없는 곳이 없다. 공의 역설은, 그것이 실제로는 충만하다는 것이다. 무아無我는 존재하지 않는 것이 아니라, 존재의 눈부신 광휘이다. 결국에는 모든 차원에서 기능만이 있다. 이것이 바로 그리스도께서 "너희가 믿음만 있으면 산을 옮길 수 있다."라고 말씀하신 뜻이다.

> 마음은 생각의 다발이다.
> 생각은 생각하는 자가 있기 때문에 일어난다.
> 추적해 들어가면 에고는 저절로 사라진다.
> 깨달음은 단지 에고의 상실이다.
> 자기가 누구인지를 파고 들어가 에고를 파괴하라.
> 에고는 실체가 없기 때문에 저절로 사라지고 깨달음의 빛이 밝아온다. 이것이 곧바로 가는 길이다.
>
> —라마나 마하르쉬[4]

나는 아름답고 잔잔한 호수 가장자리에 있는 것 같은 기분이 들었고, 뛰어들고 싶었지만 용기가 없었다. 마치 어렸을 때 백 다이빙을 하려는 것과 같았다. 나는 한 시간 가량 다이빙 보드 위에 서 있었고 모든 것이 좋을 것이라는 것을 알았지만, 그것을 할 수 없었다.

사랑은 당신을 형상 뒤의 공 속으로 뛰어들게 한다. 유에서 무로, 공으로 도약하는 것은, 경험의 비어 있음을 의미할 뿐이다. 그것은 두 개의 계와 같다. 하나는 영혼의 계이다. 당신은 그것을 뒤에 남겨두고 공인 '일자(the One)' 속으로 용해된다. 사랑이 당신을 '일자'와 합쳐지게 한다. 당신을 깨달음으로 데려가는 것은 헌신, 즉 박티이다.

사랑은 우주를 하나로 융합시킨다. 당신은 우주의 모든 것을 사랑하고 모든 것과 동일시되어 '일자'가 될 때까지, 모든 사람과 모든 것을 점점 더 사랑한다. 당신이 '일자' 속으로 뛰어들면, 공을 발견하게 된다. 왜냐하면 '일자' 안에는 경험자가 없기 때문이다. 사랑은 모든 것에서 아무것도 아닌 것으로, 누군가가 되는 것에서 아무것도 아닌 것으로 도약하는 융합을 가져온다.

마하라지와 함께 있는 사람은 아무도 없었다. 그냥 사랑이 있었다. 나는 그가 순수한 절대자인 시바처럼 하나의 산으로 변하는 것을 보곤 했지만, 그때 나는 강렬한 사랑을 느꼈다. 그는 무조건적인 사랑이지만, 비인격적이다. 나를 사랑하는 것은 그 사람이 아니었다. 그 사람이 사랑이었다. 나는 사랑을 인간관계에서 생기는 것으로 해석하곤 했지만, 사실은 그렇지 않았다.

사랑은 영혼의 감정적인 색깔이다. 무조건적인 사랑은 깨달음의 색깔이다. 개인적인 장벽이나 구별에 얽매이지 않으며, 에고가 없지만 가장 높은 참자아를 반영하는 색깔이다. 그것은 구름에 가려지지 않은 햇빛과도 같고, 가장 순수한 샘물의 맛과도 같다.

> 요기가 되고 싶다면
> 세상을 버리십시오.
> 당신의 가슴을 '그분의 사랑'으로 물들이십시오.
> 진정한 연인이라면 '무(無)'의 잔을 마시고,
> '그분'을 기억하며, '경이의 계곡'으로 들어가십시오.
> —샤 라티프(1689~1752)[5]

우리는 그곳에 사는 사람들, 성자와 싯다, 그들의 다르샨, 그들의 현존, 그들의 사트상으로부터 조건 없는 사랑을 배울 수 있다. 우리는 인도 가정에서 전통과 관습, 조부모와 손자 사이의 사랑을 가슴으로 느끼면서, 무조건의 사랑을 맛볼 수 있다. 어쨌든, 그것을 느끼기 위해서는 분석적인 마음을 버리고 그 순간에, 그리고 앞서갔던 사람들에게 자신을 열어야 한다.

제5장

●

길을 가리켜 보이는 존재들

구도의 길을 가면서, 당신은 누가 당신에게 가르침을 주는 교사들인지를 깨닫게 될 것이다. 교사들 중에는 분명히 아직 가야 할 길이 남아 있는 이들도 있는데, 그런 경우라도 자신들의 경험을 공유함으로써 당신에게 도움을 줄 수 있다. 잘못된 길이나 함정의 살아있는 사례를 보여주는 경우도 있지만, 그것 역시 당신이 자신의 길을 계속 나아가는 방법을 성찰하는 데 도움이 될 수 있다. 당신이 이 길을 걷기로 했을 때의 의도가 무엇이든, 그런 사람들 모두가 당신을 위한 가르침이 된다.

인도에는 스승과 제자에 관한 고전적인 이야기가 전해져 내려온다. 구루는 자신의 성취를 자랑스러워하는 반면, 겸손한 제자는 가르침을 가슴에 새기고 수행을 심화시킨다. 어느 날 구루는 가마를 타고 시장을 지나가다가 제자를 만나게 된다. 구루는 제자를 보는 순간 그의 순수함을 알아보고는, 제자의 발 앞에 엎드려 절하며 제자가 해탈하게 된 것을 알아차린다. 자기 자신은 사람들의 인정을 받고 물질적인 욕망을 달성했을 뿐이지만, 제자는 그 모든 것을 해탈한 상태에 도달한 것이다.

순수한 가슴으로 살아가는 헌신자는 필요한 것만 취하고 나머지는 버린다. 위대한 스승의 영적 성취 또한 에고가 지배하는 동안에는 공허하게 들릴 뿐이다. 스승과 제자 모두 자유로워지지 않는다면, 그들은 단지 더 많은 카르마를 만들고 있을 뿐이다.

옥스포드에서 교육을 받고 나로파 연구소를 설립한 티베트 툴쿠인 초감 트룽파 린포체와 함께 있었을 때, 그는 술을 마시고, 도박을 하고, 학생들과 성적인 장난을 예사로 했다. 나는 그의 그런 모습이 매우 불편했다. 나중에 나는 그가, 서양 친구들이 자신들의 카르마를 극복하도록 돕고 있었다는 것을 알아차렸다. 내가 불편했던 점은, 그가 그들로 하여금 더욱 세속적인 일에 자신들을 가두도록 격려했다는 것이다. 하지만 그의 관점에서 보면(그리고 내가 희망하기는, 그들의 관점에서도), 그는 그것을 통해서 그들을 받아들이고 있었던 것뿐이다. 그는 그들이 그 가르침을 받을 준비가 되어 있다는 것을 영적인 눈으로 볼 수 있었다.

그것은 욕망에서 벗어나기 위해 욕망을 이용하는, 고전적인 의미의 탄트라이다. 문제는 누군가가 욕망의 패턴에 점점 더 집착하게 될 것인지, 아니면 그 한 번의 경험이 그를 진정한 초월의 전조로서 세상에 대한 피로감과 열정의 상실로 몰아넣을지에 대해서는, 쉽게 말하기가 어렵다는 것이다. 그것이 구르지예프가 '의도적인 고난'이라고 불렀던 의지의 행위가 아니라 외부에서 강요된 가르침이라면, 그것이 어떻게 작동할지는 알기 어렵다.

초월의 세계로

나는 뉴욕 북부에 있는 루디(루드라난다, 일명 앨버트 루돌프)의
아쉬람에서 스와미 묵타난다를 처음 만났다. 루디는 묵타난다의 구루인
니티야난다의 헌신자이기도 했다. 나는 묵타난다와 함께 무대에서
노래하는 서클의 뮤지션들 중 한 명이었다. 묵타난다의 스태프는 나에
게 그와 함께 여행하고 그를 전 세계에 소개하도록 격려했다. 나는
그 서클 중앙에서 마하라지가 춤추는 환상을 보았는데, 그는 나를

스와미 묵타난다. 사진 라메슈와 다스.

바라보며 "그 사람을 도와줘."라고 말했다. 음악이 끝났을 때, 나는 묵타난다에게 그를 도와주겠다고 말했다. 나는 그와 함께 미국 투어를 했고, 호주와 싱가포르를 거쳐 마침내 인도로 돌아왔다. 돌이켜보면, 그 비전이 실제로 마하라지에게서 비롯된 것인지 궁금하다.

1970년 월드 투어를 마치고 묵타난다와 함께 인도로 돌아갔을 때, 그는 나에게 봄베이의 한 축구 경기장에서 자신과 대법원 판사와 함께 연설을 하게 했다. 다음날 우리는 봄베이에서 북쪽으로 몇 시간 거리에 있는 가네슈푸리에 있는 그의 아쉬람으로 차를 몰고 갔다. 우리가 아쉬람에 도착했을 때, 불꽃놀이가 있었고 수백 명의 사람들이 줄을 서서 묵타난다를 맞이했다. 관습대로 그들은 모두 공물을 가져왔다.

그는 가장 높은 자리에 앉았고, 나는 그보다 더 낮은 자리에 앉게 했다. 그는 사람들이 꽃을 가져오면 나에게 건네주었는데, 돈을 받으면 자신의 옷 속에 넣었다. 나는 너무 많은 꽃을 받았다. 더위에 금잔화 냄새로 숨이 막힐 정도였다. 그 일은 이틀 동안 계속되었다. 나는 많은 꽃 아래에 앉아 있었고, 그는 많은 돈을 받았다.

묵타난다의 아쉬람 이사회 회장인 파파 트리베디가 나를 그의 집으로 초대했다. 나는 방문 요기였다. 그가 나에게 말했다. "의사가 매일 밤 스카치를 조금씩 마시면 내 심장병에 도움이 될 거라고 하더군요." 나는 이해한다고 말했다.

나는 그가 아주 작은 잔을 가져올 것이라고 기대하고 그의 방으로 갔지만, 그는 얼음 양동이와 잔 두 개를 가지고 왔다. 스카치와 소다를 정말 좋아했던 시절이 떠올랐다. 그는 잔 하나를 내밀며 "소다수를 좀 드릴까요?"라고 말했다.

나는 "아니오, 함께하십시다."라고 말했다. 나는 '탄트라를 실천할 수 있는 좋은 기회!'라고 생각했다.

우리는 비틀거리면서 저녁 식사를 했고, 테이블조차 제대로 찾을 수 없게 되었다. 한 잔, 한 잔을 끊어내지 못하고 계속하다 보니 그리 되고 말았다. 다음날 저녁에는 좀 더 일찍 시작했다. 묵타난다는 나에게 남다른 관심을 표하며, 내가 계속 남아 있어 주기를 바랐다.

내가 가네쉬푸리의 아쉬람에 머물고 있는 동안, 묵타난다는 자신이 명상을 했던 지하실의 '동굴'로 나를 초대했다. 거기에서 명상을 해보라는 것이었다. 그는 나에게 많은 사람들이 함께 모이는 사트상 홀에서의 명상을 중단하라고 말했다. 새벽 3시에 나는 그리로 내려갔다. 큰 열쇠를 가진 사두가 동굴의 문을 열어주었다. 동굴 방은 매우 어둡고 더웠다. 나는 옷을 벗은 채로 명상을 했다. 나는 즉시 샥티(에너지)나 쿤달리니(척추에 잠재되어 있는 '뱀의 힘')를 경험했고, 날아다니는 환상에 빠졌다. 환상 속에서 나는 공중에서 묵타난다 앞에 무릎을 꿇고 있었다. 그러고는 여전히 날아다니면서 그의 머리 위로 총을 쏘았다.

환상인지 뭔지가 끝났을 때, 나는 너무 활력이 넘쳐서 동굴을 떠나고 싶어졌다. 나는 열쇠를 가진 남자가 올 때까지 문을 붙잡고 덜컥 덜컥 흔들었다. 새벽 4시쯤이었다. 나는 바람을 좀 쐬고 싶어서 바깥뜰로 달려갔다. 멀리서 나는 스와미 묵타난다와 그의 신자들 중 한 명이 안뜰을 걷고 있는 것을 보았다. 나는 묵타난다에게 달려갔는데, 그가 말했다. "람 다스, 비행기 타고 다니는 것을 좋아하나요?"

나중에, 묵타난다가 그의 푸른 진주색 메르세데스를 타고 인도한 순례 여행의 일환으로, 우리는 VW 버스를 타고 인도 남부를 돌면서 '시바 신을 모시는 사원들'을 여행했다. 그곳은 모두 위대한 성자들과 수행자들이 살았던 파워 스팟이었다. 어느 날 밤 고칸이라는 사원 마을에서 묵타난다가 새벽 3시쯤 나를 흔들어 깨웠다. 그는 영어를 전혀 하지 못했고 나도 마라티어를 할 수 없었지만, 그는 나에게 따라오라고 손짓했다. 우리는 조용한 거리를 따라 걸어 내려가 한 건물 꼭대기에 있는 작은 사원으로 갔다. 이 사원에서 그는 나에게 입문식과 함께 만트라를 주었다. 그 직후 나는 잠이 들었다.

오전 9시쯤 누군가 와서 나를 깨우며, "바바가 당신을 찾아요."라고 말했다.

나는 그 사람이 묵고 있는 곳에 가서 "그 만트라는 무슨 의미가 있죠?"라고 물었다.

"그 만트라는 당신에게 막대한 부와 권력을 줄 것입니다." 그의 대답이었다.

자기 의로움에 사로잡혀 나름 스스로를 선한 사람이라고 생각하고 살아온 나는 그에게 말했다. "당신이 나에게 사랑과 연민도 함께 주어야만 받아들이겠어요."

그는 나를 혐오스러운 표정으로 바라보았다. 사랑을 강조하는 비슈누파(나)와 파워를 강조하는 시바파(묵타난다)의 만남이었다.

묵타난다의 머리 위를 날아다니는 경험과 그로부터 받는 이 모든 특별한 대우는, 당신이 뭐라고 부르든, 나를 그의 계보에 끼워 넣으려는, 그래서 명백한 상속자가 되도록 만들려는, 묵타난다 사람들의 계속되는 노력의 일환이었다. 그들은 계속해서 이렇게 말했다. "마하라지는 당신의 첫 번째 구루였다. 이제 당신은 진짜 구루를 만날 준비가 되었다." 그러나 그런 말은 나에게 아무 의미가 없었다. 그러기에는 내 가슴은 이미 마하라지에게 너무 조율되어 있었다.

묵타난다의 파워가 현실적으로 나타나는 현장을 보면서도, 나는 이러한 경험을 마하라지와 연결시키곤 했다. 첫째, 1966년 마하라지를 만났을 때, 그는 나에게 "당신은 정말 날고 싶어 하는군." 하고 말했다. 나는 비행기를 조종했다고 대답했다. 나는 조종사 자격증이 있었고 헬리콥터를 몰아보기도 했다.

가네슈푸리를 떠난 후 나는 북쪽의 브린다반으로 돌아갔고, 그곳에서 (내 눈에는 정말로 신기한 우연이라고 할 수밖에 없는 우연으로) 마하라지를 만났다. 나중에 그와 함께 앉아 있었을 때, 그는 나에게 뜬금없이 이렇게 말하는 것이었다. "알다시피, 벌거벗고 명상하는 것은 좋은 일이야." 일체 다른 말이 없이, 그 말뿐이었다.

어느 날 마하라지가 나를 부르더니, 하리 다스 바바에 대해 이야기하기 시작했다. 이때 하리 다스는 미국에 있었는데, 나를 통해 그에 대해 들었던 학생들에 둘러싸여 있었다. 그는 매우 헌신적인 여러 여성들의 보살핌을 받고 있었다. 요가 수행자가 포기해야 하는 유일한 것이 있다면, 여성들과 어울려 노는 것이다.

마하라지가 말했다. "그는 여자들과 함께 있어!"

"네, 저도 압니다, 마하라지."

"그 사람은 그들을 뭐라고 부르지?"

"그는 그들을 자신의 엄마들이라고 부릅니다."

"오, 그들은 몇 살이지?"

"그 중 한 명은 스무 살이에요."

"그런데 엄마들?!"

그는 전에도 나에게 이런 확인을 십여 차례나 한 적이 있었다. 그런 다음 그는 이렇게 말했다. "그의 엄마들이 그에게 무엇을 주는지 알아?"

"몰라요. 뭘 주죠?"

"그들은 그에게 젖을 줘."

"놀랍군요, 엄마들, 젖, 아름답네요."

"매일 밤 그들은 그에게 젖을 줘."

"오, 정말 놀라워요, 마하라지."

그러자 마하라지가 내 옆에 다가와서 몸을 굽히며 말했다. "그들이 젖에 무엇을 넣었는지 알아?"

"모릅니다, 마하라지. 젖에 무엇을 넣죠?"

"위스키!" 그는 충격을 받은 어조로 말했다.

"아니에요!" 내가 말했다.

그는 더욱 가까이 다가와서 "그래!"라고 말했다.

그는 나를 향해 손가락을 흔들어 보였고, 우리 둘 다 누구의 음주를 놓고 이야기하고 있는지 알고 있었다.

나는 파워에 매우 끌리고 있었고, 묵타난다는 그의 파워를 사용했기 때문에, 이러한 이야기를 하는 것은 미묘한 데가 있다. 내가 받은 인상은 이 모든 것이 진실로 요기의 파워였음에도 불구하고, 묵타난다가 연출한 전체 장면은 힘 중심의 세 번째 차크라였으며, 그 힘은 영적인 것이었지만 세속적인 것을 얻는 데에도 사용되고 있었다는 것이다. 나는, 거기에는 개인적인 욕망과 파워의 남용이라고 할 수 있는 요소가 있었다고 느꼈다.

내가 마하라지에게 "묵타난다에게는 금으로 만든 식탁과 의자가 있습니다."라고 말하자, 마하라지는 "그는 너무 많은 것에 붙들려 있어." 라고 말했다. 물론, 나로 하여금 묵타난다와 함께 있도록 한 것도 마하라지라고 할 수 있다. 그가 나를 묵타난다에게 보낸 것은, 사랑과 파워의 차이를 이해하도록 하기 위해서였다고 믿는다. 묵타난다는 나 자신의 욕망을 볼 수 있는 거울이었다.

길을 가는 중에 우리는 많은 교사들을 만나고 여러 가르침을 받게 된다. 어떤 가르침은 우리의 욕망을 거울처럼 우리에게 비추어 주어, 우리가 어디에 있는지 혹은 어디에 있지 않은지를 보여준다. 묵타난다 에게서 나는 힘에 대한 나의 욕망을 비추어 볼 수 있었다. 이렇게 우리는 길을 가다가도 임시 구루들을 만날 수 있다.

여러 해에 걸쳐 이러한 경험을 반추해 보면서, 나는 묵타난다가 나의 구루는 아니었지만 다른 사람 들에게는 구루였으며, 나에게는 훌 륭한 교사였다는 것을 깨달았다. 어 떤 사람에게는 구루인 사람이 다른 사람에게는 교사일 수도 있고 그냥 가르침을 주는 사람일 수도 있다. 반면에 진정한 구루는 당신을 위한 진정한 '어둠의 제거자'로서, 멀리서 당신을 불러 올려 당신을 *깨달음*으로 데려갈 수 있다.

> 진실을 본 자들은
> 지혜의 교사가 될 수 있다.
> 그들에게 듣고,
> 엎드려 절하고,
> 기꺼이 그들을 섬기도록 하라.
>
> —바가바드 기타 4:34

교사는 우리를 최종 단계로 이끌 수는 없다 할지라도 많은 것들을 우리에게 제공해 줄 수 있다. 열린 가슴으로 자기 자신을 위해 작업하면서 길을 가리켜 보여주는 교사들은, 매우 순수하게 본질을 추구하는 사람들일 수 있다. 그들은 신성을 얼핏이나마 엿보고는 진리를 향해 나아가면서, 깨닫기 위해 노력하는 사람들이다. 순수한 교사들은, 당신이 마음을 맑게 하고 구도의 길을 갈 수 있도록, 정화를 위한 요가와 명상의 기본 훈련을 제공해 줄 수 있다.

차원 변화

모든 사람에게 구루가 있지만, 이 물질계에서는 일부 사람들에게만 이 구루가 있다. 『사랑의 기적 Miracle of Love』을 읽거나, 크리슈나 다스와 함께 찬가를 부르거나, 내 강연에 참석하여 마하라지에 대해 알게 되었거나, 마하라지와 가슴으로 연결됨(몸을 입은 마하라지와 함께 지내면서도 많은 이들이 경험하지 못한)으로써, 마하라지와 접속하게 된 사람들이 있다. 책으로, 강연으로, 명상으로 마하라지를 만난 사람들은, 몸을 입은 그를 본 사람들만큼이나 자신들의 삶 속에서 충분히 마하라지를 경험한다.

의식이 있는 존재들 모두가 육체를 갖고 있는 것은 아니다. 일부 해방된 존재들은 주로 다른 비물질 세계나 차원에서, 미묘체나 아스트랄체로 존재한다. 그들은 차원을 넘어 그 차원 위의 존재들뿐만 아니라 물질계에 있는 우리와도 함께 일한다. 당신은 수호천사가 있다는 것, 내면의 소리를 듣는 것, 내면의 안내자가 있다는 것에 대해 읽거나 경험했을 것이다. 그러한 아스트랄 존재는 상대적인 실재성을 갖는다.

우리가 꿈에서 깨어날 때까지는 호랑이가 현실인 것처럼, 그들은 그 차원 안에서 현실이다.

미국에서 강연을 하러 다니는 중에, 불교 수행자들의 집에 머물게 되었다. 내가 도착했을 때, 그들이 나에게 말했다. "쉬러 가시기 전에, 여러 번 병원에 입원했던 여자 분을 한 번 만나 주시겠습니까? 우리는 그녀와 이야기를 나눴지만, 별 영향을 주지 못했어요."

안으로 들어가 보니, 매우 불안해 보이는 한 여자가 침대 위에 누워 있었다.

"뭐가 문제지요?" 내가 물었다.

"글쎄요, 제가 미친 것 같아요."

"왜 그렇게 생각하지요?"

"글쎄요, 이 모든 일이 왜 나에게 일어나는지 모르겠어요. 엄마는 나를 미쳤다고 생각하고, 병원에 입원시켜요."

"이 집에 있는 사람들은 어떻게 생각하지요?"

"글쎄요, 그 사람들은 모든 게 내 마음속에 있다고 하더라고요."

불교인이라면 그렇게 말할 수 있을 것이다. "글쎄요, 당신의 마음 속에는 무엇이 있을까요?" 내가 물었다.

"별 세 개가 있는 피라미드가 멋지지 않나요?"

"정말 멋지네요. 당신은 그걸 보나요?" 내가 대답했다.

"차를 운전하고 가고 있는데, 갑자기 당신 옆자리에 아메리칸 인디언이 앉아 있어요. 그건 어떻게 생각해요?"

나는 뉴욕의 세인트 존 더 디바인 성당에서 자신의 수업 시간에 아메리카 원주민들의 영혼을 불러내곤 했던, 스와미 니티야난다의 신봉자인 힐다 찰턴과 함께 일한 적이 있기 때문에, 이렇게 물을 수 있었다. "그 인디언에게 이름이 있을까요?"

"그럼요, 블루문."

"그래요, 다음에 블루문을 만나면, 그 아스트랄계에 평화의 부족을 만들려는 인디언들의 모임이 있다고 전해 주세요. 만약 그가 그 부족에 합류하고 싶다면, 그는 코치세라는 이름을 마음속으로 불러야 합니다. 그러면 코치세가 그를 그 그룹으로 인도해 줄 거예요."

내 말은 그녀의 마음을 사로잡았다. 나는 분명히 그 상황을 장악하고 있었고, 그녀가 말하는 인디언이 진짜라고 생각했다. 그러자 그녀는 나에게 다른 존재들과의 다른 경험들에 대해 말했고, 내가 아는 한 그것은 모두 진짜 현실이었다. 이제, 그녀는 자신의 길의 시작점에 있었고, 제3의 눈이 열리고 있었으며, 그것이 그녀가 가야 할 길의 일부였다. 그녀는 단지 겁이 났을 뿐이고, 대화할 사람이 아무도 없었던 것뿐이었다. 물론, 완전히 깨달음을 얻기까지 그녀가 가야 할 길은 많이 남아 있었다.

우리는 이 모든 것들과 함께 놀 수 있다. 여러 다른 차원의 다른 존재들과 놀 수 있으며, 놀라운 가르침들을 받을 수 있다. 그러나 '하나'에 도달하기 위해, 신이나 천신, 아스트랄 존재들과 함께 미묘한 차원들을 모두 의식적으로 통과해야 할 필요는 없을 것이다.

그것은 매우 역설적이다. 당신이 의식적으로 통과하지 않으면 안 되는 것은 아무것도 없지만, 통과하지 않게 되는 것 또한 아무것도 없다. 다른 사람들이 개인적으로 중대한 전환점으로 경험했던 것을, 당신은 알아차리지도 못하는 사이에 경험할 수도 있다. 당신은 엄청난 에너지 변화를 겪으면서도, 전혀 알아차리지 못할 수 있다. 헌신의 길을 걷는 사람에게는, 에너지 경험이 별다른 의미가 없을 수 있기 때문이다. 예를 들어 보자. 헌신의 길을 걷는 사람들은 선禪에 빠져도, 거기에 매이지 않는다. 아스트랄 존재들의 도움을 받고 길을 안내받을 수도 있지만, 거기에 크게 신경쓰지 않는다. 카르마에 따라 자신의 길을 갈 뿐이다.

나는 남인도 마두라이에 있는 아라빈드 안과병원의 설립자인 벤카타스와미 박사를 방문한 적이 있다. 이 병원은 그의 스승이자 위대한 성자인 스리 오로빈도의 이름을 딴 것이다. 우리는 몇몇 친구들과 함께 폰디체리에 있는 오로빈도의 아쉬람으로 순례 여행을 하던 중이었다. 닥터 V.는 나에게 스리 오로빈도의 방에서 명상해 보라고 권했다. 나는 그곳에서 명상을 시작했고, 깊은 명상 상태에 들어갈 즈음, 뒤에서 누군가의 기척이 났다. 눈을 뜨고 주위를 둘러보니, 재를 뒤집어쓴 한 사두가 바닥에 가부좌를 하고 앉아 있었다. 그는 어떤 식으로든 나를 축복해 주고 있었다. 나는 그 모습을 지켜보았다. 그런 다음 그는 사라져버렸다. 수증기처럼 증발해버렸다.

내가 본 사두는 아주 나이 든 바바였다. 명상을 마치고 나와, 이 경험을 닥터 V.와 그의 친구들에게 이야기했다. 그들 중 누구도 전혀 놀란 것 같지 않았다.

브라질의 치유사 주앙은 심령술사로 불리기를 더 좋아하는데, 영어권에서는 흔히 '하나님의 존'으로 불린다. 그는 빈곤한 가정에서 태어나 교육을 받은 적이 없다. 열다섯 살이었을 때, 성 리타가 그에게 나타나더니, 교회로 가라고 하면서 많은 사람들이 그를 기다리고 있을 것이라고 했다. 그는 교회 문 앞에서 의식을 잃었다. 그가 교회에서 나왔을 때, 사람들은 그에게 천 명 정도의 사람들이 치유를 받았다고 말했다. 그것이 그의 치유 경력의 시작이었다. 나중에 그는 아스트랄 존재가 자신을 차지하고 있다는 것을 이해하게 되었다.

이렇게 모습이 없는 의사들이 주앙을 통해 브라질과 다른 나라들에서 매년 수천 명의 사람들에게 놀라운 전인적 치유와 무조건적인 사랑의 맛을 제공한다. '하나님의 존'의 아스트랄 의과대학은 그와 그의 센터에서 치유를 받은 사람들에게는 실체가 확실히 존재한다. 그의 의식은 그들이 존재하는 차원으로 이동할 수 있으며, 다른 차원을 경험할 수 없는 우리들에게 치유를 가져올 수 있다.

이 아스트랄 존재들은 사랑스럽고, 도움을 주는 안내자가 될 수 있다. 그들의 에너지와 지혜는 우리를 사다나의 새로운 수준으로 끌어 올릴 수 있고, 더 높은 진동 차원으로 우리를 열어줄 수 있다. 티베트인들이 천상의 존재, 구루, 다키니(탄트라 신)와의 관계를 발전시키기 위해 시각화와 만트라를 사용하는 것처럼, 우리는 우리의 헌신을 진전시키기 위해 그런 존재들을 주의집중의 대상으로 삼을 수 있다.

이러한 비물질적 존재들과 차원들을 이 즉각적인 현실보다 똑같이 현실로 (그러나 더 현실적이지는 않은) 인정함으로써, 우리는 현실의 어느 한 차원에 대한 집착에서 벗어나기 시작한다. 그러나 그들을 이 물리적 현실보다 더 현실적이라고 생각하면, 더 많은 집착이 생길 수 있다. 다른 차원의 에너지와 신비에 대한 매력은, 구도자가 자기 길을 가는 데 크게 주의를 산만하게 하거나 일시적으로 벗어나게 할 수 있다. 집착은 어떤 차원에 대해서든 집착일 뿐이다. 현실의 상대적인 본질을 인식하면, 형상을 넘어 '실재'의 자리로 나아갈 수 있다.

아스트랄계와 사후 상태는 연결되어 있다. 예를 들자면, 친척들과 조상들을 만난다는 임사체험이 있다. 그들은 티베트인들이 '바르도'라고 부르는, 출생과 출생 사이의 육체가 없는 아스트랄 상태를 통과하도록 돕기 위해 그곳에 있다. 에고는 죽음을 두려워한다. 왜냐하면 에고는 몸을 입게 됨으로써 생기는 정체성의 일부이고, 죽으면 끝나기 때문이다. 그것이 바로 우리가 우리 자신을 자신의 영혼과 동일시하는 법을 배우는 이유이다. 죽음 이후에도 영혼으로서 존재를 계속하게 된다는 것을 알면, 죽음에 대한 두려움이 줄어들 것이기 때문이다. 영혼에게 죽음은 또 다른 순간일 뿐이다.

우리가 이러한 차원들에 관해 이야기할 때, 우리는 그것을 물질계, 아스트랄계, 코잘계(근원계) 등으로 구별한다. 그러나 전체 창조물과 그 안의 모든 계는, 바로 지금 이 순간 여기에 존재하는 하나의 게슈탈트*이다. 이 계들을 횡단하는 순수한 존재들에게 있어서, 명백히 구현되어 나타나는 것은 그들의 욕구라기보다는 순간의 필요에 따른 하나의 기능이다. 그러한 우주적 실존의 순간에 모세는 십계명을, 아인슈타인은 상대성 이론을, 모차르트는 레퀴엠을 내놓았다. 그들은 각각 그들의 카르마와 문화적 환경에 따라 무한한 '하나'의 면모를 눈에 보이도록 나타내는 것이다.

이것들은 모두 방편들일 뿐이다. 결국 모든 방편은 환상이기 때문에

---

* 부분이 모여서 된 전체가 아니라, 완전한 구조와 전체성을 지닌 통합된 전체.

결국 별 차이가 나지 않는다. 깨달음에 도달하기까지 당신이 필요로 하는 것보다 훨씬 더 많은 환상들이 있다. 당신은 거기에 도달하기 위해 카르마적으로 필요한 환상들을 사용할 뿐이다. 당신이 완전히 깨달을 때, 당신은 환상들이 무엇을 위해 있는지, 상대적 현실과 상징적 현실을 알게 될 것이다. 당신은 그것들을 인지하고, 그것들의 일부이다. 그리고 당신에게 그 일이 일어날 때, 당신은 그것이 보편적이라는 것을, 진실이 진실이라는 것은 진실이라는 것을 알게 된다. 이것이 바로 붓다가 보리수 아래에서 마야의 환상을 직면했을 때 발견한 것이다.

환생

완전한 깨달음은 매우 드물다. 동양에서 보는 바와 같이, 의식의 완성은 한 번의 탄생이 아니라 수천 번의 환생을 통해 이루어진다. 때로 우리는 붓다의 경우처럼 절정의 탄생, 완결의 장면을 볼 수도 있다. 인도나 가톨릭 교회에서 '성인'이라고 부르는 존재들은, 대부분 완성된 존재가 아니다. 우리는, 나의 교사였던 하리 다스 바바가 말했듯이, 진화된 존재들이 몸을 입고 태어났지만 '환상의 베일이 투명하게 남아 있는' 덕분에 깨어나는 경우들을 볼 수 있다. 예를 들어, 라마나 마하르쉬가 열일곱 살이었을 때, 그는 삼촌의 서재 바닥에 누워 자신의 죽음을 상상했고, 그 경험을 통해 자신의 참자아의 핵심을 발견했다.

길이가 6마일, 너비가 6마일, 높이가 6마일인 바위 산을 상상해 보라. 백 년에 한 번씩 까마귀 한 마리가 비단 스카프를 부리에 물고 산 정상을 간신히 어루만지며 날아간다. 그 산이 닳아 없어지는 데

걸리는 시간! 부처님은 깨달음에 이르는 여정을 완수하는 데에는 그만큼의 시간이 걸린다고 하셨다. 그것이 윤회의 게임이다. 광대한 시간 속에서 70년의 한 생애는 눈 깜박할 사이와 같다. 눈을 깜박일 때마다 한 번의 생이 지나간다. 모든 사고 형태는 한 생애와 같다. 깨달은 존재는 지금 이 순간 안에 너무나 완전하게 있기 때문에, 한 생각이 나타날 때마다 거기에는 우주 전체의 생성과 보존과 파괴가 있게 된다.

물론, 그것은 상대적인 시간에 대한 우리의 제한된 관점 내에서 설명된 것일 뿐이다. 그것은 생각의 가장 작은 단위인 10억분의 1초의 지속 시간('아스타 칼라파'라고 함)에서부터 인간의 삶(대략 70년), 대략 500년이나 천 년의 아스트랄 삶, 그리고 형상 우주의 전체 사이클, '브라흐마의 한 날'이라고 불리는 네 개의 유가(Yuga)*, 즉 수백만 년의 수백만 년에 이르기까지 다양하다.

당신이 이 윤회의 사슬을 바라보느냐 하는 것은, 시간과 관련하여 당신이 서 있는 자리에 달려 있다. 시간에 대한 개념을 다시 생각해 보면, 그 환영적 본질(지금은 보이다가, 다음 순간에는 보이지 않음)이 더욱 분명해진다. 깨달음은 시간과 공간을 초월하므로, 다른 계에서는 어떤 식으로든 아무 일도 일어나지 않는다. 과거에 대한 집착이 없고 미래에 대한 기대가 없을 때, 거기에는 지금 이 순간만이, 영원한

---

* 우주의 한 사이클인 네 가지 유가: 사티야 유가(황금시대. 지혜와 사랑이 충만한 인간의 시대. 수명은 최대 10만 년.), 트레타 유가(은시대. 평화와 번영의 시대. 수명은 최대 1만 년.) 드바파라 유가(청동기시대. 분열과 전쟁의 시작. 수명은 최대 1천 년.), 칼리 유가(철기 시대. 영성과 도덕성의 후퇴. 수명은 최대 100세 정도).

현재, 지금 여기만이 있을 뿐이다.

힌두교도와 불교도 모두, 인간으로 태어난다는 것은 해방될 기회를 의미하기 때문에 매우 상서로운 일이라고 말한다. 몸을 입고 인간으로 태어남으로써 깨닫기 위해 필요한 모든 것, 즉 의식이나 자각, 개념적 이해, 감정적인 마음, 기쁨과 슬픔을 갖게 되는 것이다. 불교도들이 인간으로 태어나는 것의 소중함에 대해 이야기하면서, 인간으로 태어나는 것을 기회라고 하는 이유는, '인식'을 갖게 되기 때문이다. 우리는 우리 자신을 더 높은 의식으로 데려가기 위해서 '인식한다'. 고통도 그것의 일부이다. 고통 또한 '발전된 인식의 방앗간'을 위한 곡식인 것이다. 여기 우리 앞에 있는 것은, 우리가 인식할 수 있는 것이다. 그것은 깨달음을 위한 음식으로, 지나가는 삶의 쇼에서 당신에게 주어진 몫이다.

이 모든 것에는 에너지, 노력, 의지가 필요하다. 인간으로 태어남으로써 얻게 되는 가능성을 보는 한 가지 방법은, 인간이라는 것이 육체 에너지와 영적 에너지, 즉 샥티의 교차점이라는 것이다. 히말라야의 티베트 요기들은 투모tumo라 불리는 요가 수련을 통해 체온을 올린다. 그들은 누가 가장 빨리 젖은 시트를 말릴 수 있는지 알아보기 위해 눈 속에서 젖은 시트를 덮어쓰고 말리는 시합을 한다. 힌두 전통에서, 샥티는 '뱀의 힘'인 쿤달리니로 묘사되는데, 쿤달리니란 척추에서 솟아 올라 영적인 신경 센터들, 즉 차크라들을 통해 크라운 차크라에 도달할 때까지 진행되어 요기에게 우주 의식을 열어주는 힘이다.

우리는 또한 인간의 느낌들과 감정들이 어떻게 신성한 감정, 즉 '신을 향한 깊은 열망과 사랑'으로 들어가는 디딤돌이 될 수 있는지 알 수 있다. 브린다반의 소 치는 소녀들은 장난기 가득한 자신들의 연인, 우주적인 '소 치는 사람'인 크리슈나를 위해 울부짖는다. 그들의 강렬한 이별의 고통에 응답하여 크리슈나가 오고, 그들은 그의 존재에 도취되어 신성한 사랑에 빠져든다. 진정한 헌신자, 즉 박티 수행자의 경우, 그 탁월한 사랑은 그들이 그 안에 녹아듦에 따라 모든 털구멍을 통해 빛난다.

우리는 지각 너머에 있는 것을 상상하는 능력에 있어서도 우리의 지성을 사용할 수 있다. 연역적 추론의 힘인 합리성은 우리에게 매트릭스(모체, 기반)를 제공하므로, 우리는 시간과 공간 안에서 행동할 수 있다. 그것은 우리를 단순한 생존 이상으로 데려간다. 생각의 힘은 우리가 궁극적인 것에 대해 궁금해하게 하고, 우리가 지각하는 우주와 내면의 존재 모두에서 궁극의 것을 찾도록 이끈다. 이것을 지성의 요가인 야나jnana 요가라고 한다. 박티 곧 헌신은, 개인의 정체성이나 개인의 혼 즉 지바트만의 핵심인 가슴-마음 속의 야나와 결합한다. 지바트만은 그것이 시작된 곳인 '일자' 즉 아트만으로 다시 합쳐진다.

우주적 관점에서 볼 때, 한 번의 화신은 눈 한 번 깜박이는 순간에 이루어진다고 할 수 있다. 인간 상태의 우리에게 있어서, 그러한 일견은 의상을 다 갖춰 입고 청중과 함께하는 전체 리허설과 같다. 그것은 당신의 지바트만, 즉 가슴-마음이 열릴 때 당신이 얻게 되는 '지켜보는 자'의 관점이다. 지바트만은 개별 영혼과 동일하며, 지바트만들은 환생들을 통해 서로를 알고 있다.

이 물질계 위에서, 당신은 당신이 생각하는 당신, '나'라고 생각하는 당신의 에고를, 자기 자신과 동일시한다. 영혼계에서 당신은 개별적인

마하라지.

영혼을 가질 수 있지만, 에고는 가질 수 없다. 당신의 정체성이 에고에서 영혼으로 전환되는 것은, 두 개의 서로 다른 인지적 관점 사이의 이동이다. 당신이 구루의 도움을 받아 개인 영혼인 지바트만과 동일시할 때, 당신은 내면으로 깊이 들어가 집단 영혼인 아트만과 합쳐지기 시작한다. 지바트만은 당신을 아트만으로 데려간다. 지바트만은 개인의 영혼이다. 아트만은 '일자'로서, 그 집에는 아무도 없다.

　마하라지는 우리에게 "모두 하나야!"라는 말씀을 자주 반복했다. 그는 집게손가락을 치켜세워 거의 훈계하다시피, 마치 "당신들은 안 보여? 모두 다 하나라는 것이?"라고 말하는 듯했다. 부처, 그리스도, 모세, 크리슈나는 모두 같은 존재의 다른 면들일 뿐이다.

나는 죽으면 마하라지가 있는 곳으로 갈 것이라고 생각한다. 구루는 우리가 환생들 사이를 여행할 때 나타난다. 그것이 구루의 일 중 하나이다. 내 추측으로는, 그곳이 아스트랄계, 즉 바르도인 것 같다. 그때 그분은 나를 '일자'로 인도하실 것이다.

한번은 마하라지가 자신의 가까운 헌신자 중 한 명인 구루 대트 샤르마의 머리를 한 번 가볍게 두드려서 그를 삼매경에 빠뜨린 적이 있다. 구루 대트는 경직되어 호흡이 멈췄다. 그가 삼매에 빠져 있는 동안, 마하라지는 "우리는 여러 번 환생을 함께했다."라고 설명했다. 바로 그런 이유로 마하라지가 그에게 그렇게 빨리 영향을 미칠 수 있었던 것이다.

흐름에 들기

모든 것이 어떻게 돌아가는지 이해한 존재들, 자신이 곧 아트만임을 깨달은 존재들은, '흐름에 들어간 자들'이다. 그들은 해방의 넥타를 맛보았다. 그들은 세상 사람들과는 다른 별종들이다. 그들은 다른 사람들이 모르는 것을 알고 있다. 그들의 삶의 모든 부분은 '합일'에 의해 물들여진다. 그들은 공유할 수 있는 것뿐만 아니라 공유할 수 없는 것, 즉 자신들이 스스로 되어가고 있는 것을 통해, 우리에게 감동을 준다. 우리는 우리의 제한된 관점에서만 그러한 상태를 상상하거나 직관적으로 흡수하기 시작할 수 있다.

이 사람들은 이번 생에서 더 높은 인식을 받아들였으며, 깨달았음에도 여전히 전생에서 쌓인 카르마를 마무리하고 있는 중이다. 아마도 그들의 깨달음은, 새로운 카르마가 생성되지 않을 정도로, 또한 집착의 행위를 더 이상 하지 않을 정도로, 충분히 익었을 것이다. 그러나 그들은 여전히 전생들이나 금생의 앞선 행위들에서 비롯된 육체와 개성이 만들어낸 카르마를 감당해야 한다. 영혼인 지바트만은, 태어날 때부터 죽을 때까지 축적된 산스카라sanskaras, 즉 경향성을 지니고 있다. 영혼이 '일자' 안으로 합쳐질 때, 분리는 더 이상 없게 된다.

> 나는 쉬지 못하는 마음을 진정시켰고
> 내 가슴은 빛난다.
> 나는 '그것' 안에서 '그것' 너머를 보았다.
> 무리 속에서 '그'의 본질을 보았다.
> 나는 굴레 속에 살다가 자유를 얻었다.
> 나는 모든 편견의 굴레를 부수었다.
> 카비르는 말한다.
> "나는 얻을 수 없는 것을 얻었다.
> 내 가슴은 온통
> 사랑의 빛깔로 물들었다."
> —카비르[1]

자유로운 존재는 자기 자신을 더 이상 신체나 개성, 개인적인 과거나 미래와 동일시하지 않는다. 포장에 불과한 몸은 여전히 카르마를 다소 나마 지니고 있고, 정신적 경향성은 계속되지만, 그 안에는 아무도 살지 않는다. 성자라 할지라도 몸이 늙어가고 병드는 일이 있을 수 있는데, 그것이 바로 몸의 업이다. 이 존재들은 자신의 몸이나 성격을 바꿀 수 있는 능력을 갖고 있어도, 다른 존재들의 이익을 위해서가 아니면 그런 능력을 사용하지 않는다. 그들에게는 이 땅에 머물고 싶은 개인적인 욕망이 없다. 그들은 굳이 몸을 건강하게 만들 필요를 느끼지 않는다. 왜냐하면 그것은 별일이 아니기 때문이다. 다른 누군가에게 도움이 된다면 물론 그렇게 할 수도 있다.

육체의 카르마가 사라져가듯이, 개성의 카르마도 사라져가게 된다. 왜냐하면 카르마와 동일시하는 자가 없기 때문이다. 성자들은 모두 뚜렷한 개성과 자질, 그리고 그들만의 고유한 카르마를 가지고 있다. 그러나 더 이상 몸, 개성, 생각하는 마음과 자신을 동일시하지 않는 존재가 세상에 계속 머무르는 이유는, 개인적인 욕망에서가 아니라 집단적 카르마, 즉 다른 존재들의 필요 때문이다.

저마다 서로 다른 정도의 완전성을 달성하고, 서로 다른 삼매 상태에 들어간 많은 존재들이 있는데, 그들은 헌신과 사랑으로 인해 하나로 합쳐졌지만, 완전히는 아니었다. 길을 따라가다 보면, 매혹될 만한 많은 미묘한 차원이 있게 마련이다. 무상삼매無想三昧와 같이, 너무 깊어서 육체 의식이 없는 상태가 있다. 그러나 이런 상태마저 다 지나가게 마련이다. 결국 형상과 무형상은 연속체이며, 상호 침투하고 모든 곳에 퍼져 있으며, 존재와 무의 계속적인 긴장 상태는, 무조건적인 사랑이라는 최고의 끌어당김에 의해 하나로 합쳐진다.

스와미 비베카난다는 우주 의식과 무상삼매를 이렇게 묘사한다.

그가 말했다. "물그릇도 신이요, 마시는 그릇도 신이요, 우리가 보는 모든 것과 우리 모두가 신이 아닌가?" …

스승님의 놀라운 손길에, 내 마음은 완전한 혁명을 겪었다. 나는 우주 전체에 신 외에는 아무것도 없다는 사실을 깨닫고 놀라지 않을 수 없었다. 나는 이런 마음 상태가 언제까지 지속될지 궁금해하며 침묵을 지켰다. 그 느낌은 하루 종일 계속되었다. 나는 집으로 돌아왔고, 집에서도 똑같은 느낌을 받았다. 내가 본 모든 것은 신이었다. 나는 앉아서 식사를 했는데, 접시와 음식도 신이요, 음식을 차리는 어머니도 신이요, 나 자신도 신이었다. 모두 신이요, 신 아닌 것은 아무것도 없었다.

나는 하고 싶은 말을 하지 않은 채로, 말없이 앉아 있었다.[2]

어느 날 코시포레 정원에서 나는 스리 라마크리슈나에게 간절한 마음으로 (무상삼매를 위해) 기도를 드렸다. 그러고 나서 저녁 명상 시간에 나는 몸에 대한 의식을 잃었고, 몸이 전혀 존재하지 않는다는 느낌을 받았다. 나는 태양, 달, 공간, 시간, 에테르, 그리고 모든 것이 균질한 덩어리로 축소되었다가 멀리 미지의 세계 속으로 녹아내리는 느낌을 받았다. 육체-의식은 거의 사라졌고, 나는 거의 절대자와 합쳐졌다. 그러나 나는 에고의 느낌의 흔적은 갖고 있었으므로, 삼매에서 다시 상대성의 세계로 돌아갈 수 있었다. 이 삼매 상태에서는 '나'와 '브라흐만'의 모든 차이가 사라지고, 무한한 바다의 물처럼 모든 것이 '하나임'으로 축소된다. 물은 어디에나 있고, 다른 것은 존재하지 않는다. 거기에서는 언어와 사고가 모두 실패한다. 그래야만 '마음과 언어를 초월한' 상태가 실제로 실현된다. 그렇지 않고 종교적 열망자가 "나는 브라흐만이다", 즉 '나'와 '브라흐만'이라고 생각하거나 말하는 한, 이 두 실체는 지속된다. 여기에는 이원성과 비슷한 뭔가가 관련되어 있다. 그 경험 이후, 여러 번 시도해 보았음에도,

삼매 상태로 되돌아가지 못했다. 이에 대해 스리 라마크리슈나에게 알리자, 그는 이렇게 말했다. "그대가 밤낮으로 그런 상태에 있다 할지라도, 신성한 어머니의 일은 성취되지 않을 것이다. 그러므로 그대는 그 상태를 다시 이끌어낼 수 없을 것이다. 그대의 일이 끝마쳐지면, 다시 찾아올 것이다."[3]

완전함: 싯다

모든 의미에서 자신들의 영적 활동을 끝마치고 영적 수행도 마친, 완전히 깨달은 성자들은 모든 분별을 초월한다. 그들은 자신들을 자아와 동일시하는 일도 없고, 개인적인 카르마에 대한 집착도 없다. 그들이 모습을 입고 하는 모든 일은 개인적인 필요에 의해서가 아니다. 그들의 매 순간에는 '일자'의 충만함이 스며난다.

그러한 존재는 진정한 구루로서, 높은 산정에서 우리를 오라고 손짓한다. 그러한 구루들의 살아 있는 현존은, 길 위에 빛나는 하나의 불빛과 같다. 그들의 존재 자체가 영적인 가능성의 한 본보기이다. 그들의 무조건적인 사랑은 '일자'의 색깔이다. 그들은 먼지 한 점 없는 순수한 거울이다. 그들은 성자로서, 완전한 존재를 뜻하는 싯다siddha라고 불린다. 그들은 최고 상태인 깨달음의 영역에서 우리를 부른다. 깨달음은, 삼매 혹은 몰입 상태와 관련하여 때로 사하자 스티티아 sahaja stithya(쉬운, 편안한, 신께 초점이 맞추어진) 삼매라고 불리기도 한다. 마하라지의 상태가 그렇게 불렸던 기억이 난다. 그분은 이 물질계에서 행동하시면서도 동시에 삼매 상태에 있다. 그 상태 안에서는 아무런 차이가 없다.

완성된 존재는 어떠한 집착도 없이 우주와 조화롭게 살아간다. 불교에서는 그 상태를 '일상의 도', '걸림 없는 지혜'라고 하며, 이런 상태에 이른 자를 아라한이라고 부른다. 도교에서는 이런 상태를 '행함이 없는 행위'라고 한다. 힌두교인들은 그러한 존재들을 신체 의식이 없는 아바두트avadhoot, 우주와 하나된 싯다 푸루샤siddha purusha, 혹은 궁극의 진실을 전해주는 사트 구루sat guru라고 부른다.

완전한 존재는 공 속에서, 현존 속에서, 매 순간에 대한 비개념적, 미분화적 자각 속에서, 안식한다. 그런 상태에서, 모든 삶의 상황에 대한 최적의 반응이 나온다. 그들은 그것을 말하거나 행동하는 것에 대해 생각하지도 않을 수 있고, 심지어 자신이 그런 일을 했다는 사실조차 알지 못할 수 있다. 그런 수준에서 이루어지는 일들이 아니다. 거기에는 에고가 없다.

나의 구루인 마하라지와 함께 있을 때, 그는 때로 구름 위의 산 정상에서 명상에 잠긴 시바처럼, 형상을 초월한 아바두트처럼 보였다. 그와 함께하는 대부분의 시간은 사소해 보이는 대화에 소모되었지만, 그것은 종종 내면에서 일어나는 더 깊은 작업을 덮기 위한 일종의 커버처럼 느껴졌다. 이야기에는 의미가 담겨 있는 경우가 많았다. 그것이 우리에게 개인적으로 의미가 있는 것이 아닌 경우에는 그 의미를 파악하지 못할 수도 있었지만. 마하라지는 신의 이름인 람 람 람 람을 끊임없이 입으로 되뇌면서, 손가락을 움직이고 있을 때가 자주 있었다. 안과 밖, 유형과 무형, 과거와 현재와 미래—모든 순간 안에 그 모든 것이 있었다. 그의 존재에는 형상 있는 것과 형상 없는 것 사이의 불연속성이 없었고, 경계도 없었으며, 가장자리도 없었다.

모든 차원을 넘어 공空 속으로, 브라흐만 속으로 들어가는 순간, 그 존재는, 앞의 장에서 언급한 것처럼, 완전히 합쳐지거나 '일자'에 들어간 상태로 다시 돌아오는 선택권을 갖게 되는 것 같다. 그러한 존재는 모든 형상으로부터 자유로워진다는 의미에서 해방된다. 그 지점에서는 일종의 선택 없는 선택, 불교도가 '보살 서원'이라고 부르는 영역의 조건, 형상을 유지하고 모든 존재의 고통을 덜어주기 위해 계속 환생하기 위해 궁극적인 합일을 자발적으로 연기하는 것, 궁극적인 자비의 행위가 있다. 우리가 서 있는 자리에서 보면, 보살의 서원은 무거운 짐처럼 들리지만, 실제로는 가볍다. 왜냐하면 거기에는 심각하게 받아들일 자아가 없기 때문이다.

박티, 곧 헌신의 관점에서 보면, 그것은 선택 사항조차 아니다. 그것은 내려놓음이다. 그것은 신이 신성한 놀이인 릴라를 확장하기 위해 형상 안에 머무는 일이다. 헌신자는 신성한 릴라 속에서 신의 춤 파트너이다. 최고의 헌신자인 원숭이 신 하누만은 섬기기 위해서, 람을 향한 사랑에 빠져든 상태에 머물기 위해서, 릴라 속에서 놀기 위해서, 람과 분리되어 있기로 결정했다. 람이 "이리 올라와서 내 옆에 앉아."라고 말하지만, 하누만은 거절한다. 그는 람을 섬기기 위해 분리된 채로 남아 있다. 람이 아무리 설득해도, 그는 나타나지 않을 것이다. 신의 뜻을 받들지 않는다는 것은 실로 어려운 일이다! 사랑 안에 머물기 위해 은덕으로부터 멀어져 있겠다니!

하누만은 자신이 얼마나 멀리 밀어붙일 수 있을지 알고 있다. 람은 완벽하게 이해하고 있기 때문이다. 그것은 모두 릴라의 일부이다. 그렇지 않으면 람도 없고 하누만도 없을 것이다. 그리고 하누만은 우리를 위해 화신하여 머무시는 분이다. 이것이 람이 하누만에게 준 혜택이다. 라마야나 이야기가 말해지는 한, 하누만은 항상 지상에 존재할 것이다.

끝이 없어 보이는 이러한 환생을 겪을 때, 우리의 곤경은 무지의 장막이 우리를 둘러싸고 있어서 우리가 누구인지 알 수 없다는 것이다. 이 주관적인 환상(마야)에 둘러싸여, 우리는 자신이 '나'라고 생각하는 사람이 바로 자기 자신이라고 생각한다. 우리가 신과 하나라는 사실이나 여러 번 환생했다는 사실을 잊어버린다.

> 그대는 람의 문을 지키는
> 수호자이니,
> 그대가 떠나지 않는 한
> 누구도 들어오지 못하리라.
> —하누만 찰리사 v. 21

영적으로 진화함에 따라, 마야의 베일은 점점 더 얇아진다. 완신한 존재인 싯다는 모든 차원에서 자신이 누구인지, 즉 자신의 모든 환생, 이번 환생, 그리고 절대자와 자신이 동일하다는 궁극의 앎을 가지고 있다.

그런 종류의 앎은 정신적인 종류의 앎이 아니다. 지혜, 곧 존재 자체이다. 완성된 존재들은 신과 합쳐져서 '일자'가 되었고, 모든 형상을 넘어, 모든 극성을 넘어 진리, 사랑, 지혜로 합쳐졌다. 완성된 존재는 이러한 자질들을 알지 못한다. 그들은 그러한 자질들 자체이다.

그러한 존재들로부터 나오는 모든 행위는, 모든 차원에서 최적이다. 그것은 다른 어떤 것도 될 수 없다. 그들이 형상 안에 존재하는 이유는, 고통을 덜어주기 위해서이다. 그들의 행위는, 겉으로 보기에 아무리 무정하고 부도덕해 보일지라도, 신의 뜻, 신의 사랑에서 조금도 벗어나지 않는다. 그럴 수가 없다. 그것이 그들의 존재의 본질이다. 그것이 그들의 됨됨이 자체이고, 됨됨이 자체의 완벽함에 대한 본보기이다. 집착이 없으면, 신의 뜻을 거스르는 일은 있을 수 없다. 그들은 신의 뜻 자체이다.

싯다가 당신을 '다른 누군가'로 경험한다고 생각하는 것은, 당신의 투사일 뿐이다. 싯다에게는 오직 '하나'가 있을 뿐이지만, 그 '하나' 안에는 여럿이 있을 수 있다. 당신의 불순함들은 존재의 영역, 즉 '일자'의 피륙의 부분이다. 완전한 존재들은 순수한 자각이기 때문에, 그들의 세계에 대한 인식은 개성이나 욕망이나 집착으로 물드는 일이 없고, 그러므로 그들은 완전한 분별력으로 본다. 그들은 모든 것을 있는 그대로 본다. 카르마가 펼쳐지는 것, 어둠과 빛, 선과 악, 삶과 죽음의 상호작용을 있는 그대로 본다.

나는 마하라지에게 말했다. "서양으로 돌아가더라도 나는 더 이상 가르칠 수가 없어요 나는 너무 불순해요"

그는 나를 자리에서 일어나서 한 바퀴 돌게 한 뒤 이렇게 말했다. "나는 아무런 결함도 찾아볼 수가 없네."

> 최고의 진리를 획득하기를 원한다면 그 사람이 단념해야 할 유일한 것은 개인성에 대한 개념이다. 그밖에 다른 것은 없다.
>
> —스와미 람다스[4]

존재는 그 자체로 이미 투명하다. '있음 is-ness'이 진정한 공감대와 연민의 기원이다. 연민이란 다른 사람의 고통을 그대로 보는 것이 아니다. 그것으로 '존재하는' 것이다. 깨달은 존재들은 다른 사람의 고통에 동감하거나 공감하지 않는다. 그들은 순수한 인식 속에서 그것을 그들 자신의 것으로 경험한다. 그렇게 큰 정체성 안에는, 자아와 타자 사이에 아무런 차이가 없다.

마하라지. 사진 라메슈와 다스.

형상 없는 형상

모든 차원들은 '일자' 안에 존재한다. 역설적이게도, '일자'는 의식의 한 계이기도 하다. 그러나 '일자' 내부에는 주관적인 경험자가 없다. 왜냐하면 '일자'는 자신만을 경험할 수 있기 때문이다. 그래서 그것은 자기 자신을 경험하기 위해 다른 모든 차원을 창조한다. 그것이 바로 형상들의 유희, 춤, 릴라를 창조하는 존재의 신비이자 역설이다. 완성된 존재는 차원들 안팎을 움직이고 오르락내리락하는 놀이 속 배우가 더 이상 아니다. 주체와 객체의 하나됨, '일자' 안에서, 주관적 자아는 사라져버린다.

깨달은 존재들은 모든 차원 속에 존재할 만큼 광대해서, 우리는 그들의 전체 존재를 아주 조금만 엿볼 수 있을 뿐이고, 유한한 것의 관점에서만 그 광대함에 접근할 수 있다. 우리의 제한된 시야는 너무 좁아서 구름 위의 산정만 볼 수 있으며, 그 아래로 펼쳐지는 광대한 경사면은 볼 수 없는 것과 같다. 당신이 이 산의 광대한 '있음'에 다가가면, 당신의 개성은 그 광대함에 비해 색이 엷어져서, 결국 당신은 그 무한한 신의 존재 속으로 녹아들기 시작한다. 그리하여 당신도 하나가 된다.

> 소금인형이 바다의 깊이를
> 측정하려고
> 물 속으로 들어갔다. 하지만 이것은
> 불가능한 일이니
> 물 속으로 들어가자마자
> 녹기 시작할 것이기 때문이다.
> —스리 라마크리슈나[5]

구루의 형상은 무형의 구루, 신께로 나아가는 문이다. 당신은 구루의 형상을 사랑하고, 그 사랑은 서서히 바다 같은 사랑으로 변하게 된다. 연인이 사랑하는 자의 존재 속으로 녹아드는 것이다.

하누만

『라마야나』에서, 하누만은 람의 형상 안에 있는 신을 섬기기 위해 원숭이로 화신한다. 하누만은 신성한 어머니 시타의 은총과 람에 대한 자신의 사랑으로 모든 힘을 갖게 되고, 우주를 관통해 날아오르며, 람의 일을 하다가 하나로 합쳐졌다가, 이제는 구체적으로 섬기고 헌신하기 위해 다시 몸을 입게 된다. 그는 형상의 끝자락에서 장난스럽게 춤을 춘다. 그는 람의 헌신자들을 축복하고 신께 전적으로 헌신하는 섬김의 강력한 모델로 활동한다.

마하라지의 사원들은 하누만 사원들이다. 어떤 의미에서 마하라지

카인치에 있는 하누만 상. 사진 라메슈와 다스.

는 하누만의 화신이다. 달리 말하면, 하누만은 그의 개인적인 신으로, 그는 그 형상을 통해 신께 다가간다. 그런 식으로 마하라지는 하누만을 숭배했다. 다른 관점에서 보면, 그들은 동일하다.

마하라지가 초기에 지하 동굴에서 명상하고 고행을 하던 시절에 대한 이야기가 전해진다. 한 노부인이 마하라지가 하누만에게 바칠 수 있도록 매일 우유를 가져왔다. 하누만에게 공물로 바치고 남은 것은 마하라지가 마시게 될 것이었다. 이런 식으로 하누만은 마하라지에게 '신의 형상'이 되었다. 어느 날 우유가 오지 않자, 마하라지는 하누만을 막대기로 을러대고 먹을 것이 부족하다고 나무랐다. 왜냐하면 하누만은 마하라지를 당연히 돌보기로 되어 있었기 때문이다.

사트상 가족 중 한 명인 다다 무케르지는, 마하라지가 하누만으로 변하는 것에 대한 수많은 이야기를 들려주었다. 어느 날 밤, 다다의 집에 있는 마하라지의 잠겨 있는 방 안에서 벽에 원숭이 발자국이 나타났다. 언젠가는, 마하라지의 발이 하누만의 발처럼 붉어지고 털이 많아지는 일도 있었다.

마하라지가 말할 때, 우리는 시바나 하누만과 이야기하고 있는 듯한 느낌을 받을 때가 종종 있었다. 내적으로 보면, 이들 모두가 마하라지의 정체성의 면들이고, 그는 대기의 다양한 층들 사이를 떠다니는 하나의

> 라마야나를 읽을 때, 독자가 어느 부분을 암송해야 하는지를 묻자 마하라지는 대답했다. "내가 비비샤나와 대화하는 대목을 암송하세요." (물론, 비비샤나와 이야기한 자는 하누만이었다.)[6]

풍선처럼, 이 차원들 안팎을 떠다닌다. 그 차원들마다를 기반으로 말하고, 그 공간들을 기반으로 단어를 형성하고, 의식이 여러 차원을 이동하고 있는 중인데도 대화를 계속한다는 것은, 놀라운 기술이 아닐 수 없다. 나는 단지, LSD를 복용하고 내 의식이 완전히 바뀌고 있는 동안에 대화를 나누는 것에 그것을 비교할 수 있을 뿐이다.

마하라지는 때로는 한없이 어린아이 같다가도, 때로는 우주 자체일 정도였다. 마하라지는 때로 사원이 운영되는 방식에 대해 불평하거나 성깔을 부리기도 했다. 때로는 침대 위에서 뒹굴며 우주적 농담을 하면서 낄낄거리기도 했다. 때로는 마치 카일라스산처럼 장엄한 산정에 앉아 있는 완벽한 요기, 시바처럼 되기도 했다. 때로는 단지 반짝이는 빛일 뿐이었고, 때로는 몸을 그대로 지니고 있으면서도 사라지고 합쳐지고 람 속으로 흡수되었다.

한번은 내가 사원 앞이 내려다보이는 2층에 숨어 있었던 적이 있는데,

누구에게도 화를 내서는 안 된다고 우리에게 말하던 마하라지가, 감자를 썩도록 창고에 놔둔 사원의 일꾼 한 명에게 폭발하는 모습을 보았다. 나는 내가 숨어 있기를 잘했다고 생각했다.

그날 늦게, 다다가 나에게 와서 마하라지가 화내는 것을 보았는지 물었고, 나는 완전히 당황했지만 "예"라고 대답했다.

그러자 다다는 "당신은 이해하게 될 거예요."라고 말했다.

다음날 오후, 사트상을 하는 중에 서양인 부부인 라다와 모한이 마하라지에게, 람 다스의 문에 '명상 중'이라는 푯말이 붙어 있어서 나와 상담을 할 수가 없다고 불평했다. 그 순간, 마하라지는 "가슴에서 그 사람을 몰아내 버리지 않는 한, 화를 낼 수 있다."면서, 나를 가리키는 것이었다.

마하라지와 같은 존재를 완전히 이해하는 것은 불가능하다. 그들은 사실 몸을 입은 상태의 화신 안에 있지 않다. 그들은 우주적인 '하나'이다. 그런데 신의 뜻 안에서 놀이를 경험하기 위해 내려와서, 조밀한 형상 안에 화신하게 된 것이다. 그들은 다른 형상들 속으로 훨씬 더 깊이 들어가 분리를 경험할 수도 있지만, '하나임'을 결코 잊지 않는다. 동시에 그들은 온전한 인간으로, 결점도 숨기지 않고 그대로 드러내며, 신의 형상 놀이를 순간 순간 계속해 간다. 완전한 의식의 존재에게는 불연속성이 없으며, 신을 잊어버리는 한 순간의 깜박임도 결코 없다. 마하라지는 대화를 하면서 동시에 손가락으로 염주를 돌리며, 람을 한다.

제6장

●

어둠의 지우개

내가 가슴의 길을 따르게 된 것은 순전히 나의 구루인 마하라지의 덕분이다. 구루의 은총인 것이다. 나는 결국 인도에 왔지만, 그 여행은 동양으로의 여행이 아니라 내면으로의 여행이었다. 그런 의미에서 개인적인 여행이다. 내면의 여행은, 어디에도 갈 필요가 없다. 나는 다른 사람들이 했던 방식대로 따라 할 수가 없다. 당신은 내가 했던 대로 따라 할 수 없다. 물론 내가 강연이나 『지금 여기에 살라 Be Here Now』, 그리고 그 외 여러 방법을 통해 많은 사람들을 인도에 가게 한 것 같긴 하지만.

당신이 서양인이라면, 인도와 마찬가지로 맨해튼에서도 이를 발견할 수 있다. 인도를 내려놓으라는 것이 아니다. 인도의 분위기와 문화는, 이 책에 나오는 성자들과 같은 영혼들이 꽃을 피울 수 있도록 비옥한 토양을 제공했다. 그러나 깨달은 존재들은 시간과 공간의 제약을 받지 않는다. 그들은 그저 '여기에' 있다. 그러니 우리는 그들을 찾기 위해 거기에 갈 필요가 없다.

이 책은 성자들과 구루들의 의식과 그들의 사랑의 힘을 보여주고, 그럼으로써 당신도 그들을 당신의 삶 속으로 가져올 수 있게 해준다. 어떻게 하느냐는 당신에게 달려 있다. 마하라지는 이제 죽어서 몸을 떠났지만, 그는 그 형상에만 국한되지 않는다. 구루는 몸을 기반으로 일할 필요가 없다. 아스트랄 존재를 구루로 삼을 수도 있다. 신의 이미지나 티베트의 탱화, 성자의 사진은 당신을 구루와 연결해 줄 수 있다. 이들은 실재의 존재들이며, 동시에 당신의 참자아인 내면의 구루에게로 가는 문들이다.

당신은 촛불과 향을 켜고 라마크리슈나, 라마나 마하르쉬, 그리고 도교와 카발라, 이집트 영지주의자들, 그리고 성경의 지혜에 둘러싸여 이러한 존재들과 접촉할 수 있다. 당신은 그들과 어울린다. 그것이 바로 내가 어울려 노는 방식이다. 그들은 내 친구들이다. 나는 사진들을 푸자 테이블 위에 놓아둔다. 나는 어디를 가든 작은 휴대용 푸자 테이블, 즉 제단을 가지고 다닌다. 나는 붓다, 그리스도, 라마크리슈나, 그리고 나의 구루, 때로는 테야르 드 샤르댕의 사진을 앞에 놓고, 자리에 앉는다. 그러면 집에 돌아온 듯 마음이 평안해진다. 당신은 당신이 있는 바로 그곳, 당신의 방이나 텐트 안, 침대 옆에 가슴의 공간을 만들 수 있다. 순전히 서양인들로만 할 수도 있다. 동양의 성자들이어야 할 필요는 없다.

만트라와 기도는, 중심을 잡고 구루에 자신을 여는 데에 아주 효과적인 도구이다. 당신에게 믿음의 가능성을 주는 어떤 만트라도 사용할 수 있다. 비밀스러운 만트라일 필요는 없다. 신의 이름은, 형상과 무형상의 경계를 상징하는 하나의 단어이다. 그것은 다리 역할을 할 수 있다. '람'을 시도해 볼 수도 있다. 나의 구루는 '람'만을 사용했다. 나는 대부분의 경우 '람'을 사용한다. '오, 연꽃 속의 보석이여!'라는 뜻을 지닌 '옴 마니 파드메 훔' 만트라를 사용할 수도 있다. 구루와 연결되도록 당신 자신의 중심을 잡아주는 데에 도움이 되는 많은 만트라가 있다.

키르탄(Kirtan, 신의 이름을 부르는 찬양)이나 바잔(bhajan, 성가)은 구루에게 가슴을 여는 또 다른 방법이다. 간단한 구절이나 이름을 반복해서 부르며, 소리를 통해 영적인 가슴에 들어가고, 마음은 에고 뒤에서 쉬게 한다. 키르탄이나 바잔이 반드시 아름답게 들려야 할 필요는 없다. 그것은 엄청나게 아름다울 수 있지만, 그 목적은 심미적인 데에 있는 것이 아니다. 그것은 내면을 위한 일일 뿐이다. 신의 이름은 내면의 바다를 건너 더 깊은 참자아에로 가게 하는 배와 같다. 구루에게 노래할 때, 당신은 신에게 노래하는 것이고, 당신 자신의 가슴, 당신 자신의 참자아를 위해 노래하는 것이다. 충분한 사랑으로 노래할 때, 당신은 그 사랑에 합쳐지고, 연인과 사랑하는 사람이 '하나'가 된다. 그것이 박티 요가이다. 그것은 골인 지점을 향해 달려가는 마라톤이 아니다. 압박감을 가질 필요가 없다. 찬가는 계속될 만큼 계속되다가 중단된다. 멈춘 후에는, 침묵이 흐른다.

이제는 눈을 감고, 당신의 지바트만, 당신의 영혼, 당신의 영적인 가슴 속으로 들어가라. 그러면 거기에 당신의 구루가 계실 것이다. 무한한 연민과 배려를 지닌 빛나는 그 존재를 상상해 보라. 당신의 영혼의 순수함 속에서 그냥 쉬라. 구루에 도달하려면, 당신은 당신의 영혼 속에 있어야 한다.

이 모든 것이 당신에게 열려 있다. 당황할 이유가 전혀 없다. 아무것도 붙잡을 필요가 없다. 이 모든 것을 그저 지나가게 하고, 사랑과 연민, 경외심을 가지고 지켜보라. 오는 것도 없고, 가는 것도 없고, 얻을 것도 없고, 잃을 것도 없다. 어디에도 드라마가 없다. 그냥 그 모두를 다 지켜보기만 하라.

> 형상이 형상 없는 형상임을 이해할 때, 오고 감이 없게 된다. 생각이 생각 없는 생각임을 이해할 때, 그대의 노래와 춤은 다르마의 소리에 다름 아니게 된다.
> —하쿠인[1]

그 무엇도 요구하거나 부추길 필요가 없다. 구루에게는 그 무엇도 요청할 필요가 없다. 구루에게 무엇을 해 달라고 말하려 하지 말라. 그냥 그/그녀를 안으로 받아들이라. 집착이 일어나면, 그것을 그 사랑의 불 속에 바치라.

외부 세계는 내면 여행이 된다. 당신이 무엇을 찾고 있는지 안다면, 메시지는 어디에나 있다. 어떤 상황이 우주적 아이러니로 가득 차 있다면, 그 상황 자체가 아마 당신의 구루일 것이다. 당신의 삶이 미친 우연과 동시성 속에서 흘러가는 것처럼 보인다면, 그것 또한 구루이다. 구루는 항상 당신과 함께 놀고, 항상 당신이 정신을 빼놓고 부재하는 자리가 어디인지를 보여주는 악당이다.

당신이 할 일은, 만족하는 법과 내맡기는 법을 연습하는 것이다. 이것이 바로 구루로 하여금 당신을 위해 일하도록 허용하는 방법이다. 힘든 시기나 괴로운 일이 닥쳐와도, '사나운 은총'으로 그것들과 함께 하기를. 역경은 단지 당신이 영혼의 관점에서 당신의 집착과 고통을 볼 수 있도록 돕는 구루일 뿐이다. 당신은 더 심오한 뜻에 맡기기만

하면 된다. '나의' 뜻이 아니라 '그대의' 뜻에.

당신은 구루와의 대화를 통해 자기 자신을 들여다보고 당신의 삶을 통찰하기 시작한다. 당신과 구루 사이, 당신이 사랑하는 자와 당신의 사랑을 받는 자 사이에는 차이가 점점 더 줄어든다. 점점 더 '큰 사랑' 안에 '있게' 된다. 구루와 당신의 내면의 참자아는 하나이다.

구루와 헌신자의 진정한 관계는 『바가바드 기타』에 나오는 크리슈나와 아르주나의 관계와 같다. '신의 노래'를 의미하는 『바가바드 기타』는 대서사시 『마하바라타』에 나오는 일부로서 비교적 짧은 이야기이며, 왕자로서 전사인 아르주나와 그의 마차꾼 크리슈나의 대화이다. 크리슈나는 신의 화신으로, 큰 전투 직전의 전장 한가운데에 나타난다. 크리슈나가 전장에서 아르주나의 마부이자 신성한 친구이자 상담자인 것처럼, 구루는 우리를 삶이라는 전쟁터를 통해 더 높은 의식으로 인도한다.

이 모든 신성한 '놀이'(릴라)를 통해 구루는 자신이 인간의 형상이 아니라 신성한 '하나'임을 계속해서 우리에게 상기시켜 준다. 또한, 우리는 내면으로부터 우리의 가슴을 아는 한 존재와 친밀감을 느끼게 된다. 기타 11장에서, 아르주나는 이 신이 실제로 누구인지를 묻고, 크리슈나는 우주 전체로서의 자신의 우주적 형상을 드러낸다. 아르주나는 압도되어, 크리슈나에게 제발 인간의 모습으로 다시 돌아와서 계속 친구로서 관계를 맺을 수 있게 해 달라고 간청한다.

구루란 누구인가?

구루는 말 그대로 '어둠을 제거하는 자', 즉 당신에게 빛을 줄 수 있는 사람을 의미한다. 우리는 대개 이를 가이드나 교사를 의미하는 것으로 받아들인다. 이 용어는 대중 문화에 침투하여 '패션 구루'나 '섹스 구루'라는 말을 낳기도 했다. 진짜 구루는 교사와 다르다. 영적인 길을 '참자아의 고향으로 가는 길'로 생각한다면, 교사는 당신 옆에 서서 방향을 알려주는 사람이고, 구루는 당신이 가기로 되어 있는 도착지에서 당신에게 손짓하며 이리로 오라고 부르고 있는 존재이다. 그/그녀는 이미 여행을 마쳐서 그 땅의 위치를 잘 아는 사람이다. 사실, 구루는 그것이 모두 '하나'이고, 여행은 환상이며, 모든 것이 여기에 있고, 당신의 존재는 '일자'의 또 다른 얼굴일 뿐이라는 것을 알고 있다. 구루의 임무는 당신에게도 그것을 알려주는 것이다.

구루는 여러 이름으로 불릴 수 있다. 서양인들은 자신들이 천사, 아스트랄 존재, 상승 마스터라고 생각하는 존재들로부터 메시지를 받기도 하는데, 이들이 그들의 구루라고 할 수 있다.

힌두교의 고대 자료인 베다에는 영적인 지식을 얻는 세 가지 방법이 소개되어 있다. 가장 좋은 방법은 개인의 직접 체험이다. 다음은 '아는' 누군가로부터 직접 듣는 것인데, 그것은 구루로부터의 전달이다. 마지막으로는 최소한의 것으로, 그것에 대해 읽거나 공부하는 것인데, 그것이 지금 당신이 하고 있는 일이다.

일단 우리가 잠시나마 모든 것을 '하나'로 여길 수 있기만 하면, 스스로 '하나'가 될 가능성이 우리로 하여금 더 멀리 추구하도록 이끈다. 바로 이 지점에서 구루는 은덕을 베풀어 우리가 사랑하는 분과 우리를 재결합하도록, 그래서 우리를 '일자'로 데려가는 데에 도움을 줄 수 있다. 구루는 그 모델이다. 구루가 거기에 있어 왔고, 그 일을 했다. 그/그녀가 거기에 '있다'. 구루는 당신의 마음 속 상상의 친구처럼 내면의 여정에서 함께 어울려 노는 사람으로, 당신 자신의 참자아만큼 가깝지는 않지만 그렇다고 멀지도 않다. 이 친구와 당신은 영적인 삶인 내면의 여행을 하고 있으며, 당신의 친구는 완전한 연민, 지혜, 평화, 사랑, 기쁨을 갖고 있다. 당신과 친구는 보이지 않는 실로 이어져 있다. 친구는 외부의 누군가인 것 같지만, 사실 그/그녀는 내면으로부터 형상화되어 나타난 것이다.

나는 나의 구루가 이런 힘, 평화, 지혜, 사랑을 갖고 있었다는 것을 알 수 있었지만, 나 자신 안에서는 그것들을 보기가 어려웠다. 나의 신경증적인 에고는 나 자신에 대해 그렇게 긍정적으로 생각하는 것을 허용하지 않았다. 그러나 구루의 눈을 통해 나 자신을 보기 시작하자, 그의 은덕으로 인해 부정적인 생각 습관의 무게가 사라지기 시작했고, 그 덕분에 여행을 계속할 수 있었다.

그것은 구루가 하는 일 중 아주 작은 일부에 지나지 않는다. 그는 행복, 존재, 사랑, 연민 자체이다.

누군가 마하라지께 물었다.
"어떤 사람이 나의 구루인지를 어떻게 알 수 있습니까?"
마하라지가 대답했다.
"모든 면에서 그대를 영적으로 채워줄 수 있는지, 모든 욕망과 집착으로부터 당신을 자유롭게 해줄 수 있는지, 당신을 최종적인 해방으로 이끌어줄 수 있는지, 스스로 물어 보십시오. 구루는 바깥 세계에 속해 있지 않습니다. 물질계에서 당신의 구루를 만나려고 할 필요가 없어요."

그의 현존 안에 있음은 기쁨이며, 그의 의식의 장場이 주변에 선물하는 분위기이다. 마하라지와 함께 있을 때, 우리들 대부분은 그의 육체적 형상을 그러한 분위기의 원천이나 생성자로 해석했지만, 사실은 그의 존재 자체가 우리의 영혼을 끌어당기고 있었다. 그것은 당신이 당신의 더 깊은 자아, 당신의 영혼과 접촉하고 있을 때에만 얻게 되는 느낌이다. 그는 우리를 영혼계로 초대한다. 그는 영혼의 연결고리이다. 그것은 의식의 다른 차원이다. 그것은 사랑 안에 있는 것, 진실로 그 안에 '있음' 자체이며, 당신의 존재가 충만해질 때까지 사랑으로 목욕하는 일이다.

그것은 한 인간으로서 예수를 열렬히 사랑하는 것과 비슷하다. 초기에는 이원성이 있다. 그러다가 예수를 향한 사랑이 자라남에 따라, 당신은 그리스도를 만나기 시작한다. 그 후 당신이 그리스도를 더욱 더 사랑하게 되면, 당신은 계속해서 그 사랑 안으로 합쳐지게 된다. 그리하여 당신이 그리스도 안으로 완전히 합쳐지면, 오직 '하나'가 있을 뿐이다. 그것이 구루에 대한 헌신의 길이다. 당신은 내면의 구루의 존재를 느끼고, 그 존재 속으로 계속 합쳐진다.

우리들 각자는 구루가 거주하는 내면의 장소, 즉 그의 현존이 숨길 수 없이 드러나는 지점으로 들어가는 법을 알게 된다. 나에게는, 마치 내가 어두운 방에 있고 그 방 안에 다른 누군가가 있는 것과 같다. 내 외적 감각이 인식하지 못하는 다른 존재의 현존이다. 마치 공기에 스며들어 깊은 기억을 불러일으키는 은은한 향기와도 같다.

내가 마하라지와 진동이 조율되어 있을 때에는, 기쁨과 진실의 느낌이 있다. 제대로 들어맞는 느낌이고, 공명이 되어 벗어날 길이 없다. 나를 가득 채우는 느낌이다. 나는 깊은 조화의 느낌 속에 있게 된다.

그는 다른 방식들로, 다른 목소리들로, 다른 사람들로 나에게 오지만,

그의 현존에는 변함없는 뭔가가 있다. 무아지경 같은 것이다. 그것은 밤하늘의 무한함을 바라보거나, 명상에 잠기거나, 좋아하는 음악을 듣거나, 신성한 사랑을 이야기하는 감동적인 시를 읽을 때 오는 느낌이나 기억 같은 것이다.

마하라지와 함께 있는 것은 '하나의 영원한 순간'이다. 내가 처음 인도에 갔을 때, 그곳에서 보낸 6개월이 마치 한 순간처럼 지나가 버렸다. 시간이 없어진 것 같았다. 우리가 지금 이 순간에만 존재한다면, 지금 이 순간에만 존재하는 그것은 무한대로 확장된다. 바로 이 자리에서, 우리는 우리 자신을 진화의 도정에 있는 '시간을 초월한 영혼들'로서 볼 수 있다. 그것이 마하라지의 시간이다. 그곳이 그가 사는 자리이다. 그의 존재는 우리를 시간이 없는 영역으로 끌어들인다. 시간과 공간에서 벗어나기만 하면, 모든 것은 단지 의식과 에너지일 뿐이다. 모든 순간이 '그 순간'이다.

마하라지는 나에게 너무나 큰 존재였고, 사랑이 넘치는 존재였다. 그는 우리의 내면으로 파고 들어왔다. 그는 우리의 삶의 대부분을 바꾸어 놓았다. 우리는 너무나 세속적이었는데, 그는 그런 우리를 신계로 향하게 했다. 자기 자신이 어떤 사람이 될 수 있는지 확인한 후에는, 되돌아갈 길이 없다. 여러 생이 걸리더라도 다시는 되돌릴 생각조차 낼 수 없다. 그런 만남 후에는, 비교할 수 있는 어떤 것도 있을 수 없다. 비교할 수 있는 그 어떤 즐거움도 없고, 그 어떤 세상적인 행복도 없다. 우리가 할 수 있는 일은, 남은 생애 동안 그분과 가까이 지내는 것뿐이다. 그런 존재의 발을 만지는 데에는 막대한 기쁨이 있다.

마하라지가 그의 몸을 떠났을 때, 나는 울고 있는 사람들에 둘러싸여 있었다. 나는 미국에 있었다. 나도 울고 싶었다. 그것이 보통이었다. 하지만 그는 여전히 여기에 있었다. 그런데 왜 운단 말인가? 인도에서 그는 나한테 자꾸 "가라, 가라."고 하면서 나를 밀어냈다. 그래서 나는 그렇게까지 그의 몸 부분에 얽매이지 않을 수 있었다. 죽음은 사실 특별한 것이 아니었다. 그는 단지 모습을 바꾸고 있었을 뿐이다. 그가 인도에 있을 때, 나는 그로부터 떨어져 있을 수 있다고 생각하곤 했다. 이제 나는 그로부터 떨어질 수 없다는 것을 안다. 왜냐하면 그는 내가 어디에 있든 거기에 있기 때문이다.

마하라지와 나의 관계는 어떠한 심리적 관계도 뛰어넘었다. 특별하다는 느낌도 뛰어넘었고, 개인적인 필요도 훨씬 뛰어넘었다. 우리는 매우 부드럽고 유동적인 현존의 공간을 함께 공유한다. 그것은 대인관계가 아니다. 그것은 내 의식과 그의 의식이 합쳐지는 것과 비슷하다. 함께하는 사랑의 현존, 그것이 전부다.

구루를 찾아서

영적 탐구를 위해 인도에 오는 서양인들은 방문할 장소의 쇼핑 목록을 가지고 있는 경우가 많다. 그들은 친구들로부터 인도의 교사나 아쉬람, 혹은 영적인 사건들에 대해 들었다. 그들은 명상을 심화시키기 위한 기본 훈련인 불교 명상 과정을 수강했을 수도 있다. 그런 과정을 밟다 보면 자연스레 각종 정보를 얻게 된다.

서양인들은 혼자 또는 소그룹으로 도보, 기차, 버스, 인력거를 타고 평판이 좋은 성자들을 찾을 만한 곳으로 출발한다. 어떤 사람들은 단지 다르샨(친견)을 갖거나 잠시 앉아 있기 위해, 혹은 사원이나 아쉬람에 살면서 가르침을 받기 위해, 참스승을 찾는다. 카르마적 인연이 맞으면, 그들은 자신들의 구루를 찾을 수도 있다.

모든 구도자들은 자신들의 탐색을 종결짓게 해줄 최종적인 만남을 꿈꾼다. 하지만 우리들 대부분은 그런 만남을 갖더라도, 그렇게 새로 시작할 준비가 되어 있지 않다. 구루를 만나고도 구루인지 알아보지 못할 수도 있다. 그분을 향해 사랑을 느끼면서도 그분께 모든 것을 내맡길 준비는 되어 있지 않을 수도 있다.

구루는 우리가 이번 생이나 다른 생에서 변화의 순간이 무르익을 때 진정으로 만나게 될 것임을 알면서, 우리로 하여금 오고 가도록 허용한다. 짧은 순간에도 구루는 몇 년 후에야 뿌리를 내리고 싹이 트게 될 강력한 씨앗을 심을 수 있다. 그렇게 하기 위해 구루는 땅에서 잡초를 제거하고, 경작이 가능하게 만들 것이다.

구루를 찾는 일은, 사실 모순이라고 할 수 있다. 당신이 당신의 구루를 알아볼지의 여부는 중요하지 않다. 당신의 구루는 당신을 알고 있다. 당신의 구루가 누구인지, 지성을 통해서는 결정할 수가 없다. 당신이 구루를 선택하는 것이 아니라, 구루가 당신을 선택한다. 구루와 헌신자의 관계는 다른 인간 관계와 같지 않다.

> 그의 눈빛만으로도
> 속박에서 풀려나 해방이 되고,
> 그리하여 깨달은 자는 모든 대상과 하나가 된다.
> ―야네슈와르[2]

이른 아침 시간이면 부처님은 깨달을 준비가 된 사람이 누구인지를 알아보기 위해 제자들의 에너지장을 두루 살펴보셨다. 비슷한 방식으로, 구루는 누군가를 '일자'에로 더 가까이 데려옴으로써 다르마를 증진하기 위해 자신이 할 수 있는 일을 살펴본다. 그는 윤회전생의 전체 과정, 과거와 미래를 보고, 제자를 움직이게 할 지렛대가 어디에 있는지를 본다.

구루는 제자가 준비되기 전에는 나타나지 않는다. 준비가 되지 않으면, 구루의 바로 옆을 지나가면서도 알아보지 못한다. 그녀는 당신을 멈추게 한 후 교통위반 딱지를 발부했을 수도 있다. 그가 무엇인가를 달라고 구걸했을 때, 당신은 그에게 동전 한푼도 주지 않았을 수도 있다. 당신이 무엇을 알겠는가? 당신은 구루가 "나는 당신의 구루다."라고 적힌 샌드위치 판을 달고 뿜뿜 자체발광을 하는 사람일 것이라고 생각하는가? 당신이 알아볼 준비가 되면, 당신은 당신의 구루를 만나게 될 것이다.

수백 명의 사람들이 마하라지를 만나러 온다. 그들은 차례로 그에게 다가와서 그의 발을 만지곤 한다. 그런데 그가 무시하는 사람들도 있었다. 그는 날씨나 정치 등에 관해 계속해서 이야기한다. 이 사람들은 음식을 먹고, 떠날 것이다. 내 기준으로 보면, 그냥 무시할 만한 사람들, 돈으로 기여도 전혀 하지 않는 사람들이 마하라지의 관심을 끌었고, 그는 그들과 함께 갖가지 일을 했다. 나는 마침내 그것이 얼마나 깊이를 헤아릴 수 없는 일인지, 구루가 하는 일이 무엇이며, 누구와 왜 하는지, 도저히 알 수 없다는 것을 깨달았다. 나는 그가 다른 사람들의 전생과 미묘한 카르마적 원인 요소들(산스카라)을 보고 반응을 하신 것이

틀림없다고 생각한다.

캐나다 교수인 내 친구가 아쉬람을 방문했는데, 나는 마하라지의 능력을 보여주고 싶었다. 마하라지가 그에게 "당신은 미국에서 왔는가?"라고 물었다.

"아니요, 저는 캐나다에서 왔습니다." 남자가 대답했다.

그러자 마하라지가 물었다. "형제자매가 넷인가?"

"아닙니다, 저는 외동아들이에요, 마하라지." 교수가 대답했다.

몇 번 더 이러한 대화를 나눈 후 그 교수는 어리둥절한 표정을 지었고, 나는 움츠러들었다. 그가 떠날 준비가 되었을 때, 교수는 나에게 "당신은 아주 멋진 구루를 만났다."라고 말했다.

그가 떠난 후, 마하라지는 남아있는 사람들에게 그에 관해서 정확한 신상기록을 줄줄이 읊조렸다.

구루는 헌신자가 준비되었을 때 나타난다. 언제 어떻게 나타나느냐는, 헌신의 수준과 카르마적 성숙에 달려 있다. 한 사람은 깨달음을 얻을 준비가 되어 있고, 또 다른 사람은 구루가 존재한다는 것과 깨달음의 가능성이 있음을 알 준비가 되어 있을 뿐이다. 서로 다른 단계에 있는 것이다. 구루는 헌신자의 내면의 열망을 본다. 당신이 순수한 구도자라면, 당신의 구루는 당신이 그렇다는 것을 알고 있다.

1949년, 마하라지는 나이니탈 지역의 카쉬푸르에 있었다. 그는 먼지 나는 길을 따라 마을 외곽의 한적한 지역으로 걸어갔다. 토기장이들의 대상 행렬이 반대 방향으로 지나갔고, 당나귀들이 질그릇들을 짊어지고 지나갔다. 마지막 수레에는 열여덟 살쯤 된 젊은 도공이 파이프를 물고 흡입하고 있었다.

마하라지는 그에게 "당신은 누구요?"라고 외쳤다.

도공은 "당신은 누구요?"라고 무례하게 되물었다.

마하라지는 질문을 더 큰 소리로 반복했고, 도공도 마찬가지였다.

그러자 마하라지는 질문을 바꾸어 "당신은 카스트가 뭐요?"라고 물었다.

도공은 그에게 다시 그 질문을 반복했다.

마하라지는 즉시 "나는 청소부인데, 당신은?"이라고 반문했다. 이번에는 도공이 "나는 도공이다."라고 자랑스럽게 말했다.

마하라지는 겸손하게 그에게 물었다. "나도 한 모금 빨게 해주겠소?"

도공은 점토 파이프를 마하라지에게 주었고, 마하라지는 그것을 몇 차례 빨았다. (구루를 만나면 공물을 바치게 되어 있다.)

마하라지는 도공의 머리 위에 손을 얹었다. 그 순간, 젊은 도공은 세상과 완전히 분리되었다. 그는 동료들과 함께 당나귀를 남겨두고 마하라지와 함께 근처에 있는 한 헌신자의 정원으로 갔다. 마하라지의 지시에 따라, 그는 우물물로 목욕을 하고 삭발을 했다. 마하라지는 그에게 말라(염주)를 주고, 로브를 주고, 산야스로 입문시켰다. 그는 한동안 그곳에 묵었다. 나중에 마하라지는 그에게 그곳에서 바드리나스로 가라고 했고, 그래서 그는 그곳을 떠났다.[3]

그 소년은 산야스가 될 준비가 되어 있었다. 어쩌면 그는 그것을 위해 기도하고 있었을지도 모른다. 그는 마하라지의 관심을 끌었다. 순수한 마음을 지닌 사람은 구루를 불러온다. 당신이 사랑 안에서 존재하는 공간을 열 수 있다면, 당신은 구루가 부를 때 그 부르는 소리를 들을 수 있고, 당신이 부를 때 그/그녀가 당신의 말을 들을 수 있을 것이다.

구루가 어떻게 나타날지에 대한 당신의 집착은, 단지 당신의 투사일 뿐이다. 판단하고 밀고 당기는 대신, 집착하지 말고 여기에 있을 수 있도록 당신 자신을 허용하라. 당신은 조만간 개념과 집착을 버릴 것이다. 당신 외에는 서두르는 사람이 아무도 없다. 왜냐하면 '깨달은' 존재들은 시간 안에 있지 않기 때문이다. 시간 안에 있으면서 고통을 겪는 사람, 지금의 당신이 바로 그런 사람일지도 모른다. 그렇다면 당신은 자기 연민, 무가치하다는 느낌, 부적절하다는 느낌, 그리고 당신의 분리를 심화시키고 우주를 밀어내려는 욕망을 내려놓지 않으면 안 된다.

> 좋고 싫음만 여의면
> 도道에 이르기가 어렵지 않나니
> 사랑이나 미움에 집착하지만 않으면
> 모든 것이 아무런 꾸밈 없이 저절로 명백해지리라.
> 그러나 털끝만큼이라도 나누고 분별하는 마음이 있다면
> 하늘과 땅 차이로 벌어지리라.
>
> ─승찬, 『신심명』[4)]

가벼워지기

물질계에 있든 없든, 진정한 구루는 당신에게 깨달음의 가능성을 보여줄 수 있다. 그러한 깨달음의 현장을 일별하게 하는 다르샨(친견)은 당신에게 영적 상태와 당신의 심리적인 면모들에 대한 전망을 제공한

다. 당신을 방해하는 것이 무엇인지 명확하게 알면, 당신은 집착을 내려놓는 방법을 알아내려고 하기 시작한다. 그래서 자신을 영혼과 동일시하는 데 더 끌리게 된다.

장애물을 관찰하기 시작함에 따라, 우리는 어떻게 정신적 혼란을 정리하고 방해 요소를 제거해야 할지 알게 된다. 영의 깊은 곳을 들여다 보고 온전해지려면, 먼저 고요해지고 투명해져야 한다.

마음을 정화하는 것은 단순해지는 과정이지만, 그 과정이 단순한 것은 아니다. 더 많은 망상(마야)으로 여기저기 떠돌 여지가 많다. 우리 자신 안에서든 타인들에게서든, 우리 모두는 순수함 대신 경건을, 개인적인 경험 대신 정기적인 예배를, 의식 대신 개념을 사용하려는 경향을 가지고 있다. 그런 경향성 속에서, 우리는 우리가 우주의 중심이 라는 허구를 유지하면서 영적인 사람인 척하면서 살아간다. 이러한 기만은 좋은 것도 나쁜 것도 아니지만, 에고는 매우 미묘하게 '영적인 사람'이라는 것을 내세우고 자랑스러워할 수 있다. "나는 영적인 사람이 다."— 우리는 그런 사람이 되기 위해 몇 생애를 보내고 있는지 모른다. 그럼에도 자기 자신에 대한 그런 픽션은 우리를 진짜 영적인 과업으로 이끌게 된다.

구루는 당신의 영혼을 위한 거울 역할을 하며, 동시에 당신의 결함과 집착을 당신에게 되비추어 준다. 구루에게 점점 더 많이 내맡길수록, 집착은 스러져가기 시작한다. 그것은 당신으로 하여금 당신을 사랑으로 부터 분리시키는 것이 무엇인지를 보게 하여 그것을 내려놓게 되는 자연스러운 과정이다.

물론, 자신의 집착을 반영하고 자신이 어디에 갇혀 있는지를 보여주는 구루를, 누구나 다 만나게 되는 것은 아니다. 구루들 중에는, 한때 물리적 차원에서 몸을 입고 있었지만 지금은 다른 차원에서 미묘한 형태로 남아 있는 경우도 있다. 그리스도, 라마크리슈나, 라마나 마하르쉬, 무함마드, 파드마삼바바 같은 존재들이 그런 부류이다. 구도자는 더 높은 차원에 있는 구루의 인도를 받는다. 하지만 믿음이 약할 때는, 자신이 인도를 받고 있다는 것을 알기가 어렵다. 미묘한 차원에서 마하라지의 인도를 받고 있지만 몸으로는 그를 만난 적이 없는 사람들도 많다.

물질계에 누군가 당신을 지켜주는 이가 없다면, 미묘한 에고의 방어막을 유지한 채로 지내기가 쉽고, 그럼으로써 가야 할 길을 가기가 어렵게 된다. 미묘한 차원의 구루와 함께라면, 그/그녀의 가르침을 해석하기가 어렵지 않아서 에고에서 벗어나기가 그만큼 쉬워진다. 나는 마하라지의 말을 듣는다고 상상하고, 그것을 해석한다. 나를 곤경에 빠뜨리는 것은 바로 그 해석이다! 마하라지인가, 아니면 나의 에고인가? 아주 주의 깊게 듣지 않으면 안 된다.

새로운 경험이 나타나면, 나는 "그것은 적절한가? 그것은 구루로부터의 가르침인가? 느낌이 좋은가?"라고 묻는다. 당신의 직관, 곧 당신을 구루와 연결하는 가슴의 소리를 듣는 것이, 당신이 가르침을 검증하고 통합하는 방법이다. 직관적으로 옳다고 느끼면, 그것은 승인의 도장을 받은 셈이다. 직관은 아트만에 기반을 두고 있으므로, 우리는 영적인 가슴을 레이더로 사용하게 된다. 이는 판단을 하기 위해 지성을 사용하는 것과는 다르다.

예를 들어 보자. 나는 스와미 묵타난다와 다른 사람들로부터 직접적인 가르침을 받았다. 그들 중 일부는 나의 헌신의 길에도 들어맞는다. 하지만 나의 길과는 달라서 함께하지 않았던 경우도 적지 않다. 시간이 지남에 따라, 가슴의 분별력이 발달하게 되면, 활용할 수 있는 것만 취하고 나머지는 그냥 남겨두게 된다. 나중에는 자신이 거부했던 것조차도 구루가 하신 일이었음을 깨닫게 된다.

우리가 우리 자신들을 분리된 개체들로 인식하는 한, 구루와의 이러한 관계는, 드라마에 빠지지 않고 '지켜보는 자'로서 살아가는 데에 도움이 된다. 우리가 하는 모든 일, 우리가 생각하는 모든 것, 우리가 느끼는 모든 것을, 절대적인 지혜와 연민으로 지켜보는 자인 구루의 관점에서 보게 된다. 그럼으로써 우리는 우리의 삶을 영적인 놀이(릴라)로 계속 보게 되는 것이다.

> 온 세상이 하나의 무대,
> 모든 남녀는 단지 배우들일 뿐.
> 저마다 등장할 때와 퇴장할 때가 있고
> 한 사람이 여러 역을 맡게 되지.
> ―셰익스피어[5]

이 세상은 사람들이 다양한 변장을 하고 많은 배역을 연기하는 무대와 같다. 그들은 어지간해서는 마스크를 벗는 것을 좋아하지 않는다. 질리도록 연기를 계속 하도록 놔두면, 스스로 마스크를 벗을 때가 온다.
―스리 라마크리슈나[6]

구루는 통찰력 있는 놀이 친구이다. 그/그녀는 당신으로 하여금 인생의 드라마를 가볍게 받아들이게 하거나, 나의 불교 스승들 중 한 명인 무닌드라가 말했듯이, 모든 것을 '지나가는 쇼'로 볼 수 있게 한다.

그 관계의 우산 아래에서, 모든 경험은 구루에게서 비롯된 가르침이 된다. 시간이 지남에 따라, 당신은 구루의 관점에서 자신의 삶에 대한 지혜와 연민을 축적하기 시작한다. 당신은 구루의 가르침의 본체에 동화되기 시작하고, 그것 자체가 되기 시작한다. 당신의 여행 동반자인 구루의 관점에서 볼 때, 당신은 신께로 나아가는 한 영혼이다.

신 = 구루 = 참자아

라마나 마하르쉬는 신, 구루, 참자아가 동일하다고 말했다. 진정한 안내자인 구루는 우리 자신의 더 깊은 존재, 즉 신 그 자체인 아트만을 일깨운다. 라마나 마하르쉬는 참자아를 직접 깨달았다. 아루나찰라산에서 비롯된 그의 견해, 그의 다르샨, 그의 가르침은 아트만, 곧 자아실현을 직접적으로 가리켜 보였다. 신, 구루, 참자아의 통일성은 지고한 진리이며, 집착의 베일이 매우 얇다면, 당신은 라마나처럼 가슴 속의 본질을 직접 꿰뚫을 수 있을 것이다.

그러나 우리들 대부분은 몸을 입고 살아가느라 바쁜 나머지 눈에 보이는 형상들에 치여서 인도와 도움이 필요하다. 구루를 자신과 분리된 존재로 보는 것은, 진실에 접근하는 초보적인 단계로서, '하나'가 되기 위한 첫걸음이다. 하지만 그것 역시, 신께로 나아가는 방법이나 수단이다. 당신의 가장 깊은 곳에서는 당신과 구루가 동일하다는 진실을 깨닫고 마침내 '하나'가 되기 위하여, 분리된 개체와의 관계, 이원론이 도구로 쓰여지는 것이다.

구루와 헌신자는 더 지고한 영역에서 보면 이미 '하나'일 뿐만 아니라 여러 생애 동안 함께 있었기 때문에, 이미 서로 관련되어 있다. 어느 시점에서, 구도자는 구루에게 부름을 받거나 내면의 깨달음으로 인해 구루가 나타나게 된다. 그들이 어디에서 환생하든, 헌신자는 나방이 불꽃 속으로 이끌리듯이 구루에게 끌리게 된다.

사랑, 하나됨, 내맡김

처음에 구루의 의식의 중력장 안으로 끌려 들어가게 되면, 경외감이 들게 마련이다. 에고가 통제력을 잃고 내맡기게 되는 것에 대해 약간의 두려움을 가질 수 있지만, 그것은 깊은 사랑 속으로 합쳐지면 사라진다. 두려움이 줄어들면서, 『바가바드 기타』 11장에서 크리슈나가 아르주나에게 자신의 우주적 형상을 계시한 것처럼, 구루는 형상 뒤에 있는 진정한 형상을 더욱 공개적으로 현현할 수 있다.

> 천 개의 태양의 빛이 갑자기 하늘에 떠오른 것처럼
> 크리슈나의 '지고한 영'은 찬란하게 빛났다.
> 아르주나는 그 빛 속에서 온 우주가 다양한 모습으로
> '신들의 신'의 몸 안에 광대한 통일체로
> 서 있는 것을 보았다.
> 경이로움과 경외심으로 몸을 떨면서
> 아르주나는 머리를 숙이고 두 손을 모아 경배를 드렸다. (12-14절)

그리고 나중에:

크리슈나는 이렇게 말했다. "그대는 지금 나의 신성한 모습을 직접 대면하여 보았으나, 앞으로는 보기가 어려우리라. 오직 사랑에 의해서만 사람들은 나를 보고, 나를 알고, 나에게 올 수 있다. 모든 것에 대한 집착에서 벗어나 모든 창조물에 대한 사랑으로 나를 위해 일하는 사람, 나를 사랑하는 사람, 최상의 '나'를 목적으로 삼는 사람, 진리 안에 있는 사람만이 나에게 올 수 있다. (53-55절)

앞서 언급했듯이, 아르주나는 이 압도적인 우주의 계시에 겁을 먹고, 크리슈나에게 친숙한 인간의 모습으로 다시 돌아가 달라고 간청한다. 그러나 그것은 여전히 결정적인 '열림의 시작'이자, 아르주나를 위한 시연示演이었다. 마찬가지로, 성서에 언급된 하나님에 대한 두려움과 경외심도 그 길을 가기 위한 단계들이다. 마음의 집착이 사라지기 시작하면, 구루와 헌신자 사이의 분리가 사라지기 시작하면서 경외심조차 초월하게 된다. 구도자가 구루 속으로, 참자아 속으로 더 깊이 잠겨 들어감에 따라, 그들 사이의 거리가 줄어듦에 따라, 구루의 형상들이 연이어 알려지고, 존중되고, 풀려난다. 그것은 갠지스 강둑에 함께 앉아 있는 친한 두 친구들과 같아서, 얼마 후에는 강만 있게 된다.

마침내 구도자와 신, 사랑하는 자와 사랑받는 자의 신비로운 결합이 이루어지는 순간이 온다. 구루의 은총은 그러한 융합을 위한 촉매제이다. 조산사나 중매쟁이의 역할을 수행한 후, 별개의 존재로서의 구루는 사라지고, 여행은 완료된다.

구루와 제자는 둘인 것처럼 보이지만
둘로서 가장하는 것은 구루 혼자이다.
거울 속에서 당신 자신의 얼굴을 보면
당신은 둘 다 자기 자신일 뿐이라는 것을 알게 된다.
거울 없이 자신의 눈을 볼 수 있다면
이 구루의 스포츠가 필요하지 않을 것이다.
그리하여 그는 이원성을 유발하거나 통일성을 방해하지 않고
이 친밀한 관계를 유지한다.
— 야네슈와르[7]

나에게 하나됨의 길은 그냥 나의 구루와 함께 어울려 노는 것이다. 내 자동차의 대시보드, 침대 옆, 푸자 룸, 부엌 냉장고 옆에는 내 구루의 사진이 걸려 있다. 그 사진들은 구루와의 관계를 끊임없이 상기시켜 준다. 그는 내 생각과 대화에 계속 끼어든다. 내 머릿속에서는 늘 그의 목소리가 들린다. 상황이나 감정에 휘말려 나를 잃어버리게 되면, 나는 그의 존재를 그리워하면서 내가 그에게서 얼마나 멀리 떨어져 있었는지를 상기하게 된다.

마하라지와 늘 가까이에 있는 것이 너무나 자연스러운 일이어서 그곳에서 멀어져 있을 때, 다리 통증이나 다른 상황에 사로잡힐 때면, 나는 갑자기 "내가 여기서 뭘 하고 있는 거지? 이곳은 정말 끔찍한 곳이야."라고 생각한다. 그런 다음 나는 그를 다시 기억하고, 어떻게든 그의 영향력이 미치는 그의 역장力場, 그의 현존 속으로 나를 되돌린다. 만약 세상에서 물질적인 것들에 사로잡히고 시장터에서 길을 잃었다는 것을 알게 된다면, 결국 그 불편함은 나를 다시 그에게로 이끌게 된다.

그 고통은 내가 마하라지와의 연결을 잃었다는 것을 상기시켜 준다.

나는 즉시 방향을 바꾸거나 존재의 중심에 다시 조율하고, 그 순간으로 돌아가고, 사랑의 흐름을 다시 여는 메커니즘을 작동하기 시작한다. 나는 내 가슴이 닫혔다는 것을 알아차리고, 느낌으로 잘못되었음을 알아차린다. 그래서 그 상태에서 벗어나기 위한 일을 시작한다. '내가 곧 사랑이다.'라는 만트라나 다른 만트라를 시작하거나, 호흡에 주의를 기울이기 시작한다. 나는 '모든 것을 사랑하는 나'로 돌아가기로 의도를 품는다.

그 사람과 어울려 노는 방식은 하루의 상황만큼이나 다양하다. 내가 하는 만트라나 기도는 모두 나를 그분께로 데려가기 위한 것이다. 침묵의 인터벌들은 그의 현존에로 나를 열게 해준다. 하루에도 여러 번 그에 대한 생각이 일어난다. 누군가와 함께 앉아 그들의 눈을 바라보고 있을 수도 있는데, 그들은 계속해서 나의 구루로 변하곤 한다. 이 놀라운 의식의 존재, 사랑과 빛의 존재와 어울리는 것은, 자기 자신을 여는 한 방법이자 내려놓음의 한 과정이다.

물질계에 있든 없든, 구루는 당신의 깨어남을 가속화하는 방식으로 당신의 카르마를 변환시킨다. 하지만 그런 일이 일어나도록 허용할 만큼 충분히 마음을 고요하게 하지 않으면 안 된다.

마하라지: 생각을 제물로 갖다 바친다는 것은 어려운 일이다. 마음은 눈 깜박할 사이에 수 마일을 이동한다.
람 다스: 생각을 어떻게 갖다 바칩니까?
마하라지: 은총과 축복을 통해서.

람 다스: 누구의 은총입니까?

마하라지: 그리스도의 축복이다. 그러면 마음이 텅 비게 된다. 한 가지에 집중해야 한다.

람 다스: 어느 센터에 집중해야 할까요?

마하라지: 악한 일은 말하지도 말고, 보지도 말고, 듣지도 말아야 한다. 그리스도께서는 그렇게 하셨다. 정화하고, 은총을 기다려야 한다. 세상 사람들은 밖으로 나가지만, 우리는 거북이가 껍질(감각) 속으로 들어가듯이 안으로 들어가야 한다. 마음을 비우는 것은 어려운 일이다. 숲으로 들어갈 필요가 없다. 어디에서나 다 할 수 있다.

당신은 외부 자극보다 내면 탐구에 더 집중하기 시작한다. 카르마가 가벼워짐에 따라, 당신의 믿음은 더욱 강해지고, 비록 당신의 감각이나 생각하는 마음을 통해서는 알 수 없지만, 현존이나 안내의 느낌에 더 잘 조율되게 된다. 그 믿음은 당신으로 하여금 당신의 구루와 더 깊은 친밀감을 가질 수 있게 해준다.

호기심이 고양이를 죽였다

어떻게 하여 내가 구루에게 가게 되었을까? 앞서 말했듯이, 나는 호기심이 많았다. 내가 바가반 다스와 함께 부미아다르 사원에 도착했을 때, 그가 마하라지를 보기 위해 언덕으로 올라갔을 때, 나는 그냥 차에서 기다리겠다고 생각했다. 그러나 나는 그곳에서 무슨 일이 일어나고 있는지 궁금해진 나머지, 밖으로 나와 길을 따라 올라갔다.

그러다가 마하라지가 나에게 큰 차를 타고 왔느냐고 물었을 때

나는 마하라지로부터 한 걸음 정도 떨어져 있었다. "그 차를 나한테 주겠나?" 그는 사실 누구에게 그 무엇도 요구하지 않는다. 그 사실을 모두 알고 있었기 때문에 모두가 웃었지만, 나는 그가 내가 임시로 책임지고 있는 랜드로버를 원한다고 생각했다.

마하라지는 그 순간 내 영혼을 보셨고, 내가 얼마나 에고에 사로잡혀 있는지도 보셨다. 차에 대한 나의 강박증은 나의 연약한 에고를 가장자리까지 밀어붙였다. 강박증, 나를 비웃는 사람들, 문화적 방향 감각 상실 등, 모든 상황이 나를 점점 더 불안하게 만들었다.

마하라지는 음식을 먹으라면서 우리를 사원으로 보냈다. 몇 분 후 내가 다시 그의 앞에 앉았을 때, 그는 전날 밤에 내가 엄마 생각을 했었다고 사랑을 담아 나에게 말했다. 그의 눈을 올려다봤을 때, 나는 그의 깊고 무조건적인 사랑과 연민에 감전되었다. 돌이켜보면, 처음에는 두려움, 다음에는 혼란, 그다음에는 고양된 기분, 엄마에 대한 나의 감정, 그리고 그가 나의 가장 깊은 생각과 감정을 알고 있었다는 친밀한 계시 등, 일련의 감정과 사건들이 나의 에고를 무너지게 했고, 그리하여 가슴의 공간을 열어주었다.

처음에 나는 기적을 보았고, 그분의 사랑을 보지 못했다. 내가 심리학자이고 내가 다루는 것은 마음이었기 때문에, 그가 내 마음을 읽은 것이 나에게는 큰일처럼 보였을 것이다. 인지심리학에서는 그런 일이 어떻게 일어나는지 모른다! 나는 계속 그게 전부라고 생각했지만, 사실은 그의 '마음 읽기'가 나를 부드럽게 만들었던 것 같다. 진짜로 벌어진 일은 '무조건적인 사랑'이었다. 여러 해 동안 나는 마치 사랑이 특별한 것이 아니라 당연한 것인 양 여기고는, 그의 초능력만을 강조하고 다녔다.

진정한 기적은 나를 끌어당겨 내 가슴을 열어준 무조건적인 사랑이라는 것을 깨닫기까지, 10년이 걸렸다. 내가 처음으로 그를 올려다봤을 때, 그는 한 걸음 정도 떨어진 곳에서 무조건적인 사랑으로 나를 바라보고 있었고, 나는 어찌할 바를 모르고 그냥 거기에 서 있었다. 그런데 바로 그 순간 나에게 금이 갔고, 그렇게 틈새가 열렸다. 나는 그것이 정신적이고 영적인 힘이라고 생각하고는, 사랑과는 결부시키지 못했다.

마하라지 같은 존재는 안타리야민antaryamin이다. 이 말은 내면의 거주자, 통치자, 모든 가슴을 아는 자를 뜻한다. 그는 과거, 현재, 미래를 안다. 인도에는 마음을 읽는 사람들이 있지만, 생각을 읽는 사람과 가슴을 아는 사람 사이에는 차이가 있다.

10대였을 당시 캘커타에서 살았던 다다 무케르지는, 스리 라마크리슈나가 살았던 다크쉬네슈와르 사원을 방문하여 처음으로 마하라지를 친견했다. 다다는 마하라지에 대해 전혀 몰랐다. 그는 자신이 단지 방황하는 사두일 뿐이라고 생각했다. 마하라지는 그에게 만트라를 주었고, 그는 계속해서 그것을 반복했다. 30~40년 후, 그의 아내가 인도의 다른 지역인 알라하바드에 있는 한 이웃집으로 그를 데리고 갔고, 그는 거기에서 성자를 만났다. 그가 도착하자, 마하라지는 자리에서 일어나서 "이제 내가 그대의 집으로 가고 있네."라고 말했다. 나중에 그는 다다에게 만트라에 대해 상기시켜 주었다. 그 씨앗이 자라서 익기까지, 여러 해가 걸린 셈이었다.

두 번째 다르샨

첫 만남 이후 나에게는 일이 꽤 빠르게 진행되었다. 나는 이 모든 일이 단지 우연히 일어나고 있는 일이고, 내가 그 어떤 일도 하고 있는 것이 아니라는 초현실적인 느낌을 받았다. 바가반 다스가 나를 마하라지에게로 데려간 후, 나는 호수 주변의 아름다운 나이니탈 마을에 있는 K.K.의 집에서 밤을 보냈다.

다음날 K.K.는 나를 약 10마일 떨어진 카인치에 있는 마하라지의 사원으로 데려갔다. K.K.와 나는 카인치에 도착했고, 바가반 다스는 랜드로버와 함께 거기에 있었다. 우리는 그곳에서 전날 마하라지를 만났던 사원으로 차를 몰고 갔다. 마하라지는 길가의 난간 위에 앉아 있었다. 그는 나에게 올라오라고 손짓하며, 이렇게 물었다. "간디를 아나?"

"모릅니다. 하지만 그 사람에 대해서는 알고 있어요." 내가 말했다.

"간디처럼 되게나."라고 그가 말했다.

나중에 나는 나이니탈에 갔다가 글라스를 몇 개 구입했는데, 간디가 쓰던 것과 같은 종류였다. 그런 식으로나마 그의 지시를 따르게 된 셈이었다. 나는 간디처럼 스스로 옷을 만들기 위해 실을 뽑는 일도 하지 않을 것이었고, 간디처럼 정치에 뛰어들지도 않을 것이었다. 몇 년 후, 나는 간디가 언젠가 기차를 타고 떠날 때 한 신문 기자가 그에게 독자들에게 한 말씀 해달라고 요청했다는 기사를 읽었다. 간디는 갈색 종이봉투를 찢어 기자에게 쪽지를 건네주었는데, 거기에는 '내 인생이 나의 메시지'라고 적혀 있었다고 했다. 바로 그 순간, 마하라지가 나에게 '간디처럼 되라'고 했던 의미를 확연히 알 수 있었다.

약물 시험

내가 인도에 있게 된 이유는, 마약을 통해 접하게 된 의식의 차원들에 대한 지도를 읽을 수 있는 누군가를 찾기 위해서였다. 그러나 나는 어떤 식으로든 마하라지를 그렇게 생각하지 않았다. 내 앞에는 지도를 만든 사람은 아니더라도 지도를 읽을 줄 아는 사람이 앉아 있었지만, 나는 그 경험에 너무 압도되어 알음알이로 이리저리 헤아리는 일을 더 이상 하지 않게 되었다. 물론, 그것이 바로 내가 애초에 가이드를 찾고 있었던 이유이기도 했지만, 그것은 서양의 과학적 사고방식과는 너무나 거리가 먼 일이었다.

내 생각에 바가반 다스는 마하라지에게 '서양의 약물'에 대해 말했던 것 같다. 마하라지는 자신의 머리를 만지며, "머리를 위해서 먹는 약이 있나?"라고 물었다. 나는 그가 두통을 앓고 있다고 생각했다. 나는 마하라지가 LSD를 가리키고 있다고는 생각하지 못한 채, "나에게 아스피린은 없어요. 내 약가방을 살펴보고, 다른 것이 있는지 찾아보지요"라고 말하고는, 약가방을 가지고 왔다. 그런데 그가 다시 "내 머리를 위한 약 말일세."라고 말했다. 나는 가방을 들여다보았다. 누군가가 "내 생각에는 LSD를 말하는 것 같아요."라고 말했다.

그들은 모두 내 등 뒤에서 그것에 대해 속닥이고 있었다. 나는 알약 세 개를 찾았다. 각각 100마이크로그램 정도의 알약이었다. 화학자인 오슬리 스탠리가 나를 위해 특별히 만든 것인데, 그것은 매우 순수했다.

나는 알약을 든 손을 그에게 내밀었다. "이걸 먹으면 내가 미치게 될까?" 그가 물었다. 그런 다음 그는 한 알을 가져갔다. 나는 그의 오른쪽에 앉아 있었다. 그런 다음 그는 또 한 알, 그리고 또 한 알을 가져갔다. 그는 의도적으로 그것들을 한 번에 하나씩 입에 던져 넣었다. 아니, 그의 어깨 너머로 앉아 있는 나로서는 잘 알 수 없었는지도 모른다. 그 후, 내가 서양에 있었던 2년 동안, 나의 의심스러운 마음은 그 순간을 계속해서 새김질했다. 그 사람이 정말 알약을 먹은 걸까?

마하라지에게는 아무 일도 일어나지 않았다. 그 시점까지는 나의 의식을 열어주곤 했던 환각제는, 마하라지에게 전혀 영향을 미치지 않은 것처럼 보였다. 서양인의 관점에서 볼 때, 이 알약들은 내가 가진 것 중 가장 강력한 것이었다. 그런데 그는 이렇게 말했다. "이 약들은 별것 아니네. 내가 가진 약은 그대의 약보다 더 강력해." 그가 말하는 그의 약은 사랑이었고, 그가 LSD를 복용한 것은 나에게 의식과 사랑이라는 두 가지를 함께 보여주기 위함이었다.

나중에 그는 나의 의심을 깨끗이 씻어 주었다. 1971년 내가 인도로 돌아온 후, 마하라지는 "지난번에 여기에 왔을 때, 나에게 약을 좀 주었던가?"라고 물었다. 나는 "예."라고 대답했다. 그러자 그는 "내가 그것을 먹었던가?"라고 물었다. 그래서 나는 "글쎄요, 내 생각에는 그런 것 같은데요."라고 말했다. 그러자 그는 "그 약을 더 가진 것이 있나?"라고 물었다. 나는 예전처럼 네 알을 가지고 있었다. 나는 손을 내밀었고, 그는 한 알씩 한 알씩 조심스럽게 그것들을 가져갔고, 그것들 각각을 입을 벌려 넣으면서 전체 과정을 나에게 확실히 보여주었다. 그는 그것들이 특별히 좋은 것이고, 그래서 좋은 것을 먹는 것처럼 행동했다.

예전에 나는 과학자처럼 행동했는데, 이번에는 죄책감이 느껴졌다.

내 심장이 더 빨리 뛰기 시작했다. 그는 그것들이 얼마나 강한지 알지 못했다. 노인이 그렇게 많은 양을 복용하다니! 그는 머리 위로 담요를 덮어 썼다. 그가 담요를 아래로 내리자, 그는 마치 미쳐가고 있는 사람처럼 보였다. 그러나 그것은 모두 그러는 것처럼 하는 몸짓이었을 뿐이었다. 그는 웃으면서, 사람들과 다시 이야기를 나눴다. 아무 일도 일어나지 않았다. 전혀 아무 일도. 나는 매처럼 지켜보고 있었다.

나중에 그는 환각제에 대해서 말하면서, 하타 요가를 처음으로 하게 된 수행자들이 쿨루 계곡에서 비슷한 허브를 오래전에 사용하곤 했었지만, 허브에 관련된 그런 지식은 이제 사라졌다고 했다. 그는, 그것들을 먹으면 두 시간 동안은 그리스도를 친견할 수 있을지도 모르지만 그 후에는 다시 돌아와야 한다고 말했다.

그렇게 두 번째로 마하라지를 친견한 다음 날, 요가 훈련이 시작되었고, 나는 1966~67년 가을과 겨울의 나머지 기간을 아쉬람에 은둔하며 보냈다. 마하라지를 만나기 전에는, 이틀 후에 인도를 떠날 계획이었다. 하지만 나는 6개월을 더 머물렀다. 그 기간 동안 내가 카인치에서 만난 사람들은 모두가 마하라지의 사람들이었다. 그들은 모두 그의 직접적인 지시에 따라 행동하고 있었다.

마하라지를 만나기 위해 세 번째 방문했을 때, 현지 수학 교사 바가와티 프라사드 판드가 나의 옆, 마하라지의 발치 앞에 앉아 있었다. 그는 마하라지의 발을 만지고 있었다. 인도에서 구루의 발은 위대한 샥티, 즉 영적 에너지의 원천으로 숭배된다. 나도 마하라지의 발을 만지고 싶었다. 이틀 전이었다면, 그것은 나에게 완전히 혐오스러운 일이었을 것이다. 처음으로 그렇게 하고 싶어졌다. 그 교사는 옆으로 비켜났고, 그래서 '나도 한 번 해보자.'라는 생각을 하게 되었다.

내가 마하라지의 발을 만지자마자, 그는 발을 담요 아래로 집어넣고 다시 내놓지 않았다. 내가 무가치하다는 느낌이 나를 덮쳐 왔다. 나는 내가 잘못된 방식으로 한 것 같은 느낌이 들었다. 어쩌면 나는 마음속 헤아림을 갖고 그 일을 했을 수도 있고, 아직도 그렇게 마음속 헤아림을 계속하고 있을 수도 있었다. 나는 나의 에고가 너무 크다고 생각했다. 어쩌면 나는 그를 위해서가 아니라 나를 위해 그 일을 하고 싶어 했는지도 모른다. 혹은, 내가 아직 준비가 안 되었을 수도 있었다. 아니면, 내가 너무 불순했거나. 나는 자기 의심으로 가득 차 있었다. 그는 항상 나의 자기 의심을 부채질했지만, 언제나 나 스스로 그 의심을 끊을 만큼의 여유는 남겨두었다. 구루와 함께 있을 때에는 이러한 작은 사건들이 얼마나 큰 의미를 갖는지 놀라운 일이 아닐 수 없다. 그것은 사랑에 빠진 자의 첫 돌진과도 같았지만, 그 대상은 그냥 연인이 아니라 '나의 영혼을 사랑하는' 연인이었다.

한 남자가 마하라지에 관한 글을 출판했는데, 마하라지는 자신에 대해 글을 쓴 것에 대해 그에게 화를 냈다. 그 사람은 진지하게 사과했다. 알고 보니 그는 우타르 프라데시주 주지사인 K. M. 문쉬였다. 마하라지는 자신이 알려지는 것을 원하지 않았다. 그에 대해 글을 쓰려는 사람들은 늘 그렇게 어려움을 겪었다.

그 다르산에서, 새를 창으로 찌른 한 미친 남자가 마하라지를 찾아왔다. 막대기가 꽂혀 있는 작은 새는 죽은 것처럼 보였다. 마하라지는 새를 자신의 심장 가까이에 안고, 뭔가를 했다. 그러다가 그가 손을 펴자, 새가 날아갔다. 그 미친 사람은 계속해서 횡설수설하며 열광했다.

나는 그런 일이 일어나는 것을 보았지만, 혼란스러웠다. 나는 내가 무엇을 보았는지 확신할 수 없었다. 그는 정말 그 새를 다시 살아나게 한 것일까? 누구도 알지 못하는 것 같았다. 그런 식으로, 많은 일이 일어났다.

나는 마하라지를 위해 오렌지나 감귤을 가져왔는데, 그는 그 중 8~10개를 먹었다. 누군가가 나에게 그것은 이례적인 일이라면서, 그가 그렇게 내 카르마를 떠맡고 있는 것이 이상하다고 말했다. 사실, 나는 그런 일을 두 번 다시 본 기억이 없다. 그는 과일이 들어오면 모두 다 나눠주었다. 그가 그렇게 오랜 동안 나를 아는 척해 주었던 것은 그때가 마지막이었던 것 같다.

몰입

그 후, 마하라지의 지시에 따라 나는 카인치의 아쉬람에 묵게 되었는데, 당시에는 거의 비어 있었다. 마하라지는 대부분 그곳에 없었다. 나는 숯불 화로만이 있는, 얼어붙을 듯이 추운 곳에 남겨졌다. 숯을 사용하는 경우, 일산화탄소 중독을 예방하기 위해 창문을 시시때때로 열어 두어야 하는데, 이는 목적에 어긋나는 일이다. 대부분의 경우 거기에는 요리사, 신들을 위해 나날의 의식을 수행하는 푸자리, 정신이 조금 나간 듯한 청소부 등, 네 명만이 있었다. 그들 중 누구도 영어를 하지 못했다. 바가반 다스는 때로 랜드로버를 타고 왔지만, 오랫동안 머물지는 않았다. 기분 나쁠 정도로 추웠다. 이곳은 고급 리조트가 아니었다. 나는 오트밀과 차를 만들고, 요리사는 매콤한 감자 서브지와 카치리(쌀과 렌즈콩) 요리를 했다.

마하라지를 만나지 못한 채 한두 달이 지났다. 그동안 나는 마치 냉장 창고 안에 있는 것 같은 느낌을 받았다. 너무 추웠다! 1966~67년 겨울 동안, 그가 육체적으로 부재했음에도 불구하고 나는 마하라지에 완전히 몰입했다. 사원과 그곳 사람들은 그의 사랑으로 짜여진 고치 같았다. 나를 나 자신에게로 들어가게 하는. 이전에는 큰 어려움이었을 일이, 이제는 내 일상의 일부가 되었다. 나는 푸자 테이블 앞 시멘트 바닥의 갈대 매트에서 잠을 자고, 새벽 4시에 일어나 명상을 했다. 나는 부엌에서 뜨거운 물이 담긴 작은 냄비를 들고 방으로 돌아가 목욕을 하거나, 찬 강물에 직접 목욕을 했다. 잠에서 깨어난 후에는 목욕을 하고, 차를 끓였다. 그런 다음 나는 책상다리를 하고 명상을 하거나, 푸자 테이블 앞에 누워서 베다, 우파니샤드, 또는 이 책에 나오는 것과 같은 성자들의 이야기를 읽었다. 나중에, 너무 춥지 않으면 나는 하누만, 락스미-나라얀, 시바 같은 신상들을 보러 갔다. 그곳에서 나는 하누만을 사랑하게 되었다.

나는 내 인생에서 그 어느 때보다 가벼워진 느낌을 받았다. 내 몸을 돌보는 것은, 예전과는 달리, 더 이상 큰일이 아니었다. 명상을 하고 거룩한 책들을 읽는 것 외에는 달리 할 일이 없었다. 나는 잠을 많이 자지 않았다. 콘크리트 바닥의 짚자리는 그다지 푹신하지 않았다. 나는 어둠 속에서 명상을 많이 했다. 나에게는 꿈이나 공상을 즐길 만한 방조차 없는 셈이었다. 나는 아사나(요가 자세)를 연습하고, 책을 읽었다. 내면으로 계속 들어갈수록 점점 더 당기는 힘이 강해졌고, 외부 세계는 점점 더 멀어졌다. 나는 아주 서서히 고요해졌고, 명상을 하면서 태양이 언덕 너머로 넘어오고 넘어가는 것을 지켜보았다.

람 다스와 사두.

카인치는 계곡 아래쪽에 있었고, 겨울에는 해가 4시간 정도밖에
머물지 않았다. 어느 날 나는 K.K.의 형인 I. L. 샤와 함께 앉아 이른
오후 해가 지면서 차가운 그림자가 길어지는 것을 지켜보았다.

내가 말했다. "나는 날마다 이렇게 앉아서 그림자가 언덕 위로 움직이
는 것을 지켜본다네."

그가 나를 돌아보며 말했다. "모두가 다 그림자예요."

나는 차를 만들었다. 나는 내가 왜 거기에 있는지, 무슨 일이 일어나고
있는지 몰랐지만, 마하라지에 대한 나의 신뢰는 완전했다. 한 사람의
과학자로서 그를 모델로 생각하고 있는 것이 결코 아니었다. 나는
왜 이 일을 하고 있는지 몰랐다. 내가 아는 것은 내가 집에 있다는
것뿐이었고, 나는 이 존재를 믿었다. 그렇게 깊은 신뢰를 경험한 것은
그때가 처음이었다. 내가 있고 싶었던 곳이, 바로 여기였다. 나는 서구의
시간 개념을 까맣게 잊어버렸다. 나는 단지 거기에 있을 뿐이었다.

나는 마법에, 마하라지의 마법에 걸렸다. 모두가 새로운 수행자에게 매우 친절했지만, 그들이 돌보고 있는 이 새로운 존재가 나 자신에게는 여전히 낯설었다.

나는 내가 가지고 온 옷도 입지 않았다. 그들은 나에게 울피ulfi라 불리는 흰색 모직 가운을 사주었다. 이 가운을 입은 나를 사람들이 보고 있다는 것만으로도 나에게는 일종의 여행이었다. 그 가운을 입고 맨발로 눈밭에 나가 있는 느낌은 사뭇 달랐다. 나는 변화되고 있었지만, 나는 내가 들은 대로 하고 있었을 뿐이다.

그 당시 나는 내가 어떤 일을 겪고 있는지 생각해 본 적이 없었다. 나는 무슨 일이 진행되고 있는지 생각하지 않았다. 나는 단지 더 깊이 들어가려고 애쓰고 있었다. 나는 『바가바드 기타』와 『라마야나』를 읽으면서, 내 영혼 안에 울려 퍼지는 새로운 세계를 찾고 있었다. 바가반 다스는 와서 음악을 연주하고, 자신이 어디에 다녀왔는지 나에게 이야기했는데, 마치 내가 지켜보고 있었던 것 같았다. 나는 구경꾼이었지만 동시에 완전히 현존했고, 예전보다 더 많이 현존했다. 나중에 나는 이 상태를 '지켜봄'이라고 부르는 데에 익숙해졌다.

마하라지가 나의 교사로 지정해 준 K.K. 샤, 바가반 다스, 하리 다스 바바는 내가 마치 예전과 다른 사람이 된 것처럼 나를 대했다. 그들은 내가 이미 마하라지의 사람이 된 것처럼 대했다. 마하라지를 처음 봤을 때, 그는 K.K에게 나에게 더블 로티, 즉 토스트를 가져다 주라고 했다. 그러나 하루 뒤부터는 내내 차파티였다. 아무도 내가 원하는 것이 무엇인지 묻지 않았다. 그들은 그 이후로 나를 사두로 생각하는 것 같았다. 마하라지가 그렇게 지시한 것이 분명해 보였다.

하리 다스 바바와 람 다스.

K.K.는 나에게 비스킷을 가져다주기 위해 나이니탈에서 며칠에 한 번씩 눈 내리는 산길을 걸어 다녔다. 나는 그가 왜 그런 일을 하는지 몰랐다. 처음에 나는 그가 뭔가를 원한다고 생각했다. 그러나 마하라지는 그에게 나를 돌보라고 말했고, 그는 그의 구루의 지시를 따르고 있었다. 그는 너무나 순수하고 사랑이 많았다. 우리 둘 중 누구도, 우리가 마하라지 가족의 평생 친구이자 형제가 될 것이라는 사실을 거의 알지 못했다. 그는 자신이 나를 위해 쓴 것들, 즉 나를 둘러싼 문화와 전통의 풍부한 태피스트리를 이해하는 데 도움이 되는 이야기들과 푸자를 가져왔다.

여러 해에 걸쳐 많은 성자들이 카인치 주변에 살았다. 지역 전체에 영적인 분위기가 감돌았다. K.K.의 마음, 그를 키워 준 모든 성자들에 대한 그의 영적 인식이 나에게 영향을 미쳤다. 그는 카인치가 있는 산악 지역인 쿠마온에 거주했던 일부 초능력자들에 대해 나에게 말하기 시작했다. 내가 거의 상상할 수도 없는 초자연적인 세계였지만, 그의 이야기들은 마하라지와 함께하는 나에게 무슨 일이 일어나고 있는지에 대한 맥락을 제공해 주었다.

나는 옛 생활에 대한 향수나 욕망이 거의 없었지만, 미련이 희미하게 남아 있었다. 날이 어두워지기 시작하면, 나는 막차를 기다리곤 했다. 버스를 볼 때면, 항공권을 꺼내어 들고서 버스를 타고 나이니탈로 갔다가 거기에서 다시 델리로 가서 비행기를 타고 미국으로 가는 것이 얼마나 쉬울까, 생각하곤 했다. 하지만 향수에 젖는 것은 그때뿐이 었다. 그것이 내가 옛 삶을 그리워했던 기억의 전부이다.

나는 두 사람이었다. 한 사람은, 티켓을 들고 도망칠 계획을 세웠다. 티켓은 다른 형태의 내 삶에 대한 소중한 잔재였다. 나는 탈출하여 샌프란시스코의 집으로 돌아가서 필모어에서 그레이트풀 데드나 제퍼 슨 에어플레인의 록 음악에 맞추어 춤을 추는 상상을 하곤 했다. 그러나 그것은 우스꽝스러운 환상이었다. 도대체 어디에서 탈출한단 말인가? 나를 묶어두는 사슬도 없었고, 감방에 갇힌 것도 아니었다. 나를 카인치 에 머물게 하는 것은, 마하라지의 사랑 외에는 아무것도 없었다.

나의 다른 부분은 자리를 잡았다. 마하라지는 내가 거기에 있기를 원했다. 그것은 마치 음모 같았고, 모두가 다 나에게 너무 친절했다. 나는 나에게 주어진 것들에 만족했다. K.K.와 하리 다스는 이것이 마하라지가 원하는 바라고 말할 것이다. 나는 마하라지에게 모든 것을 다 내맡겨버린 것 같았다. 조용히 다가와서는 나를 사로잡아 버린 것이다. 나는 그에게 항복하기로 선택한 것이 아니었다. 항복당한 것이었다. 내 의지는 사라지고 없었다. 나는 사랑에 빠졌다.

매일 아침 11시 30분쯤, 하리 다스 바바가 16킬로미터 떨어진 곳에서 나에게 와서 약 20분 동안 요가, 아사나, 프라나야마를 가르쳐 주었다. K.K. 외에 하리 다스가 나의 주요 연락책이었다. 그는 매우 사랑이 넘쳤고, 요구가 많았다. 그는 나에게 『라마야나』에 나오는 것 같은 힌두 이야기를 들려주었다. 그는 침묵을 지켰기 때문에 칠판에 "욕망은 창조자, 욕망은 파괴자, 욕망은 우주" 같은 글귀를 적곤 했다. 그는 나에게 일곱 가닥으로 꼰 밧줄 허리띠 같은, 전통적으로 출가를 뜻하는 것들을 만들어 주었다. 그는 나를 고행 수행자처럼 훈련시켰다. 마하라지가 그에게 그렇게 지시했기 때문에 그렇게 한 것이다. 그러나 그가 정말로 많은 희망을 품고 있었던 것인지는 확신할 수 없다.

하리 다스와의 '대화'는 나의 언어 능력, 나의 추론적 사고 과정을 거의 지워버렸다. 나는 질문하고 싶은 것들이 있었다. 하지만 그가 침묵을 지켰기 때문에, 그는 내 질문에 대한 그의 비밀스러운 대답들을 칠판에 적곤 했다. 나는 그곳에 도착한 지 일주일쯤 지나서야 나 스스로 침묵의 습관을 키우기 시작했다. 그는 칠판을 가지고 와서, 나에게 목에 걸고 다니라고 했다. 그것은 모두 마하라지의 지시에 따른 것이었다. 그는 나에게 이 모든 수행을 하게 했고, 나는 변화하고 있었다. 이런 것들이 나를 변화시키고 있었다. 나는 시키는 대로만 했을 뿐이다. 그런데도 하버드 대학 교수가 칠판을 목에 걸고 다니는 침묵의 사두로 변하다니! 그 게임 전체를 마하라지가 통제하고 있었다. 돌이켜볼 때마다, 그 변화가 얼마나 급격했는지 깨닫곤 한다.

K.K.의 모든 글에도 불구하고, 하리 다스의 강렬한 요가 지도에도 불구하고, 나는 여전히 예전의 나처럼 생각하고 있었다. 그곳에 도착했을 때, 나는 단지 우연히 차에 탄 승객이었고, 그것도 원하지 않는 승객이었다! 그런데 뭔가 중요한 일이 일어나고 있었다. 먼 동이 트고 있는 것 같았다. 마하라지가 나를 위해 무엇인가를 준비하고 있었던 것처럼 느껴졌다. 그 시점까지는 모든 것에 비현실적인 뭔가가 있었다. 나는 사다나(영적 수행)에 푹 빠져 있거나 빠져 나오거나 하면서, 그 여행에 편승하고 있었다.

나에게는 얘기할 사람이 아무도 없었다. 나는 침묵을 지켰고, 칠판을 통해서만 하리 다스와 '대화'했다. 나중에 나는 사람들이 아쉬람이 '구루의 몸'이라고 말하는 것을 들었고, 나는 카인치가 따뜻한 집(물리적으로는 따뜻하지 않지만)이라는 것을, 거기에서 내가 뭔가 중요한 일을 하게 되어 있는 집이라는 것을 깨달았다.

어느 날 힌디어만 할 줄 아는 한 남자가 나를 만나러 왔다. 그는 뭔가를 원하고 있었다. 그는 계속해서 나에게 묻고, 긴 이야기를 했지만, 나는 이해할 수가 없었다. 내 대답을 기다리고 있었지만, 할 말이 없었다. 나는 속으로 이렇게 말했다. "마하라지, 이건 당신 몫이에요." 나는 그렇다고 대답했지만, 내가 무엇에 대해서 예스라고 한 것인지 알지 못했다. 자기 아내가 살해당했다는 내용일 수도 있었다.

마하라지는 나를 몇 주 동안 거기에 완전히 혼자 남겨두었고, 나는 그가 나를 잊어버렸을지도 모른다고 생각했다. 그 사이 오랜 시간이

람 다스의 방에서 본 카인치.

흘렀다. 때로 우리는 마하라지가 부미아다르에 있다는 소식을 듣고 바가반 다스나 K.K.와 함께 그곳으로 가기도 했다. 카인치에서 부미아다르까지는 걸어서 두 시간 정도 걸렸다. 수많은 헌신자들이 기억난다. 그는 또 평원으로 가기도 했는데, 그가 오랫동안 여행했던 것을 기억한다.

누군가 부미아다르로 갔을 때, 마하라지가 나에게 "당신을 찾으러 인도에 온 한 여자가 있어."라고 말했다.

나는 "아, 아닙니다, 마하라지. 여자 같은 건 나에게 없어요."라고 말했다.

　인도로 떠나기 전, 나는 뉴욕에서 캐롤라인(후에는 룩미니) 포리스트와 함께 살고 있었다. 캐롤라인과 나는 그레이트풀 데드 콘서트에서 춤을 추다가 만났다. 오슬리는 우리 입에 환각제를 넣어주었다. 캐롤라인과 나는 캘리포니아에서 함께 살았고, 그다음에는 라마의 스쿨버스에서 살았다. 그녀가 밀브룩에 오기 전에, 우리는 뉴욕의 이스트 72번가에서 살았다. 나는 몇 달 동안 그녀로부터 소식을 듣지 못했다. 나중에 나는 그녀가 실제로 인도에 왔다는 것을 알게 되었다. 그녀는 인도 건축과 사원에 대해 공부했다. 그녀는 내 심사를 복잡하게 만들고 싶지 않았다고 했다. 그녀는 거기에 있었지만, 나는 몰랐다. 그 당시의 나에게는 나의 옛 생활이 꿈속의 일들처럼 아득하게 느껴졌다. 그녀가 왔다고 마하라지가 말했을 때, 나는 그가 미친 줄 알았다.

　바가반 다스는 나를 마하라지에게 데려갔다. 카인치에서의 첫날 이후, 나는 마하라지의 사랑에 완전히 빠져서 바가반 다스에 대해 모두 잊어 버렸다. 그는 계속해서 세상으로 나아갔다. 내가 그에 대해 기억하는 것이 거의 없다는 것은 이상한 일이다. 그 사람은 꽤 많이 오가고 있었고, 나는 그해 가을과 겨울 내내 카인치에 머물렀다. 나는 그에게 시타르(인도 악기)를 사주었고, 내가 명상하는 동안 그는 옆방에서 아름답게 연주하곤 했다. 나는 그에게 안타까움을 느꼈다. 내면에는 너무나 조용하고 멋진 공간이 있었다. 허둥지둥 바쁘기만 한 삶에서 빠져나오니, 정말 상쾌했다. 나는 그것을 어떤 것과도 비교할 수 없었다. 그는 내가 게임을 처음 접한 어린아이 같다고 말했다. 나는 너무 단순해졌다.

그는 나에게 와서 자신이 한 일들을 말해주었다. 그는 나와 함께 인도 여행에 함께 다녔던 데이비드 패드의 친구인 해리쉬 조하리에게 랜드로버를 돌려주었다. 그런 다음 그는 해리쉬에게 랜드로버를 다시 달라고 했다. 그 후 랜드로버는 마치 마하라지의 것인 양 카인치에 주차되어 있었다. 차에 대해 강박증을 가졌던 그때 이후, 나는 그것이 거기에 있다는 것조차 눈치 채지 못했다! 그때까지 나는 무슨 일이 일어났는지 신경 쓰지 않았다. 그것이 나에게는 무집착의 시작이었다.

1972년 두 번째로 인도를 떠날 때, 나는 뉴델리의 정부 소비세국 압수 사무소에서 랜드로버를 보았다. 그것은 내가 1970년에 하리다스의 신자들로부터 구입한 폭스바겐 밴 바로 옆에 있었다. 인도의 모든 자동차들 중에서, 내 자동차가 두 대나 압수되어 나란히 놓여 있다니!

어느 날 그 랜드로버가 카인치의 입구에 도착했는데, 바가반 다스가 앞좌석에 마하라지를 태우고 운전을 하고 온 것이었다. 우리는 헌신자의 사과 과수원을 방문하기 위해 길을 떠났다. 나는 그 기간 동안 어디에도 거의 가지 않았기 때문에, 이것은 이상하고 특이한 일이었다. 마하라지는 바가반 다스와 함께 앞쪽에 앉았고, 나는 K.K., 구루 대트 샤르마, 그리고 종종 마하라지를 동행하고 돌보던 몇 분의 마Ma와 함께 뒤쪽에 앉았다. 우리는 과수원에서 즐겁게 사과를 먹었다. 그러고 나서 마하라지가 "갑시다!" 하고 말했다. 우리는 차를 타고 산 속에 큰 방이 있는 (정부가 운영하는 휴게소인) 포레스트 게스트 하우스에 들렀다.

구루 대트는 마하라지와 함께 안으로 들어갔고, 나머지 우리는 밖에 남아 잔디 위에 앉아 있었다. 구루 대트가 문 앞에 나타나서 "람 다스, 마하라지가 당신을 만나고 싶어 한다."라고 말했다.

안으로 들어가 마하라지에게 다가가자, 그는 "자네는 아이들에게 먹이기를 좋아하는군."이라고 말했다.

나는 "그런 것 같아요."라고 말했다.

나는 마음속으로 내가 아이들을 얼마나 싫어하는지 생각하고 있었다. 모임에서 내가 말을 할 때마다 아이들은 주의를 산만하게 하기 때문이었다.

마하라지가 나에게 손짓했다. 그는 자리에서 일어나 약지로 제3의 눈 부위를 세 번 두드렸다. 그런 다음 그는 구루 대트와 계속 이야기를 나눴다. 밖에 나오니, 사람들이 내 얼굴이 빛나 보인다고, 얼굴이 사탕무처럼 빨개졌다고 말했다. 나는 아무 말도 할 수가 없었다.

나는 어지러움을 느꼈다. 나는 그것이 입문인지 무엇인지 전혀 알지 못했다. 나는 어딘가 다른 공간에 있었다. 생각들이 내 머리를 맴돌고 있었다. 아이들을 먹인다는 것은 무엇을 의미하는가? 어떤 종류의 일일까? 그러나 다른 차원에서 보면, 나는 단지 조용하고 평화롭고 사랑이 많은 사람이었다. 내가 특별하다는 어떤 느낌을 가진 것은 그때가 처음이었다. 그런 다음, 마하라지가 자리에서 일어났고, 우리 모두 카인치의 집으로 돌아갔다. 완전히 이상했다. 마치 우리 모두가 단지 이 한 가지 일을 하려고 거기까지 올라간 것 같았다.

나는 끊임없이 마하라지를 느꼈다. 그는 내 방 안에 존재했다. 마치 그가 나를 지켜보고 있는 것 같았고, 방 안에 누군가 다른 사람이 있는 것 같았다. 내 옛날 생활의 관점에서 보면, 모든 것이 미친 짓이었다. 나는 한겨울에 얼음이 많은 강에서 목욕을 하고 있었고, 밖에는 눈이 내리는데 숯불 화로만 있는 방에서 살고 있었다. 나는 사원의 신인 하누만, 락스미, 비슈누, 시바의 대리석 조각상들과 대화를 시작했지만, 대답은 거의 듣지 못했다.

마하라지는 나를 사랑으로 끌어당겼다. 나는 완전히 그의 통제하에 있었다. 나는 마약의 세계와 서구의 모든 일들과 분주함을 떠났다. 나는 상상도 하지 못했던 단순성 속에서 살고 있었다. 나는 스스로 나 자신을 깊이 파내려가고 있었다. 마하라지가 그들에게 내 옷을 사 주라고 했기 때문에, 그들은 나에게 옷을 사 주었다. 마하라지가 나를 돌보고 있었다. K.K.는 내가 좋아할 것 같은 음식, 비스킷과 튀김, 말린 과일을 가져왔다. 나는 아무것도 하지 않았다!

2주 정도에 한 번씩, 시내에 나가서 식사를 했다. 우리는 나이니탈 외곽의 하누만 가르에 있는 또 다른 마하라지의 사원으로 걸어가서 3.6미터에 달하는 오렌지색 하누만 상 앞의 차가운 마룻바닥 위에 앉았다. 하버드 동료들은 시멘트 원숭이 상을 숭배하는 나를 어떻게 생각할지, 궁금했다. 그러나 사람들이 어떻게 자신을 몸이나 역할이 아니라 영혼과 동일시하는지를 처음으로 느낀 것은 나이니탈에서였다. 정말 눈이 번쩍 뜨이는 일이었다. 인도의 문화는 나에게 영혼과 동일시하는 것이 가능하다는 것을 가르쳐주었다.

그들은 비자를 갱신하기 위해 나를 델리로 보냈다. 나는 그들이 나를 혼자 밖에 나가도록 허락해 주어서 너무 놀랐다! 6개월 만에 나는 은둔형 사두가 된 것이었다. 나는 버스를 탔다. K.K.와 다른 사람들이 마치 한 가족처럼 사랑으로 배웅해 주었다. 나는 좀 무서웠다.

나는 매우 요기스러워진 것 같았다. 사람들은 울피 때문에 나를 특별하게 대했다. 델리의 외국 등록 사무소에서는 정중한 대접을 받았다. 내 우편물을 받기 위해 울피를 입은 채로 아메리칸 익스프레스에서 줄을 서서 기다리고 있노라니, 기분이 이상해졌다. 비자 취득을 축하하기 위해 나는 순수 채식 레스토랑에 점심을 먹으러 갔고, 그들의 배려로 특별석에 앉게 되었다. 식사가 끝날 무렵, 그들은 비스킷이 들어 있는 과자를 나에게 가져왔다. 진짜 사두라면 먹을 음식이 아니었지만, 보스턴 출신의 유대인 소년은 그것을 지나칠 수 없었다. 나는 나를 관찰하고 있던 다른 손님들의 주의를 분산시키고 나중을 위해 비스킷을 가방에 밀어 넣었다. 내가 다시 카인치에 도착해서 마하라지를 만났을 때, 그가 물었다. "비스킷은 맛이 어땠어?"

나는 우편물도 좀 받았다. 나는 웨슬리언 대학의 사라와 데이비트 윈터로부터, 또 벅스 카운티 세미나 하우스로부터 연설을 요청하는 편지를 받았다. 앨런 긴스버그에게서도 편지를 받았다. 그는 시카고에서 반전 시위에 참가했고, 경찰에게 구타당했다. 그 사람이 최전선에 있다고 생각했던 기억이 났지만, 나 역시 최전선에 있었다. 그는 공공을 위한 활동이었지만, 나는 안으로 들어가 내면을 탐험하고 있었다.

나는 내 방에서 노래를 부르곤 했다. 나는 내 제단 위에서 하누만과 아난다마이 마와 함께 예배를 하고, 향을 피웠다. 하리 다스는 나에게 고행수도자 식으로 먹고, 바닥에서 자고, 강에서 목욕하는 법을 가르쳤다. 그것들은 모두 매우 인상적이었고, 나 자신이 자랑스럽기도 했다. 마하라지를 리더로 하는 '내면의 여행' 코스 같았다. 하지만 그는 나에게 그것에 대해 이야기한 적이 없었다. 나는 항상 하리 다스에게 들어서 알았다. "그가 당신에게 말하라고 했어요…."

봄에, 마하라지가 돌아왔다. 그는 내가 미국으로 돌아가서 2년 동안 거기에 있어야 한다고 말했다. 자기 자신에 대해서는 아무에게도 말해서는 안 된다고 했다. 나는 가게 되어 매우 기뻤다. 나는 정말 바보였다! 나는 서구의 번쩍거리는 물질주의적 삶을 포기한 터였다. 그런데도 내 카르마가 나를 끌어당기고 있었다.

내가 떠나기 전에, 하리 다스는 마하라지가 내 책에 대해서 축복해 주었다는 이야기를 했다. 나는 "무슨 책이요?"라고 말했다. 나는 그가 무슨 말을 하는지 전혀 알지 못했다.

시험대에 서다

미국으로 돌아가서 지내는 것은 중간고사였다. 그동안 내가 얼마나 많이 익었는지, 복잡한 서구에 돌아가서도 거기에 함몰되지 않고 머리를 물 위로 유지할 만큼 충분히 성숙했는지를 알아볼 수 있는 기회였다. 나는 미국으로 돌아가서, 그 내용이 무엇이든 한 권의 책을 쓰고, 내 본거지를 확인하고, 힌두교의 가르침이 서양인 의식 탐험가의 삶에 얼마나 잘 들어맞는지 알아보겠다고 생각했다.

나는 보스턴의 로건 공항에 도착했고, 아버지가 마중 나와 있었다. 당시 나는 수염을 기른 상태였고, 희색 로브에 말라(염주)를 걸치고 있었다. 한겨울이었는데, 맨발이었다. 아버지는 회색 양복을 입고, 시가를 들고, 회색 캐딜락을 몰고 왔다. 나는 그가 팔을 벌려 기뻐하면서 나를 맞이해 줄 것이라고 생각했지만, 그런 일은 없었다. 내가 한 일에 대해서는 한 마디도 묻지 않았다. 그는 나를 한 번 살펴보더니

"누가 널 보기 전에 빨리 차에 타라!"라고 말했다. 나는 내가 다시 서양에 돌아왔다는 것을 알았다.

나는 한동안 보스턴에서 아버지와 함께 지냈다. 그런 다음 나는 뉴햄프셔에 있는 가족 여름 별장에 딸려 있는 난방이 되지 않는 오두막으로 이사했다. 나는 매사추세츠주 번호판이 달린 아버지의 캐딜락을 타고 프랭클린에 도착했고, 식품점에 들러 물품을 구입했다. 식품점에서 나오니, 세 명의 십대들이 차 위에 널브러져 있었다. 그들은 차 번호판을 보고는 보스턴에서 왔을 테니 약물을 구할 수 있을 것이라고 생각한 모양이었다. 나는 그들에게 그런 종류의 연락책이 아니라고 말하고는, "너희들이 기대했던 것보다 너희들의 마음을 더 사로잡을 무언가를 말해 주겠다."라고 말했다. 아이들과 이야기를 나누었는데, 관심을 보이는 것 같아서 나중에 오라고 했다. 오랜 토론 끝에 그들 중 한 명이 자신의 어머니를 모셔 와서 내 이야기를 듣게 할 수 있는지 물었다. 그들과 그들의 어머니, 그리고 그들의 목사는 인도에 다녀온 나의 첫 번째 청중이었다.

나는 매일 쌀과 렌틸콩으로 요리를 하고, 요가와 프라나야마(호흡법)를 했다. 나는 인도 여행에 관한 원고를 썼지만, 출판사에서는 관심을 보이지 않았다. 나는 출판업자들도 마하라지인 줄 알았다. 내 책에 대한 그의 축복은 어떻게 되었는지, 궁금했다.

날씨가 추워지자, 하인들의 숙소였던 안채 다락방으로 이사했다(결국 '다스'는 하인을 뜻한다). 나는 인도를 글 속에 다시 살려놓으려고 최선을 다했다. 명상을 하고, 매트 위에서 잠을 잤다. 아무도 간섭하지 않았다. 나는 마하라지의 사진을 통해 다르샨(친견)을 갖고, 그의 현존

람 다스. 사진 라메슈와 다스.

을 경험했다.

마하라지의 대언자

나는 인도에 있는 동안 몇 차례 강연을 해 달라는 요청을 받았는데, 이제는 응할 수 있었다. 첫 번째는 내가 대학원 과정을 밟았던 코네티컷의 웨슬리언 대학교에서였다. 대화는 밤늦게까지 이어졌다가 다음날 아침까지 계속되었다. 마하라지가 거기에 완전히 현존했다. 관객 못지않게 나도 너무 놀랐다. 그다음에는 펜실베니아의 벅스 카운티 세미나 하우스에서 강연이 있었고, 1968~69년 겨울에는 맨해튼 어퍼 이스트 사이드에 있는 조각 스튜디오에서 시리즈 강연을 했다.

그것은 모두 그에 대한 섬김이고, 봉사였다. 웨슬리언 대학교에서의 그날 밤과 같이, 사람들에게 일어난 놀라운 일들은 모두 약간은 초현실적으로 느껴졌다. 그것을 행한 것은 내가 아니었다. 그였다. 카인치 사원의 침묵으로부터 온 것이었다. 내가 아는 것이라고는, 나에게는 보석이 있고 그것을 나누고 싶다는 것뿐이었다. 나는 그렇게 마하라지와 다르샨을 가졌고, 마하라지의 완벽함을 얼핏이라도 엿본 것 같은 기분이었다. 나는 그것을 공유하고 싶었다. 내가 아는 사람들 중에는 아무도 그 진실을 아는 사람이 없었기 때문이다.

1968년과 1969년 여름 동안, 뉴햄프셔의 농장에서 요가 여름 캠프를 열었다. 즉흥적인 캠프였다. 주말에는 나무 아래에서 대화를 나누기 위해 다양한 그룹이 나타났다. 일부는 텐트를 치고 머물렀다. 모두가 서로를 도와주었고, 아버지는 선량하게 모든 것을 참아주었다. 무언가가 사람들을 끌어들이고 있었다. 벌들이 꿀에 이끌리듯이. 입소문을 타고 청중 수도 많아졌다. 자동차들이 줄지어 서 있었다. 보스턴, 뉴헤이븐, 뉴욕에서 사람들이 몰려왔다.

내가 강연 여행을 시작했을 때, 나에게는 온통 마하라지밖에 없었다. 나는 찰리 맥카시Charlie McCarthy* 같았다. 나는 마하라지의 복화술사 나무인형이었다. 마하라지는 내 손에 쥐어져 있는 귀중한 보석 같았다. 사람들은 하버드와 마약 때문에 내 강의를 들으러 왔지만, 나는 그런 것들과는 전혀 다른 종류의 황홀경을 다루고 있었다.

나는 스릴이 넘쳤다. 나는 동양에서 지도를 가지고 돌아온 의식의 탐험가였고, 그들에게 그것을 보여주고 싶었다. 문제는 지도가 가슴으로만 해석될 수 있다는 점이었다. 말은 정말 아무 소용이 없었다. 그리고 내 에고가 끼어들었을 때는, 그것이 작동하지 않는다는 것을 선연히 알게 되었다.

---

* 1930년대 미국의 유명한 복화술사 에드거 버건의 나무인형 파트너.

람 다스. 사진 라메슈와 다스.

가끔은, 마하라지가 자신에 대해 말하지 말라고 했던 것이 기억났지
만, 나는 참을 수 없었다. 나는 속으로 마하라지의 축복을 느꼈고,

그것을 나누는 것은 좋은 일이었다. 나의 다르마처럼 느껴졌다. 나는 그가 말한 대로, 사람들의 내면에 뭔가를 먹이고 있었지만, 내가 행한 것은 아니었다. 이는 우리 모두가 지고한 의식의 아이들임을 상기시키면서, 의식의 영역에서 아이들에게 먹이를 주는 일이었다.

『지금 여기에 살라 Be Here Now』, 그리고 후일담

뉴욕에서 시작되어 캘리포니아의 에살렌과 뉴멕시코의 라마 재단으로 이어진 일련의 우연한 사건들이 『지금 여기에 살라 Be Here Now』의 출판으로 이어졌다. 본업이 공공 속기사였던 릴리안 노스라는 사랑스러운 여성은 조각 스튜디오에서의 내 강연이 인상 깊었던 모양이었다. 그녀는 그것을 녹음한 뒤 타이핑을 해서는 그 원고 뭉치를 나에게 건네며, '당신의 말을 받아쓴 것'이라고 말했다. 나는 원고 뭉치를 들고 다니기 싫어서 그녀에게 내 차 트렁크에 실어 달라고 부탁했다. 그러고는 캘리포니아로 차를 몰고 갔다. 내가 빅 서의 에살렌에 있었을 때, 작가인 존 블라이브트류가 그것을 보고는 "그게 뭐죠? 내가 읽어봐도 될까요?"라고 물었다. 나중에 그는 "멋진 책이 될 것 같네요."라고 말했다. 그가 가려 뽑은 문장들은 『지금 여기에 살라』의 핵심 텍스트가 되었다.

캘리포니아에서 나는 뉴멕시코주 타오스 외곽 산비탈에 있는 라마 재단 공동체로 갔다. 그 재단은 인도에 가기 전에 내가 기획했던 영성 공동체였다. 그곳에는 창의적인 예술가 그룹인 드와르카 보너, 프란시스 폰 브리에센, 테니 킴멜, 그리고 창립자인 스티브 더키와 바바라 더키가 살고 있었다. 스티브는 라마의 책임자였다. 그 역시 내 차의

라마 재단 공동체. 사진 라메슈와 다스.

트렁크에 있던 원고를 발견했다. 그는 존과 똑같은 말을 했다. "그게 뭐지요?"

스티브는 그것을 읽었고, 저녁 식사를 하면서 우리 모두는 그것을 예술 작품으로 펴내자는 아이디어를 생각해 냈고, 12x12인치의 골판지 상자에 담아 출판하기로 했다. 오리지널 『지금 여기에 살라』는 그렇게 선보이게 되었다. 우리는 그 상자를 『빈두에서 오자스까지 From Bindu to Ojas』로 명명했는데, 이는 차크라들을 통해 정수리의 해방에 이르는 의식의 진화를 의미한다. 그림과 함께 있는 핵심 텍스트는 갈색 종이에 인쇄되어 끈으로 제본되었으며, 마하라지에 관한 '히스스토리 HisStory' 섹션, '영적 요리책 A Spiritual Cookbook'이라는 수행에 관한 부분, 그림, '페인트 된 케이크들 Painted Cakes'이라는 도서 목록이 있었다. 또 키르탄 성가가 포함된 LP 음반도 있었다.

강연에서 나오는 돈으로 우선 천 개의 상자를 만들었다. 요청하는 엽서를 보낸 사람은 누구나 우편을 통해 그것을 받을 수 있었다. 그것들이 풀려나가자, 더 많은 사람들이 그것을 원했다. 내가 인도로 돌아갔을 때, 스티브는 크라운 출판사에서 일했던 브루스 해리스와 계약을 맺었고, 그 상자는 한 권의 책이 되었다. 로열티는 라마 재단으로 들어갔고, 나중에는 절반이 하누만 재단으로 전달되었다. 브루스는 나중에 크라운의 편집장이 되었다가 랜덤 하우스의 편집장으로 자리를 옮겼다.

1971년 초, 나는 인도에서 그 책의 가제본을 받았다. 마하라지에게 그것을 읽어주었을 때, 그는 내가 그 첫해 카인치에 사는 동안 나의 명상 교사였던 하리 다스 바바에 관한 부분을 바꿔야 한다고 말했다. 나는 하리 다스가 아주 어렸을 때, 즉 열두 살쯤 되었을 때, 숲으로 들어가서 사두가 되었다고 썼다. 마하라지는 한 남자를 불러서 물었다. "자네, 하리 다스를 아나?" 그가 "그렇습니다, 마하라지. 그 사람은 오랫동안 산림청 사무실의 서기를 지냈지요."라고 대답했다. 그는 숲에 살았던 것이 아니라 K.K 가족 소유의 집에 세입자로 살았다. 하리 다스에게서 그 이야기를 들었을 때, 내가 하리 다스와 마하라지를 혼동했던 것이다. 마하라지는 어렸을 때 집을 떠났다.

내가 미국에 있는 동안, 하리 다스는 마하라지와 갈라섰다. 하리 다스는 수술이 필요한 장폐색증으로 생명이 위험한 상태였다. 마하라지는 그의 치료와 회복을 위해 손을 써 주었고, 그 후 하리 다스는 더 이상 나이니탈 사원의 관리와 강렬한 육체 노동에 참여하지 않았다. 그는 나를 통해 그에 대해 들은 일부 서양인을 포함하여 자신의 추종자 그룹을 갖고 있었고, 내가 1970년 인도로 돌아왔을 때, 그는 하리드와르에 살고 있었다. 나는 그를 만나지 못했다. 마하라지는 나에게 하리 다스가 미국 비자를 받아 미국으로 갈 수 있도록 도와달라고 요청했고, 그래서 나는 그렇게 하고, 그의 티켓 비용을 지불했다.

『지금 여기에 살라』의 텍스트를 일부 고쳐야 하는 문제가 대두되었을 때, 하리 다스는 미국에 도착하여 라마 재단에서 가르치고 있었다. 하리 다스는 많은 사랑을 받았지만, 사람들은 마하라지라는 존재에 대해서는 알지 못했다. 나는 인도에서 라마 재단에 전화를 걸어 하리 다스에 관한 그 부분을 빼 달라고 말했다. 그가 바로 거기 라마에 있는 동안의 일이었으니, 이는 마하라지와 함께 있음으로써 생긴 다차원의 우주적 아이러니였다.

마하라지는 말했다. "당신이 몰랐다면, 그래도 괜찮아. 하지만 진실을 알고도 잘못된 내용을 그대로 인쇄한다면, 그것은 나쁜 카르마가 돼." 나는 카인치의 아쉬람에 있었기 때문에, 스티브 더키에게 전보를 보내기 위해 군용 트럭을 타고 12마일이 넘는 구불구불한 산길을 달려 나이니탈로 갔다. 스티브의 회신 전보는 그 책이 이미 인쇄되고 있다고 했다. 이를 막는 것은 어려울 것이고, 많은 비용이 들 것이었다. 초판 인쇄물 전체를 버려야 할 지경에 빠진 것이다. 스티브는 라마에서 3시간 동안 차를 몰고 산길을 달려 앨버커키에 있는 인쇄소로 갔다. 이 인쇄소는 원래 상자를 생산했던 바로 그 인쇄소였다.

나는 마하라지에게 스티브의 전보를 보여주면서, 초판 인쇄가 이미 진행 중이라고 말했다. 돈이 많이 든다고 했더니, 그는 이렇게 말했다. "돈과 진실은 아무 상관이 없어."

다음날 나는 스티브로부터 또 다른 전보를 받았다. 그가 앨버커키에 도착했을 때, 아직 인쇄에 들어간 상태는 아니었다. 인쇄할 준비를 다 마치고 막 인쇄기를 돌리려고 하는 순간, 누군가가 한 페이지가 빠진 것을 발견했던 것이다. 파일에도 역시 한 페이지가 빠져 있어서, 인쇄기를 돌릴 수가 없었다. 그 페이지에는 마하라지의 사진이 들어가 있어야 했다. 스티브는 어리둥절했다.

말을 넘어서

시간이 지나면서, 나는 내가 하는 강연이나 이야기가 나의 사다나, 나의 길, 마하라지와 나의 관계의 일부라는 것을 깨닫기 시작했다. 나 자신의 이렇고 저런 사례들을 이야기하면서 나는 정직해졌고, 점점 더 에고를 개입시키지 않게 되어 더 순수한 메시지를 전달할 수 있었다. 나는 말로 그림을 그렸지만, 가슴에서 우러나오는 말이라야 호소력이 있다는 것을 차츰 깨달아갔다. 사람들이 나에게 와서, 그날 저녁 자신의 영적인 가슴이 열렸다고 말하곤 했다.

나는 강연과 저작을 통해 다른 사람들을 위해 '내가 걸어온 길'을 도구 삼아 사용하긴 하지만, 깨달음을 향한 나의 여정은 단지 '나의' 여정일 뿐이다. 그것이 전부다. 나는 단지 나의 집으로 가는 길을 발견하려고 애쓰는 한 영혼일 뿐이다. 공적인 역할로 구현되든 그렇지 않든, 그 순간의 문화적 필요에 의해 생긴 기능이고, 마하라지가 나에게 하는 말을 듣는 것은 나의 다르마이다.

나는 나의 개인적인 의식 탐구를 교육 도구로서, 길을 가다가 함정에 빠지지 않는 방법의 사례들로서 사용한다. 나는 이 일을 진행해 감에 따라 더 많은 지혜와 연민을 가지게 되었다고 생각한다. 나는 베이비

붐 세대의 한 시험 모델로서 아직도 여기에서 살고 있다.

뇌졸중 후에는 여행을 중단하게 되었지만, 그 후로도 나의 내면의 작업은 더욱 깊어졌다. 나는 '충만한 삶'을 주제로 삼아 왔다. 나처럼 나이가 든 사람들에게는 '충만한 삶'이 좋은 모델이 되어 준다. '영혼의 관점에서 노화를 바라보는 것'이 내가 지금 기여할 수 있는 일 중 하나이다.

나 자신을 나의 영혼과 더 많이 동일시할수록, 나는 내 환생의 드라마에 덜 집착하게 된다. 영혼으로서의 나를 더 많이 자각하게 됨에 따라, 드라마 속 배우로서의 역할은 비중이 줄어든다. 영혼은 '깨어 있음'이다.

에고에서 영혼으로의 대전환은 사랑을 통해 일어난다. 당신은 사랑이 당신의 영혼에서, 다른 감정들은 당신의 에고에서 온다는 것을 깨닫게 된다. 마하라지가 "모두를 다 사랑하라."라고 말했을 때, 그는 영혼으로 들어가는 길을, 자각과 사랑이 함께 오는 자리를 가리켜 보인 것이다.

그곳은 또한 카르마 요가, 사심 없는 봉사, 내맡김과 헌신이 다 함께 이루어지는 곳이기도 하다. 카르마 요가에 따르면, 그것은 '나의' 환생도 아니다. 그것은 사랑하는 분께 바쳐지는 또 다른 환생일 뿐이다. 나는 환생이 어떻게 이루어지는지 모른다. 그것도 그에게 달려 있다. 그가 그 대본을 쓰고 있다.

마하라지의 상태는 완전한 의식과 자비로운 현존의 궁극적 결합이요, 사하자 삼매 sahaja samadhi, 곧 모든 차원이 동시적으로 존재하는 상태이며, 한 발은 세상 속에 있고 한 발은 공空 속에 있는 상태이다.

삼매의 신성한 몰입과 인간에 대한 자비의 바다가 그 순간 속에 끊임없이 수렴하는 상태이다.

돌아가신 구루와의 대화

나는 지금 마하라지의 현존을 끊임없이 느끼고 있으며, 상상을 통해 그와 이야기를 나누고 있다. 얼마전에 누군가 나에게 돌아가신 구루와 이야기를 나누었는지 물었고, 나는 그렇다고 대답했다. 그 사람은 냉담한 어조로 "글쎄요, 그건 당신의 상상일 뿐이겠지요."라고 말했다.

나는 그것에 대해 곰곰 생각해 봤는데, 암만 생각해 봐도 나에게는 진실이다. 그러나 마하라지는 나의 상상력 또한 통제한다고 할 수 있는데, 그것은 구루와 함께하는 또다른 차원의 이야기이다. 단지 말만 하는 것이 아니다. 우리는 말에 사로잡혀 있을 때가 많지만, 그는 우리에게 가슴으로 말한다. 내가 다르마적인 뭔가를 하고 있을 때, 내가 내 안의 신이나 구루의 자리에 동조되어 있으면, 나의 가슴은 그 조화를 느낀다. 나는 사랑의 홍수를 겪게 되고, 나 자신에 대한 사랑도 넘쳐나게 된다. 구루가 나에게 더 가까이 다가올수록, 나의 행동은 더욱 더 사랑에서 비롯된다.

마하라지는 나에게 "람 다스, 진실을 말해.", "모두를 다 사랑해."와 같은 말을 했다. 물론 그것은 단지 말일 뿐이었다. 중요한 것은 가슴 속에서의 조율이다. 내가 올바른 장소에서 옳은 일을 하고 있다면, 그것은 영적인 조화를 이루게 되고, 이번 생을 위한 내 영혼의 일과 조화를 이루는 느낌이게 된다. 나는 이야기를 하다가 내가 말하는 내용을 확신할 수 없을 때에는, 단절된 느낌이 들면 중단한다. 그러다가 이야기의 흐름이 계속되고, 마하라지의 현존을 느끼게 된다. 나는 그의 현존 속에 있고, 청중들도 그 안에 있게 된다.

내가 마하라지와 통하는 것은 일종의 동시성이라고 할 수 있다. 모든 것이 설명할 수 없을 정도로 우연하게 들어맞는다. 그것은 은총의 표현이다. 동시성은 모닝콜, 일상의 실존적 혼란 속으로 들어온 또 다른 차원의 침입, 완전함의 순간적인 환기자, 모든 것이 '일자' 안에서 불가분하게 연결되어 있다는 신호이다.

나는 이러한 느낌들을 일종의 레이더나 유도장치로 활용한다. 나는 누군가와 함께 일할 때, "마하라지, 여기 있어요?"라고 말하는 내면의 시퀀스를 거친다. 그러면 상상이든 아니든, 그 공간을 가득 채우는 존재감을 느낀다. 그것이 그의 축복이요, 우산이요, 보호막이다. 내가 그 현존 속에 있을 때, 나는 마하라지가 나에게 말하는 상상 속으로 들어갈 수 있다. 나는 그것을 지바트만(개별 영혼)과 대화하는 아트만(우주 영혼)이라고 부른다. 그것은 사고 과정이 아니다. 나의 마음이 너무 바쁘면, 나는 그것을 전혀 알아차리지 못한다.

깨달음의 기차는 언제 오는가

인도에서는 식당에서 음식이 나오기까지 얼마나 걸릴지 물으면 대개는 "아, 이제 곧 나와요."라는 대답을 듣게 된다. 기차가 언제 도착하는지 물어도, "아, 이제 막 오고 있어요."라는 대답을 듣게 된다. 하지만 진실은, 몇 분이 걸릴 수도 있고 며칠이 걸릴 수도 있다는 것이다. 깨달음을 얻기까지 얼마나 오랜 시간이 걸릴지는, 누구도 알 수가 없다. 나는 마하라지를 여러 생애 동안 알고 지냈던 것 같지만, 이것이 내 마지막 삶은 아닐 거라는 생각이 든다.

마하라지는 아주 아주 오래전부터 나의 아버지였거나 어머니였던 것 같다. 그리고 헌신자들의 모임인 사트상이 계속되어 오고 또 가고, 재회하고 또 떠나지만, 여러 생애에 걸쳐 계속되는 '가슴의 가족'인 것 같은 느낌이 든다. 우리는 모두 서로 다른 모습과 의상을 갖추고 있으며, 서로 다른 캐릭터를 연기하면서 서로 다른 장면에서 무대에 등장한다. 우리는 모두 서로의 카르마 조각그림 맞추기의 일부이다.

나는 가끔 주변을 둘러보면서, 이 미친 패거리가 어떻게 한데 뭉쳤는지 궁금해한다. 하지만 그것은 나의 에고이다. 왜냐하면 한 에고로서 나는 그들을 에고들로 보기 때문이다. 이것은 마하라지의 쇼이다. 마하라지는 그 연극의 감독과도 같다. 그는 배우나 인형이 아니다. 그는 전체 대본을 가지고 있는 유일자이다. 그리고 우리는 연극 자체에 너무 몰입해서 그것이 단지 연극일 뿐이라는 것을 기억하지 못한다. 진짜라고 밝혀진 유일한 것은, 영혼들로서 우리와 그분의 관계뿐이다. 그때에는 그것 역시 사라지고, 오직 '하나'만 남게 된다.

깨달음에 대한 이 연극의 대본은 이미 작성되었다. 그것은 어떻게든 시간 안에 있는 것이 아니다. 그리고 당신이 미래를 투사하는 순간, 당신은 다시 당신의 마음 안에 갇히게 된다. 당신은 "음, 나는 내년 12월쯤 깨달음을 얻게 될 것이다."라고 말한다. 그러면 12월까지 당신이 하는 모든 일이 바뀌게 된다. 그때가 되면 어떻게든 포기하지 않으면 안 될 수도 있겠지만. 그것은 사람들이 세상의 종말이 특정 날짜에 올 것이라고 말하는 것과 같다. 그때 세상의 종말은 오지 않으면,

사람들은 자신들이 자신들의 마음에 사로잡혀 있었다는 사실과 직면하게 된다.

당신은 당신이 갈 수 있는 속도로만 갈 수 있다. 당신이 요청할 수 있는 유일한 것은, 당신이 할 수 있는 한 가장 빠른 속도로 계속 깨어나는 것이다. 당신은 그보다 더 빨리 갈 수 없다. 이번 생에 과연 해낼 수 있는 것인지에 대해 아무리 이리저리 생각하고 추측하더라도, 그런 생각들이 당신의 속도를 올리는 데는 아무런 도움이 되지 않는다. 추정하는 것은 단지 머리만 더 많이 굴리게 할 뿐이다. 나는 나의 게임을 깨끗이 정리하기 위해, 지금 즉시 내가 무엇을 할 수 있는지를 생각하려고 애쓸 뿐이다. 그게 내가 하는 일의 전부다. 나는 미래에 대한 생각으로 미리 점령당하고 싶지 않다.

제7장

●

은총의 길

마하라지와 나의 관계는 믿음의 관계이다. 그에게서 나에게 오는 것은 은총이라는 믿음. 나에게 믿음이 있을 때, 나는 구루로부터 오는 은총을 느낀다. 내가 믿음을 가지면, 내 삶에는 아무런 사건이 없고, 은총이 없는 곳이 없게 된다.

내가 그의 우산 아래에 있다는 믿음으로 살면, 두려움이 없다. 무슨 일이 일어나든, 그는 대처하는 데 필요한 것은 무엇이든 다 준다. 믿음이 없으면, 우리 모두가 갖고 있는 실존적 두려움이 지배하게 된다. 믿음이 있으면, 두려움이 없다. 믿음이 없으면, 두려움이 있다.

1997년 뇌졸중이 왔을 때, 많은 고통이 따랐다. 뇌졸중은 예상했던 일이 아니고, 갑작스럽게 생기는 놀라운 일이다. 뇌졸중이 일어난 첫날에는, 마하라지를 느낄 수 없었다. 나는 그에게 "점심 먹으러 가셨나요?"라고 물었다. 나는 정말로 믿음을 잃었고, 우울증에 빠졌다.

믿음을 다시 찾는 법을 배워야 했다. 앞서 이야기했던 브라질의 치유사 '하나님의 존'이 나의 가슴이 치유되도록 도와주었다. 나는 믿음을 회복하기 시작하면서, 그 뇌졸중을 마하라지가 '나를 다루는 손'이라고 여기고, 뇌졸중을 '사나운 은총'이라고 부르기 시작했다.

그런데 마하라지가 계시는 곳에서 일하는 인도의 '어머니' 싯디 마가 마키 램레가 그 무렵 제작한 다큐멘터리 「사나운 은총 Fierce Grace」을 보고는, 나에게 메시지를 보내왔다. 마하라지가 어떻게 당신에게 뇌졸중 같은 것을 주었겠느냐는 메시지였다. 나는 그것을 받아들이고, 뇌졸중은 그의 은총의 결과가 아니라 나 자신의 카르마라는 것을 깨달았다. 그분의 은총은 마비, 실어증, 타인에 대한 의존 등으로 이어지게 되는 뇌졸중을 잘 다루도록 나를 돕는 데에 있는 것이다. 뇌졸중으로 인한 고통을 극복하면서, 내 인생이 바뀌었다. 나는 그런 일이 누구에게도 일어나기를 바라지 않겠지만, 뇌졸중에는 긍정적인 면도 있었다. 시간이 지나면서, 뇌졸중은 차츰 경감되었고, 나의 믿음을 깊게 해주었다.

뇌졸중이 발생한 지 몇 년 후, 나는 K.K.에게 인도로 돌아갈 수 있을 것 같지 않다고 메일을 보냈다. K.K.는 마하라지가 나에 관해

구루의 무한한 능력을 확고하게 믿는 제자가 구루의 이름을 부르며 강물을 걸어서 건넜다. 이것을 본 구루는 속으로 생각했다. "내 이름만 불러도 그렇게 능력이 발휘된단 말이지? 그러니 난 대단히 위대하고 능력이 출중한 것이 분명해!" 다음 날, 그 역시 "나, 나, 나" 하면서 강물을 걸어서 건너려고 시도했다. 그러나 물 속으로 발을 옮겨놓자마자 물에 빠지고 말았다. 믿음은 기적을 성취한다. 하지만 덧없는 에고이즘은 사람을 죽음으로 몰아간다.

—스리 라마크리슈나[1]

그에게 했던 몇 마디 간단한 말로 답장을 보냈다: "나는 그를 위해 뭔가를 해줄 것이다." 하누만처럼, 그는 내가 믿음의 힘을 다시 상기해야 한다고 생각했다. 그를 기억하고 그와 다시 연결되면서, 나는 마하라지가 나를 위해 뭔가를 행했으며, 지금까지 해왔고, 하고 있다는 것을 깨달았다. 나는 2004년에 인도로 돌아갔고, 우리가 함께 존재하는 그 '하나임' 안에서, 그분에 대한 깊은 믿음이 부활하는 것을 경험했다. 단지 그것을 기억하는 것만으로도 나의 믿음은 깊어진다.

내 영혼이 그의 사랑에 둘러싸여 있는 동안, 그의 존재는 그것을 신체 현상의 '지나가는 쇼'로 보는 데 도움이 되었다. 나는 이제 내면이 더 고요해졌고, 나 자신의 고요를 통해 많은 것을 배우게 되었다. 뇌졸중 후 말을 할 수 없게 되면서 그 침묵은 더욱 커져 갔다. 내 차의 운전사였던 나는 이제, 다른 사람들의 도움이 필요한 '몸'에 승차한 승객이 되었다. 파울 고만과 함께 『어떻게 도와드릴까요? How Can I Help?』라는 책을 썼던 내가, 이제는 『이렇게 도와주세요 How Can You Help Me?』라는 제목의 글을 써야 할 판이었다.

나는 나 자신의 믿음에 의문을 품으면서, '무엇에 대한 믿음'이냐고 묻기 시작했다. 나는 내 믿음이 한 개인에 대한 믿음이 아니라 '일자'에 대한 것임을 알았다. 믿음은 당신이 우주적 진리에 연결되는 한 방식이다. 믿음과 사랑은 밀접하게 연결되어 있다. 『라마야나』에서 말하듯이, 헌신 없는 믿음이 없고, 믿음이 없으면 헌신이 없다. 어떤 면에서, 살아있는 믿음, 곧 그/그녀는 신의 빛 속에서 살고 있다는 사실을 전달하는 것은, 구루 자신과 신의 놀라운 관계이다. 그러한 연결고리가 사랑이다.

책으로는 믿음을 생생하게 전달해 줄 수 없다. 믿음은 어둠의 제거자인 구루를 통해서 오는 빛이다. 믿음은 실제로 당신의 내면에서 나오며, 구루는 그것을 일깨워준다. 믿음은 은총을 통해 온다. 당신은 자신의 영적인 가슴을 열고 당신의 마음을 잠잠하게 함으로써 그것을 키울 수 있고, 마침내 자신이 곧 자신의 참자아라는 타당성을 느낄 수 있게 된다. 참아자의 특성은 평화, 기쁨, 연민, 지혜, 사랑이다.

믿음은 신앙 체계가 아니다. 믿음은 당신의 신앙 체계가 모두 지옥으로 날아갔을 때 남는 것이다. 믿음은 가슴에 있고, 신앙 체계는 머리에 있다. 경험, 심지어 영적인 경험도, 왔다가 간다. 당신의 믿음이 경험에 기반하는 한, 당신의 경험은 계속해서 변하기 때문에, 당신의 믿음은 끊임없이 깜박일 것이다. 경험의 배경에 있는 것이 믿음이라는 것을, 그것이 '있음'에 대한 경험이 아니라 단지 '있음' 자체일 뿐이라는 것을 인식하는 순간, 당신은 믿음과 신앙 체계의 차이를 확실히 알게 된 것이다.

도에 조율되어 하나된 마음에는
모든 자기중심적인 애씀이 그치게 되니
의심과 불확실함이 사라지고
참된 믿음의 삶이 펼쳐진다.
단 한 방만으로도
모든 속박에서 해방되어
아무것도 달라붙지 않으며, 어떤 것에도 매달리지 않는다.
모든 것이 텅 비어 있고, 깨끗하고, 스스로 빛나니,
이리저리 애써 마음을 쓰지 않고

생각, 느낌, 지식, 상상은 아무런 가치가 없게 된다.
떠들썩하고 복잡한 세상에는
자아도 없고 자아 아닌 것도 없다.

—승찬, 『신심명』[2]

일하는 구루

구루는 경험을 강화한다. 당신의 의식 속 바로 거기에는 내내, 완전히 자유롭고, 당신을 완전히 사랑하며, 당신의 상황에 대한 가장 깊은 연민을 가진 이 존재가 있다. 믿을 수 없을 정도로 놀라운 이 존재에 대해 애착으로 인해, 당신은 사소한 일 같은 것을 그에게 다루게 하는 어리석음을 범하기 쉽다. 어떤 의미에서 보면, 구루는 당신의 망상 체계를 보여주기 위해 일상적인 상황에 대한 당신의 집착을 이용한다.

구루는 당신이 마음이 어디에 가 있는지, 당신이 붙잡고 있는 집착의 가장 은밀한 장소를 끊임없이 보여준다. 자신의 오감과 생각하는 마음에 여전히 강한 집착을 가지고 있는 사람들을 위해, 구루는 물질계 위에서 가르침을 펼친다. 진정한 구루는 이 일을 하기 위해 몸을 입는다 할지라도, 형상을 초월하여 존재한다.

당신과 구루 사이의 친밀감이 증가함에 따라, 하나로 합하려는 욕구도 강해진다. 폭주하는 기차를 타고 내리막길을 달리는 것과 비슷하다. 속도가 걷잡을 수 없이 빨라져서 (에고에게) 치명상을 입히지 않고는 뛰어 내릴 수가 없고, 그렇다고 해서 계속 타고 있는 것 자체도 치명적일 수 있다는 것을 깨닫게 되는 지점이 있다.

내 몸이 큰 파도에 휩쓸리는 것 같았다. 파도에 의해 바위 위로 내동댕이쳐져서 으깨지고, 산호에 부딪혀 으스러지는 것 같았다. 서핑을 할 때면 그런 거대한 힘을 느낄 수 있다. 당신은 바다의 힘 속에 있고, 당신이 실제로 거품의 일부가 될 때까지, 계속해서 공격을 받는다. 당신은 바다 속으로 녹아든다. 바다에서처럼, 분리되었다는 당신의 생각과 느낌은 모두 바다의 일부가 될 때까지 두들겨 맞고 분쇄된다.

숨을 쉬러 올라오는 순간이 있지만, 그것은 당신을 더욱 절박하게 만들 뿐이다. 당신이 중단 없이 영적인 일을 계속 해 나갈 수 있는 최대 속도가 있다. 너무 열심히 노력하거나 너무 세게 밀면, 해변 위로 튕겨져 나가게 된다. 그런 다음에는 큰 파도가 다시 와서 당신을 들어올려서 더욱 더 분쇄할 수도 있다. 혹은, 모래 속에 갇혀 썩어가게 될 수도 있다. 조수와 바다는 신이다. 그것은 '지복의 바다'이다! 그 지점에서는 고통과 즐거움이 함께 오게 되는데, 한편으로는 괴로우면서도 한편으로는 자유로워지는 지복이 너무 크다. 우리는 생산적이지 못한 것에 고통스러워하지만, 그것이 지복일 때는 달콤하다.

당신은 세상적 정체성의 뿌리와 너무나 밀접하게 연결되어 있어서 그것이 죽음과도 같은 것인데도 포기하고 살기 일쑤이다. 당신은 사람들이 육체적으로 죽을 때 겪게 마련인 부정과 분노의 과정을 거치게 된다. "왜 나에게 이런 일이 일어나는 거지?" 혹은 "무언가를 대신 내주고 빠져나갈 수 있는 길은 없을까?"… 처음에는 우울과 절망이 찾아오고, 그다음에는 상황에 항복하고, 마침내는 새로운 존재로 거듭나서 한결 가벼워진다.

바다와 바위의 이미지는, 그것을 생각하는 하나의 방식이다. 불 또한 좋은 비유이다. 당신은 불 속에 있으면서도, 신 안에 있는 당신의 부분은 불에 타지 않을 것임을 알고 있다. 다른 모든 것은 타 버릴 것이다. 당신은 당신이 당신의 생각들과 감각들에, 그 모든 것에 얼마나 집착하고 있는지 깨닫는다. 그것들도 사라져야 마땅하다. 그 만트라를 기억하는가? "나는 신의 불 같은 의지 안에서 타오르고 있는 희생 제사의 불꽃이다."

처음에는 나는 카인치에서의 경험을 일기로 적었지만, 얼마 후에는 중단했다. 이러한 경험으로 무엇을 할 수 있을까? 그것들을 수집하고, 정리하고, 그것들을 예전의 세계관에 모델로 삼을 수가 있을까? 아니면 각각의 경험을 가지고, 레몬처럼 짜낸 다음 그냥 버려 버릴까? 계속 놓아 보내면, 매 순간 모든 것이 새로워진다는 것을 알아차리게 될 것이다.

마하라지와 함께 있던 서양인 중 한 명인 발라람 다스는 마하라지에게 나가라는 말을 들을 때마다 사원 뒤쪽을 어슬렁거리다가 다른 문으로 들어오곤 했다. 그런데도 마하라지는 매번 마치 그가 이제 막 들어오고 있는 것처럼 그를 대했다. 나는 "마하라지가 속고 있다"라고 생각했다. 하지만 그것은 또한 가도록 내버려두고, 내버려두고, 새롭게 시작하는 아름다운 사례이기도 했다.

발라람은 그런 의미에서 좋은 가르침이다. 나는 그의 일관된 뻔뻔스러움을 배우고 싶다. 나는 내가 좋아하는 것들을 위해서는 너무 똑똑하다. 나는 너무 영리해서, 충분히 단순하지가 않다. 그는 헌신, 사랑, 강렬한 열망의 면에서 보면, 더없이 단순하다. 그런 경지는 오랜 길을 걷고 나서야 비로소 가능해진다.

구루가 다른 영혼들과 관련하여 하는 모든 일은 해방의 과정이다.

마하라지.

구루가 당신의 영적 성장에 도움이 되지 않는다면, 당신은 구루가 거리를 지나가도 알아보지 못할 것이다. 당신의 뒷줄에 앉아 있거나 무시당하는 것처럼 보일지라도, 그것이 그 순간의 당신에게는 가장 적절한 일이다. 구루의 완전 의식은 당신이 구루에게로 향하는 순간부터 당신과 함께한다.

구루와 신의 관계처럼, 당신은 구루와 순수한 관계를 맺고 싶어 한다. 구루가 자신이 누구인지를 당신에게 보여주는 한 순간이 온다. 마하라지가 자신의 눈을 뜨면, 당신은 한 순간 우주를 본다. 다음 순간 그가 눈을 감으면, 당신은 즉시 현실로 돌아온다. 아르주나는 자신의 우주적 형상을 크리슈나에게 보여준다. 마치 환각제를 복용한 것과도 같다. 마하라지가 LSD에 대해 말했듯이, "그것은 당신으로 하여금 그리스도를 친견할 수 있게 해준다." 그렇게 얼핏이라도 보고 나면, 우리 모두는 계속 나아가지 않을 수가 없다. 하지만 그러고 난 후에는 다시 돌아와서 자신의 일을 해야 하고, '그것'이 되기 위해 나아가야 한다. 그 순수함을 얻을 수 있는 유일한 방법은, 당신의 불순물을 그냥 내버려두는 것이다. 그것은 두 단계로 이루어진다. 먼저 구루가 당신에게 자신이 누구인지를(실제로는 구루에 반영된 '진정한 당신 자신'을) 보여주고, 그다음 구루는 당신 자신의 일을 끝마치도록 당신을 돌려보낸다.

구루의 윤활유: 은총의 길

마음의 헤아림으로는 구루를 알 길이 없다. 당신은 완전한 존재를 '이해'할 수 없다. 당신은 오직 당신 자신의 완전함을 위해서만 그 존재를 활용할 수 있고, 결국 당신은 그 장소로 가게 되고, 그 의식 상태가 되고, 당신 자신이 된다. 당신이 신께로 나아가고 싶다면, 구루는 당신이 그곳으로 나아가기 위한 완벽한 도구가 된다. 구루에게는 다른 동기가 없다. 그것이 바로, 구루가 우리의 시야 안에 있는 유일한 이유이다. 이것이 바로, 우리 중 누구라도 이러한 존재들과 관계를 가질 수 있는 은총을 입는 유일한 이유이다. 우리가 그런 기회들을 얼마나 빨리, 얼마나 지속적으로, 얼마나 총체적으로 활용하는지는, 신께 나아가고자 하는 우리의 소망의 강도에 달려 있다.

이 존재들이 우리를 돕는 방식은, 신께로 돌아가는 우리의 여정을 가속화하기 위함이다. 그것이 바로 구루의 은총의 특성이다. 당신이 신으로부터 멀어지면, 그들은 끼어들지 않을 것이다. 그러나 당신의 절망이 충분히 커져서 다시 신을 향하는 순간, 그들은 당신의 기도,

도움을 구하는 부르짖음, 신을 찾는 당신의 마음을 통해 부름을 받는다. 그리하여 그들은 당신에게 자신들의 사랑의 은총을 쏟아 붓고, 더 높은 그 진동으로 인해 당신의 여행은 믿을 수 없을 정도로 가속화된다.

은총은 당신의 길을 부드럽게 하고, 수월하게 해주고, 속도를 높여 준다. 수레바퀴의 바큇살 대신 볼 베어링을 사용하는 것과 같다. 바람이 돛단배를 밀어주거나 언덕을 걸어 내려가는 것과 같다. 마치 향기로운 공기 같고, 은은한 봄 냄새 같다. 장애물들은 관리 가능한 규모로 축소된

> 너희는 그 은혜에 의하여
> 믿음으로 말미암아 구원을 받았으니
> 이것은 너희에게서 난 것이 아니요
> 하나님의 선물이라
> 행위에서 난 것이 아니니
> 이는 누구든지 자랑하지 못하게 함이라.
>
> —바울, 에베소서 2:8

다. 신께로 가는 길은 은총으로 가득 차 있다. 은총에는 유머도 있게 마련이어서 만사를 더 가볍게 만들어 주므로, 우리는 우리에게 닥친 일들을 그렇게 심각하게 받아들이지 않게 된다. 자신의 삶에 대한 영적인 의미와 전망을 알면서도, 짐스러워하지 않게 된다. 밝고 가벼워 진다. 은총은 마음을 가볍게 하고, 가슴을 빛으로 가득 채운다.

수천 수만 번의 환생 과정은, 이제 이 은총의 강렬한 빛과 사랑, 연민 아래에서 완만한 기하학적 곡선이 된다. 구루는 신의 뜻에 어긋나 게 행하지 않지만, 신의 뜻은 시간 안에 있지 않고, 신은 시간을 초월하여 존재하시는 분이시기에, 구루는 그 과정의 속도를 높일 수 있다.

대다수의 사람들은 그런 존재가 모습을 갖고 있을 때에만 볼 수 있다. 그에게는 아무런 욕망이 없다. 그가 그토록 순수한 거울인 이유가 바로 여기에 있다. 그는 계속해서 당신이 어디에 정신을 팔고 자기

자신으로 존재하지 못하는지를 보여준다.

카르마인가, 은총인가?

사람들이 구루에 끌리는 것은 그들 자신의 좋은 카르마, 과거 행동들의 결과, 인과의 법칙에 의해서이다. 매일 마하라지와 함께 사원에 앉아 그의 현존의 놀라운 은총을 경험하면서, 나는 나의 구루 형제자매들과 함께 그런 상황에 처하게 된 좋은 카르마에 대해 생각하고 이야기하곤 했다. 이러한 논의는 약간의 혼란을 야기했다. 왜냐하면 은총은 더 지고한 존재의 변덕스러운 마음에 따라 값없이 주어지는 것 같았기 때문이다. 카르마는 인과의 법칙과 불가피하게 얽혀 있는 것 같았고, 이 두 가지가 어떻게 함께 작용하는지 이해하기가 어려웠다.

마하라지의 존재가 나의 좋은 카르마 때문이라면, 그것은 인과 법칙상 당연한 것이기도 하다. 그가 몸을 입고 세상에 나타나는 방식을 포함하여. 그렇다면 은총이 자유롭게 작용할 수 있는 공간은 어디에 있는 것일까? 이것이 법 밖에서 자유롭게 주어지는 신의 은총이라면, 시간의 경과에 따라 나타나게 되는 카르마의 인과적인 본질은 어떻게 이해해야 할까?

그래서 마하라지 앞에 앉아 있는 오후의 다르샨 그룹 중 한 명에게 내가 물었다. "카르마와 은총은 같은 것이 아닌가요?"

> 나에게 이르시기를
> 내 은혜가 네게 족하도다
> 이는 내 능력이 약한 데서
> 온전하여짐이라 하신지라
> 그러므로 도리어 크게 기뻐함으로
> 나의 여러 약한 것들에 대하여 자랑하리니
> 이는 그리스도의 능력이
> 내게 머물게 하려 함이라.
>
> —바울, 고린도후서 12:9

마하라지. 사진 발라람 다스.

마하라지는 통역을 통해 이렇게 답했다. "이건 공개적으로 논의할 수 없는 문제야."

그는 그것에 대해 더 이상 아무 말도 하지 않았지만, 나중에 다다를 통해 "람 다스는 나를 완벽하게 이해한다."라는 메시지를 보냈다. 나는 여전히 그것에 대해 모르고 있다.

오랫동안 나는 내 말이 옳았다고, 즉 카르마와 은총은 같은 것이라고 결론을 내렸다. 나중에 나는, 내가 가르침을 향해 손을 뻗게 된 것이 나의 카르마라는 것을 깨닫게 되었지만, 실제로 나의 길을 열어준 것은 마하라지의 바다 같은 자비였다. 카르마의 법칙으로부터 자유로운 은총을 통해서. 구루의 은총은 카르마의 영역을 넘어서지만, 은총이 반드시 모든 사람의 카르마의 일부인 것은 아니다. 마하라지의 은총은,

우리가 인식하든 못하든, 끊임없는 흐름이다. 그는 "그대는 나를 잊을지 몰라도 나는 결코 그대를 잊지 않아."라고 말했다.

깨달음을 얻는 방법을 묻는 질문에, 마하라지는 말했다. "마음을 하나로 모으고, 은총을 기다리라." 마음을 하나로 모으는 것은, 카르마의 결과인 사고 형태를 필요로 한다. 카르마의 끝은 신에게 완전히 집중된 고요한 마음이며, 그 이상으로 당신을 데려가는 것은 진실로 은총이다. 그 지점, 곧 신을 향한 간절함과 은총의 비가 만나는 지점에서, 카르마와 은총은 하나가 된다.

비이원적 차원, 즉 '일자' 안에서, 그것들은 하나가 된다. 그러나 헌신자와 신 사이에 분리가 있는 한, 헌신자는 한마음이 되도록 애쓰면서 은총을 기다려야 한다. 카르마, 즉 행위의 수준에서는, 해야 할 일이 있다. 헌신자로서는, 그 일이 일어날 때까지 앉아서 기다리는 것은 생산적이지 않다. 우리가 앉아 있는 자리에서는 카르마와 은총이 같은 것이 아니지만, 마하라지가 앉아 있는 합일 의식에서는 똑같다. 싯디 마는 이렇게 말했다. "하나임의 장소에서, 카르마와 은총이 하나라는 것은 사실이다. 하지만 헌신자는 영적인 일을 하기 위해 마치 분리된 것처럼 행동하는 것이 가장 좋다." 마하라지에게는 할 일이 없다. 그는 항상 "신께서 모든 일을 하신다."라고 말했다. 그의 주변에서는 모든 일이 우아하게, 은총스럽게 일어났다. 초자연적 능력을 지닌 성자가 집중하는 단순한 한 생각도, 사물들을 존재하게 할 수 있다. 은총은 거저 주어지는 축복의 강물이다.

이에 대한 나의 이해는 계속 진화하고 있는 중이다. 이것이 바로 가르침이 나를 먹이는 방식이다. 마침내 제 자리를 잡고 가르침으로서의 존재를 멈출 때까지. 가르침이 다 소화되면, 그것은 자기 존재의 일부가 된다. 마하라지는 자신이 아무것도 행하지 않을 때를 제외하고는, 카르마의 법칙 내에서 기능한다.

어느 날 마하라지는 평원에서 먼 산간 마을인 빔탈로 자신을 데려가 달라고 요청했다. 그는 곧장 한 헌신자의 집으로 갔다. 그러고는 사람들에게 시바 사원에 있는 오래된 순례자들의 휴게소로 가서 그곳에 머물고 있는 사람이 누구든, 그 사람을 데려오라고 말했다. 오래전부터 황폐해져 있었던 이 휴게소에는 아무도 머물지 않았기 때문에, 헌신자들은 문들 중 하나가 안에서 잠겨 있는 것을 발견하고는 매우 이상하다고 생각했다. 그들은 문을 두드리고 소리쳤지만, 아무 대답도 없었다. 그들은 돌아와서 마하라지에게 사정을 보고했다.

마하라지는 그 집을 떠나 다른 헌신자의 집으로 갔다. 그는 다시 사람들을 휴게소로 보내어, 그곳에 있는 사람을 찾아내기 전에는 돌아오지 말라고 지시했다. 그들은 잠겨 있는 그 문 앞에서 큰 소란을 일으켰고, 마침내 한 노인이 창문을 열었다. 그는 그들을 그냥 보내버리려고 했지만, 그들은 마침내 그와 그의 아내를 마하라지에게로 데려올 수 있었다.

마하라지는 즉시 소리치기 시작했다. "그대들은 단식으로 자신을 굶김으로써 신을 위협하려고 하는가? 신은 자신의 헌신자들이 그렇게 쉽게 죽도록 놔두지 않을 것이다. 음식을 먹여라!" 그는 퓨리와 과자를 갖다주라고 했지만, 그 남자는 거절했다. 하지만 마하라지는 그들이 식사를 할 때까지 고집을 꺾지 않았다.

그 부부는 인도 남부에서 바드리나트를 비롯한 성지로 순례를 하러 온 것이었다. 매우 부유한 집안 출신인 그들은, 남은 세월을 기도에 바치기 위해 집과 가족을 떠나기로 결정했다. 그들은 항상 자신의 방식대로 비용을 지불하고, 결코 구걸하지 않기로 결심했다. 그들은 바드리나트에서 돌아오는 길에, 자신들의 모든 돈과 소유물을 도난당했다. 그들은 빔탈까지 가는 버스비밖에 없었는데, 그곳에 도착하고 보니 그곳의 휴게소가 황폐화된 채 방치되어 있었다.

그들은 그곳에서 죽기로 결심했다. 그것이 신의 뜻인 것 같았기 때문이다. 그들은 마하라지가 그들을 강제로 불러내기 전까지, 사흘 동안 음식도 없이 자신들을 안에 가둔 채로 지냈다.

마하라지는 마드라스로 돌아가는 여행 비용을 주겠다고 했지만, 그들은 구걸하지 않겠다고 말했다. 그러나 마하라지는, 그것은 구걸하는 것이 아니며, 집에 도착하면 우편으로 비용을 보내라고 말했다. 그들은 돈을 받아들고는, 집으로 돌아갔다.

완벽한 거울

구루는 한 인간으로서 우리에게 무엇이 가능한지를 보여주는 본보기이다. 당신은 구루의 진동장 주변에 머물면서 평화를 경험한다. 그것은 당신에게 가능성을 보여주고, 구루가 있는 공간

> 모든 이들은
> 내 얼굴의 반영이다.
> —마하라지

에 있고 싶은 열망을 창조한다. 당신이 고요한 연못을 들여다보고 자신의 그림자를 보게 됨에 따라, 구루는 당신의 영혼과 그 카르마를 당신에게 되비추어 보여준다. 시야를 가리고 있는 욕망이 없다면, 당신은 당신의 영혼의 순수한 반영을 보게 될 것이다.

자유로운 존재는 당신에게 완벽한 거울이 되어 줄 수 있다. 왜냐하면 그 사람은 어떤 존재나 특정 현실에 집착하지 않기 때문이다. 집착이 없는 사람은 정교한 거울이고, 거울의 아름다움은 비추어 보는 자가 변하는 순간 거울도 변한다는 것이다. 거울은 그 무엇도 요구하지 않는다. 1분 전의 모습을 그대로 유지하라고 요구하지 않고, 모습을 이렇게 저렇게 바꾸라고 요구하지도 않는다.

> 성자는 모든 사람이 비추어 보는 거울이다. 왜곡되어 보이는 것은 우리의 얼굴이지 거울이 아니다.
> —팔투 사히브[3]

우주가 어떠해야 한다고 당신이 생각하는 방식에 대한 모든 모델을 버릴 때, 당신은 참된 현실을 볼 수 있다. 당신은 구루가 곧 신이요, 당신의 참자아요, 진실 자체라는 것을 알게 된다.

영혼의 거울을 들여다보면 자신이 우주를 창조하는 방식을 볼 수 있고, 자신의 집착을 인식하는 데 도움이 된다. 아무것도 원하지 않는 사람과 함께 있으면, 자신의 욕망이 아픈 엄지손가락처럼 도드라진다. 그것은 당신이 성장하도록, 당신이 어느 대목에서 현존하지 못하는지를 볼 수 있게 해준다. 당신은 당신의 욕망 시스템이 어떻게 현실을 창조하는지 보기 시작한다.

우리 중 누구도 마하라지를 알지 못했다. 우리는 우리 자신이 투사시킨 대로 보고 느낄 뿐이었다. 그러나 구루와의 관계는 전적으로 우리의 투사하는 대로가 아니며, 구루가 우리를 위해 전적으로 창조한 것도 아니다. 그것은 그 순간의 상황에 따른 상호작용이다. 한 영혼으로서 당신의 필요는, 구루의 현현의 모습을 결정한다. 물론, 구루가 나타나는 방식은 당신의 가치관이나 구루에 대한 당신의 개념에 들어맞지 않을 수 있다.

마하라지는 어느 정도는 비만이라고 할 수 있었다. 그의 큰 배는, 수행자는 날씬해야 한다는 나의 생각과 모순되었다. 그가 좋아하는 음식은, 영양가 있는 음식이 무엇인지에 대한 나의 생각과 너무나 반대되었다. 카인치의 기본 식단은 퓨리, 감자, 과자(지방, 전분, 설탕)였다. 하지만 그것은 문제가 되지 않았다. 왜냐하면 그것은 모두 축복받은 음식이었기 때문이다. 그러다가 마하라지가 중요한 정치인과 부자들을 잘 상대하지 않는다는 소식을 들었을 때, 내가 자라면서 형성된 가치 체계 전체가 무너졌다. 그는 항상 부유하고 중요한 인사들을 존중하던 아버지와는 정반대였다.

구루는 주변의 모든 존재들에 의해 달리 인식된다. 그것은 주변 사람들 각자의 카르마적 곤경에 따라 다르다. 어떤 사람은 깊은 명상의 공간에서 마하라지를 알았을 수도 있고, 또 다른 사람은 썩어버린 감자를 놓고 화를 내는 사람으로 알고 있을 수도 있다. 그에 대해 열 명의 사람이 이야기하면, 열 명 모두가 다른 방식으로 묘사할 것이다.

그것은 코끼리를 만져 보게 된 시각장애인들의 이야기를 연상시킨다. 한 명은 꼬리를 만지고, 한 명을 다리를, 또 한 명은 몸통을 만진다. 그들은 코끼리가 어떻게 생겼는지, 서로 동의할 수가 없다. 한 시각장애인은 "코끼리는 나무와 아주 비슷해요."라고 말하고, 다른 시각장애인은 "아니, 코끼리는 뱀 같아요."라고 말하고, 또 다른 시각장애인은 "아니, 코끼리는 벽과 같아요."라고 말한다. 각자 코끼리의 다른 부분을 만진 그들은 서로 다투기 시작한다. 각 사람은 자신이 만진 것을 묘사한다. 각자는 자신이 닿을 수 있는 것을 만지지만, 그 누구도 전체를 알지 못한다. 마하라지는 각자의 관점에서 모든 사람과 소통한다. 구루는 이 모든 관계를 동시에 모든 수준에서 유지하고, 동시에 다른 많은 존재들과 함께 다른 차원에서 작업을 수행한다. 모든 사람은 각자 필요한 것을 얻는다.

완성된 존재는, 자동차가 단계적으로 조립되어 가는 과정을 보는 것처럼, 개인이 카르마적 진화 단계의 어디쯤에 있는지를 정확히 볼 수 있다. 전체 조립 라인을 본다는 것은, 우리 모두가 하나이고, 우리 모두가 신임을 아는 것이다. 시간 너머를 보는 것, 모든 것이 완전하다는 것을 보는 것이다. 스와미 묵타난다는 사랑이나 헌신을 더 선호하는 비슈누 추종자들과는 달리 샥티, 즉 힘을 강조하는 시바파 출신이었다. 묵타난다는 깨달은 상태가 되기 위한 강력한 방법으로 그의 구루인 니티야난다에 대해 명상한다. 이 명상은 구루의 자질인 지혜, 연민, 평화, 사랑을 자신에게 가져오는 방법이다. 묵타난다는 자신의 자서전에서, 자신이 어떻게 이 명상을 하게 되었는지 설명한다.

이것이 구루와 합일하는 묵타난다의 방법이다. 그런 식으로 계속 그렇게 하다 보면, 당신은 구루와 완전히 동일시되기 시작하고, 당신이 구루가 될 때까지 전체 의식이 바뀌는 지점에 도달하게 된다. 다른 누군가를 자기 자신과 동일시하려고 하게 되면, 어느 순간 그는 본받고자 하는 그 사람의 모든 것을 흡수하기 시작한다. 묵타난다는 이 수행을 하는 동안 자신이 누구인지 정체성의 혼란을 겪었던 것 같다.

숨바꼭질

마하라지는 우리의 가장 지고한 자아의 거울이다. 우리들 각자는 내면에 다양한 수준의 의식을 가지고 있지만, 대부분의 경우 그것들을 경험하지 못한다. 우리는 마하라지의 최고 수준에서 그와 어울려 놀 수가 없었다. 왜냐하면 우리는 우리의 최고 수준에서만 놀 수 있기 때문이다.

마지막으로 마하라지를 보았을 때, 나는 사원을 떠나면서 뒤를 돌아다보았다. 나는 그가 산을 바라보며 앉아 있는 것을 보았는데, 그것은 마치 히말라야에 앉아 있는 시바 같았다. 그는 순수 의식과 하나가 되어 절대의 고요함을 구현하고 있는 것처럼 보였다. 그는 산의 일부 같았고, 그를 둘러싼 우주와 똑같았다.

나는 그것을 그와 공유할 수 있었으면 싶었다. 나는 그에게서 그 진동을 느낄 수 있었지만, 아직 거기에서 살 수는 없었다. 나에게는 그 정도의 의식 차원을 열 수 있는 열쇠가 없었다. 우리들 각자는 악기 위의 한 현弦처럼 그 상태에 공감할 수 있는 능력을 가지고 있다. 하지만 더 의식적인 열림, 더 높은 진동이 그 톤을 결정한다. 지고한 상태를 들락거리는 것은 매혹적이다.

그것이 바로 다르샨이라고 하는 것이다. 그 장소를 힐끗이나마 엿보는 것. 일별을 하게 되면, 당신은 '그것'을 열망하게 된다. 구루는 여기에 있는 것만으로도 그러한 열망을 창조해 낸다. 마하라지 주변에는 특유의 진동 장이 있다. 우리 모두는 그것을 알고 있다. 마치 아우라 같은 것이다. 더 높은 진동은, 비록 그가 모든 것을 초월하여 존재함에도 불구하고, 당신이 갈 수 있는 한 멀리까지 당신을 데려간다.

구루와 우리의 차이점은, 구루는 불연속성 없이 항상 그 차원에 거주한다는 것이다. 그는 아트만, '일자' 안에 살고 있다. 우리는 우리의 의식을 분리된 것으로 경험하지만, 구루의 사랑을 통해 그것을 공유할 수 있게 된다. 사랑은 경계선을 허물어뜨리고, 사랑은 우주적인 것이기 때문이다. 마하라지는 우리의 개성이 우리를 두려움으로 몰아넣기 이전, 우리가 사랑으로 합쳐지는 상태로 들어갈 수 있는 한 멀리까지, 우리를 데려간다. 이것이 가장 핵심이다.

마하라지 주변의 헌신자들이 더 높은 상태에 접근하는 방법은 박티의 길, 곧 사랑, 봉사, 키르탄, 헌신이었다. 다다 무케르지는 아무것도 요구하지 않았다. 그는 단지 거기에 있었고, 섬기고, 또 섬기고, 또 섬겼다. 그것이 싯디 마가 한 일이며, 그녀는 마하라지에게 흡수될 때까지 계속해서 마하라지를 섬겼다. 마하라지 주변의 오래된 헌신자들은, 단지 그를 섬기고 있을 뿐이었다. 그들에게는 사랑 외에 다른 동기가 없다.

다다('형'을 뜻하는 애칭)는 알라하바드 대학교 경제학 교수이자 학과장이었다. 그의 헌신은 나에게 '구루 요가'의 모델이었다. 그는 마하라지에 대한 완전한 항복을 추구했다. 그는 인도 최고의 경제 저널 편집장을 지낸, 매우 지성적인 사람이었다. 인생 후반기에 그는 오직 마하라지와 관련된 일만 했다. 그는 마하라지의 말에 따라, 직장을 유지했다. 그는 마치 마하라지의 수족 같았다. 주먹을 쥐려고 할 때, 손가락들은 어떻게 모일까? 각각의 손가락들은 자기 생각을 하지 않는다. 두뇌가 메시지를 보내면, 손가락들은 함께 모인다. 다다는 마하라지의 손에 달린 손가락 같았다. 그에게는 '해야 하나, 하지 말아야 하나?'

다다 무케르지. 사진 라메슈와 다스.

같은 고민이 하나도 없었다. "하지만 바바께서 예전에 말씀하기를…"처럼 토를 다는 일도 전혀 없었다. 그는 하누만이 람을 위해 그렇게 했던 것처럼, 마하라지의 완전한 수족이었다.

어느 날 우리는 카인치의 안뜰에 앉아 있었다. 다다가 어딘가로 가는 길에 우리 앞을 지나가고 있었는데, 마하라지가 그를 불러 뭔가를 하라고 했다. 그러나 우리는 마하라지가 다다를 부르기 직전에 그가 마하라지 쪽으로 몸을 돌리는 것을 보았다. 그렇게 완벽하게 조율되어 있었다.

당신이 사랑하는 자가 될 때까지, 사랑하는 자가 당신이 될 때까지, 사랑을 통해 섬기고, 열어주고 또 열어주는 것, 그것이 바로 하누만 모드이다. 당신은 그 의식 속으로 흡수되고, 사랑하는 분의 존재가 당신의 존재 속으로 스며든다. 그러면 에고 의식이 영혼 의식으로 바뀌고, 온 세상이 빛나고, 슈퍼마켓은 영혼들로 가득 찬 당신의 사원이 된다. 가끔 내가 청중에게 말하기 위해 어떤 장소에 도착하면, 마하라지의 존재가 방으로 들어오고, 그러면 거기에는 우리 모두가 하나 되어 단 한 사람만 있게 된다. 우리는 모두 아트만을 만지고 있는 중이다.

언젠가 다다는 마하라지를 몹시 그리워하면서 밤중에 대학 경제학 시험지를 채점하고 있었다. 마침내 그는 문을 잠그고 잠자리에 들었다. 아침에는 아무 일도 일어나지 않았지만, 모든 시험지 상단에는 다음과 같이 적혀 있었다. "람 람 람 람 람 람 람 람 람 람" 하고 마하라지의 필기체로 그렇게 쓰여 있었다.

또 한번은, 다다의 아내 디디가 다다에게 "옆방에서 무슨 소리가 들려요."라고 말했다. 그들의 침실은 마하라지를 위해 비워둔 방 바로 옆에 있었지만, 당시에는 마하라지가 거기에 없었다. 그들이 그 방 문을 열었을 때, 어떤 소리가 들렸다. 벽에는 온통 마하라지의 발자국이 천장까지 찍혀 있었다.

하누만이 말했다. "오, 라마여, 때로 나는 당신이 전부이고 나는 부분임을 압니다. 당신이 주인이고 나는 당신의 하인임을 압니다. 하지만 오 라마여, 내가 깨달음을 얻게 되자, 나는 당신이 나이고 내가 당신임을 알았습니다."

—스리 라마크리슈나[4]

마하라지가 없는 동안, 디디는 쌀과 우유로 달콤한 요리를 만들어 마하라지의 사진 바로 아래에 놓아두었다. 어린 아이들 중 한 명이 신이 나서 그 방에서 뛰쳐나왔다. 그들 모두가 안으로 들어갔는데, 그의 사진에서 음식물이 흘러내리고 있었다. 마하라지가 그것을 먹은 것이다.

비슷한 방식으로, 마하라지는 밤에 사원 문을 닫기 전에 하누만의 조상彫像 앞에 우유를 꺼내놓는 것을 기억하지 못한 한 푸자리를 꾸짖은 적이 있었다. 그 사람은 다시 안으로 들어가서, 우유를 가져다 놓았다. 다음 날 아침, 그가 문을 열고 보니, 우유가 모두 사라지고 없었다.

다다는 마하라지가 하누만으로 변하는 것을 경험했다.

걷고 있는 중에, 바바지가 내 손을 잡았다. 그가 내 손을 잡으면, 나는 손이 부러질 것 같은 강한 압력을 느끼곤 했다. 그분은 나에게 너무 기대고 있어서, 내가 넘어지면 그분도 넘어질까 봐 두려웠다. 사원의 예배 장소에는 이른 오후 시간이라 많은 사람들이 앉아 있었다. 바바지는 시바 사원 앞에 앉아 계셨다. 내 손은 그의 손에 꼭 잡혀 있었다. 그는 "앉아, 앉아."라고 말했다. 나는 손을 빼내고 싶었지만, 그럴 수 없었다.

숨이 막힐 것 같았다. 내 손이 그의 손에 너무 꽉 잡혀 있어서 과연 빼낼 수 있을지 의문스러웠다. 바로 그때, 나는 바바지가 아니라 거대한 원숭이가 앉아 있는 것을 보았다. 몸 전체에 긴 금빛 머리카락이 늘어뜨려져 있고, 얼굴은 검고, 꼬리는 다리 아래로 집어넣어져 있었다. 나는 그것을 분명히 보았다. 나는 눈을 감았지만, 여전히 그것을 보고 있었다. 그 후에는 무슨 일이 일어났는지 모르겠다.

그날 밤 10시에, 나는 농장 옆에 혼자 앉아 있었다. 찻집에서 돌아온 푸르나난드가 말했다. "다다, 여기 있네요. 우리는 저녁 내내 당신을 찾고 있었어요." 그는 나를 다시 아쉬람으로 데려갔다.

바바지는 아직 그의 방 안으로 들어가지 않고 있었다. 그는 간이침대에 앉아 있었고, 그의 주위에 많은 헌신자들이 있었다. 우리가 다리를 건너 사원 근처에 오자마자, 누군가가 "바바, 다다가 왔어요."라고 말했다. 그는 "그래, 아주 좋은 일이지."라고 말했다. 눈에 띌 만한 것도 없었고, 신나는 것도 없었다. 나는 매우 우울한 기분이었다.

나는 아무 말도 하고 싶지 않았다. 그냥 혼자 있고 싶었고, 자고 싶었다.

　다음날 구루 대트 샤르마와 싯디 디디, 그리고 여러 사람들이 나에게 무슨 일이 있었는지 계속해서 물었다. 우리가 많은 사람들에 둘러싸여 시바 사원 앞에 앉아 있었는데, 갑자기 우리 둘 다 사라졌다는 것이었다. 그러다가 바바와 내가 산꼭대기를 걷고 있는 것이 보였다고 했다. 그리고 나서 한두 시간 후에, 바바가 혼자 돌아왔다는 것이다. 나는 내가 보았던 것이 정말로 하누만이었다는 것을 알았다. 꿈도 아니었고, 실수도 아니었다. 시간이 어떻게 지나갔는지, 암만 해도 기억이 나지 않았다.[5]

　물론 그것은 마하라지가 람과 하누만과 얼마나 밀접하게 관련되어 있는지를 잘 보여준다. 하지만 과연 그가 어느 정도로 람과 하누만과 연관되어 있는지는, 그의 주변 사람들에게 수수께끼가 아닐 수 없었다. 그가 하누만으로 변하는 것을 목격했다고 보고한 사람들도 있었다. 한 남자는 마하라지를 가까이에서 한 번 보고는 몸이 얼어붙고 말았다. 사람들이 그를 흔들어 깨웠을 때, 그는 "내가 본 것은 거대한 원숭이였었다."는 말만 되풀이했다. 다른 차원에서 보면, 마하라지가 곧 하누만일 수도 있다. 이 시간대에 몸을 입고 나타난 하누만. 하지만 그것조차도 단지 게임일 뿐이다. 왜냐하면 모든 사람은 '누구'라고 할 것이 없는 존재이고, 신의 면모가 그 특별한 상황과 연결되어 그가 그런 형상을 취하고 있는 것일 수 있기 때문이다. 그를 뭐라고 부르든, 그것은 제한적일 수밖에 없다는 것이 내 생각이다.

　어떤 의미에서 보면, 그는 당신이 그에 대해서 생각하는 모든 곳에 존재한다고 할 수도 있다. 그는 존재하고, 그리고 웃기게도, 그가 있지 않다고 말할 수 있을 만한 곳은 아무 곳도 없다. 그는 여러 곳에 동시에 나타나기도 하고, 나타났다가 사라지기도 하는 것으로 알려져 있다. 그는 가능한 한 모든 것을 부인했고, 사람들을 항상 의심하게 만들었다. 그를 테스트하려고 했다면, 당신은 항상 그가 담요를 뒤집어 쓰고 다니는 노인일 뿐이라고 생각하면서 돌아섰을 것이다. 그래서 "테스트 따위는 잊어버리고, 그냥 내 할 바를 하겠어!"라고 말하는 사람들만이 그의 은총을 경험하기 시작한다.

마하라지는 수천, 수만 곳에 있을 수 있다. 많은 사람들이 마하라지에 대한 비전을 보고, 그에 대한 꿈을 꾸며, 그를 방문하고, 그를 보거나 매우 생생하게 그를 기억하며, 그 모든 각각의 경우에 그는 그들과 함께한다. 혹은 그 사람의 한 모습이 거기에 있고, 그 모습들이 생각들만큼이나 많을 수도 있다. 깨달은 존재는 자신의 생각을 내보낼 수 있으며, 그것은 그 존재의 한 면이며, 그 생각의 형태는 실재성을 획득한다. 그것은 어디에선가 현현되어 나타나고, 비전과 꿈을 통해, 심지어는 보통의 깨어 있는 의식을 통해서도, 다르샨(친견)을 통해 진짜로 볼 수 있게 된다.

당신의 마음이 더 고요해질수록, 당신은 가슴을 통한 구루와의 만남에 자신을 더 열게 된다. 당신의 생각이 충분히 순수하고, 충분히 의도적이며, 충분히 한마음인 순간, 구루가 당신에게로 오게 된다.

구루는 헌신자들을 섬기기 위해서만 존재한다. 그것이 구루가 존재하는 유일한 이유이다. 구루를 물리적인 형상을 통해 보는 것은 춤의 한 부분, 환상의 한 부분일 뿐이다.

언젠가 다다는 나에게 이렇게 말했다. "나는 마하라지와 함께 있을 때보다 떨어져 있을 때 마하라지와 더 가까워집니다. 그분과 함께 있을 때에는, 내 오감이 방해가 되기 때문이죠. 나는 그분과 함께 있다는 즐거움 속에서 길을 잃어버려요."

다다가 "그는 그냥 바바일 뿐이야"라고 말할 때, 그 말은 더하고 뺄 것이 없이 말 그대로이다. 다다는 온전히 정신이 나가버렸다. 그는 경외심으로 가득 차 있었다. 다다는 마하라지에 대해 알 수 있을 만큼 가까이 있었지만, 그의 경외심 때문에 마하라지가 되지 못했고, 하나가 되는 최후의 관문을 통과하지 못했다. 그것은, 람에게 그와 함께 앉아 있기보다는 사랑이 많은 하인으로 남고 싶다고 말한 헌신자 하누만의 경우와 같다.

마하라지에게는 그에게 애착을 갖는 다양한 수준의 헌신자들이 있었다. 일부는 그의 몸에 집착하여, 그를 할아버지처럼 여겼다. 많은 인도 가족들이 그를 그런 식으로 보았다. 그의 헌신자들 중에는 매우 단순한 마을 사람들이 많았다. 그들은 각자의 카르마에 따라 마하라지와 특정한 종류의 관계를 형성했다. 어떤 사람에게는 할아버지 같았고, 어떤 사람에게는 친구 같았고, 어떤 사람에게는 선생님 같았고, 어떤 사람에게는 하누만 같았고, 어떤 사람에게는 어떤 개념도 초월한 신 자체였다.

그가 몸을 입고 있었을 때에는, 사원에서 열리는 몇몇 축제를 제외하고는 큰 모임이 많지 않았다. 공개적으로 열리는 아주 큰 행사는 없었다. 그의 단순함과 소박함은 정말 대단했다. 그는 도티(신체 아래쪽에 두루는 천, 담요)를 걸친 채 티셔츠 차림으로 나무 침상 위에 앉아 있었다. 그가 머물고 있는 방에 들어가면, 누군가가 살고 있는 침실이라고 생각하기 어려울 정도였다. 독서등도 없고, 책도 없다. 인간이 살고 있다는 증거라고는 찾아볼 수가 없다. 그는 그냥 안으로 들어와서 이 나무 침상 위에 앉아 있다. 거기에 그가 있고, 그것이 그의 우주이다. 그런데도 그는 부족함이 아무것도 없는 사람이다. 그는 이미 다 채워져 있다. 그의 사진 중에는 길가에 그냥 앉아 있는 모습이 많다. 그에게는 그것으로 충분했다.

> "둘이 아님"이라는 여기에는 분리된 것이 아무것도 없고, 어떤 것도 배제되지 않는다. 언제 어디에서든지, 깨달은 자는 모두 이 진리의 문으로 들어온다.
>
> ─승찬[6]

일부 헌신자들은 마하라지를 단순히 '신의 화신'으로 여겼다. 그들은 마하라지 앞에서 매우 겸손했고, 아무것도 요구하지 않았다. 그들은 가능한 모든 방법으로 그냥 그를 섬겼다. 그들은 그런 존재를 모습으로 볼 수 있다는 것만으로도 축복을 받았다고 느꼈다. 그는 큰 아쉬람을 가져본 적이 없었다. 사이 바바와 아난다마이 마 같은 유명한 성자들에 비하면 그의 무대는 너무나 좁았다. 대부분의 경우, 그는 사람들이 찾아오면 얼마 안 있어 보내버리곤 했다. 5분 동안만 머물게 하고는 떠나라고 할 때가 많았다. 그를 부르러 갈 수도 없었고, 붙잡아 둘 수도 없었다. 그와는 마음대로 어울려 놀 수가 없었다.

지고한 자리에 접촉한 경험이 있다면, 당신은 자신이 어디로 가고 있는지 알 수 있다. '하나임'에 대해 이야기하거나 읽는 것은, '일자' 안에 있는 것이 아니다. 내가 이해하는 바에 따르면, 당신이 '하나'가 되면 객관적인 우주는 더 이상 존재하지 않는다. 아는 사람은 사라지고 없고, 오직 앎 자체가 있을 뿐이다. 주체와 객체가 하나가 된다. 사실 마하라지와 나는 하나이다. 하지만 '나'는 그것을 견디지 못한다. 나의 에고는 그런 식으로 존재할 수가 없다. 그러니 나는, 우리 사이에 차이가 없어질 때까지는 계속해서 람과 마하라지를 섬길 수밖에 없을 것이다.

> 친구여, 어디에서 나를 찾느냐
> 나는 바로 그대 옆에 있다
> 나는 사원에도 없고,
> 모스크에도 없다.
> 나는 히말라야 산정에도 없고,
> 신전에도 없다.
> 저 거룩한 의식 속에도 있지 않고,
> 요가의 수련 속에도 있지 않고,
> 출가수도의 길에도 나는 없다.
> 그대가 진정한 구도자라면
> 지금 여기에서 나를 보리라,
> 지금 이 순간에.
> 나, 카비르는 말한다.
> "오 사두여, 신은 모든 존재의 호흡 속의 호흡이시니라."
> ─카비르[7]

마하라지는 시간과 공간에 묶여 있지 않다. 시간과 공간이 그 안에 있다. 그런 의미에서, 우리가 인간으로서 존재하는 이러한 화신은 마야, 즉 환상이다. 그것들은 진짜가 아니다. 그가 앉은 자리에서는 모든 것이 동시적이다. 과거, 현재, 미래의 의식 차원들은 꿈처럼 서로 동시에 공존한다. 연속체이다. 모두 '하나'이다.

마하라지는 평소에 늘 담요를 두르고 있었다. 다다 무케르지는 다음과 같이 말한다.

> 사람들은 나에게 "바바지는 왜 계속 담요를 두르고 있나요?"라고 자주 묻는다. 그는 추운 겨울뿐만 아니라 아주 더운 여름에도 담요를 두르고 있다. 나는 두 개의 담요가 있다고 말하곤 했다. 하나의 담요가 그의 육신을 덮고 있다는 것은 우리 모두 알고 있었다. 그것은 꼭 필요한 것이 아니었다. 던져 버려도 괜찮았다. 때로는 그 담요를 통해서 기적이 일어났다. 그는 담요 아래에서 무엇인가를 꺼내곤 했기 때문이다. 담요는 때로 매우 무거울 것이고, 때로는 가벼울 것이다. 때로는 그 안에서 아기 냄새가 났다. 하지만 그 안에는 또 다른 담요가 있었다. 그는 자신의 모든 사다나(매일의 영적 수행), 모든 싯디(기적), 모든 업적, 모든 계획과 프로그램을 덮고 있었다. 그는 왜 이 모든 것을 숨기고 있었을까? 어쩌면 우리를 보호하기 위해서일 수도 있고, 수많은 추종자들로부터 자기 자신을 구하기 위해서일 수도 있다. 우리로서는 알 수 없는 일이다.[8]

마하라지와 함께 있음으로써 나의 개념적 지평이 넓어졌을 뿐만 아니라, 그는 확실히 내 마음을 날려버리고, 내 가슴을 가득 채웠다. 그분 안에는 아무런 집착이 없었다. 그 초연함과 공空의 특성은 그분 주변의 모든 존재에 스며든 바다 같은 사랑, 그토록 강렬한 사랑과 결합되었다. 그는 집착이란 불어나게 마련이라고 말했지만, 한번은 이렇게 말했다. "성자와 새는 모으지 않는다. 성자들은 자신이 가진 것을 나누어 준다." 그는 종종 카비르의 "나는 그저 시장터를 지나갈 뿐, 그 무엇도 사지 않는다." 같은 구절을 인용했다.

처음에는 그의 존재감이 너무 강력해서 경외감을 느꼈고, 가까이 있는 것만으로도 정화되는 느낌을 받았다. 지금도, 가슴으로 그를 느낄 때마다 똑같은 일이 벌어진다. 나는 힌디어를 많이 배운 적이 없지만, 나에게는 문제가 되지 않았다. 말은 그저 겉거죽일 뿐이었다.

우리가 그에게 갔을 때, 마하라지는 북부 인도의 여러 사원이나 아쉬람에 머무는 존경받는 성자 혹은 구루로서 우리에게 나타났다. 그는 한 곳에 나타나서 잠시 머물렀다가, 모든 사람이 그에게 영원히 매달리기로 마음먹었을 즈음에는 사라져버렸다. 한밤중에 누군가 차를 몰고 와서, 그를 데려갔다. 그렇게 사라졌다. 그런 다음 그는 다른 곳에 나타나, 신의 바람이 자신을 움직이는 대로, 여기 혹은 저기에 머물면서, 이 헌신자 저 헌신자와 함께 여행했다. 그가 몸을 떠난 후에야 우리는 그것이 그의 삶의 한 면일 뿐이며, 그에게 혈육의 가족이 있다는 것을 알게 되었다.

> 우리 모두는 피가 하나다.
> 팔, 다리, 심장이 모두 하나다.
> 같은 피가 우리 모두를 흐르고 있다.
> 신은 하나다.
> 모두가 신이다. 모든 사람 안에서
> 신을 보라.
> 카르마로 인한 개인의 차이에 따라
> 가르치는 것은 기만이다.
> 모두가 하나다. 그러니
> 모두를 사랑해야 한다.
> 모두가 같다는 것을 보아야 한다.
>
> —마하라지

그가 몸 안에 있었을 때, 그리고 내가 그와 함께 있었을 때, 나는 그의 존재를 여러 차원에서 경험했다. 개인적으로 그는 장난스럽고 재미있을 수도 있었고, 짜증나는 잔소리꾼일 수도 있었으며, 사랑스럽고 어린애 같을 수도 있었고, 노인이나 어린아이처럼 완고할 수도 있었으며, 걱정이 많거나 전혀 무관심할 수도 있었다. 우리는 우리의 욕망 때문에, 우리에게 사랑의 안내자가 필요했기 때문에, 그를 한 사람으로서 경험했다. 그러나 우리가 한 개성으로서 그를 인식했던 것은, 실제로는 날씨의 변화에 더 가까웠다. 왜냐하면 그는 개성에 대해서는 집착이 거의 없었기 때문이다. 우리는 마하라지의 마야 구름, 곧 환상을 보았지만, 그 뒤에는 아트만의 태양이 있었다.

이러한 겉보기의 개인적인 관계와 더불어, 그의 존재감은 압도적이었다. 헌신자들의 경외심과 존경심도 거기에 보태졌다. 마하라지와 함께 있다는 것은, 구름 속에서 희미하게 가려진 산 정상 옆에 서 있는 것과 같았다. 그의 현존 안에 있을 때, 나는 황홀경과 깊은 사랑을 경험했다. 그 사랑에 취한 나머지 눈물을 흘리곤 했다. 내가 그 상태로 들어가기 시작했을 때, 그는 다른 사람들에 대한 사소한 잡담으로 방해하곤 했다. "스티븐은 돈을 얼마나 벌지?" 그런 식으로 나를 다시 돌려세워 놓곤 했다. 그는 내가 나의 일을 할 수 있도록 나를 물질계에 단단히 묶어 두었다. 내가 너무 행복해하며 떠돌아다니는 것을 허락하지 않았다.

더 깊은 차원에서 이야기하자면, 그가 나에게 인도로 돌아온 이유를 물었을 때, 나는 나 자신을 더 정화하기 위해 왔다고 말했다. 그는 "나는 항상 그대와 통하고 있어."라고 말했다. 이제 나는 그것이 사실이라는 것을 이해한다. 그는 항상 나와 함께 있다. 사람들의 반응은 나에 대해서가 아니라 그에 대해서인 경우가 적지 않았다. 때로 나는 그의 현존을 느끼지 못하는데, 그의 현존을 느끼는 것은 오직 나의 상태에 의해 결정된다.

나는 그와 항상 어울려 놀고 있다고 느끼고, 그가 나를 자기 자신 쪽으로, 내 안의 은밀한 그곳으로, 아주 부드럽게 끌어당기는 것처럼 느낀다. 휴식은 없다. 과정은 연속적이다. 내가 기억할 수 있는 한, 나에게 일어나는 모든 일은 그의 가르침의 일부이다. 내가 무슨 일로 불안해하면, 그가 나에게 말하는 소리가 들린다. "글쎄, 그대는 아직도 사로잡혀 있어, 안 그래? 그러면 안 되지…." 나는 그런 식으로 항상 그와 이야기한다.

그가 몸 안에 있었을 때, 내가 그의 발 앞에 있을 수 있었을 때, 그와 함께했던 시간들을 돌아보면, 처음부터 전경과 배경이 서서히 바뀌고 있었다. 처음에는 마하라지, K.K., 하리 다스 바바로부터 이 모든 사랑과 관심을 받는 것에 매료되었다. 구루가 있고, 모두가 숭배하는 이 남자가 나에게 많은 사랑을 퍼부어 준다는 것, 그리고 이 이상한 문화에 완전히 편안함을 느끼는 것, 나는 완전히 낚이고 만 셈이었다.

처음에는 그 모든 것이 나의 에고를 먹여 살렸다. 나는 커다란 에고와, 나 자신이 특별하다는 대단한 감각을 가지고 온 것이었다. 결국 나는 미국에서 수천 마일 떨어진 이곳에서도 하버드 교수였다! 그러나 나는 그가 나를 아무리 사랑스럽게 대하더라도, 청소부를 포함한 다른 모든 사람을 대하는 방식과 나를 대하는 방식에 아무런 차이가 없다는 것을 깨닫기 시작했다. 나 자신의 중요성은 아무런 확증도 없었고, 심지어 그렇게 알고 있는 사람은 나뿐이었다. 그리고 얼마 후, 특별하다고 느끼고 싶은 나의 욕구는 그의 사랑의 바다에 녹아들기 시작했다. 단순히 그 사랑에 나 자신을 열기만 해도, 거기에는 에고가 채워지는 어떠한 만족보다 훨씬 더 큰 기쁨이 있었다.

그것은 1966-67년의 일이었다. 그 후 나는 그와 떨어져서 미국에서 지냈고, 새로운 연결고리를 만들어야 했다. 1970년에 내가 인도로 돌아왔을 때, 나는 이제 막 도착한 다른 서양인들만큼은 그의 모습에 매료되지 않았다. 그는 항상 나를 자신 쪽으로 끌어당길 수 있었지만, 나는 그와 함께 있음으로써 생기는, 날이면 날마다 일어나는 드라마에 덜 빠져들었다. 그것은 내면에서 진행되는 강렬한 변화로부터 우리의 주의를 산만하게 하는 연극 공연이나 흥밋거리와 더 비슷해졌다. 그는 모든 일들 안에, 어디에나 있다는 것을 내가 보게 된 시점이 있었다.

어느 날 그가 나를 부르더니, 이렇게 물었다. "편지가 오면 어떻게 하지?"

"답변을 하지요." 내가 말했다.

"그대에게 온 편지들 말이지, 저장하지 마." 그가 말했다.

그는 방금 두 통의 편지를 받은 터였다. 그는 한 통은 자신의 머리 위에 올려놓고, 다른 한 통은 읽지 않은 채로 바람에 날려 버렸다. 암소가 그것을 먹기 시작했다. 나는 몹시 화가 났다.

또 한번은 나이니탈에 있는 우체국에서 편지를 받아, 버스를 타고 사원으로 갔다. 내가 사원에 들어갔더니, 마하라지는 "그 편지 안에 뭐가 들어 있나?"라고 물었다. 나는 그에게 말하기 시작했고, 그는 내가 놓친 것들을 계속 추가했다. 나는 그가 편지가 왔다는 것을 알았다면, 그 편지에 무엇이 들어 있는지도 안다는 것을 알았다. 그렇다면, 그는 왜 물었을까?

나는 이 모든 형상들이 얼마나 덧없는 것인지를 알아차리기 시작했다. 나는 그를 쳐다보고, 그가 알고 있다는 것을 내가 알고 있으며, 그것을 그가 알고 있다는 것을 알았다. 그렇게 점점 더 깊어졌다. 웃다가 다른 차원에서 다시 웃고, 세 번째 차원에서 또 다시 웃는 농담과도 같았다.

> 부처 안에는
> 거기에 있다고 말할 수 있는 것이 있었던 적이 없다.
> 마술사처럼
> 그는 자신의 환상에 사로잡히지 않으려 애쓴다.
> 그러므로 그의 탁월한 앎에 의해
> 마술적인 형상들에 집착하지 않는다.
> 이와 같이 완전하게 깨달은 지혜로운 자도
> 삼계를 하나의 마술쇼처럼 여기느니.
> 해탈은 단지 오류의 끝일 뿐.
> —감포파[9]

사소한 것들

마하라지의 헌신자들은 자신의 영적인 안녕보다 훨씬 더 많은 것들을 그에게 의지했다. 그들은 또한 자기들 인생의 세속적인 부분에 대해서도 그에게 기대를 걸었다. 그는 그들의 짐과 염려를 덜어주었기 때문에, 그들은 내면의 삶을 추구할 수 있다는 믿음도 가질 수 있었다. 마하라지가 그의 헌신자들을 돌보는 방식, 그가 그들을 돌보고, 그들의 필요에 응답하고, 그들에게 사랑을 쏟아 붓는 방식은, 그의 추종자들에게 그에 대한 깊은 사랑을 느끼게 했다. 그는 대부분의 시간 동안 사람들을 돕고, 개인 생활, 가족, 사업, 직업, 건강 문제, 결혼, 감정적 걱정거리들, 학교 시험, 재정적 스트레스, 정치 등등 세세한 것들에 대해 조언을 해주었다. 수백 명이 가져오는 사소한 일들을 처리하는 것은, 결코 작은 일이 아니었다. 평범한

> 마하라지는 말했다. "나는 아무것도 원하지 않아. 내가 존재하는 단 한 가지 이유는 다른 사람들을 섬기기 위해서야."

사람이라면 금방 압도당하고 말았을 것이다. 그러나 그의 관대함과 친절, 넘치는 사랑은 존재의 바다에서 표류하는 많은 사람들을 부양시켜 신께 주의를 돌리게 했다. 나는 각계각층의 사람들이 저마다 자신의 문제를 가지고 그에게 오는 것을 보았고, 그의 연민이 어떻게 그 모든 시간 동안 사람들에게 귀를 기울이고 도움을 주었는지, 그리고 그의 삶이 다른 사람들의 필요에 얼마나 집중했는지를 직접 지켜보았다.

그는 고급 철학을 가르치지 않았다. 하지만 그는 그들을 사랑하고, 그들을 먹이고, 신을 기억하게 하는 단순한 행동을 통해 사람들의 가슴에 영이 전이될 수 있다는 것을 나에게 보여주었다. 그는 서양인들이 영적인 음식을 먹을 생각을 하지 않는다고 말했다. 우리 중 누구도 기본적인 생계가 부족한 사람은 없다. 그런데도 서양인들은 늘 허기진 사람들 같다.

그는 모든 사람과 하나였기 때문에 헌신자들 각각의 모든 필요를

샤 가족과 마하라지. 사진 라메슈와 다스.

느꼈지만, 모든 상황을 환히 보는 데서 오는 초연함도 지니고 있었다. 그는 사람들을 위험으로부터 보호하고, 슬픔이나 불안의 시기에는 그들을 위로해 주었다. 그들이 그를 기억하기만 하면, 그가 나타나는 일이 적지 않았다. 때로 그는 사람들이 죽거나 고통을 겪는 동안 옆에서 있기만 했다. 왜냐하면 그는 그들의 카르마를 알고 있었기 때문이다. 하지만 그런 때라도, 그는 슬픔이나 고통의 짐을 덜어주거나 상황에 따라 필요한 지혜를 발휘하도록 그들을 도와주었다.

마하라지와 함께 앉아 있는 샤 가족의 사진은, 각자의 카르마에 따라 받게 되는 미묘한 은덕의 차이를 보여준다. 사진 속의 각 개인은 그의 현존에 의해 영양을 공급받고 있다. 각자는 자신의 카르마가 허용하는 만큼 받고 있다. 마하라지 바로 오른쪽에 있는 남자는 신에 대한 자신의 생각이 뚜렷한 헌신적인 학자이다. 아이는 가족의 친밀함을, 할아버지의 사랑을 경험하고 있다. 학자의 아내는 단순히 암브로시아, 즉 신의 현존 안에 있는 사람으로서 지복을 들이마시고 있는 중이다. 오른쪽의 형제는 조용하고 깊은 헌신, 단순한 믿음을 가지고 있다. 왼쪽의 사촌은 사랑 속에서 하나가 된 상태에서 사원을 드나든다.

이 모든 경험들은 더해지면서 그 순간을 심화시키고, '있음'의 바로 그 핵심 속으로, 신의 영원한 순간에로 전이된다. 이것은 여러 차원에서 공유되는 순간이며, 움직이는 사랑의 바다에서의 고요한 멈춤이다.

우리는 서로의 존재 속에 있을 때, 서로에게로 들어간다. 만약 당신이 위협받지 않는다면, 당신의 분리감은 이완되고, 떨어져 나가고, 다른 존재들과 합쳐지는 일종의 유동 상태로 들어가게 된다. 마하라지와 함께 앉아 있는 것은, 완전한 충족감을 선물해 준다. 아무 일도 일어나지 않을 수도 있고, 아주 사소한 대화가 오갈 수도 있지만, 거기에는 혈연 가족을 초월하여 영적 가족이 되는 현존의, 하나됨의, 공쏲의 풍요로움이 있다.

1970년 내가 인도로 돌아왔을 때, 마하라지는 산기슭의 사원에서 떠나 있어서, 나는 그를 찾을 수 없었다. 다른 서양인들도 같은 처지였다. 우리는 마침내 알라하바드에서 그를 찾았다. 어쩌면 그가 우리를 찾았던 것인지도 모른다. 그는 "브린다반에서 만나지."라고 말하면서, 우리를 우리가 가던 길로 보냈다. 그래서 나는 델리로 가서 스와미 묵타난다와 함께 몇 주 동안 순례 여행을 떠났다.

3월에 우리가 순례를 마치고 돌아왔을 때, 그는 산에 올라가 있기로 되어 있는 해였다. 나는 브린다반에 머물고 싶지 않았다. 왜냐하면 그가 그곳에 없을 것이라는 것을 알았기 때문이다. 하지만 그 그룹이 고집을 해서 우리는 거기로 갔다. 오전 8시 30분경에 사원에 도착했는데, 그곳은 텅 비어 있었다. 나는 너무 실망했다. 그 사원에 두 번째로 갔을 때에도, 그는 거기에 없었다. 그런데 그는 브린다반에서 나를 만날 것이라고 말했다. 푸자리는 "오, 마하라지께서는 산 속에 계십니다. 카인치로 가서 만나세요."라고 말했다.

내가 말했다. "여기서 시간 낭비하지 말고, 산으로 갑시다."

그래서 우리는 밖으로 나가 차에 탔고, 시동을 걸고 있을 때 작은 피아트가 달려왔다. 운전기사 옆 앞좌석에 마하라지가 앉아 있었다. 그는 완전히 지루한 표정으로 밖으로 나오더니, 사원으로 들어갔다.

우리는 운전기사에게 달려가서 물었다. "그는 여기서 뭘 하고 있는 거죠?"

운전기사는 마하라지가 새벽 2시에 "지금 당장 브린다반으로 가야 해요!"라고 말하며, 그를 깨웠다고 했다.

아그라에 도착했을 때, 마하라지는 "아직 기다려야 할 시간이 한 시간 남았어."라고 말했다. 그래서 그들은 한 판사를 만나 시간을 보냈다.

그런 다음 그는 "자, 갑시다."라고 말했고, 그래서 곧바로 차를 몰고 왔다는 것이다. 그게 타이밍이다. 그것은 우주 쇼 비즈이다. 마하라지는 브린다반에서 우리를 만나기로 한 약속을 지킨 것이다. 우리는 실망할 이유가 전혀 없었다. 그는 아무렇지도 않은 듯이 이렇게 깊은 배려의 행위를 해치웠다. 그가 우리를 지나쳐 사원으로 들어갈 때, 외부적인 과시 같은 것은 전혀 없었다.

『신성한 현실 Divine Reality』이라는 제목의 헌신자들 이야기 모음집에는 마하라지가 자신의 헌신자 중 한 명인 외과 의사를 방문하는 이야기가 나온다. 제2차 세계대전 중이었다. 그 남자는 마하라지에게 잠자리를 마련해 주고, 밤에 그가 필요한 것을 찾을지도 몰라서 마하라지 옆 바닥에서 잠을 잤다. 오전 1시쯤 그는 마하라지가 뒤척이는 소리를 듣고, 왜 불안해하는지 물었다. 마하라지는 그에게 담요를 주면서, 어서 나가서 그것을 물 속에 던져 넣으라고 했다. 어두운 밤중이었고 호수는 약간 떨어져 있었지만, 마하라지는 그에게 당장 가야 한다고 고집했다. 새벽이 되기 전에 그가 돌아왔을 때, 마하라지는 그에게 육군 장교인 그의 아들이 독일의 공격을 받고 능선에서 뛰어내려 늪지에 갇혀 있다고 말했다. 독일군은 위에서 그를 향해 총격을 가했고, 그를 죽은 것으로 간주하고 떠났다. 마하라지는 "그 총알들이 모두 내 담요에 박혀서 그 열기가 나를 불편하게 만들었어. 당신이 담요를 호수에 던져 넣으니까, 불편함이 사라졌어."

"다른 사람이 아프게 하더라도,
그에게 사랑을 주라."
"나는 그대에게 화를 낼 수가 없다,
꿈속에서라도."
"그대들이 서로 사랑할 수 없다면,
그대들은 그대들의 목표를
성취할 수 없다."

담요는 새것이었고, 구멍도 없었다. 외과 의사는 무슨 일이 일어나고 있는지 이해하지 못했지만, 아들이 안전하다는 사실을 알고 위로를 받았다. 마하라지가 떠난 지 며칠 후, 그 남자의 아내는 아들로부터 놀라운 편지를 받고, 마하라지가 설명한 것과 동일한 상황이 일어났다는 것을 알았다. 알 수 없는 힘이 작용하여 그 아들을 빗발치는 총알들로부터 구해주었다는 것이다.[10]

마하라지와 카인치 같은 곳을 함께 여행하고, 알라하바드의 그의 '겨울 캠프'에서 함께 시간을 보낸 인도 헌신자들이 우리에게 전해준 이야기에는, 그들의 삶이 그를 중심으로 이루어짐으로써 생겨난 대단한 친밀감과 장난기가 배어 있었다. 알라하바드에 있는 다다의 집에서 그들은 바닥에 깔린 매트리스에서 잠을 자고, 함께 식사를 했다. 마하라지는 침대 끝에 앉아 그들과 농담을 나누곤 했다. 다다의 어머니와 이모는 앉아서 야채를 준비하고 요리를 했다. 마하라지가 그의 방에 있는 동안, 다른 사람들은 그에 관한 친밀한 이야기를 나누었다. 그가 등장했을 때, 그는 등 뒤에서 거짓말을 읊어댄다고 그들을 놀리곤 했다. 다다의 흡연 같은 모든 사람의 습관과 실패는, 애정과 유머가 넘치는 분위기 속에서 토론의 대상이 되었다.

그렇게 가까운 신자들과 함께 있을 때면, 그는 격식이 없고 친밀하며 색깔 짙은 언어를 사용했다. 우리는 힌디어에 대한 지식이 부족하고 문화에 익숙하지 않기 때문에, 맛있는 세부 사항을 놓치곤 했다. 한번은 카인치에서 아쉬람 밖에 살고 있던 서양 여성 중 한 명이 자신이 세들어 있는 방이 침입당했고, 그녀의 물건 중 일부가 도난당했다고 보고했다. 우리가 들은 바에 의하면, 마하라지는 "당신들이 문을 잘 잠그고 있어야 한다."라고 해석되는 따끔한 힐책성 반응을 보였다. 힌디어를 꽤 많이 배운 서양인 중 일부는 그가 실제로 말한 것을 들었는데, 이런 뜻이었다. "이 멍청한 자매 새끼들, 지나가는 도둑님들을 위해 문을 활짝 열어 두셨네!"

그는 때로 '변소 바바Latrine Baba'라고 불렸는데, 부분적으로는 그가 카인치에서 처음으로 수세식 화장실을 설치했기 때문이기도 하지만, 상스러운 언어를 남발하는 그의 습관 덕분일 수도 있다. 그런 그의 언어는 항상 다정함에서 비롯되었다. 인도인들이 우리를 위해 그런 생생한 말씀들을 번역해 주려고 하지 않은 것을 보면, 내 생각엔 인도인들이 제대로 소화하지 못하고 당황하기 일쑤였던 것 같다.

우리는 이 가족의 신참내기들이었지만, 그럼에도 불구하고 그는 우리에게 다정스런 농담을 일삼았고, 때로는 그에게 놀림이나 사랑에 찬 모욕을 당하는 영광의 수여자에 우리를 포함시켰다. 몇 주가 지나지 않아 우리는 그의 우산 아래에서 완전히 환영받는다는 느낌을 받았고, 인도 신자들이 여러 해 동안 누려온 즐거움을 적어도 어느 정도는 느끼기 시작했다.

한번은 마하라지가, 가끔씩 마리화나나 하시시를 즐기는 우리들에게 탐닉을 이젠 그만두라고 촉구했다. 그는 그러한 습관에 대해 도덕적인 훈계나 경고를 하는 일이 거의 없었으며, 대신 그러한 습관이 어떻게 신을 추구하는 데 방해가 되는지를 더 강조했다. 마하라지는 자기주장을 뒷받침하기 위해 오랜 헌신자이자 농부이자 카인치 외곽에서 차이 왈라(차 가판대)를 하는 푸마난드 테와리를 데려왔다. 마하라지는 푸마난드가 대마초를 피우는 데에 시간을 낭비하고 가족을 먹여 살릴 돈을 낭비한 것에 대해 질책하면서, 그의 나약한 도덕적 의지를 꾸짖었다. 푸마난드는 겸손하고 죄책감에 휩싸인 모습으로 앉아서, 마하라지가 비난을 할 때마다 "예, 마하라지. 예, 마하라지."라고 회개하는 모습을 보여주었다. 우리는 그의 지적을 액면 그대로 받아들였지만, 대부분의 사람들은 마하라지의 이런 행위를 일종의 '애정 어린 제스처 게임' 정도로 여겼다.

심지어 우리가 미국에서 그가 몸을 떠났다는 소식을 들은 것도 자비롭고 우아한 방식을 통해서였다. 그의 죽음은 그가 우리 안에서

마하라지. 사진 발라람 다스.

사는 방식의 일부였다. 라메슈와 다스가 프랭클린에 있는 나를 찾아왔다. 그가 도착하자마자 아버지에게 '마하라지가 몸을 떠났다'는 내용의 전보가 전달되었다. 소식이 빠르게 퍼지자, 다른 사람들도 우리에게로 왔다. 그의 영적 가족의 일원이라는 것은, 우리에게 닥친 이 재난을 받아들이는 데 있어서 많은 위안이 되어 주었다. 나는 나 자신이 실제로는 그리 슬퍼하지 않고 있다는 것을 발견하고, 놀랐다. 그와의 관계에는 아무런 변화가 없었다.

나는 기묘한 공허감을 느꼈다. 한편으로는 무섭기도 했는데, 왜냐하면 내가 엄격한 수행자로 다시 돌아갈 준비가 될 때까지는 잠시 동안 그에게서 벗어나고 싶었는데, 이제 그는 나에게서 멀어졌기 때문이다. 내 손에서 힘이 빠져나간 것 같았다. 사실, 내가 원했다면 그 전에 인도로 돌아갔을 것이다. 하지만 나는 원하지 않았다. 나는 '이름과 명성'을 너무 많이 즐기면서, 그 모든 것을 완벽하게 합리화하고 있었다.

그러나 내 의식 속에는 항상 마하라지가 존재하고 있었다. 그의 현존을 느꼈을 때, 나는 내가 그것을 창조하고 있다고 생각했고, 그의 현존을 부인했을 때는, 내가 실제로 진실인 것을 밀어내고 있다고 느꼈다. 그래서 그는 거기에 있기도 했고, 없기도 했다. 어느 쪽이든, 그는 여전히 여기에 있었다.

마하라지가 그를 기억하는 사람들을 위해서 사용하는 관심과 배려의 정도를 어떻게 설명할 수 있을까? 그를 부모나 의사, 연인, 배우자에 비유하는 것은, 지나치게 과소평가하는 것이다. 그의 연민은 그 모든 것을 있게 하는 바탕이다. 그는 실제로 그의 헌신자들의 두려움, 불안, 고통을 느낀다. 왜냐하면 그 자신이 바로 그들이기 때문이다. 동시에 그는 그 모든 것 너머에 있다. 그분의 연민은 단지 우리의 현세적인 비참함에 대한 것만이 아니다. 만사가 어떻게 돌아가는지를 터득한 깊은 지혜에서 나오는 것이다. 그의 진정한 방점은 영혼 위에 찍혀 있다.

마하라지를 돌보는 여성들이 있었다. 자기 가족들과 떨어져서 시간을 보낼 수 있는 엄마들, 미혼 여성들, 과부들, 할머니들이었다. 나는 그 사원에 머무는 동안 내내, 그들이 존재하는지조차 몰랐다. 그들은 항상 눈에 띄지 않는 뒤쪽에 머물렀고, 완전한 사랑과 헌신으로 마하라지를 보살피느라 바빴다. 때로 그는 그들에게 매우 사납게 굴었다. 한번은 그들이 그의 약을 제때 가져오지 않자 이렇게 말했다. "당신들이 나를 돌보지 않으면, 당신들이 나를 등지도록 당신들의 마음을 바꿔 놓겠어."

오직 사랑뿐

마하라지의 가르침은 사랑이다. 그 사랑은 당신이 어디에 있든 당신과 함께 있다. 가슴을 열수록, 더 많은 사랑을 받을 수 있다. 사랑은 시작이요, 중간이요, 끝이다.

처음에는 나를 너무 많이 사랑해 주시는 좋은 아버지가 계신 것처럼 감정적으로 가슴이 설레었고, 그렇게 사랑을 누리기만 했다. 그러나 나는 개인과 개인 간의 감정적이고 낭만적인 사랑에 빠져 있었다. 그것은 그리스도의 사랑처럼 순수한 사랑이 아니다. 나는 마하라지를 하나의 개성을 가진 인물로 만들려고 계속 애썼지만, 그는 그렇지 않았다. 내 마음이 그의 사랑의 힘을 방해하고 있었지만, 머리 위주로 살아갔던 당시의 나로서는 어찌할 수가 없었다. 그는 계속해서 "람

지반티 마, 싯디 마, 마하라지.

다스는 참 영리해."라고 말했다. 나는 지금 더 단순해져 있고, 그것은 멋진 일이다. 나는 여전히 똑똑하지만, 그렇게 영리한 것은 아니다.

　마하라지에 대한 나의 개인적인 사랑은 개인을 넘어선 사랑으로 크게 변화되었다. 처음에 나는 개인적인 사랑이라는 오래된 습관을 버리지 못했다. 그러다가 나는 그의 사랑이 얼마나 비인격적인 것인지를 깨닫기 시작했다. 그는 단지 거기에 있었다. 그 모든 것 뒤에서 웃으면서. 그래도 그것은 여전히 사랑이었기 때문에, 나는 간신히 그 상태를 견딜 수 있었다. 한동안 번민에 빠졌지만, 지금은 그와 훨씬 더 가까워진 느낌이다.

　한번은 델리에서 마하라지가 소니Soni라는 나이 든 헌신자의 집에 있다는 소식을 듣고 우리 모두 그의 발 앞으로 달려간 적이 있다. 그의 침실에 함께 있다는 사실에 우리 모두 황홀경에 빠졌다. 나는 리더로서 이것저것 칭찬을 받았고, 모두가 나에게 아첨의 말을 했다. 우리는 밖으로 나가서 많은 과자를 먹었다. 내가 문 옆에 서 있을 때, 마하라지가 자동차를 타러 가기 위해 침실에서 나왔다. 그는 바로 내 옆 가까이 20센티 정도 떨어진 곳을 지나가면서도, 마치 내가 가로등 기둥이기나 한 것처럼 그냥 지나쳐 가는 것이었다. 내가 거기 있다는 것을 전혀 알지 못한다는 듯이. 나를 늘 귀여워해 주면서 온갖 사랑을 베풀던 이 존재가, 길가에서 모르는 사람을 스쳐 지나가듯이 나를 그냥 지나쳐 가는 것이었다. 의도적으로 나를 무시한 것도 아니었다. '바쁘게 지나가는' 사람은 아무도 없었다. 그 일은 우리의 관계를 완전히 새로운 차원으로 끌어 올렸다.

바다 한 잔 주세요

구루가 바로 여기에 있다. 구루는 실제로 아무것도 하지 않고 그저 모습을 나타내고 앉아 있을 뿐이다. 하지만 당신은 무슨 일을 하는가? 헌신자들은 구루에게 자신을 열기 위해서 무슨 일을 할 수 있을까? 라마나 마하르쉬는 "제자의 관점에서 보면, 구루의 은총은 바다와 같다. 만약 그가 컵 하나를 가지고 오면, 그는 한 컵을 가득 채워 받을 것이다. 바다의 인색함을 불평해도 아무 소용이 없다. 그릇이 커야 더 많은 것을 담아 갈 수 있다."[11]

마하라지와 오랫동안 함께 있으면서, 나는 그가 정말 누구인지 반추하는 시간을 갖곤 했다. 우리는 안뜰 건너편에 앉아서 그를 지켜보곤 했다. 나는 '이 사람은 누구지?', '우리는 누구지?', '이 과정은 뭐가 어떻게 돌아가고 있는 거지?'라고 생각하곤 했다. 그 형상은 다시금 텅 비기 시작했다. 정말 텅 비어버렸다. 나는 내 마음이 고장난 테이프처럼 한 대목만을 무한 반복하는 느낌을 받기 시작했고, 모습과 선형적인 인간 관계 위주에서 탈피하여 더 깊이 들어가야 한다는 것을 깨달았다. 마하라지는 믿을 수 없을 정도로 광대했지만, 그 모습을 계속해서 진짜라고 보는 한 나는 그에게 다가갈 수 없었다. 그래서 현실은 존재의 더 깊은 차원에 길을 내주었고, 그곳에서 나는 그가 나를 에워싸고 있다는 것과 그의 존재의 바다 같은 특성을 계속 느끼게 되었다.

내가 마하라지에 대해 요청할 수 있는 것은, 나를 그의 뜻대로 순전하게 쓰이게 해 달라는 것뿐이다. 나는 단지 그에게 계속 항복하고 싶다. 나는 더 이상 깨닫고자 하는 욕구조차 없다. 나는 일을 다 마치는 데에는 관심이 없다. 그 일은 나에게 현실적인 일이 아니다. 그런 일은 일어날 수도 있고, 일어나지 않을 수도 있다. 나는 알지 못한다.

점점 더 나 자신이 되어가면서, 나 자신에 대한 증거는 점점 줄어들고 있다. 그 순간 내가 하고 있는 일이 무엇이든, 나는 점점 나 자신이기만 하게 되어가고 있다. 일은 그냥 일어나고 있을 뿐이다. 나는 그저 작용하고 있을 뿐이다. 나는 나 자신을 의식하는 상태에서 무슨 일을 하지 않게 되어가고 있다. 내가 평생 동안 해왔던 무의식적인 행동과는 다르다. 내가 원하는 것은, 그의 의식의 손에 있는 한 손가락처럼 되는 것, 혹은 마하라지가 '람의 숨결'이라고 불렀던 하누만처럼 되는 것이다. 나는 마하라지의 숨결이 되는 것에 완전히 만족한다.

마하라지는 아무 데도 가지 않는다. 성 요한이 말했듯이, "나를 보내신 이가 나와 함께 계신다. 그분은 나를 혼자 두지 않았다. 나는 항상 그분이 기뻐하시는 일을 한다"(8:29). 그를 위해 공간을 마련하기 위해 내면을 들여다보고, 마음을 고요히 하려고 노력하는 것은, 우리에게 달려 있다. 그런 다음에는, 그가 말씀하신 대로 "마음을 하나로 모으고 은총을 기다려야 한다."

제8장

●

패밀리 맨

가정적인 남자

마하라지의 생애에 대해서는 알려지지 않은 것이 많고, 추측하는 경우가 많다. 다다는 말했다.

우리는 마하라지가 어떤 교육을 받았는지에 대해서도 모르고, 그가 수행한 사다나의 형태도 모르고, 그가 어떤 구루를 모셨는지도 모릅니다. 우리는 카인치와 브린다반의 아쉬람이 건설되기 전에, 그가 항상 이리저리 이동했다는 것만 알고 있습니다. 그가 그렇게 몇 년 동안이나 이동해 왔는지, 얼마나 많은 곳을 방문했는지, 그가 얼마나 많은 사람들을 입문시켰는지, 얼마나 많은 이들을 비참함에서 구출했는지, 말할 수 있는 사람은 아무도 없습니다. 우리는 그의 삶의 극히 일부에 불과한 특정한 장소나 시간에 대해서만 알고 있습니다. 나는 그의 가장 가깝고 가장 오래된 헌신자들 대부분을 만났는데, 우리가 그의 삶의 일부만을 알고 있다는 데에 모두가 동의합니다. 바바지의 생애는 꽤 길었지만, 그가 카인치와 브린다반의 아쉬람이나, 나이니탈 같은 곳에 머물렀던 것은 60년대 이후였습니다. 그 아쉬람에서도 바바는 기회만 있으면 어디론가 사라져버리곤 했습니다. 그는 우리와 함께 앉아 있기도 하고, 우리와 이야기하기도 하지만, 동시에 다른 곳이나 다른 세계를 돌아다니면서 이동할 수도 있었습니다. 동시에 두세 곳의 다른 장소에서 바바지가 나타나는 경우가 너무나 많습니다. 그의 몸은 명상 중일 수 있지만, 사실 그는 그 몸 안에 있지 않을 수도 있습니다.[1]

그는 1947년경부터 나이니탈 주변에 정기적으로 나타나기 시작했다. 나이 든 사람들은 그를 '자신들의 할아버지의 구루'로 알고 있었는데, 이는 그가 또 다른 몸을 가졌음을 시사한다.

마하라지가 그의 몸을 떠난 지 거의 10년이 되어서야, 인도에서 그와 함께 있었던 우리 서양인들은 그에게 가족이 있었다는 믿을 만한 이야기를 듣기 시작했다. 마하라지는 열두 살쯤 중매 결혼을 했다. 그는 곧 집을 떠났고, 9~10년 동안 돌아오지 않았다. 자기 남편이나 아버지가 그렇게도 많은 사람들에게 성자이자 구루라면, 어떤 기분일까?

돌이켜보면, 그의 신자 거의 모두가 가정을 갖고 있었다는 것은 의미 있어 보인다. 사두들, 요기들, 그리고 다른 성자들로부터 깊은 존경을 받았지만, 그는 분명 가정을 가진 구루였다. 인도에서 거룩함은 독신의 사두들이나 수행자들에 국한되지 않는다.

그의 가족은 마하라지의 다양한 면을 더 풍요롭게 해주었다. 그와 함께 있었던 우리들에게는 특히 더. 이제 우리는 우리의 자녀를 갖고 가정을 갖게 되었는데, 그가 영적 세계와 가족의 세계를 동시에 계속 운영할 수 있었다는 사실에 경외감을 느끼게 된다.

마하라지는 마야라고 부르는 '환영'을 투사시키는 데 있어서 가히 대가였다. 때로 그는 "나는 마음의 열쇠를 쥐고 있다."와 같은 말을 하면서, 이 힘에 대해 암시를 하기도 했다. 그의 가족 생활과 영적 생활의 분리는 미묘했다. 두 장면이 겹치는 것을 사람들은 똑똑히 보면서도 이해하지 못했다. 이야기가 전개되면서, 그의 삶의 이 두 가닥이 실제로 서로 얽혀 있다는 것이 분명해졌다. 몇몇 신자들은 그 가족을 알고 있었다. 그리고 가족들은 마하라지의 영적 삶을 알고 있었지만, 구루 사업에 큰 관심을 두지 않았고, 그를 따르는 사람들이 어느 정도인지도 알지 못했다.

한번은 마하라지가 집을 떠나 있다가 아내가 있는 집으로 돌아왔다. 그는 자신의 혀에 겨자씨 한 줌을 올려놓았다. 그가 그것들을 내뱉어 자기 손바다 위에 올려놓자, 모두 싹이 돋아난 잎사귀들이 되어 있었다. 그가 말했다. "보세요, 영적인 사업을 할 시기가 다가오고 있어요."

그의 둘째 아들인 다람 나라얀은, 마하라지가 죽을 때까지 성자로서의 그를 알지 못했다고 말한다. 다람 나라얀에게는 마하라지가 '필요할 때 늘 곁에 있어준 사랑이 많은 아버지'였을 뿐이다. 마하라지는 항상 다른 가족 구성원처럼 그와 함께 행동했다. 마하라지는 때로 자신의 고향 마을에서 친척들을 데리고 여행을 떠나 신자들을 만났는데, 맛있는 음식과 특별한 과자를 늘 챙겨주었다. 그들은 그런 대접에 매우 만족했고, 다른 일들에는 별로 주의를 기울이지 않았다. 아마도 마하라지가 너무 편히 대해주었기 때문일 것이다.

마하라지는 1902년경 마르그시르쉬 달 초승달 이후 8일째 되는 날 락슈미 나라얀 샤르마로 태어났다. 아그라에서 약간 떨어진 시골 마을 악바르푸르에 있는 가족의 진흙 집에서였다. 그의 가족은 브라만 계급의 지주였다. 그가 태어났을 때, 점성술사들은 그가 부의 여신 락슈미의 축복을 받을 것이라고 예언했다.

그의 아들들은 그가 태어날 때부터 유별났다고 말했다. "아버지는 아무런 집착이 없었습니다. 매우 너그러웠고, 모든 사람, 특히 소외 계층을 도우려고 애썼습니다. 아버지는 다정하고 매우 사랑이 많은 분이셨습니다." 그들은, 아버지에게서는 사랑이 넘쳐흘렀으며, 아버지가 자신들에게 베풀었던 만큼의 사랑을 자기 자녀들에게는 베풀지 못했다고 말했다.

마하라지의 아버지 판디트 두르가 프라사드 샤르마는 배운 사람이었으며, 마하라지도 숭배했던 원숭이 신 하누만의 신봉자였다. 그의 아버지는 그가 여섯 살쯤 되었을 때 산스크리트어를 배우기 위해 그를 베나레스로 데려갔고, 그의 어머니 카우샬야 데비가 그를 너무 그리워해서 집으로 돌아오게 되기 전까지, 그는 그곳에서 몇 년을 보냈다. 그녀는 그가 여덟 살쯤 되었을 때 콜레라로 추정되는 갑작스러운 질병으로 사망했다. 그의 아버지는 1년이 안 되어 18~20세의 젊은 여성과 재혼했다. 새어머니와 마하라지는 처음부터 갈등을 겪었다. 아마도 그의 어머니가 최근에 세상을 떠났고, 새어머니가 집안의 '어머니'로서 전통적인 권력을 장악하려고 했기 때문일 것이다.

아홉 살쯤 되었을 때의 어느 날, 마하라지는 아버지에게 그날 밤

집에 강도가 들 것이라고 말했다. 그의 아버지는 전혀 신경 쓰지 않았고, 당연히 그날 밤 강도들은 총구를 겨누고 그들의 집을 약탈했다.

마하라지가 열두 살이었을 때, 그의 결혼이 성사되었다. 신부인 람 베티는 열 살이었는데, 관례에 따라 결혼 후 3, 4개월 정도 친정에 머물렀다가 악바르푸르에 있는 시댁으로 오게 되어 있었다.

마하라지와 젊은 계모 사이의 마찰은 계속되었고, 결국 말다툼으로까지 번졌다. 마하라지는 아버지에게 구타를 당하고, 방에 갇혔다. 마하라지는 탈출하여 집을 떠났다. 열두 살 무렵이었다. 그는 9~10년 후인 1924~25년이 되어서야 집으로 돌아간다. 그동안에 벌어진 일들에 대해서는 확실하게 알려진 바가 없다. 다음 스케치는 마하라지의 오랜 헌신자 중 한 명인 구루 다트 샤르마의 말을 따른 것이다.

마하라지는 처음에 라자스탄의 우다이푸르로 가서, 사원의 경비원으로 일했다. 얼마 안 있어 구자라트 쪽으로 갔고, 라지코트에 도착했다. 그는 한 마한트(사두들의 수장)와 함께 머물기 시작했다. 그는 이 기간 동안 락슈만 다스로 알려졌다. 그 마한트는 마하라지에게 깊은 인상을 받았고, 그를 자신의 후계자로 선언했지만, 그의 결정은 다른 제자들의 반발을 샀다. 마한트가 세상을 떠나자, 마하라지는 대립을 피하기 위해 그곳을 떠났다.

그는 구자라트의 모르비 근처 바바니아 마을에 도착하여, 여성 성자인 라마 바이의 아쉬람에 머물렀다. 마하라지는 아쉬람 근처의 호수에 앉아 한 번에 몇 시간씩 물속으로 들어간 상태에서 명상을 하곤 했다. 그는 탈라야 바바('호수 바바')로 알려지게 되었다. 바바니아에서 상당한 시간을 보낸 후, 그는 인도 전역을 걸어서 돌아다니기 시작했고, 8년 정도 그렇게 했다. 다다는 마하라지의 사다나인 '탈라야 바바' 시대에 관한 몇 가지 이야기를 더 수집했다.

또 다른 단서는 나이니탈에 있는 비를라 칼리지의 교장이자 바바지의 열렬한 헌신자인 스리 S. N. 상에게서 나왔다. …그는 펀자브의 한 공립학교에 다니던 소년 시절, 자신의 첫 경험에 대해 이야기했다.

"학생들은 산에서 몇 주 동안 캠프를 하곤 했지요. 매년 우리는 산기슭에 있는 캠프에서 꽃을 모으거나 나비들을 쫓곤 했었는데, 그때 담요를 뒤집어쓴 한 남자가 지나가는 것을 보았어요. 오가는 사람이 너무 많아서 우리는 그 사람을 전혀 눈치 채지 못했지요. 몇 분이 지나자 그 지역 어느 마을의 소 치는 사람이 달려와서 '그렇게 위대한 성인이 지나가셨는데 그를 뒤따르지도 않다니!'라고 소리쳤어요.

우리가 그에게 던졌던 질문은 '그러면 당신은 왜 성자를 따르지 않았느냐' 하는 것이었지요. 그는 산티아(그의 아내)와 마을의 다른 사람들을 부르러 갔다고 말했습니다. 사람들이 산을 오르기 시작했을 때, 우리도 그들과 합류했어요. 꽤 먼 거리를 갔다가 담요를 쓴 남자의 흔적을 찾을 수 없어서 모두 돌아왔지요.

소 치는 사람은 담요를 뒤집어쓴 그 남자를 호수에 사는 바바인 '탈라야 바바'로 알고 있었던 자신의 소년 시절에 대해 이야기하기 시작했습니다. 소치기는 자기 자신과 다른 마을 소년들이 소와 염소에게 풀을 먹이러 가곤 했다고 말했습니다. 그들은 저녁이 되기 전에야 돌아오기 때문에, 점심 도시락을 가지고 다녔다고 했습니다. 근처 호수에 도착한 후, 그들은 음식을 천으로 묶어 한 나무의 가지에 걸어놓았습니다.

한 바바가 그 호수에 살았고, 탈라야 바바라는 이름으로 알려져 있었어요. 그들이 그곳에 올 때마다 물 속에 있는 그를 보곤 했습니다. 그는 매우 친절했고, 모두가 그를 사두라고 높이 평가했지만, 그는 그들을 많이 놀리곤 했습니다. 그들이 정오에 식사를 하러 왔을 때, 그들은 그가 나무에서 그들의 자루를 꺼내어 그것을 자기에게 오는 사람들이나 동물들에게 전부 나누어주는 것을 보곤 했습니다. 그런 다음 그는 그들에게 온갖 종류의 맛있는 음식을 듬뿍 먹였습니다. 그들은 그렇게 맛있는 것을 많이 먹어 본 적이 없었어요. 그가 자신의 머리에 손을 얹으면 음식이 생겼고, 그가 앉아 있던 호수 안에서 음식을 꺼내기도 했습니다. 그는 그들을 매우 사랑했고, 그들이 가까이 있을 때 그들과 이야기를 나누곤 했습니다.

오래전 일이에요. 그 당시 그들은 단지 어린 소년들이었지만, 그는 탈라야 바바에 관한 모든 것을 기억하고 있었습니다."[2]

락슈만 다스로 알려졌던 젊은 사두 시절의 마하라지.

그와 동행했다고 주장하는 한 바바에 따르면, 1920년대 어느 때 마하라지는 신성한 나르마다강의 둑을 따라 바다로 향하는 순례 여행을 갔다가 다른 강둑을 따라 출발점인 아마르칸타크로 돌아왔다고 한다. 1,600세의 바바는 순례 여행의 창시자였는데, 순례 여행이 끝나자 자신의 초자연적인 능력을 마하라지에게 전수해 주었다고 한다.

그 바바는 니브 카로리 마을 사람들에게서 들은 이야기도 전해주었다. 마하라지는 지하 방이나 동굴을 만들어서 푸자, 요가 크리아(정화), 하반(불 의식), 명상을 많이 했다. 어떤 사람은 매일 마하라지를 위해 동굴 입구에 우유 한 컵씩을 놓아두었다. 한번은 우유가 며칠씩이나 거기에 없자, 마하라지는 자신이 예배를 드리곤 하는 하누만의 조각상 앞에서 자신에게 먹을 것을 주지 않는다고 호되게 꾸짖기 시작했다.

이때 마하라지가 어떻게 바바 니브 카로리(또는 님 카롤리 바바, 나중에 그렇게 불림)로 알려지게 되었는지에 대한 이야기가 나온다. 며칠 동안 아무도 그에게 음식을 주지 않았기 때문에, 그는 배가 고픈 나머지 가장 가까운 도시로 가는 기차를 탔다. 차장은 표도 없이 일등석에 앉아 있는 마하라지를 발견하고, 비상 브레이크를 작동하여 열차를 멈춰 세웠다. 마하라지는 갑자기 기차에서 내렸다. 기차는 니브 카로리 마을 근처에 정차했다. 차장이 기차를 출발시키기 위해 호르라기를 불고 있는 동안, 마하라지는 나무 그늘 아래에 앉아 있었다.

기차는 움직이지 않았다. 몇 시간 동안이나 멈춰 서 있었다. 보조 엔진을 이용하여 출발시키려 했으나, 소용이 없었다. 마침내 승객들 몇 명이 승무원들에게 사두를 다시 기차에 태울 것을 제안했다. 승무원들은 처음에는 그러한 미신에 깜짝 놀랐지만, 기차를 움직이려고 여러 번 시도해 보았으나 실패한 뒤라, 그렇게라도 해보기로 했다.

승객들과 승무원들은 마하라지에게 가서, 음식과 과자를 제공했다. 그들은 그에게 기차를 타고 여행을 재개할 것을 요청했다. 마하라지는 대답도 하지 않고 먼저 배불리 먹었다. 그는 철도 당국이 니브 카로리 마을에 역을 건설하겠다고 약속하면, 열차에 탑승하겠다고 말했다. 그 당시 마을 사람들은 가장 가까운 역까지 수 마일을 걸어가야 했다. 승무원들은 자신들이 할 수 있는 모든 일을 다 하겠다고 약속했고, 마하라지는 마침내 기차에 다시 탑승했다. 그가 일등석에 돌아와 앉자마자 기차가 굴러가기 시작했다.

마하라지는 관리들이 약속을 지켰다고 말했다. 얼마 지나지 않아 기차역이 건설되었다. 마하라지는 기차가 왜 움직이지 않았는지 몰랐다고 말했다. 그는 확실히 아무것도 하지 않았지만, 그의 '사업'이 실제로 시작된 것은 바로 그날부터였다.

마하라지가 없는 여러 해 동안, 그의 젊은 아내는 험한 삶을 살았다. 남편이 집을 나갔다는 소문이 퍼지자, 동네 사람들은 그녀를 못살게 굴기 시작했다. 어떤 사람들은 그가 도망쳐서 다시는 돌아오지 않을 거라고 하기도 했고, 이미 죽었다고 말하기도 했다. 그녀는 상처를 주는 소문을 많이 들어야 했지만, 아무것도 할 수 있는 일이 없었다.

람 베티는 예배에 많은 시간과 공을 들였다. 그녀는 손맷돌로 매일 250그램의 보리를 갈았다. 이 밀가루로 그녀는 차파티 세 개를 만들었다. 하나는 마을 사원의 시바에게 바쳤고, 하나는 소에게 주고, 하나는 그녀가 직접 먹었다. 마하라지가 없는 세월 동안 그녀는 이런 식으로 끼니를 이었다. 그녀는 끊임없이 신께 기도했다.

마하라지의 젊은 시절, 나이니탈.

　마하라지의 할머니의 마을에 사는 누군가가 파루카바드의 갠지스
강둑에서 마하라지의 아버지 두르가 프라사드와 꼭 닮은 청년을 목격했
다. 그 남자는 두르가 프라사드의 아들이 가출했다는 것을 알았기
때문에, 아버지에게 알렸고, 아버지는 파르루카바드로 가서 갠지스강
에서 마하라지를 찾아냈다. 마하라지는 그 당시 갠지스강에서 날마다
목욕을 했다. 그는 그에게 집으로 돌아가 가족의 책임을 다하라고
설득했다. 마하라지가 사두처럼 장발을 하고 있어서, 집으로 오기
전에 머리를 자르게 하려고 데려갔다. 1924~25년의 일이었다.

처음으로 집에 돌아왔을 때, 마하라지는 대부분의 시간을 집안에서 머물렀다. 아내가 뭔가를 찾지 못할 때와 같이 특별한 경우를 제외하고는, 자신의 능력을 대부분 숨기고 지냈다. 무언가 찾아내지 못하는 것이 있으면, 그는 누군가에게 집 뒤로 가보라고 말했고, 그러면 그 물건이 그곳에서 발견되곤 했다.

많은 바바들과 사두들이 그를 만나기 위해 집으로 방문했다. 손님들은 항상 환대를 받았고, 음식을 먹었다. 하지만 그의 이중생활을 남들보다 더 잘 알고 있었을 그의 아내는, 그가 '바바'(성자의 경칭)라는 호칭을 듣는 것을 좋아하지 않았고, 심지어 그가 몸을 떠난 후에도 그를 그런 식으로 언급하는 사람들에게 짜증을 냈다.

방문한 성자들과 수행자들은 모두 대접을 잘 받았다. 케샤바난드라는 사람은 따뜻한 환영을 받고, 성자에 걸맞은 방식으로 대우를 받았다. 요그웨일 바바라는 또 다른 사람이 방문했을 때에는, 차파티가 야채와 함께 제공되었다. 그는 차파티를 먹지 않았기 때문에, 파란타(튀긴 납작빵)를 요청했다. 날씨가 매우 추워서 그 바바는 불 앞에 앉아서 그것을 먹었다. 그가 파란타를 먹는 것을 본 지나가던 농부는, 자기 자신과 다른 사람들은 하루 종일 일을 해야 겨우 굳어버린 차파티를 얻을 수 있다고 말했다. 그런데 왜 이 바바는 일도 하지 않고 버터 바른 차파티는 먹지도 않는데, 파란타를 즐기고 있단 말인가? 그것이 농부의 불만이었다.

바바는 이 말을 듣고는 기분이 너무 나빠져서 파란타를 불 속에 던져버리고, 자리에서 일어나 떠나려고 했다. 마하라지는 바바에게 제발 머물러 달라고 부탁했다. 그는 즉시 푸리스(또 다른 종류의 튀긴 납작빵)를 준비하게 했다. 마하라지는 큰 존경심을 갖고 그에게 이것을 제공했다. 그는 이것을 먹고 마하라지의 행동에 깊은 감명을 받아 그의 발 앞에 엎드러졌다. 나중에 마하라지는 "음식, 예배, 부, 아내는 모두 은밀하게 다루어져야 한다."는 속담을 인용했다. 마을에 온 또 다른 성자는, 마하라지와 매우 가까운 마을 주민인 스리 데비 람에게 마하라지는 '마하트마', 곧 '위대한 영혼'이라고 말했다.

어느 면으로 보나, 마하라지는 가족의 중요한 행사에는 빠짐없이 참석하는 사랑스럽고 의지할 만한 남편이자 아버지였다. 그의 아내의 여동생은 이렇게 말한다. "그는 아내를 매우 사랑했고, 아내가 원하는 것은 무엇이든 즉시 제공해 주었어요. 그는 대부분의 남편들이 하지 않는 방식으로 그녀를 돌보아주었습니다. 그녀가 어떤 결정을 내리면, 비록 그것이 마을 전체에 반대되는 일이라 할지라도, 그는 그녀가 옳다고 느끼면 그녀를 지지하곤 했습니다."

그는 뭔가 옳다고 생각하지 않는 경우를 제외하고는, 그녀가 원하는 모든 것을 해주었다. 어떤 사람이 마하라지의 아내에게 자기 아들이 감옥에서 석방될 수 있도록 돈을 좀 달라고 집으로 찾아왔다. 이 남자는 어떤 이유를 대서든 돈을 요구하는 버릇이 있었기 때문에 그녀는 거절했다. 마하라지는 위층에 앉아 대화를 듣고 있다가 아래로 내려왔다. 이 남성은 자신의 아들이 차표도 없이 기차에 탔다가 벌금을 내지 못해 감옥에 갇혔다고 말했다. 마하라지는 눈물을 글썽이며, 그에게 필요한 금액의 돈을 주었다. 나중에 그는 자기 아내에게, 아들을 감옥에 갇힌 사람의 심정에 대해 말했다.

조상 대대로 살아온 악바르푸르의 집에서 세 명의 자녀가 태어났다.

두 아들 아넥 싱(1925년)과 다람 나라얀(1937년), 딸 기리자(1945년)가 그들이다. 마하라지는 자녀 교육에 특별한 관심을 기울였으며, 모두 중등학교를 다녔고, 두 명은 대학을 나왔다. 그는 그 당시 대부분의 가족들과는 달리 아들과 딸을 차별하지 않았으며, 모든 자녀에게 평등한 교육을 주장했다. 햇빛으로부터 딸을 보호하기 위해 우산을 들고 학교에 딸을 데리러 갈 때도 많았다.

마하라지는 지금 일어나고 있는 일들에 대해 자녀에게 즉시 즉시 가르침을 주었다. 나무 위의 새 가족을 보면서, 그는 어미새가 새끼새에게 먹이를 주고 새끼새가 자라면 부모의 둥지를 떠나 날아가듯이, 우리도 새들로부터 독립을 배울 수 있다고 말했다. 그는 또한 『라마야나』에 나오는 이야기, 특히 시타Sita*와 아나수야Anasuya**에 관한 이야기를 들려주곤 했다.

그는 강가에 서서 전갈이 떠다니는 것을 본 한 성자의 비유를 이야기해 주었다. 성자는 전갈의 생명을 구해주려고 물에서 전갈을 집어들었지만, 전갈의 꼬리에 찔리는 바람에 심한 통증이 와서 견딜 수 없어서, 자기도 모르게 전갈을 놓아버렸고, 전갈은 다시 물 속으로 떨어졌다. 성자는 전갈을 다시 집어 들었고, 다시 전갈에게 찔린 다음 놓아주었다. 그런 일이 반복되었다. 어떤 사람이 성자에게 그 생물이 그에게 그렇게 많은 고통을 안겨주는데 왜 계속 그런 일을 하느냐고 물었다. 성자는 이렇게 말했다. "그것이 본성을 따르는 일입니다. 그러한 생물조차 자기 본성을 떠나지 않는데, 내가 왜 나의 본성을 떠나야 하지요?"

---

* 라마의 부인.

** 힌두교의 성자 아트리의 아내로, 기적적인 힘을 가진 수행자.

불편하다고 해서 자기의 본성을 떠나서는 안 된다.

가족에게는 하인들이 딸려 있었지만, 마하라지는 그들을 존경심으로 대했다. 그는 어떤 일도 무의미하게 여기지 않았다. 하인이 소여물을 만들기 위해 기계를 사용하고 있으면, 그는 그것이 힘든 일이라고 느끼고는 기계 작동을 도와주곤 했다.

그가 어디에 있든, 무엇을 하든, 그의 손가락은 항상 움직이면서 만트라를 외우고, 기도를 반복하고 있었다. 누군가 그에게 말을 걸면, 그는 자신이 항상 람 람을 조용히 읊조리고 있었던 것처럼, 람 람이라고 말하곤 했다. 그는 한 번에 며칠씩 아그라에 있는 자신의 방에 틀어박혀 있었고, 그의 아내 외에는 누구도 감히 그를 방해하지 못했다.

마하라지는 자녀의 모든 결혼식을 주관했다. 딸의 결혼식에서, 그는 아들에게 전등을 대체할 광원을 구해 놓아야 한다고 강조했다. 실제로 전원이 나가서, 랜턴을 사용하게 되었다. 마하라지는 신랑에게 신부를 보내는 의식을 거행한 후, 일찍 절차를 끝냈다. 싯디 마는 마하라지가 그날 거의 하루종일을 카인치에 있는 자신의 방에서 지내고, 밖으로 나오지 않았다고 말했다.

마하라지는 가장으로서의 의무를 다하면서도 신께 도달할 수 있다고 말했다. 그는 마을에서 큰일이 있을 때마다 마을의 가장 큰 지주로서 일일이 참견하고 축하해 주었다. 마을 사람들이 그의 집으로 오곤 했고, 2대 명절인 홀리 Holi*와 디왈리 Diwali** 때에는 가난한 사람들에

---

* 정월 대보름
** 빛의 축제. 집 안팎을 전구로 장식하여 불을 밝히고 신들을 맞이하여 감사의 인사를 올린다.

게 5킬로그램짜리 밀 포대를 나눠주었다. 마하라지가 있는 곳에는 사두들을 포함한 많은 사람들이 주위에 모였다. 그는 모든 사람을 두루 잘 보살폈다. 그를 둘러싼 분위기는 늘 재미와 기쁨으로 가득 차 있었다.

사람들은 온갖 문제를 안고 그를 찾아왔다. 그는 사람을 섬기는 것이 곧 신을 섬기는 것이라고 말했다. 그는 마을 어르신들을 만날 때면, 모든 카스트의 사람들을 차별 없이 존경과 사랑으로 대했다. 그는 항상 자신이 받는 것보다 더 많이 주도록 생각을 기울여야 한다고 말했다. 그 당시 홀리 축제에서는 크리슈나의 사랑 놀이를 기억하기 위해 서로에게 색깔이 든 물을 뿌렸는데, 낮은 카스트의 사람들은 높은 카스트의 사람들에게 색깔이 든 물을 뿌리는 것이 허용되지 않았다. 그는 마을에서 이 제한을 깨뜨린 첫 번째 사람이었다.

여러 면에서, 마하라지는 여느 가족의 아버지나 연장자와 다름이 없었다. 차이점은, 그는 항상 매우 관대했고 사랑이 넘쳐 흘렀다는 것이다. 그는 언제나 자신의 하인들과 가난한 사람들을 돌보는 일에 특별한 관심을 기울였다. 마하라지는 『라마야나』를 낭송하는 것을 듣기 좋아했다. 시타가 납치된 후 랑카에 홀로 남겨지게 되는 이야기를 들은 그의 뺨에는 눈물이 흘러내렸다.

그는 한 달에 2~3일 동안 악바르푸르의 집을 떠나기 시작했다. 시간이 지나자, 한 번에 8~10일씩 집을 나갔다가 온 뒤 일주일 정도 집에 있다가 다시 사라지곤 했다. 1962년에 가족은 아그라로 이주하여, 처음에는 세를 살다가 나중에는 부동산을 구입했다. 딸의 결혼식 이후 마하라지는 아그라나 악바르푸르의 집에 들르는 일이 급격히 감소했다.

그러나 1972년 그의 아내가 중풍 증세를 보이자, 그는 아그라에 있는 가족을 두 번 방문했다.

다람 나라얀은 가끔씩 마하라지와 함께 여행을 했고, 브린다반과 카인치 아쉬람과 알라하바드, 그리고 하리드와르에 있는 쿰바 멜라 캠프로 그를 찾아갔다. 대개는 용돈을 받기 위해서였다. 마하라지는 그에게 돈을 주었고, 전혀 성가셔하지 않았다. 아들이 영적인 생각을 하거나 신자들로부터 어떤 기적에 대한 이야기를 듣게 되면, 마하라지는 그에게 그가 모든 사람을 속이고 있다고 말했고, 다람 나라얀은 더 이상 묻지 않았다. 싯디 마는 가족에 대해 매우 잘 알고 있었고, 가족이 방문할 때마다 돌보아주었다.

마하라지의 조카는 어머니로부터 브리다반 아쉬람으로 가서 담요를 좀 얻어 오라는 지시를 받았다. 아쉬람에 도착한 그는 많은 사람들이 있는 것을 보고는 넋이 빠져서 어떻게 마하라지에게 다가가야 할지 몰라 멀찍이 서 있었다. 마하라지는 그에게 소리를 지르며, 그의 어머니와 다른 사람들에 대해 안부를 물었다. 마하라지는 조카에게 엄마가 담요를 가져오라고 했느냐고 말했다. 조카는 자신이 한마디도 하지 않았는데도 마하라지가 담요에 대해 알고 있다는 사실에 놀라지 않을 수 없었다. 이런 일은 가족들 사이에서 끊임없이 일어났지만, 항상 간과되었던 것 같다.

어느 해에 아내의 몸이 좋지 않자, 마하라지는 가족 전체를 나이니탈에 있는 임대주택에 두 달 동안 있게 했다. 마하라지는 그 당시 나이니탈에 머물고 있었다. 그곳에 있는 동안 가족은 마하라지를 쉽게 만날 수 있었다.

언젠가는 마하라지의 딸 기리자가 장티푸스에 걸렸다. 담당 의사는 손을 쓸 수가 없다고 말했고, 가족들은 걱정이 태산이었다. 그녀의 외삼촌은 마하라지에게 알리기 위해 카인치로 갔다. 처음에 마하라지는 걱정스러운 표정을 짓다가 하누만 상이 모셔져 있는 곳으로 들어가 등잔불을 켜고 한동안 사원 안에 앉아 있었다. 한참 후 사원에서 나온 그는 푸자리에게 등불이 계속 타오르도록 램프에 버터 기름을 채워 두라고 말했다. 나중에 그는 신자들과 함께 앉아서, 이 사람이 자신의 아픈 조카를 걱정하고 있다고 말했다. 그는 기리자에게 아무 일도 일어나지 않을 것이며, 다 괜찮아질 것이라고 말했다. 기리자는 회복되었다.

본질적으로, 가족들은 그가 좋은 남편, 아버지, 친척이라는 사실에 만족했으며, 다른 것에 대해서는 전혀 마음을 쓰지 않았다. 마하라지가 집으로 처음 돌아왔을 때부터, 가족은 그에게 뭔가가 더 있다는 것을 알았다. 그의 아내는 그에게 많은 질문을 하곤 했지만, 그녀는 아무 말도 하지 않았고, 그들 사이에 일어나는 일들에 대해서는 누구도 알지 못했다. 오직 마하라지만이 영적인 면과 가족적인 면을 어떻게 분리해서 살 수 있었는지 알고 있었다. 이런 식의 줄타기는 평생 동안 계속되었지만, 양측 모두 행복했으며, 많은 신자들이 모인 가운데에서는 가족 문제가 표면으로 떠오른 적이 없었다.

악바르푸르의 지주 집안 가장으로서, 마하라지는 지역 사회에서 알려지고 존경 받았다. 인도가 마을 관리들의 민주적 선거를 도입한 후, 마하라지는 마을의 촌장으로 선출되었다. 그는 정자나무 아래에 마련된 높은 단 위에 앉아서 주변에 모인 마을 사람들과 마을 문제를 해결하곤 했다. 그가 초자연적인 힘을 사용한 증거는 없지만, 사람들 중에는 불가능한 일이 일어났다고 말하는 이들이 있었다. 하지만 당시에 대다수 사람들은 그것을 의식하지 못했다.

마을 사람들의 생활은 평화롭다고 할 수 없었다. 마하라지는 카스트 제도를 없애버리고 싶어 했다. 하지만 높은 계급의 사람들은 그것을 반대했고, 이들 중에는 마하라지의 친척들도 있었다. 이로 인해 마을에 불화가 생겼다. 나중에, 촌장 자리가 낮은 카스트 출신의 사람이 맡기로 정해졌다. 그는 여러 사람들의 반대에도 불구하고 낮은 카스트 출신의 사람이 촌장이 되도록 힘을 썼다.

언젠가 그는 아들 아녝 싱에게 "내가 네 손가락을 자르면, 네 피는 어떤 색이 될까?"라고 물은 적이 있었다.

"빨간색."이라고 아녝 싱이 대답했다.

그는 이어서 "청소부 아들의 손가락이 잘리면, 무슨 색이 되겠느냐?"라고 물었다.

아들은 "아무 차이가 없겠지요."라고 대답했다.

마하라지가 말했다. "차이가 없다면 왜 차별하느냐? 가서, 청소부의 아들과 놀아라."

당시는 카스트 제도가 확고하던 시대였지만, 그는 자녀들에게 카스트 제도에서 벗어나 모든 사람이 평등하다는 것을 확실히 알아야 한다고 말했다.

몸을 입고서

인도에서는 구루나 성자를 만나러 갈 때 과일, 꽃, 돈을 바치는 것이 전통이다. 우리는 종종 마하라지에게 사과나 바나나를 바쳤다. 그에게 줄 수 있는 것은 정말로 아무것도 없었다. 마하라지는 과일을 가져다가 사람들에게 던져주곤 했는데, 놀라울 정도로 정확했다. 정말 원숭이 같았다. 그는 엄청나게 긴 팔을 갖고 있었다.

마하라지의 몸은 정말 대단했다. 누가 보고 있는지, 언제인지, 그 사람에게 그가 무슨 일을 해야 하는지에 따라, 모습이 계속해서 변했다. 그가 작고 민첩해 보일 때도 있었고, 다다의 아내 디디가 그를 마사지하려고 했지만 그가 너무 거대해 보여 그의 몸 위로 손을 뻗을 수 없었던 때처럼, 산처럼 큰 덩치로 보일 때도 있었다. 그런가 하면 너무 왜소해 보여 그를 보호하고 싶어질 때도 있었다. 키도 변하고, 배가 엄청나게 나올 때도 있었다. 니티야난다의 사진을 본 적이 있다면, 맥주를 너무 많이 마셔서 배가 나온 사람처럼 보이기도 하지만, 그것은 어쩌면 샥티의 효과 때문일지도 모른다. 피부는 아주 특별해서, 버터처럼 빛이 났다. 너무 부드럽고 매끄러웠고, 아기 냄새가 날 때가 많았다.

속눈썹이 길었고, 대개는 눈이 반쯤 감겨 있었다. 그의 눈을 볼 수 있을 때, 때로는 약간 엇갈려 보였다. 한쪽 눈은 세상을 보고 있고, 다른 쪽 눈은 내면을 향하고 있는 것처럼. 그와 함께 있었을 때 딱 한 번, 그는 눈을 크게 뜨고 나를 똑바로 바라보았다. 그 눈빛의 힘은 당장이라도 사람을 완전한 삼매로 데려갈 수 있을 것이다. 하지만 눈총을 맞은 당사자가 설익은 상태라면, 그것이 해탈이나 깨달음으로 이어질 리 없다. 그것은 단지 또 다른 황홀경을 만들어낼 뿐이고, 그래서인지 그는 늘 그 힘을 가리고 있었다. 사람들이 그 힘을 견디지 못할 것이기에, 그는 그 긴 속눈썹 뒤로 대부분 눈을 반쯤 감은 채로 있었다. 엄지발가락 발톱은 머큐로크롬을 칠한 것처럼 붉었다. 신자들에게는 그것이 전구처럼 보였다. 아마도 그렇게 타고났을 것이다.

그는 놀라울 정도로 유연한 관절을 갖고 있었다. 등 뒤에서 손을 맞잡은 상태에서 머리 위로 들어올려 앞으로 가져올 수 있었다. 그는 나이니탈에 있는 병원의 아동 병동에서 요가 기술로 아이들을 즐겁게 해주곤 했다. 그는 팔을 바닥에 납작하게 대고, 팔을 들지 않은 채로 공중제비를 한 다음 반대 방향으로 돌아갔다. 그는 열 명 정도의 헌신자들에게 이 재주를 시연하면서, 등 뒤로 두 손을 맞잡은 채로 놓지 않고 앞으로 가져갔다.

케네디와 네루의 뼈 전문의였던 봄베이 출신의 의사가 왔을 때, 마하라지는 그에게 온갖 기이한 동작을 할 수 있는 자신의 오른팔을 보여주었다. 마하라지는 몹시 걱정스러운 표정을 지으며, 의사에게 그것에 대해 물었다.

외과 의사는 이렇게 말했다. "어렸을 때 부러진 게 확실합니다. 그 상태에서 낫지 않았어요. 이런 식으로 느슨해진 채로 그대로 유지된 거지요."

마하라지는 "아, 그다지 흥미롭지 않네요. 그러면 이건 어때요?" 하고는, 다른 쪽 팔에도 같은 동작을 했다. 의사를 완전히 바보로 만들어 버리는 일이었다. 마하라지는 의사들이 마치 다 알고 있는 것처럼 생각하는 것에 대해 꾸짖곤 했다.

마하라지가 처음 나이니탈에 왔을 때, 그는 마을 중심에 있는 나이니탈 시장의 서로 겹겹이 이어진 집들의 지붕 위를 작은 사다리를 타고 오르내리곤 했다. K.K.는 나를 자신의 집 꼭대기 층으로 데려가서 마하라지가 어떻게 지붕을 넘어 다녔는지를 보여주었다. 그는 어린 싯디 마가 겨울에 사용하기 위해 옥상에서 렌즈콩 페이스트를 널어 말리고 있는 곳으로 가고, 그러면 그녀는 그에게 공손하게 인사를 하고 그는 사랑이 가득 넘치는 미소를 짓곤 했다는 것이다.

마하라지는 스리 람 샤라는 나이 든 헌신자의 집에 간 적이 있었다. 싯디 마가 와서 "아, 나의 마음이여, 부디 기억해 주세요…"로 시작되는 성가를 감미롭게 부르자, 마하라지는 눈물을 흘렸고, 그 바람에 그녀는 노래를 그만 잊어버렸다. 그 후 한동안 마하라지는 싯디 마를 '나의 마음'이라고 부르며, 그녀가 부르던 성가를 회상했다.

각 가정에서는 여성들이 성자를 위해 요리하는 것을 축복으로 여기고 식사를 준비하곤 했다. 한번은 마하라지가 오전 6시에 식사를 시작하여 밤 11시까지 계속 먹었다. 그는 퓨리와 쌀과 그 모든 것을 포함하여 약 20끼의 식사를 했다. 엄청난 양이었다. 그는 계속해서 먹고 또 먹고 또 먹었다. 각 가정마다 10~15분 가량 머물렀다. 그는 그렇게 함으로써 그 모든 사람들을 믿을 수 없을 만큼 섬기고 있었다. 하지만 몸을 입고 있는 마지막 몇 년 동안은, 거의 아무것도 먹지 않았다.

마하라지는 놀랍도록 빠른 속도로 왔다가 빠른 속도로 사라지는 병들을 앓았다. 고열이 나서 담요를 덮고 누워 있다가 한 시간 뒤에는 멀쩡하게 자리에서 일어났다. 갑작스러운 심장마비처럼 누군가를 죽게 할 수 있는 병을 대신 앓기도 했다. 그는 다른 사람들을 위해 많은 것들을 대신 떠맡았다. 이 내용은 대부분 숨겨졌다. 그가 사람들의 카르마를 떠맡고 있다는 사실을 아는 사람은 거의 없었다.

K.K가 한번은 카인치로 마하라지를 만나러 갔는데, 그는 양털 모자에

스웨터를 껴입고, 한 번도 신지 않았던 양말을 신고, 숯불 화로 옆에 웅크리고 앉아 코를 훌쩍이고 있었다. 비참하고 가련해 보였다. 그는 "오, K.K., 나 너무 아파요!"라고 말했다. 가끔은 무정한 사람처럼 행세하는 K.K는 동정하기는커녕 "마하라지, 왜 우리 같은 바보들을 속이려고 하세요?"라고 말했다. 함께 있던 그의 사촌 M.L.은 그의 건방진 태도에 조금쯤은 불쾌감을 느꼈다. 하지만 마하라지는 곧이어 양말과 모자를 벗고 감기에 걸린 것처럼 행동하는 것을 그만두었다.

　마하라지가 행한 많은 일들을 우리로서는 다 알 수가 없다. 아주 아주 작은 부분만 볼 수 있을 뿐이다. 지난 몇 년 동안은, 그가 거기에 앉아 있는데도 금방이라도 가버릴 것 같은 때가, 여러 번 있었다. 내 생각에, 그는 말년에 우리가 그와 함께 있을 수 없는 뒷방에서 무상 삼매*에 빠져 많은 시간을 보낸 것 같다. 한번은 다다의 집에서 『라마야나』를 읽고 있을 때, 사람들은 읽기를 멈추고 그를 밖으로 데리고 나갔다. 왜냐하면 그가 삼매에 들어가고 있었기 때문이다.

　내가 마하라지와 함께 있었던 처음 몇 년 동안, 그는 항상 손가락을 움직거리며 람 람 람 람을 말하면서 자파를 하고 있었다. 1970년까지는 그렇게 많이 하지 않았다. 마하라지의 무상 삼매는 모습 안에 있으면서도 동시에 모습에 갇히지 않고 그 '텅 비어 있는 성질'을 보며, 한 발은 세상에 있고 다른 발은 공空 속에 있을 때 자동적으로, 저절로 오는 상태로 묘사된다. 나는 무상 삼매를 부처님께서 말씀하신 것처럼 매 호흡마다 생명이 들어오고 나가는 상태, 매 호흡마다 우주가 재창조

---

* 일체 법이 다 공(空)하다는 것을 관조하는 선정.

되는 상태에 있는 것이라고 생각한다. 마하라지의 내면에는 우리가 알고 있는 그런 시간 개념이 없고, 마음의 순간 순간들이 펼쳐질 뿐이다. 상상해 보라. 그것은 거대하기도 하고 작기도 하기 때문에, 눈 깜박할 때마다 수조 개가 되는 마음들이 순간 순간 창조되었다가 소멸되었다가 다시 창조된다. 그렇게 완전한 우주이다. 부처님은 여러 단계마다에 이름을 붙였지만, 마하라지는 각각의 단계에 살 수 있었다. 그렇게 존재의 휴지 상태들 속에, 신에 대한

> 모든 것이 본래 텅 비어 있으니
> 무엇이 무엇을 묶을 것인가?
> 물이 물과 섞여도 차이가 없듯이
> 마음의 보석도 감정의 하나됨
> 속에서
> 하늘로 들어간다.
> 자아가 본래 없는데
> 어떻게 무아가 있을 수 있겠는가?
> 애초에 창조된 바가 없는데
> 태어남도, 죽음도, 있을 수 없고
> 어떤 종류의 존재도 있을 수 없다.
> 이것이 무아(無我)의 본성이며,
> 본래 존재도 없고 비존재도 없다.
> ―부수쿠파다[3]

어떠한 개념도 초월하는 신이 존재한다. 신에 대한 개념조차도 여전히 마음의 순간이다. 그러나 그 마음의 순간들 사이에 신이 계시는 자리가 있다.

어떤 사람이 처음으로 삼매에 들고 날 때에는, 그 기간이 매우 길다. 물질계에서는 일정 기간 동안, 예를 들면 3일 정도 삼매에 들어갔다가 나온다. 그다음에는 밤마다 들어갔다가 낮에는 나올 수도 있다. 결국에는 매 순간이 창조되고 파괴되는 완전한 우주 속에 있게 된다. 이 물질계에서 시간을 초월하는 능력을 갖게 되면, 그 사람은 신 안에도 있고 세상 안에도 있게 된다. 실제로는 연속적으로 일어나는 일이지만 동시적으로 여겨지기도 한다. 시간의 단위가 너무 작아서, 모든 의도와 목적이 동시적으로 존재하는 것처럼 보인다. 마하라지는 완전히 편안한

것처럼 보였지만, 놀라운 에너지와 차원의 변화로 항상 긴장 상태에 있었다. 우리는 그가 실제로 어떤 사람인지 거의 보지 못했다.

내가 마하라지와 함께했던 가장 멋진 순간은, 어느 날 해질녘 카인치에서 K.K.와 그의 사촌 M.L.과 함께 외출했을 때였다. 표면상 우리는 카인치에 있는 두르가 푸자를 위해 할드와니에서 깨지기 쉬운 물건을 배달하는 중이었다. 황혼 속에서 우리는 그냥 앉아 있었는데, 마하라지는 마치 시바 같았다. 그는 누워서 코를 골기 시작했다. 아니 어쩌면 그렇게 들리기만 했는지도 모른다. 그는 나를 황홀경과 지복의 상태로 데려갔다. 나는 격렬하게 몸을 떨며 정신이 나갈 지경이었는데, 그가 다시 나를 돌려놓았다. 마하라지는 "그는 아직 준비가 안 되었다."라고 말했다. 우리가 그곳을 떠났을 때, 나는 뒤돌아서서 그가 벤치에 앉아 있는 것을 지켜보았다. 마치 살아있는 신상神像 같았다.

사라짐의 막幕

1973년 9월 마하라지는 아그라로 가기 위해 카인치 아쉬람을 떠났다. 그가 아쉬람을 떠나 자동차에 도착했을 때, 그의 담요가 땅에 미끄러졌다. 한 헌신자가 그를 위해 주워 주었는데, 그는 "그냥 놔두게. 어떤 것에도 집착해서는 안 돼."라고 말했다. 그는 그것을 접어서 차 안에 놓아두었다. 그는 젊은 신도인 라비 칸나만의 시중을 받으며 야간 열차를 타고 여행했다. 일행은 아그라에서 그의 둘째 아들 다람 나라얀을 태웠고, 한 헌신자의 집에 머물렀다. 마하라지는 가슴 통증을 호소했고, 그래서 심장 전문의를 찾아갔다. 진찰 결과, 의사는 괜찮다면서 휴식이 필요할 뿐이라고 말했다. 일행은 카인치로 돌아가는 저녁 기차를 탔지만, 얼마 지나지 않아 마투라에서 내렸다.

마투라 역에서 마하라지는 경련을 일으켰고, 일행은 그를 택시로 브린다반에 있는 병원으로 데려갔다. 의사들은 그를 알지 못했지만, 그의 상태를 당뇨병성 혼수상태라고 진단하고는, 주사를 맞히고 얼굴에 산소마스크를 씌웠다. 잠시 후 그는 마스크를 벗더니, 소용없다고 말하고는, "자야 자그디쉬 헤어 Jaya Jagdish Hare (만유의 주님 만세!)"라고 여러 차례 말했다. 표정은 매우 평화로워졌고, 마지막 숨을 거두었다. 그 전날 카인치를 떠날 때, 그는 "오늘 나는 중앙감옥에서 영원히 풀려난다."라고 말했다. 말대로 된 것이다. 그는 우리 모두가 숭배하고 사랑하며 그토록 기쁨으로 여겼던 그 소중한 몸으로부터 떠났다.

다다는 말한다.

그는 우리가 자신의 몸에 대한 집착을 끊어내기를 바라셨습니다. 몸은 그릇일 뿐이라는 것이지요. 아무리 귀하고 매력적이라고 해도, 그것은 우리가 얻고자 목표로 삼아야 하는 것이 아니라는 것입니다. 내용물을 간직하고 그릇은 상관하지 말라고 하셨습니다. 우리가 그것을 분리시키지 못하고 껍질을 놓지 못하자, 그는 스스로 그것을 낚아채어 던져 버렸습니다. 진짜 바바지께서는 언제나 우리와 함께 계시며, 결코 잃어버릴 수 없습니다. 우리 앞에 환상을 만들어내던 모조품이 사라졌을 뿐입니다.[4]

당시에는 그의 릴라가 끝난 것처럼 보였지만, 그렇지 않았다. 다양한 형상을 들락거리는 상태로 여전히 계속되었다. 그의 은혜는 태양풍처럼 끊임없이 보이지 않는 흐름으로 남아 있으며, 그의 릴라 자리에서 그의 임재의 향기를 여전히 느낄 수 있다. 그를 생각하는 것은 그의 사랑과 연결되는 하나의 채널이 되어 준다.

제9장

●

내 가슴에 살아 계시는 이

이것은 나의 영적인 가슴을 열어준 존재들에 관한 이야기이다. 이들은 더 높은 의식의 빛나는 보석과 같은 존재들로, 구도자에게는 등대의 불빛과도 같다. 그들은 다른 사람들을 위한 거울이며, 그 자체가 가장 지고한 인간으로의 진화에 관한 순수한 진술이다. 그들의 이야기가 당신 안에 공명되어 울려 퍼지게 하라.

그들은 모든 것이 되었고, 개인에서 '하나임'으로의 순환 여행을 완결시켰다. 그러한 존재들의 눈을 바라보거나 그들의 삶에 대해 듣는 것은, 우리가 '아는' 자리에서 우리들 각자 안에서 공명한다. 이 눈들은 영원을 들여다보는 창문이자, 우리가 공유하는 참자아의 거울이다. 이 존재들은 인간과 신, 형상 있는 것과 형상 없는 것 사이에 펼쳐진 광대한 풍경을 자신들 안에 반영한다. 천국은 그들 안에 있다. 형상 없는 근원인 브라흐마는, 각 개인의 내면에 존재하며, 우리 안에 잠들어 있는 거인은 이러한 공명에 의해 흔들리고 깨어난다.

깨달은 존재에게는 정해진 공식 같이 아무것도 없다. 여기에 묘사된 대부분의 가르침은 단순히 그들의 존재에 대한 표현이거나, 주어진 시간에 추종자나 질문자의 특별한 요구에 대한 응답이었다. 어떤 이들은 사람들이 그들의 참된 은사를, 평화를, 은혜를, 사랑을, 지혜를, 연민을 받을 수 있도록 마음을 여는 한 방법으로서, 지상에 있는 동안 기적들을 행하기도 했다.

여기에 소개한 존재들만이 완전히 깨달은 사람들인 것은 결코 아니다. 단지 우리로 하여금 길을 건너게 하고 우리에게 영감을 준 몇 사람들일 뿐이다. 우리는 그들을 인간성과 신성의 결합을 통해 '깨달은 인간의 스펙트럼' 안에서 번쩍이는 사례들로서 여러분에게 제공한다. 이들은 인도의 영적 풍경에 나타난 몇몇 본보기들일 뿐이다.

볼링을 하게 되면, 볼링을 하는 사람들과 어울리게 된다. 물리학에 관심이 있으면, 물리학적인 문제 해결을 즐기는 사람들과 어울리게 된다. 당신이 자신의 신성에 매력을 느낄 때, 당신은 영 안에서 다른 존재들과 어울리게 된다. 이 존재들은 자신들이 누구인지, 왜 그러한지, 혹은 당신이 누구인지, 결코 잊지 않는다. 단지 그들의 존재를 인식하는 것만으로도, 당신의 기억을 되살리는 데 도움이 된다.

이 성자들은 인간의 조건에 대한 우리의 이해를 향상시킨다. 그들은 인간 진화의 목표뿐만 아니라 거기에 도달하는 방법, 수행에 대한 우리의 견해, 왜 우리가 영적 수행을 해야 하는지에 대한 우리의 관점을 변화시킨다. 그것은 사랑하는 분과의 결합 안에서 이루어지는 요가의 정점이다. 그들의 삶은 신성한 사랑의 표현이다. 그들이 당신의 여행에도 도움이 되기 바란다.

나는 이 존재들 중 몇 분과는 개인적으로 만나서 친견을 가졌다. 이 기록의 대부분은 헌신자들의 회상, 이 사람들이 말한 내용에 대한 기록, 그리고 몇몇 사진들에서 나온 것이다. 그들 중에는 개인의 전기라고 할 만한 내용을 제대로 남긴 사람이 거의 없다. 그들의 의식 상태에서는 그런 것이 전혀 중요하지 않다. 우리가 개성이나 에고로서 이해하는 것들 중에는 남길 만한 것이 별로 없다. 자기 이야기에 관심을 갖고 있는 사람 중에는 정말로 자기 집에 있는 사람이 아무도 없다.

진흙 속에서 피어나는 연꽃

인도의 성자들은 오늘날에도 그 문화의 어느 곳에나 존재한다. 그들의 사진이나 이미지는 택시 운전사의 대시보드, 달력, 상점의 벽을 장식한다. 위대한 성자들이 요기들은 싯다, 즉 '완성된 자들'로 알려져 있다. 이 위대한 영혼들은 사회적 규범을 초월하여 존재한다. 그들의 방식은 신비롭고 비합리적으로 보일 수 있으며, 그들의 표현은 때로 기이해 보일 수도 있지만, 그들은 신성한 사랑, 깊은 평화, 바다 같은 존재의 빛과 향기를 발산한다.

성자들의 사랑에 깊이 빠져 지냈던 다다 무케르지는 말했다.

성자들이나 현자들은 깨달은 영혼들이다. 카르마, 운명, 혹은 숙명의 교의로부터 자유로워진 사람들이다. 그들은 더 이상 노예가 아니며, 더 이상 태어나고 죽는 것에 좌우되지 않는다. 그들은 자신의 자유롭고 자발적인 선택에 따라 태어난다. 왜 성자들은 인간의 모습을 취하여 인간이 겪어야 하는 그 모든 고난과 시련을 계속 겪는 것일까? 그들은 억압받는 사람, 실패한 사람, 무력한 사람을 돕고, 구출하고, 고양시키기 위해 태어난다. 나는 바바지(님 카롤리 바바)가 그런 의도를 가지고 있었다고 믿는다.

성자들과 현자들이 일하는 방식은 동일하지 않다. 그들 중 일부, 가장 위대한 사람들 중 일부는, 히말라야의 어두운 동굴이나 숲에 살고 있을지 모르지만, 그곳에서도 인류를 축복하고 있다. 그들의 존재 자체가 계속해서 영적인 진동을 일으키고, 대기를 정화한다. 물론 인간 사회에 살고 있는 성자들과 현자들도 있을 수 있다. 아쉬람이나 모스크에 살고 있을 수도 있다. 여기저기 떠돌고 있는 성자나 현자도 있을 것이다. 어떤 이들은 사프란 옷을 입거나 헝클어진 머리를 하지 않고, 가정을 꾸리면서 살고 있을지도 모른다. 바바지는 그들 각각이 서로 다른 방식으로 일을 하지만 모두가 같은 목적, 즉 사람들에게 은혜를 쏟아 붓기 위해서 존재하는 것이라고 말씀하셨다.[1]

싯다들은 자기 자신에 대한 열망이나, 자신의 필요나 욕망을 갖지 않은 채로 태어난다. 마하라지가 가진 것이라고는 도티(긴 천) 한 장과 담요 한 장뿐이었다. 그들은 다른 사람들을 위해서 산다. 그들이 이끄는 삶은 릴라로서, 구도자들과 헌신자들로 하여금 마음과 가슴에 믿음과 사랑을 창조하도록 하기 위해 행하는 신성한 춤 혹은 놀이이다. 지복과 은총은 쉽고 평이한 방식으로 그들에게서 자연스럽게 흘러나온다. 이것이 바로 대가 없이, 이유도 까닭도 없이 주어지는 그들의 은총이다.

이 성자들은 '하나임'에 바탕을 두고 있다. 그들의 의식은 우주적인 영혼인 아트만으로부터 방사된다. 우리가 '하나'를 지향하는 동안, 그들의 의식은 아직 세상에 있는 동안에도 이미 '하나' 안에서 쉬고 있다. 그들은 우리의 길을 밝혀준다. 그들은 우리가 어디로 가는지 볼 수 있도록 우리에게 빛을 제공한다.

> 성자의 가슴은 버터처럼 녹는다.
> 아니, 버터보다 더하다,
> 버터는 불 가까이에 있을 때만 녹지만,
> 성자의 가슴은
> 누군가의 가슴이
> 불 가까이에만 가도 녹아든다.
> ―마하라지

우리는 다르샨을 통해 그 빛을 받는다. 다르샨은 영혼에서 영혼으로의 전달이다. 고대의 지혜는 경험적이다. 영혼의 진동을 전달하는 목소리와 이야기에서 지혜가 나온다. 영에 이르는 길을 걷기 위해서는 이성적인 지식을 초월한 지혜가 요구된다. 싯디들은 우주를 직접 경험했다. 그들의 지혜는 '하나'에서 나온다. 다르샨을 문자 그대로 번역하면 '관점'이며, 넓은 의미에서 다르샨은 깨달은 존재들이 '하나'의 시각으로 보는 관점이다.

연민 역시 '하나'에서 나온다. 왜냐하면 그들은 다른 누군가의 열정과 함께하기 때문이다. 연민은 공감이 아니다. 공감은 한 사람이 다른 사람을 동정적으로 생각할 때, 서로 다른 두 존재 사이에서 발생한다. 연민은 '하나임'의 지혜로, 다른 사람의 감정을 자신의 감정으로 경험하는 것이다. 다른 사람의 고통이 곧 자신의 고통이다. 이 성자들은 연민의 본보기들이다. 그들은 '하나'의 표현이다.

이 섹션을 끝까지 읽고, 사진들을 좀 더 집중적으로 들여다보기 바란다. 깨달은 존재의 사진이 있는 페이지를 테이블 위에 똑바로 펼쳐 놓고 보라. 당신 자신이 마을에서 마을로 다니면서 산을 오르고, 둘만 앉아 있는 가슴의 동굴에 들어갔다고 상상해 보라. 자신을 열고 참자아를 깨달은 존재로부터 전수를 받으라. 아마도 한 장의 사진이나 이야기는 당신의 영혼이 이 순간에 필요로 하는 음식이나 내면의 길의 다음 번 전환을 위한 방향을 제공해 줄 것이다.

이 책을 당신의 참자아와의 지속적인 대화의 일부로 생각해 보라. 양상은 계속해서 바뀐다. 말은 계속 바뀌지만, 변하고 있는 것은 아무것도 없다. 이 존재들은 무한한 순간 속에 존재한다. 페이지를 계속 넘겨도 모든 페이지마다에 다 그것이 '있다'.

마틴 루터 킹 목사는 "나는 산 정상에 올라가 본 적이 있다."고 말했다. 이 성자들 역시 산 꼭대기에서 산다. 그곳에서의 풍경은 신의 관점과 비슷하다. 우리가 있는 산 중턱에서 바라보는 우리의 삶은, 산 정상에서 보는 모습과 다르다.

'하나' 안에는 과거와 미래가 없다. 모두 이용 가능하다. 신 의식에는 과거, 현재, 미래가 없다. 영원한 현재는 모든 시간이 존재하는 자리로, 우리의 시간대를 가로지르는 또 다른 차원이다. 따라서 완전히 의식적인 존재가 당신을 바라볼 때, 그 존재는 당신의 과거, 현재, 미래를 알 수 있다.

기적의 이야기는 단지 이야기일 뿐이다. 기적 이야기는 당신의 상상력을 사로잡을 수 있지만, 실제로는 만물의 단일한 의식인 아트만을 통하여 삶의 또 다른 현실을 얼핏이나 엿보게 하는 역할을 한다. 깨달은 존재들은, 신이 창조하듯이 창조하기 위하여, 자연의 법칙과 현상 세계의 직물을 가지고 놀 수 있다. 진정한 싯다는 지고의 존재들로서, 어떤 규칙에도 얽매이지 않는다. 그들에게는 아무런 차이가 없다. 현실은 분별되지 않는 진실이요, 의식이요, 지복이다. 그러나 참된 기적은 그들 자신이 존재한다는 것 자체이다. 그들은 '하나' 안에 흡수되어 있으면서도 헌신자들과 구도자들을 돕기 위해 모습 안에 담겨서 인간으로서 존재한다. 그들의 다르마, 그들의 진실은 사랑이며, 이 사랑은 그들의 제자들과 헌신자들에 대한 끊임없는 보살핌을 통해서 구현된다. 깨달은 존재는 무형의 상태로 돌아가는 선택권을 갖고 있지만, 섬기기 위해 모습 안에 머무는 선택을 한다.

위대한 존재들은 성령의 보편성을, 곧 신의 '하나임'의 보편성을, 자신들의 여러 모습들을 통해 포용하고 옹호한다. 예를 들면, 라마크리슈나는, 모든 길은 같은 곳에 이르게 한다는 것을 보여주기 위해, 여러 가지 수행을 하고 완성했다. 그는 여러 형상들을 채택하고 숭배한 사람의 살아있는 진술이었다. 형상들은 바뀌었지만, 그는 늘 황홀한 '하나임' 속에 남아 있었다.

그러한 몰입 속에서 싯다는 희미한 신체 의식만을 갖게 된다. 라마크리슈나는 자신의 몸 안에 머물려면 뭔가를 해야 했기 때문에, 때로는 파이프 담배를 피웠다. 그는 물질계에 머물기 위해 고투했다. 그러한 존재들은 오감을 통해 경험하는 능력을 잃어버릴 수도 있다.

다양한 종교적 신념을 가진 사람들이 마하라지에게 왔고, 그는 마치 자신이 그 종교가 창조되는 실제 순간에 있었거나 참여했던 것처럼, 그 종교의 근원에 대한 쉽고도 본질적인 이해를 보여주었다. 한번은 우리가 그리스도에 관해 이야기하고 있는데, 그의 뺨에 눈물이 흘러내렸다. 그는 이렇게 말했다. "그들이 그를 죽인 것은 그가 진실을 말했기 때문이야. 그대들은 이해하지 못해. 그리스도는 결코 죽지 않았어. 그는 결코 죽지 않았어. 그는 모든 사람 안에서 아트만으로 살고 있어. 그리스도와 하누만은 똑같아. 두 분 다 신을 섬기지."

영의 영역으로 더 깊이 들어갈수록, 각 종교의 뿌리에는 유사점이 있다는 것을 알게 된다. 보편성의 관점에서 볼 때, 각 종교의 창시자들은 동일한 존재의 다른 면모들이다. 다른 문화적 맥락에 따라 무대와 의상이 달라지는 것과도 같다.

우리를 인간으로 만드는 것은 의식, 곧 자기-인식이다. 그것은 우리가 세상적인 문제, 우리의 개인적, 사회적, 정치적 관계를 행하는 도구이다. 의식이 인간 진화의 화살이라면, 이 존재들은 우리의 모든 열망에 장애물을 설치한다. 그들의 단일한 의식과 그들의 사심 없는 사랑과 연민의 깊이는, 인류라는 터널 끝에서 반짝이는 빛이다. 인간이 할 수 있는 일에 대한 그들의 모범적인 사례는, 역사를 통해 반향을 불러일으킨다.

부처님은 오늘날 존경받는 대중적 인물로서 달라이 라마에 의해 반영되고 있는 특정한 의식을 갖고 계셨다. 그리스도의 '하나임'에 대한 부인할 수 없는 비전은, 2천 년 동안 수백 명의 성자들과 수천만에 이르는 신자들에 의해 반영되었다. 간디, 바츨라프 하벨, 오스카 아리아스, 넬슨 만델라 같은 사람들은 완전히 깨달았다고 할 수는 없지만, 통합 의식의 요소들을 대중의 삶 속으로 가져왔다. 이 사람들은 우리에게 인류에 대한 확신과 희망을 준다.

오늘날의 문제들을 통합의 렌즈를 통해서 보면, 우리의 의식이 얼마나 결핍되어 있는지를 깨닫게 된다. 예를 들어, 영혼의 관점에서 환경을 보면, 에고의 관점으로 보는 것과는 많이 다르다. 기후 변화로 인한 종말 시나리오는, 죽음에 대한 에고의 두려움과 환경 문제를 뒤섞어 놓는다. 우리가 두려워하지 않을 수 있을 만큼 맑은 지혜를 가질 수 있다면, 우리들 공동의 집을 직면하고, 다 함께 문제에 접근할 수 있다. 아트만 안에서 사는 성자들에게는 두려움이 없다. 그들에게는 사랑과 믿음뿐, 두려움이 설 자리가 없다.

민족국가들은 커다란 에고 뭉치들과 같고, UN과 같은 단체들은 자기 이익을 추구하는 자들이 모여서 떠드는 불협화음일 뿐이다. 우리를 하나로 모으기 위해서는 산 정상에서 바라보는 통일된 시각이 절실하다.

색안경 벗기

우리는 우리 자신의 제한된 관점에서 깨달은 존재들이 우리와 마찬가지로 에고 기반의 개성들로서 행동할 것이라고 종종 기대한다. 그들의 행동을 우리로서는 납득할 수가 없는데도, 우리는 우리 편할 대로 그들을 우리 자신의 수준으로 낮추려고 한다. 누군가는 "글쎄, 그 사람은 한 남자일 뿐이야. 그 사람은 한 여자일 뿐이야."라고 말할 것이다. 그러나 그들은, 우리가 남자나 여자에 대해서 생각하는 것과 같은 방식으로 남자나 여자인 것이 아니다. 영혼들은 그 같은 정체성을 갖고 있지 않다. 그들은 남자나 여자가 아니다. 한 영혼은 한 인도인도 아니고 한 서양인도 아니다. 마하라지는 우리를 영혼들로 보았다. 그는 우리를 에고들로 보지 않았다.

나는 그가 나의 특징을 놓치고 있으며, 나를 잘 모르고 있다고 계속 생각했다. 그가 "모두를 다 사랑해요"라고 말했을 때, 나는 '내가 모든 사람을 다 사랑할 수는 없어. 나는 그런 경지에는 한참이나 멀었어.'라고 생각했다. 그러나 당신이 자신과 다른 사람들을 영혼들로서 인식할 때, 당신은 다른 사람들과의 상호 작용에 사랑, 진실, 연민을 불러오게 된다. 그때, 당신은 그들의 영혼의 거울이다. 영혼은 다른 영혼을 알고, 인식한다.

싯디

우리가 한 성자와 연결지어서 기적이라고 부르는 것은, 단순히 그들의 현실일 뿐이다. 그것을 이해해야 한다. 우리에게 그들의 현실은 일종의 기적이다. 그들은 모든 것이 그냥 '있는' 자리에서 인과성의 차원을 본다. 그들은 다른 시간대에 산다. 시간이 없는 시간대, 영원한 현재의 순간에 살고 있다. 반면, 우리가 당연하게 여기는 것들을 그들은 기적으로 본다. 하나의 씨앗이 자라서 꽃이 피고, 바람이 분다. 그들은 순간 순간 우주의 절묘한 아름다움 속에서 산다. 그리고 그것은 우리로 하여금 세상을 새롭게 볼 수 있게 해준다.

완전히 자유로운 존재는 우주의 모든 힘, 즉 하누만이 바다를 건너 뛰고, 태양을 붙잡고, 악마의 군대를 파괴하고, 신의 일을 성취하는 데 필요한 모든 일을 하는 것과 동일한 힘을 갖고 있다. 이 존재들은 놀라운 힘을 사용하지만, 마하라지가 종종 그랬듯이, 혼란과 의심을 심어주거나 무대 뒤에서 행사함으로써 그런 일들의 원천을 알 수 없도록 가려 버린다.

여전히 자신이 뭔가를 하고 있다고 생각하는, 길 위에 있는 사람들에게 이러한 힘, 즉 싯디는, 주의를 산만하게 한다. 사람들은 그것들을 잘못된 목적으로 사용하거나 자신의 욕구를 충족시키기 위해 사용함으로써 길을 잃을 수 있다. (누군가 스스로를 메시아라고 생각한다면, 믿지 말아야 한다.) 공통적인 조언은, 초능력을 행사할 수 있다고 할지라도, 사용하지 말라는 것이다. 행할 줄 아는 사람이라 할지라도, 에고의 흔적이 남아 있다면, 문제만 일으킬 뿐이다. 마하라지는 싯디가 오용되어서는 안 된다는 점을 강조했다. 그는 때로, 사춘기 아이들처럼 초능력을 사용하거나 다르마의 진리를 마술의 수준으로 끌어내린 다른 구루들에 대해서 말했다.

『바가바드 기타』 11장은 크리슈나가 아르주나에게 자신 안에 있는 우주 전체를 보여주는 부분으로, 완성된 존재가 자기 뜻에 따라 구현할 수 있는 것이 무엇인지를 보여준다. 싯디는 의심을 돌파하기 위해 사용될 수 있다.

쉬르디 사이 바바는 믿음을 키우기 위해 능력을 사용하는 방법에 대한 통찰을 제공한다. 그는 믿을 수 없을 만큼 초능력을 가졌다. 그가 쉬르디라는 작은 마을에 처음 왔을 때, 사람들은 전혀 상대를 하려고 하지 않았다. 왜냐하면 그가 너무 기이했기 때문이다. 어느 날 그가 구걸을 하고 있었는데, 가게 주인들은 그가 램프에 쓸 기름을 그에게 주려고 하지 않았다. 그는 램프에 물을 부어 불을 붙였고, 그들은 이 광경을 지켜보았다. 놀란 그들은, 그를 숭배하기 시작했다. "나는 사람들이 내가 그들에게 주고 싶어 하는 것을 원하기 시작하기를 바라는 희망으로, 사람들에게 그들이 원하는 것을 줍니다."라는 그의 발언은, 신과 깊이 연결된 한 존재가 사람들을 신께 더 가까이 데려가기 위해서만 능력을 사용하는 이유를 설명해 준다.

　마하라지는 초능력을 갖고 있었지만, 항상 그렇지 않은 것처럼 행동했다. 나의 요가 선생님인 하리 다스는, 칠판에 마하라지가 나의 책을 위해 축복을 해주었다고 썼다. 나는 말했다. "축복이라니요? 그리고 도대체 무슨 책이죠?" 『지금 여기에 살라 Be Here Now』는 그로부터 3년 후에 출간되었으며, 40년이 지난 지금도 여전히 판매되고 있다. 사람들은 아직도 이 사건이 자신의 삶 전체를 어떻게 변화시켰으며 어떤 식으로 영적인 길을 열어주었는지 말하곤 한다. 한 번의 축복으로 적어도 200만 명의 삶이 영적으로 변화된 것이다.

　어느 한 차원에서는 그것이 게임의 능력이다. 마하라지와 함께 있노라면, 가끔씩은 곁눈질로 깜박이는 파워를 보게 될 것이다. 기이한 점은, 혼란이나 의심을 갖고 바라보게 된다는 것이다. 그러니 믿음이 없으면 그런 능력을 인정하지 않을 수도 있다. 그가 진짜로 뭔가를 행했는지, 아니면 그냥 우연히 일어난 것인지, 정말 환상적인 우연이 작용한 것인지는, 알 수 없다. 하지만 가장 큰 힘은 언제나 사랑이다. 힘은 사랑의 섬김을 통해 사용될 수 있지만, 그 반대의 경우는 안 된다.

　이집트 전통에서는 말한다. "여러 전환의 시기에 현명하게 행동하려면 우주 순환의 리듬과 법칙을 알아야 한다." 이것이 바로 이러한 힘들이 구현되는 방식이다. 그것은 한 깨달은 존재가 거기에 앉아 '이 힘으로 이 사람의 마음을 날려버리겠다.'라고 생각하는 것과는 다르다. 오히려 그러한 존재는 우주 법칙의 한 진술이 되어, 때가 무르익으면 일어날 일이 일어나게 되어 있다. 라마크리슈나는 말한다.

"덜 익은 견과류의 껍질을 깨뜨리는 것은 거의 불가능하지만, 다 익으면 (구루가) 살짝 두드려 주어도 저절로 벌어지게 된다."

당신이 이러한 영적인 친구들을 만날 때에는, 그들이 겉으로 보이는 것과는 다르다는 것을 명심해야 한다. 겉모습은 겉모습일 뿐이다. 당신의 지성뿐만 아니라 당신 자신의 믿음과 열망이 당신을 인도하게 하라. 당신의 직관과 가슴 또한 사용하라. 헌신의 길은 내맡김과 수용, 단지 "예!"라고 말하는 것만을 요구한다는 것을 기억하라. 망고가 주어지면, 그냥 망고를 먹고 그 맛을 즐기라. 나무의 크기나 그것이 자라는 데 몇 년이 걸렸는지 따위에는 신경 쓰지 말라. 그렇지 않으면, 망고의 본질인 그 맛을 놓치게 될 것이다!

라마나 마하르쉬

나는 누구인가? 내가 죽으면 어떻게 될까? 우리 모두는 한 번쯤 스스로에게 묻는다. 이러한 질문들은 우리의 정체성의 핵심에 자리한다.

1896년 7월 17일, 벤카타라만 아이어라는 16세 학생도 스스로에게 같은 질문을 했다. 그는 인도 남부 도시 마두라이에 있는 삼촌의 서재 바닥에 누워, 숨을 참으며 죽어가는 연습을 했다. 우리 중에도 호기심이 많았던 시절에 비슷한 일을 해본 사람이 있을 것이다. 그는 한 걸음 더 나아갔다.

어느 날 나는 삼촌 집 1층에 혼자 있었다. 건강 상태는 평소와 다름이 없었다. 그런데 갑작스럽게 죽음에 대한 두려움이 나를 사로잡았다. 나는 금방이라도 죽을 것 같은 느낌이 들었다. 내가 왜 그렇게 느끼게 되었는지는 몸의 느낌으로는 설명할 길이 없다. 나는 그런 두려움이 근거가 있는 것인지 알아보려고 애쓰지 않았다. 의사들이나 어르신들, 심지어 친구들에게조차 물어 보지 않았다. 그런 문제는 그때그때 스스로 해결해야 할 것 같았다.

죽음에 대한 두려움의 충격이 내 마음을 내면으로 몰아넣었고, 나는 실제로 무슨 말을 하고 있는지도 잘 알지 못한 채 혼자 이렇게 지껄였다. "이제 죽음이 다가왔다. 무슨 뜻인가? 죽어가는 것은 무엇일까? 이 몸은 죽는다." 그리고 나는 즉시 죽음이 일어난 것처럼 연기를 했다. 나는 탐구에 현실성을 더 부여하기 위해 사후 경직이 시작되어 시체가 된 것처럼 팔다리를 뻣뻣하게 뻗은 채 누워 있었다. 나는 숨을 참고 입술을 굳게 다물어 소리가 새어 나오지 않게 했고, 그러자 '나'라는 말이나 다른 어떤 말도 발설할 수 없게 되었다. "자 그렇다면," 나는 속으로 말했다. "이 몸은 죽었어. 그것은 뻣뻣하게 굳은 채 불에 태워져서 재가 될 것이다. 하지만 이 몸이 죽으면, 나도 죽는 걸까? 몸은 나인가? 그것은 조용하고 활기가 없지만, 나는 내 개성의 온전한 힘을 느끼고 있고, 그것과 별개로 내 안에 있는 '나'의 목소리까지 느낀다. 그러므로 나는 몸을 초월한 '영'이다. 몸은 죽지만 몸을 초월하는 '영'은 죽음에 의해 영향을 받을 수 없다. 그것은 내가 불멸의 '영'이라는 뜻이다." 이 모든 것은 우둔한 생각이 아니었다. 그것은 내가 거의 사고 과정 없이 직접 인식한 살아있는 진실로서, 생생하게 나를 관통해 스쳐 지나갔다. '나'는 매우 리얼한 무엇이었고, 나의 현재 상태에 대한 유일한 진짜였으며, 내 몸과 관련된 모든 의식 활동은 그 '나'를 중심으로 이루어졌다. 그 순간부터 '나' 혹은 참자아는 강력한 매력을 갖고 자기 자신에게 주의를 집중했다. 죽음에 대한 두려움이 즉시, 그리고 완전히 사라졌다. 참자아에 대한 몰입은 그때부

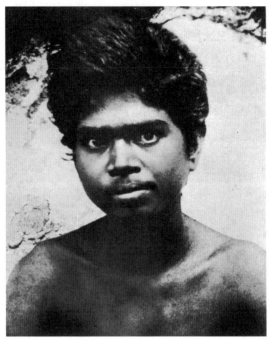

라마나 마하르쉬.

터 계속해서 이어졌다.[2]

그 순간 벤카타라만은 자신의 정체성의 층위들을 통과하는 내면의 여정을 시작했다. 그는 '나'라는 생각, 즉 자신의 자아에 대한 실제적인 지각을 그 근원까지 붙잡고 추구했다.

"나는 누구인가?"에 대한 실질적인 탐구와 발견은 '나'는 죽지 않는다는 것을 발견한 바로 그 첫날 다 끝났다. 몸은 죽어가고 있었지만, '나'는 살아 있음을, 존재하고 있음을 생생하게 의식하고 있었다. 그래서 "이 '나'는 무엇인가?"라는 의문이 내 안에서 일어났다. 나는 그것이 몸의 경직이나 활동에도 불구하고, 그것과 연관되어 존재함에도, 일종의 힘이나 현재 활동하는 작용이라고 느꼈다. 내 개성을 구성하고 나를 계속 행동하고 움직이게 만든 것은, 바로 그 흐름, 혹은 힘, 혹은 중심이었다. 죽음에 대한 두려움이 사라졌다. 나는 그 흐름에 대한 숙고에 들어갔다. 그리하여 두려움이 아닌 새로운 삶으로부터 더 많은 진전이 이루어졌다.[3]

벤카타라만은 자신의 에고를 더 큰 참자아 안에서 용해시켰다. 바로 그 순간, 그는 온전한 해탈을 체험했고, 자유로워졌다. 열여섯 살 때의 일이었다. 그는 어떤 수행도 하지 않았고, 몸을 뒤틀고 앉아 만트라를 읊조리지도 않았으며, 아무것도 숭배하지 않았고, 순례도 하지 않았다. 아무것도 하지 않았다. 그는 그냥 삼촌의 집 바닥에 누운 채로 깨달음을 얻었다. 그러니 당신에게도 삼촌이 있다면…!

훗날 그가 '자아 탐구'라고 부르게 된, "나는 누구인가?"라는 내적 질문으로부터 시작되어, 그의 내면에 있는 어떤 힘이 발현되어 그를 장악했고, 그래서 그는 내면의 여정에서 참자아 속으로 끌어당겨진 것이다. 나중에 그는 라마나 마하르쉬로 알려지게 된다. 라마나는 그의 원래 이름을 줄인 것이고, 마하르쉬는 '위대한 현자'를 뜻한다.

물론, 당신이나 내가 거실 바닥에 누워 죽음을 생각하며 숨을 참는다고 해도, 결과는 아마 다를 것이다. 라마나의 영혼이 열릴 준비가 되었다고 말할 수도 있고, 신의 은총의 방정식이 작용했다고 말할 수도 있다. 어느 쪽이든, 육화된 자아와 동일시하던 그의 정체성은 급격한 변화를 겪었다.

돌이켜보면 그의 죽음 체험은 그의 삶과 연속선상에 있었다. 라마나의 아버지는 몇 년 전에 세상을 떠났고, 이는 십대의 그에게 심대한 영향을 미쳤다. 장례식이 끝난 후, 그는 자신의 인식의 본질에 대해서, 그리고 아버지가 어디로 사라졌는지, 깊이 숙고하게 되었다. 그것은 아마도 자기 자신의 '나'로 돌진하기 위한 예비 작업이었을 것이다.

라마나가 특이했다는 몇 가지 힌트가 있긴 하지만, 그런 면모가 그에게 없었더라면, 그는 어쩌면 평범하고 행복한 어린 시절을 보냈을지도 모른다. 그는 '사진 기억력'을 갖고 있었고, 그것은 학교 생활에 크게 도움이 되었다. 그는 누구도 깨울 수 없을 정도로 푹 자곤 했다. 한 번은 집에 혼자 남겨져서, 집안 사람들의 지시대로 문을 잠갔다. 가족이 돌아왔을 때, 그는 이미 잠들어 있었다. 아무리 소리쳐 부르고 문을 두드려도, 그는 잠에서 깨어나지 않았다. 그가 자고 있는 동안 그의 사촌들이 장난으로 그를 때린 적이 있는데, 왜냐하면 그는 그래도 깨어나지 않을 것이고 아침에 일어나면 그 일에 대한 기억도 없을 것임을 알았기 때문이다. 그 당시 그는 확실히 자신의 몸을 의식하지 않고 지냈던 것 같다.

탐구를 통해 죽음을 체험한 후에도, 젊은 벤카타라만은 계속해서 내면에 몰입했다. 평소 예민한 학생이었던 그는, 삼촌과 형이 그를 잘 지켜주었음에도 불구하고 학업에 무관심했다. 첫 경험이 있은 지 6주 후, 그는 몰래 집을 떠나 기차 요금으로 몇 루피만 지닌 채 하루 여행 거리에 있는 신성한 산 아루나찰라로 향했다.

몇 년 후 라마나는 아루나찰라 산의 존재가 유아기부터 그의 의식 속에 있었다고 지적했다. '붉은 산'으로 불리기도 하는 아루나찰라는 영적 에너지로 가득 찬 신들의 힘이 감도는 장소이다. 힌두교인들은 그것이 시바 신의 지상적 화신으로서, 지구의 거대한 링감, 곧 남성적 창조 에너지인 남근으로서, 수세기에 걸쳐 수많은 깨달은 존재들의 거처였다고 믿는다. 티루반나말라이 마을에 있는 산기슭에는 고대의 시바 사원이 있다. 라마나는 1896년 9월 1일 그곳에 도착했고, 다르샨을 하기 위해 시바 사원의 성소로 들어갔다. 그는 이후 아루나찰라를 떠나지 않았다. 그 산은 그의 구루가 되었다.

1907년까지 10년 동안, 라마나는 처음에는 사원의 지하 방에서 살았고, 그다음에는 산 속에 있는 동굴들에서 조용히 살았다. 그는 어떤 수행과도 관련이 없는 자연적인 삼매에 점점 더 빠져들었다. 그는 아무것도 이루려고 하지 않았고, 목표도 없었다. 그의 상태는 변함이 없었다. 그는 단지 존재하고 있었다. 겉도 없었고, 안도 없었다. 그는 자신과 우주 사이에 아무런 차이도 느끼지 못했다. 그가 눈을 감고 꼼짝도 하지 않고 앉아 있었기 때문에, 사람들은 그가 명상을 하고 있다고 말했다. 그러나 그의 관점에서는, 아무도 어떤 것도 하고 있지 않았다. 그것은 바로 지금 여기에서 끊임없이 이어지는 의식의 흐름이었다.

그는 자신의 몸에 대해 너무 무관심해서 씻지도 않았다. 머리는 헝클어졌고, 손톱은 위로 말려 올라가 있었으며, 사람들이 손에 음식을 넣어주어야만 식사를 했다. 개미들이 그의 살을 갉아먹었고, 뱀과 전갈들이 그 위로 기어 다녔다. 몇몇 신자들은 젊은 고행 수행자의 아우라에 매료되었다. 팔리니스와미라는 사람은 한 동굴에 살면서 17년 동안 자신의 몸을 돌보고 보호했다. 라마나는 오랜 시간 동안 내면에 몰입하여 오래 앉아 있어서, 일어서려면 누군가의 도움이 필요할 때가 적지 않았다.

한번은 그가 동굴 벽에 타밀어로 글을 써서 질문에 답변을 한 적이 있었다. 그래서 누군가 그가 교육을 받았다는 것을 알게 되었다. 결국 그들은 그의 이름과 출신 마을을 알게 되었고, 입에서 입으로 소문이 전해져서 그의 가족에게 연락이 되었다.

1907년, 라마나는 침묵을 깨고, 열렬한 헌신자인 가나파티 무니를 가르쳤다. 무니는 따르는 신자들이 많은 학식 있는 요기였다. 라마나는 결국 이 일을 계기로 남은 생애 동안 그렇게 가르침으로 일관하게 된다. 연민에서 우러나온 가르침의 행위가 남은 생애를 물들이게 된 것이다. 가나파티 무니는 뛰어난 시인이자 학자이기도 했다. 나중에 그는 라마나의 가르침을 기록하는 일을 도왔고, 금욕 수행자였던 젊은이, 이제는 자신의 구루로 삼게 된 그 젊은이에게 바가반 라마나 마하르쉬라는 칭호를 부여했다.

라마나의 존재에서 느끼는 깊은 평화와 기쁨은 마법과도 같았다. 아이들은 그와 함께 있기 위해 그의 동굴까지 하이킹을 했고, 그가 다시 말하기 시작한 후, 그는 아이들과 구슬치기 같은 놀이를 하곤 했다. 아루나찰라 산을 방문하는 순례자들은 그를 찾아보곤 했지만, 그는 참자아에 너무 깊이 빠져 있었기 때문에 아루나찰라 풍경의 부속물이나 마찬가지였다. 여기에 지고한 깨달음을 얻은 스승님이 계시다는 소문이 퍼졌다. 그는 그의 스파르타식 생활을 모방하고 곁에 머물고 싶어 하는 오합지졸 수행자들을 끌어당기기 시작했다.

라마나의 가족이 그를 찾아왔다. 처음에 그들은 그를 문명 사회로

라마나 마하르쉬.

돌아가도록 설득하려고 했다. 편안하게 명상 생활을 추구할 수 있도록
해주겠다고 약속하면서. 그들은 결국 그가 아루나찰라를 떠나지 않는다
는 사실을 받아들이지 않으면 안 되었다. 그들 역시 그의 영적 상태에
깊은 인상을 받았다. 그를 집으로 데려오려고 노력했지만 소용이 없자,
그의 어머니는 그와 함께 산 위의 열악한 환경 속에서 말년을 그와

함께 보냈다.

1922년 그녀가 죽어가고 있을 때, 그는 그녀가 해방될 수 있도록 그녀의 과거 전생들과 미래 생에 대해 알려주었다. 그의 어머니의 삼매는 중대한 사건이었고, 그녀는 요기로서 산기슭의 무덤에 묻혔다. 그녀가 죽은 후 라마나는 몇 명의 신자들과 함께 그곳으로 이사했고, 그들은 새로운 아쉬람을 건설했다.

1922년부터 1928년까지, 오두막은 단 두 채뿐이었다. 하나는 부엌이었고, 다른 하나는 '잠자는 방'이었다. 라마나와 그의 소규모 제자 집단은 뼈를 깎는 듯한 수행자의 삶을 계속했다. 한번은 강도들이 왔을 때, 라마나는 추종자들에게 문을 열어주어 그들이 원하는 것을 가져가게 하라고 말했다. 하지만 거기에는 훔쳐갈 것이 많지 않았다.

그러다가 라마나가 앉아서 다르샨을 주고 잠을 자는 침대 하나가 있는 다목적 홀이 지어졌다. 다르샨은 찾아오는 누구에게나 열려 있었다. 다람쥐와 원숭이에게도 열려 있었고, 락슈미라는 이름의 암소는 공물로 바쳐진 음식과 과일을 집어먹곤 했다. 점점 더 많아지는 신자들을 수용하기 위해 '라마나쉬람'이라고 불리게 된 곳에 점점 더 많은 건물이 건설되었다.

1930년대 중반까지는 매우 조용한 곳이었다고 할 수 있다. 라마나의 남동생 나가순다람이 그와 합류하여 스와미가 되었다. 그가 요리를 했지만, 라마나 또한 오전 2시 30분에서 4시 사이에 나와서 야채를 자르고 아침 식사를 준비하는 등, 주방에서 직접 일했다. 그는 특별한 대우를 허용하지 않았으며, 그 자신 까다롭고 능숙한 요리사였다.

낮 동안 라마나는 문맹 가족부터 박식한 학자에 이르기까지 다양한 방문객을 만나 남인도의 여러 언어로 그들을 위로하고 상담했다. 사람들은 영적인 문제부터 소송, 개인 건강에 이르기까지, 모든 것에 관해 조언을 구했다. 때로 그는 먼 곳을 바라보았고, 오랜 시간 동안 그 방에 있는 모든 사람이 깊은 침묵에 빠져 있는 경우가 적지 않았다. 저녁이 되면 침묵은 더욱 깊어졌고, 대화도 그쳤으며, 방 안은 평화로 가득 찼다.

훗날 아루나찰라에는 마하르쉬를 친견하기 위해 찾아오는 전 세계의 구도자들이 그치지 않게 된다. 그는 단순한 소크라테스식 대화를 통해 부드러운 유머와 깊은 애정, 그리고 절대자에 대한 사랑으로 짜여진 명료한 언어들로 진리를 명쾌하게 드러내 보였다. 그의 자아 탐구는 지성을 통한 것이지만, 아루나찰라에 대한 그의 헌신적인 시는 가장 아름답고 감동적인 시편들 중 하나로 손꼽힌다. 그가 나눈 대화의 기록은 영적 전수를 위한 특별한 기록물이다.

인도 철학에서 자아 탐구를 통한 라마나 마하르쉬의 가르침은, 물질적 현실을 환상으로 보는 비이원적 전통인 야나, 즉 지식의 길의 일부이다. 그의 가르침은 질문에 대한 답변으로 이루어졌으며, 개인들의 필요 사항을 여러 차원에서 응답한 내용들이다. 일부 열렬한 수행자들은 그가 스스로 통과한 자아 탐구의 직접적인 길을 갈 준비가 되어 있었다. 하지만 더 많은 정신적 준비가 필요하거나 카르마적 짐과 집착을 덜어서 가볍게 해야만 그 길을 갈 수 있을 사람들도 많았다. 그는 사람들에게 누구나 다 자신의 길을 가고 있다고 말했다. 그는 "각 사람은 자기의 진전 정도에 따라 신에 대해서 생각한다."고 말했으며, 사람들에게 "자신이 누구인지를 알 때까지는 형식을 갖추든 갖추지

라마나 마하르쉬.

않든 신께 예배하라."고 말했다.[4]

　다음은, 폴 브런튼이 쓴 이야기를 읽고 마하르쉬를 만나러 온 영국 여성 M. A. 피곳과의 대화이다.

　Q: 참자아를 깨닫고 실현하는 데 방해가 되는 것은 무엇입니까?

　R: 주로 기억, 생각의 습관, 축적된 성향이지요.

　Q: 이러한 장애물을 어떻게 해야 제거할 수 있을까요?

　R: 다음과 같은 방식으로 명상을 하여 진아를 찾으십시오. 모든 생각의 근원을 추적하십시오. 오직 마음*이 있을 뿐임을 아십시오. 꼬리를 물고 생각이 이어지는 것을 허용하지 마세요. 생각을 따라가다

보면 끝이 없습니다. 그것을 출발 장소인 마음으로 계속해서 가져가면, 다시, 또 다시, 마음으로 되돌리면, 생각과 마음은 둘 다 활동을 멈추고 죽게 됩니다. 마음은 생각 때문에만 존재합니다. 생각을 멈추면, 마음도 없습니다. 의심과 우울증이 일어날 때마다, 스스로에게 이렇게 물어보십시오. "의심하는 사람은 누구인가? 우울하다는 것이 뭔가?" 모든 것의 근원 외에는 남은 것이 아무것도 없을 때까지 그렇게 계속해서 되돌리십시오. 그리고 항상 현재 속에서, 현재 속에서만 사십시오. 과거도 미래도 없습니다. 그것을 명심하세요.[5]

그의 방법은 야나의 길이었지만, 그는 박티의 길에 많은 공감을 했고, 사랑에 차서 이렇게 말했다. "박티와 자아탐구는 하나이며 동일하다. 비이원주의자들의 참자아는 헌신주의자들의 신이다."[6]

1949년 초, 라마나 마하르쉬의 팔에서 작은 종양이 발견되었고, 제거되었다. 그러나 재발되었고, 악성 암이라는 진단을 받았다. 그의 추종자들은 그로 인해 심히 괴로워했다. 그들은 그에게 자신들을 위해서라도 치료를 받아 달라고 요청했으나 그는 이렇게 말했다. "그대들은 왜 그렇게 이 몸에 집착합니까? 그냥 놓아주십시오."

그들이 울면서 말했다. "우리를 떠나지 마십시오. 우리를 떠나지 마십시오."

---

* '마음'으로 옮겨진 mind는 영어권에서 크게 두 가지 의미로 쓰인다. 1) 사람으로 하여금 세계와 경험을 인식하게 하는 생각과 느낌 전체. 2) 생각하고 추론하는 능력, 곧 지성. 자기계발 부문이나 영성 분야 작가들은 mind를 주로 '생각'과 관련시켜 2)의 의미로 사용하고, heart를 '느낌', '직관'과 관련시켜 참자아와 동일시하기도 한다. 여기에서의 '마음'은 람 다스가 '참자아의 자리'를 가리키는 데 곧잘 사용하는 'heart-mind'에 가깝다.

그러자 그는 "내가 어디로 갈 수 있겠습니까? 나는 여기에 있습니다."
라고 말했다. 병이 고통스러웠음에도 불구하고, 그는 사랑과 평화를
발산하고 완전히 현존하면서 진아 안에 흡수된 채 살아왔듯이, 그렇게
죽었다. 그는 1950년 4월 14일 세상을 떠났다.

이 비범하게 깨달은 존재의 신비 중 하나는, 그가 자기 자신을
아루나찰라 산과 동일시했다는 것이다. 그는 그 산을 자신의 구루,
자신의 내면의 진아, 시바의 화신으로 생각하고 그렇게 말했다. 그는
한 번 그곳에 발을 들여넣은 후에는 결코 떠나지 않았다. 그는 아루나찰
라를 지구의 심장으로 묘사했다.

스리 라마크리슈나 파라마함사

오 마음이여, 당신 자신 안에 거하십시오.
다른 사람의 집에 들어가지 마세요.
당신이 그곳에서 찾기만 하면, 당신은 찾을 거예요,
당신이 찾고 있는 모든 것을.

—스리 라마크리슈나[7]

스리 라마크리슈나는 1836년 벵골 후글리 지역의 카마르푸쿠르
마을에 있는 경건한 브라만 부모에게서 태어나, 가다다르(비슈누의
이름 중 하나로 '철퇴 운반자'라는 뜻)라는 이름을 받았다. 부모 모두
수태되기 전에 '신의 아이'라는 비전을 가졌다. 처음부터 그는 가족과
이웃들에게 혹할 만한 마법을 걸었다. 소년 시절에는 일찍부터 종교에
대한 매력을 드러내어 조상들, 신과 여신에 대한 것들을 기억하고,

신과 여신들에 대한 찬가, 힌두 서사시에 나오는 이야기를 달달 외웠다. 마을 학교에서 위대한 영적 인물을 공부하고는 너무나 감동한 나머지 무아지경에 빠져 주변 환경을 잊어버릴 정도였다. 시간이 지남에 따라, 이러한 황홀경은 영적인 기분이 그를 사로잡을 때마다 들어가게 되는 명상으로 심화된다.

16세 무렵, 가다다르는 성직자이자 산스크리트어 아카데미를 개설한 형을 돕기 위해 캘커타로 갔다. 가다다르는 옷을 차려입고 신들에게 제물을 바치고 성가를 부르는 것을 좋아했다. 그는 이전에는 전문 브라만 사제의 의무였던 의식, 점성술, 힌두 법의 세부 사항들에 대해 무관심한 학생이었다.

그의 형 람쿠마르는 갠지스강을 따라 캘커타에서 북쪽으로 약 4마일 떨어진 닥쉬에슈와르의 20에이커 부지에 건설 중인 새로운 칼리 사원 및 가든 단지에서 사제직을 받았다. 그것은 칼리를 숭배하는, 부유하지만 낮은 카스트의 신앙심 깊은 과부 라니 라스마니가 주도한 프로젝트였다. 그녀는 사위 마투르 모한의 도움을 받았다.

마투르는 가다다르의 열정과 헌신에 깊은 감동을 받았으며, 칼리뿐만 아니라 시바와 크리슈나를 포함한 신들을 섬기는 일에 동참하도록 가다다르에게 부탁했다. 그를 라마크리슈나라고 부르기 시작한 사람은 마투르였던 것 같다. 처음에는 주도자들이 브라만이 아니라는 이유 등으로 마음이 불편했던 라마크리슈나는, 신성한 갠지스강 가까이에 있는 닥쉬네슈와르를 사랑하게 되었다. 그리고 그곳이 그의 진짜 집이 되었다.

라마크리슈나는 힌두교 의식의 형식에 얽매이는 것을 꺼렸지만,

결국 마투르의 간청에 귀를 기울이고 칼리 신전의 사제가 되었다.

그는 그녀를 숭배하는 데 자신의 영혼을 쏟아부었다. 그녀는 '형언할 수 없는 현실'의 성소로 통하는 투명한 관문으로 그 앞에 서 있었다. 성전에서의 예배는 '우주의 어머니'를 향한 살아있는 비전에 대한 스리 라마크리슈나의 열망을 더욱 강화시켰다. 그는 성전 봉사를 하지 않는 시간에는 명상을 하기 시작했다. …그는 성상 앞에 앉아 '어머니'의 위대한 헌신자들의 헌신적인 찬가를 부르며 몇 시간을 보내곤 했다. …그는 어머니와 떨어지게 된 아이의 고통을 느꼈다.

때로 그는 번민 속에서 얼굴을 땅에 대고 비비면서 통곡했고, 사람들은 그가 지상의 어머니를 잃은 모양이라고 생각하여 그의 슬픔에 공감했다.[8]

라마크리슈나는 절망에 빠졌다. 그는 먹을 수도 없었고, 잠을 잘 수도 없었다. 그런 절망 속에서 '어머니'에 대한 환상을 처음으로 보게 된다. 그는 말했다.

심장이 마치 젖은 수건을 쥐어짜듯이 눌리는 것 같았다. 나는 이번 생에서 '그분'을 깨닫는 것이 나의 운명이 아닐지도 모른다는 엄청난 불안감과 두려움에 사로잡혔다. 나는 그녀와의 이별을 더 이상 견딜 수 없었다. 인생은 살 가치가 없는 것 같았다. 갑자기 나는 '어머니'의 성전에 보관되어 있던 칼에 시선을 돌렸다. 나는 내 인생을 끝내기로 결심했다. 미친 사람처럼 벌떡 일어나 그것을 붙잡았을 때, 갑자기 복되신 '어머니'께서 나타나셨다. 여러 부분으로 이루어진 건물들과 사찰, 그 밖의 모든 것이 내 시야에서 흔적도 없이 사라졌다. 그 대신,

나는 아무런 한계가 없이 무한하게 빛나는 '의식의 바다'를 보았다. 눈으로 볼 수 있는 한, 빛나는 파도가 엄청난 소리를 내며 사방에서 나를 향해 미친 듯이 달려들어 나를 삼키고 있었다! 나는 숨을 헐떡이고 있었다. 나는 나도 모르게 급히 달려가다가 의식을 잃은 채 쓰러졌다. 나는 외부 세계에서 무슨 일이 일어나고 있는지 알지 못했다. 그러나 내 안에는 전혀 새로운, 희석되지 않은 지복이 끊임없이 흐르고 있었다. 나는 '신성한 어머니'의 현존을 느꼈다.[9]

그것은 시작에 불과했다. '어머니'에 대한 그의 비전은 그의 일상적인 깨어 있는 의식을 대신했다. 자신이 환각 속에 살고 있는지 아닌지 확신할 수 없었던 그는, 몸 전체에 타는 듯한 느낌과 다른 이상한 징후들을 느꼈다. 처음부터 허약했던 그의 건강은 나락으로 떨어졌다. 그의 가족은 그를 고향 마을로 돌려보냈고, 그곳에서 그의 어머니는 건강을 회복시키기 위해 그를 지성으로 돌보았다. 그를 안정시키려는 희망을 품고, 그들은 그가 23세 때에 이웃 마을의 5세 소녀와 약혼을 시켰다. 19세기 벵골의 관습대로, 실제 결혼은 신부가 철이 들 때까지 연기되었다.

라마크리슈나는 건강이 회복되어, 닥쉬네슈와르로 돌아갔다. 그의 영적 여정에 대한 열망은 소멸되지 않고 오히려 배가되었다. 브라흐마니로 알려진 여성 탄트라 수행자가 성전에 도착했다(흔히 밀교로 불리는 탄트라는 수행 시 육신의 자극을 사용한다). 칼리의 지시에 따라, 그는 그녀를 구루로 받아들이고 그녀의 지도하에 고전 탄트라의 복잡한 일련의 수행을 진행했다. 그는 이례적인 방식으로 이러한 의식을 숙달하여, 삼매에 올라 자신들의 열매를 생생하게 보았다. 그는 탄트라 수행의 정점에서, 척추에 잠재되어 있던 쿤달리니가 깨어나 크라운 차크라에서 형상 있는 것과 없는 것이 합쳐지는 경험을 했다. 나중에 브라흐마니는 그를 비슈뉴파의 박티 수행으로 인도했고, 미친 듯한 열망 끝에 그는 크리슈나의 연인인 라다Radha를 친견하고, 결국에는 크리슈나를 친견하는 데에도 성공했다. 라마크리슈나의 깊은 헌신에 감동한 브라흐마니는 그를 신의 화신으로 선언하고, 그의 추종자가 되었다.

라마크리슈나는 엄격하거나 형식적이지 않았다. 그는 노래하고, 춤추고, 이야기하고, 사람들과 농담하는 것을 좋아했다. 경건한 노래를 부를 때, 그는 종종 황홀한 삼매 상태에 빠져 외부 세계와의 모든 접촉점을 잃었다. 그의 조카 중 한 명인 람랄이 닥쉬네슈와르에 살면서 스승님(나중에는 모두가 그를 그렇게 불렀듯이)을 섬기기 위해 왔는데, 그는 몇 년 후인 1931년 라마크리슈나를 다음과 같이 묘사했다.

그는 참 재미가 넘치는 사람이었다. 때로는 우리를 배가 아플 정도로 웃기기도 했다. 그는 마치 어린아이처럼 헌신자들에게 묻곤 했다. "글쎄요, 내가 실제로 보고 들은 재미난 이야기를 해줄까요? 그런 이야기를 하는 것이 잘못된 일일까요?"

헌신자들은 이렇게 말하곤 했다. "아니에요, 선생님. 잘못된 것이 아닙니다. 더 많이 이야기해 주세요. 우리는 너무 좋습니다."

스승님은 이런 노래를 부르곤 했다. "어머니, 이 세상은 미친 사람들의 시장터예요." 노래를 부를 때는 춤도 추었다. [람랄은 스승님이 황홀경 속에서 노래하고 춤추는 모습을 직접 보여주었다.] 스승님은 기분이 좋으면 앞뒤로 움직이면서, 또 원을 그리며 춤을 추기도 했다.

"어머니, 당신은 참 다양한 기분 속에 사시네요"라고 노래할 때, 그는 손뼉을 치며 허리를 움직이고 발로 리듬을 타며 춤을 추었다.[10]

'어머니'를 숭배하면서 라마크리슈나는 어린아이처럼 변했고, 때로는 유치하기까지 했다. 그의 조카는 이렇게 말했다. "스승님은 대체로 두 가지 무드 중 하나에 빠져 계셨다. 어떤 날에는 모든 전통적인 정화 방법을 준수하다가, 다른 날에는 그것들을 완전히 무시했다. 아침에는 연못에서 돌아오자마자 음식을 달라고 했고, 식사 후에는 마지못해 물로 손을 씻었다. 어느 날 그는 이렇게 설명했다. '보시다시피 어머니는 나를 때로는 어린아이인 것처럼 대하고, 때로는 미치광이인 것처럼 대하고, 때로는 근심 걱정 아무것도 없는 태평스런 영혼인 것처럼 대해 주십니다.'"[11].

라마크리슈나가 단순히 만지기만 해도, 사람들은 초월적인 경험에 들어가곤 했다. 나중에 스와미 비베카난다가 된 그의 젊은 신도들 중 한 명인 나렌은, 라마크리슈나를 두 번째로 만난 다음 이렇게 묘사했다.

나는 마침내 닥쉬네슈와르에 도착하여 곧장 스승님의 방으로 갔다. 나는 그가 큰 침대 옆에 있는 작은 침대에 앉아 명상에 깊이 빠져 있는 것을 발견했다. 함께 있는 사람은 아무도 없었다. 그는 나를 보자마자 기뻐하면서 나를 침대의 한쪽 끝에 앉혔다. 그런데 분위기가 묘했다. 그는 내가 알아들을 수 없는 말을 중얼거리더니 나를 쳐다보고는 자리에서 일어나 나에게 다가왔다. 나는 이제 곧 뭔가 미친 장면을 보게 될 것 같았다. 그가 오른발을 내 몸 위에 올려놓았을 때, 그 생각이 내 마음 속에 스쳐지나갔다. 바로 그 순간, 나는 놀라운 경험을

스리 라마크리슈나.

했다. 나는 눈을 크게 떴고, 벽 자체를 포함하여 그 방 안의 모든 것이 빠르게 회전하며 멀어지는 것을 보았다. 동시에 우주 전체와 함께 나의 자아 의식이 모든 것을 집어삼키는 광활한 공허 속으로 곧 사라지려 했다. 나의 자아 의식에 대한 이런 파괴는 죽음과 똑같은 것으로 여겨졌다. 나는 죽음이 바로 내 앞에, 아주 가까이에 있다고 느꼈다. 주체하지 못하고 큰 소리로 외쳤다. "아, 나한테 무슨 짓을 하는 것입니까? 집에 내 부모님이 계시는 걸 모르세요?" 이 말을 들은 스승님은 크게 웃으셨다. 그는 손으로 내 가슴을 만지며 말했다. "좋아. 이제 멈추도록 하지. 한꺼번에 다 할 필요는 없지. 좋은 때가 되면, 일어날 일이 일어날 거야." 놀랍게도, 나의 이런 놀라운 환상은 왔던 때와 마찬가지로 갑작스럽게 사라졌다.[12]

라마크리슈나는 사랑이 넘쳤으나 어린 제자들을 신의 품에 안기도록 각자에게 적합한 길을 선택하여 엄하게 밀어붙였다.

나렌의 타고난 본성을 알고 있었던 스리 라마크리슈나는, 그에게 개인의 영혼과 브라만이 동일하다고 가르치는 일원론적 베단타를 가르쳤다. 어느 날 나렌은 하즈라에게 베단트의 비이원론과 그것을 받아들이기가 꺼림칙하다는 자신의 의견을 말하고 있었다. "물그릇도 신이시요, 마시는 그릇도 신이시요, 우리가 보는 모든 것과 우리 모두가 신이시라는데, 그럴 수 있어?" 나렌은 그런 개념에 대해 경멸하듯이 웃었고, 하즈라도 이에 동참했다. 그들이 웃고 있는데, 스리 라마크리슈나가 다가왔다. "둘이 무슨 얘기를 하고 있는 거지?" 그는 나렌에게 다정하게 물었다. 그런 다음 그는 대답을 기다리지도 않고, 나렌에게 손을 대어 삼매에 들게 했다. 나렌은 터치의 효과에 대해 다음과 같이 설명했다.

"스승님의 놀라운 손길 한 번에 내 마음은 완전한 혁명을 겪었다. 나는 우주 전체에 신 외에는 아무것도 없다는 사실을 깨닫고, 소스라치게 놀라지 않을 수 없었다. 나는 이런 마음 상태가 언제까지 지속될지 궁금해하며, 침묵을 지켰다. 하루 온종일을 넘기고도 계속 이어졌다. 집에 돌아와서도 마찬가지로 느꼈다. 내가 본 모든 것이 신이었다. 나는 자리에 앉아 식사를 했는데, 접시와 음식, 그것을 차리는 어머니와 나 자신, 모든 것이 신이었다. 신이 아닌 것은 아무것도 없었다. 나는 음식을 한 입 삼킨 뒤, 아무 말도 없이 가만히 앉아 있었다. 어머니는 나에게 다정하게 물으셨다. '너, 왜 그렇게 조용하니? 왜 밥을 안 먹어?' 그 말을 듣고서야 일상의 의식이 돌아왔고, 다시 먹기 시작했다. 그런데 그 후, 나는 먹고, 마시고, 앉고, 눕고, 대학에 가고, 길을 산책하는 등, 무엇을 하든 똑같은 경험을 계속했다. 그것은 일종의 중독이었다. 나는 그것을 말로 설명할 수 없다. 길을 건너고 있었고, 거리에서 마차가 나를 향해 다가오는 것을 보았는데도, 나는 평소와는 달리, 마차에 치이지 않으려고 급하게 비켜서야 한다는 충동을 느끼지 않았다. 나는 스스로에게 '내가 곧 그 마차야. 마차와 나 사이에는 아무 차이가 없어.'라고 말하고 있었다. 그동안 나는 손과 발에 감각을 느끼지 못했다. 나는 음식을 먹어도 만족감을 느끼지 못했다. 마치 다른 사람이 먹는 것 같았다. 때로는 식사 중에 누워 있다가 몇 분 후에 다시 일어나서 식사를 계속하기도 했다. 그래서 요즘 평소보다 훨씬 더 많이 먹게 되었지만, 그렇다고 해서 그것이 나를 결코 언짢게 하지는 않았다. 어머니는 놀랐다. 어머니는 내가 끔찍한 병을 앓고 있다고 생각하여, '걔는 오래 살지 못할 거야.'라고 말하곤 했다."[13]

1864년, 집착에서 벗어나기 위해 나르마다 강둑에서 40년 동안 고행을 실천해 왔던 토타푸리라는 엄격한 수행자가 순례를 마치고 갠지스강 어귀로 돌아오는 길에 닥쉬네슈와르에 들렀다. 그는 스리 라마크리슈나의 두 번째 구루가 되었다. 그의 지시에 따라 라마크리슈나는 '어머니'의 형상을 넘어 형상 없는 브라만에 귀의했다. 그는 '어머니'의 자녀였기 때문에, 그로서는 어머니 너머를 바라보기가 어려웠다. 라마크리슈나가 더 이상 '형상 없는 것'에 집중할 수 없게 된 어느 시점에, 토타푸리는 유리 조각을 자신의 눈썹 사이에 찔러넣으며 말했다. "여기에 대해 명상하세요!" 그리하여 라마크리슈나는 3일 동안 무상삼매에 들었다.

1868년 초, 라마크리슈나는 그의 후원자와 함께 순례를 떠났다.

스리 라마크리슈나.

닥쉬네슈와르, 마투르 바부, 그리고 알라하바드, 브린다반에 있는 북인도의 성지들을 방문했다. 각 성지에서 라마크리슈나는 신을 친견하는 환상을 보았다. 그는 베나레스의 화장터에서 해방된 영혼들처럼, 영계에 있는 영혼들을 보았고, 트라이랑가 스와미 같은 당대의 위대한 영혼들을 만났다. 그 여행은 라마크리슈나에게 그의 다른 면을 열어주었다. "베하르의 바이디야나트에서 스승은 한 마을의 주민들이 가난과 굶주림으로 인해 뼈만 남은 것을 보고는, 부자인 후원자에게 사람들을 먹이고 각자에게 옷감을 나누어 달라고 요청했다. 마투르는 추가된 비용에 대해 이의를 제기했다. 스승은 베나레스로 가지 않고 가난한 사람들과 함께 살며 그들의 비참함을 함께 나누겠다고 비통하게 선언했다. 그는 실제로 마투르를 떠나 마을 사람들과 함께 지냈다. 결국 마투르는 양보해야 했다."[14]

약혼한 지 9년 후, 라마크리슈나의 어린 신부인 사라다 데비가 처음으로 그를 만나러 왔다. 그녀는 열네 살이었고, 그는 서른두 살이었다. 그는 카마르푸쿠르에 있는 그의 가족을 방문 중이었다. 1872년, 그녀가 18세였을 때, 그녀와 그녀의 아버지는 마을에서 80마일을 걸어서 닥쉬네슈와르로 찾아왔다. 그녀는 남편의 정신이상에 대한 소문을 듣고, '아내로서 할 수 있는 한 헌신적으로 섬기기로' 결심했다.[15] 그녀는 그렇게 하는 것을 자신의 신성한 의무로 여겼다. 그러자 라마크리슈나는 집안일부터 명상에 이르기까지 모든 것을 그녀에게 가르치기 시작했다.

몇 달 후, 라마크리슈나는 칼리 여신에게 특별한 푸자를 행하여 사라다 데비를 살아있는 여신의 자리에 앉혔다. 의식이 절정에 이르렀을 때 두 사람은 깊은 삼매에 빠졌고, 그들의 영혼들은 하나로 합쳐졌다. "몇 시간 후에 스리 라마크리슈나는 다시 상대 세계로 내려와 위대한 여신께 바치는 찬가를 부르고, 그녀의 발 앞에 엎드려 자기 자신과 염주, 그리고 평생에 걸친 열매인 사다나를 바쳤다."[16] 그의 아내는 말 그대로 '신성한 여신'이 되었다. 그는 모든 차원에서 칼리와 결혼한 상태였다. 비록 육체적인 것은 아니었지만, 사라다 데비와의 결혼은 특별한 영적 결합이 되었다.

영적 추구에 대한 라마크리슈나의 한결같은 헌신은, 그를 전통적인 행위의 경계 너머로 나아가게 하는 경우가 적지 않았다. 크리슈나를 친견하기 위해 그는 크리슈나의 연인 라다의 복장을 하기로 하고,

여성의 옷을 입고 보석을 착용했다. 그는 자주 황홀 상태에 빠져 자기도 모르게 길을 잃었다. 신을 향한 그의 감정은 강렬했다. 그는 '일상적인' 스펙트럼을 훨씬 벗어났다. 사다나와 삼매의 나날을 보낸 후, 그의 에고는 신성의 바람에 나부끼는 너덜너덜한 기도 깃발과도 같이 겨우 흔적만 남을 정도가 되었다.

스리 라마크리슈나의 생애에 일어난 사건들은 100여 년도 더 지난 세월의 일로, 우리는 그를 알았던 사람들의 기록과 기억에 크게 의존할 수밖에 없다. 다행히 그의 추종자들과 제자들 중 몇몇은 훌륭한 서기관들이었다. 직접적인 자료 중 하나는, 가까운 신도였던 'M'(Mahendra Nath Gupta)의 눈을 통해 라마크리슈나의 말년에 있었던 대화를 기록한 『스리 라마크리슈나 복음 The Gospel of Sri Ramakrishna』이고, 다른 하나는 라마크리슈나의 가까운 제자들과 신자들의 회상과 인터뷰가 포함된, 스와미 체타나난다의 편집본인 『우리가 본 라마크리슈나 Ramakrishna as We Saw Him』이다. 불가피하게 짧게 요약한 다음의 설명은, 이 두 책에서 나온 것이다.

19세기에 캘커타는 봄베이와 함께 인도의 국제 도시였다. 영국은 식민지 지배를 강화했고, 서구 문화가 떠오르고 있었다. 애초에 자리잡고 있었던 헌신적인 힌두교의 열정은 기독교 선교 학교들의 서구적 합리성에 의해 서서히 빛을 잃어가고 있었다. 정치나 사회에 전혀 관여하지 않았던 라마크리슈나는, 그럼에도 불구하고 힌두교와 서구 가치를 적극적으로 통합하는 그룹인 브라모 사마즈의 지도자 케샤브 찬드라 센과 같은 캘커타 지성계의 일부 핵심 인물들에게 영향을 미쳤다. 그는 케샤브가 주최하는 모임 중 한 곳에 가서 이렇게 말했다.

"사람들은 나에게, 여러분이 신을 보았다고 말한다. 그래서 나는 여러분에게 신에 관해서 듣기 위해 왔다."

멋진 대화가 이어졌다. 스승님은 칼리에 관한 전율할 만한 찬가를 부르시고, 곧바로 삼매에 들었다. 흐리데이가 그의 귀에 신성한 '옴'을 발설했을 때, 그는 차츰 세상의 의식으로 돌아왔다. 그의 얼굴은 여전히 신성한 광채를 발산하고 있었다. 케샤브와 그의 추종자들은 크게 놀랐다.[17]

그러한 문화적 격변 속에서, 라마크리슈나는 자신이 개인적으로 가르쳤던 소수의 제자들을 끌어 모았다. 그들은 그의 보편적이면서도 여전히 깊이 헌신적인 힌두교 브랜드의 대사들이 되었다. 또한 많은 여성 출가자들뿐만 아니라 각계각층의 다양한 헌신자들이 있었다. 그가 세상을 떠난 후 그의 아내 사라다 데비는 이 헌신자들에게 존경받는 어머니가 되었다.

그의 영감은 그가 죽은 뒤에도 계속해서 퍼져 나갔다. 그의 수석 제자인 스와미 비베카난다('분별 있는 앎의 지복'이라는 뜻)는 1893년 시카고에서 열린 세계 종교 회의에 참석했다. 그의 획기적인 연설은 센세이션을 일으켰다. 카리스마 넘치는 젊은 스와미는 목사들과 신학자들, 그리고 그들의 아내들에게 극적인 영향을 미쳤음에 틀림없다. 그는 미국과 유럽을 여러 차례 여행했다.

사람들을 라마크리슈나에게로 끌어들인 것은 영감만이 아니라 그와 함께 있을 때의 순수한 기쁨이었다. 수행자로서의 엄혹한 훈련과 명상조차도 그를 거치게 되면 한결 가볍고 밝게 받아들이게 된다.

헌신자들은 그와 함께 있는 순수한 기쁨에 너무 취해서 그가 몸을 입고 있는 존재인지, 완전한 영혼인지, 혹은 요기인지 스스로에게 물어볼 여유를 갖지 못했다. 그분의 존재 자체가 위대한 가르침이었다. 말은 불필요했다. 훗날 그의 제자들은 그와 함께 있는 동안에는 그를 동료로 여겼으나 나중에는 그렇게 위대한 사람 앞에서 자신들의 경박함에 대해 생각하고는 전율하게 되었다고 말했다. …이 모든 재미와 장난, 이 즐거움과 경박함을 통해, 그는 항상 그들 앞에 신-의식의 빛나는 이상과 고행 수행의 길을 고수했다.[18]

비베카난다와 다른 스와미들이 시작한 '라마크리슈나 미션'과 '베단타 소사이어티'는 오늘날 인도 전역과 전 세계에서 계속 활동하고 있다. 그러나 이 모든 것은 캘커타 외곽의 칼리 사원에 살고 있던 고귀한 한 영혼으로 거슬러 올라간다.

1885년, 라마크리슈나는 지속적인 목 통증을 앓았다. 헌신자들은 너무 많은 말을 한 것이나 삼매 상태에서의 압박감 때문에 그런 일이 발생했다고 생각했다. 염증이 악화되었고, 암이라는 진단을 받았다. 그는 닥쉬네슈와르 사원에서 코시포레에 있는 집과 정원으로 이사했는데, 그곳에서 그는 여전히 어린 제자들에게 집중적인 가르침을 펼치고 많은 헌신자들을 만났음에도, 은퇴 생활에 가까운 나날을 보냈다. 그는 1년 동안은 견뎌냈다.

1886년 8월 15일 일요일. 스승님의 맥박이 불규칙해졌다. 신자들은 침대 곁에 서 있었다. 황혼이 질 무렵, 스리 라마크리슈나는 호흡곤란을 겪었다. 얼마 후에는 배고픔을 호소했다. 약간의 죽이 그의 입에 들어갔다. 일부는 삼켰고, 나머지는 턱 위로 흘러내렸다. 두 수행원이 그에게 부채질을 해주기 시작했다. 갑자기 그는 다소 특이한 형태의 삼매에 빠졌다. 몸이 굳어졌다. 사쉬는 눈물을 쏟았다. 그러나 자정 이후에 스승님은 다시 살아나셨다. 매우 배가 고파서, 죽 한 그릇을 드셨다. 그는 다시 힘이 난다고 말했다. 그는 자신을 부채질하고 있는 사쉬의 몸을 지탱하고 있는 대여섯 개의 베개에 기대어 앉았다. 나렌드라는 그의 발을 자기 무릎 위에 올리고 문지르기 시작했다. 스승은 계속해서 그에게 "이 아이들을 돌보아라."라고 반복하셨다. 그런 다음 그는 눕게 해 달라고 요청했다. 그는 자신의 인생에서 가장 사랑하는 분인 칼리의 이름을 세 번 외치고 자리에 누웠다. 그의 시선은 코끝에 고정되어 있었다. 그의 얼굴은 미소로 빛났다. 마지막 엑스터시가 시작되었다. 그의 마음이 결코 돌아오지 않는 곳으로 떠나게 된 마하사마디(대열반)의 순간이었다. 나렌드라는 참지 못하고 아래층으로 달려 내려갔다.[19]

아난다마이 마

아난다마이 마라는 이름은 '지복이 넘치는 어머니'를 의미한다. 니르말라 순다리 데비는 1896년 4월 30일 현재 방글라데시인 동벵골의 트리푸라에 있는 케오라 마을에서 태어났다. 마을 사원에서 행해지는 의식과 노래에 본능적으로 이끌린 어린 니르말라는, 사원 조각상들에서 인물들이 나오는 모습을 보았다. 때로 그녀는 넋이 나간 것처럼 세상을 인식하지 못한 채 허공을 바라보았다. 그런 점만 빼면, 그녀는 가족과 이웃으로부터 많은 사랑을 받는, 다정하고 말 잘 듣는 아이였다.

1971년, 우리는 브린다반에 있는 마하라지의 아쉬람에서 그와 함께

아난다마이 마. 사진 라메슈와 다스.

있었는데, 브린다반은 14세기 이래로 수많은 크리슈나 사원이 있는 순례지였다. 브린다반은 크리슈나가 그곳에서 만 명의 소치기 소녀들과 사랑을 나눈 이후로, 장난기 넘치는 사랑의 분위기를 갖고 있었다. 아난다마이 마는 불과 몇 블록 떨어진 그녀의 아쉬람에 거주하고 있었다. 마하라지는 그녀를 만나라고 하면서 우리를 그리로 보냈다.

우리는 무엇을 기대해야 할지 몰랐다. 아난다마이 마의 아쉬람은 마하라지의 아쉬람보다 힌두교 전통에 더 가까웠다. 우리 모두는 그 행사를 위해 깨끗한 흰색 옷을 입었다. 우리는 꽤 숫자가 많았지만,

너무 많은 신자들이 이미 거기에 있었기 때문에, 우리는 군중 속에서 길을 잃고 말았다.

흰색 옷을 입은 아난다마이 마는 마치 천녀 같았는데, 낮은 단상에서 신자들에게 환영 인사를 하고 있었다. 탁 트인 곳에 평화가 넘쳐 흘렀다. 마치 어머니와 함께 식탁에 앉아 있는 듯한 낯익은 느낌이었지만, 이분은 모두의 '어머니'였다. '어머니'와 우리 사이의 어떤 분리감도 고요한 흐름 속에서 녹아버리는 것 같았다. 우리는 그녀가 거기에 있는 날이면, 그리로 갔다.

몇 차례 방문하는 동안, 아난다마이 마는 내 안의 매우 깊고 순수하고 단순하고 사랑이 넘치는 공간, 다시 말해 순수한 영혼의 느낌을 만져 주었다. 그녀는 진짜 참한 존재, 희귀한 존재, 고대의 존재, 유일한 존재이다. 그녀 앞에서는, 인도인들이 오랫동안 그러했듯이, 엄청나게 은혜스러운 무엇인가를 흡수하지 않을 수 없었다.

그 당시 그녀는 70대 중반이었고, 시간의 바람에 흔들리는 나뭇잎처럼, 연약해 보였다. 한 마리 새처럼 보이기도 했다. 겉으로 보기에 그녀는, 불결한 외국인이 그녀의 발을 만지거나 그녀에게 공물을 건네는 것을 좋아하지 않는, 다소 정통적인 힌두교인들에 둘러싸인 나이든 여성이었다. 우리 같은 백인들은 그들에게 어울리지 않았다.

그녀의 내면에서는 샥티, 즉 영적 에너지의 깊은 흐름이 흘러나오고 있었다. 그녀는 사회적 구분이나 자신을 보호하려 드는 헌신자들의 노력에는 관심이 없었다. 나는 그녀 앞에 앉아, 그녀의 추종자들이 왜 그녀를 보살피는 데 그토록 열중하는지 알아차리기 시작했다. 그녀는 에고가 너무 약해서, 그들은 그녀가 자신을 돌보지 못할까 봐 걱정하고 있었다.

　그녀는 걷고, 말하고, 웃고, 노래했지만, 6개월 동안 침묵을 지키기도 했다. 그녀는 하루에 쌀 아홉 톨 정도밖에 먹지 않았다. 그녀의 눈 뒤쪽으로는 초연함이 자리하고 있었다. 그녀는 마치 누군가가 아주 먼 거리에서, 혹은 망원경을 통해 바라보듯이, 당신을 바라본다. 마치 집에 아무도 없는 것처럼, 일종의 꼭두각시 같은 느낌이 든다. 그러나 텅 빈 느낌과 더불어, 당신은 그녀가 헌신자들과 주변의 모든 사람들에 대한 관심과 애정으로 가득 차서 거기에 완전히 참여하고 현존하고 있다는 것을 느끼게 된다. 그녀의 기분은 날씨처럼 변했다.

　그녀 앞에서 느끼는 감정은 심오하고, 미묘하며, 말로 표현하기 어려웠다. 눈에 보이는 것 같은 평화, 완성되고 완벽하다는 지각, 마음을 끊임없이 압박하는 생각들과 나날의 걱정으로부터 해방된 것 같은 깊은 안도감을 느끼게 된다. 그녀의 모든 움직임은 무드라, 즉 그 순간 존재 전체의 물리적 표현이었다. 그녀는 사람들이 신을 느낄 수 있도록 길을 열어 주었다.

　파라마한사 요가난다는 1946년경 캘커타에서 아난다마이 마를 만났고, 나중에 그녀를 란치에 있는 자신의 아쉬람에 초대했다. 그는 자신의 저서 『한 요기의 자서전 Autobiography of a Yogi』에서 그들의 만남에 대해 기록했는데, 여기에는 다음과 같은 대화가 포함되어 있다.

　요가난다: "당신의 인생에 대해 말해주세요."
　아난다마이 마: "말씀드릴 것이 거의 없습니다." 그녀는 비난하는
　　몸짓으로 자신의 우아한 손을 펼쳤다. "나의 의식은 이 일시적인

아난다마이 마.

육체와 아무런 상관이 없습니다. 제가 이 땅에 오기 전에도 똑같았습니다. 어린 소녀로서도 똑같았습니다. 나는 여성으로 성장했습니다. 여전히 마찬가지였습니다. 내가 태어난 집에서 이 몸을 결혼시키려고 주선했을 때도, 똑같았습니다. 그리고 지금 당신 앞에서도 똑같습니다. 이후 영원의 홀에서 나를 둘러싼 창조의 춤이 변하게 되더라도 나는 여전히 동일할 것입니다."[20]

마하라지는 나를 아난다마이 마에게 소개해 주었다. 나는 마하라지를 나의 구루로 알고 있었지만, 구루의 또 다른 면인 '따뜻하게 돌보는 모성'적인 특성에 대해서는 많이 생각해 본 적이 없었다. 마하라지가 모든 여성을 '어머니'로 보라고 말했을 때, 현실을 보는 나의 관점에 폭넓은 변화가 시작되었다. 서구의 유대-기독교 문화는 부성에 너무도 강하게 초점이 맞추어져 있기 때문에, 모성을 간과하는 경향이 있다. 아난다마이 마는 철학적 논문이 아니었다. 그녀는 '깨달음'이나 '깨달은 존재'라는 표현으로는 너무 부족한, 그래서 그런 표현을 하면 오히려 그녀를 깎아내리는 느낌을 주는 '살아 숨쉬는 한 여성'이었다.

아난다마이 마의 여성적 특성은 단지 개별 여성의 특성이 아니었다. 그녀는 진정으로 신성한 여성, 여신이 몸을 입고 화신한 존재였다. 그녀는 마하라지가 그토록 애정을 가지고 말한 '어머니'의 자질을 여실하게 보여주는 존재였다. 그녀는 힌두교도들이 존경하는 '어머니'의 다양한 면을 보여주었다.

나는 마하라지와 아난다마이 마가 실제로 함께 있는 것을 본 적이 없다. 두 분에 대한 생생한 꿈을 꾼 적이 있긴 하지만. 꿈속에서 그들은 즐겁고 장난기 많은 아이들 같았다. 그들은 어린아이처럼 손을 잡고 길을 걸어갔다. 잠에서 깨어났을 때, 나는 강렬한 기쁨을 느꼈다.

어느 날 아침 마하라지가 아쉬람의 여성들이 자신을 돌보아주지 않는다고 질책하기 시작했다는 소식을 들었다. "그대들은 나를 먹일 수가 없다. 나를 먹이지도 못하고, 돌보지도 못한다. 나는 '마'에게 가야겠어. 그녀는 나를 먹여 줄 거야." 그는 아난다마이의 아쉬람으로 출발했고, 계속해서 말했다. "그녀가 나를 먹여 줄 거야. '마'를 만나러 가겠어. 그녀가 나를 먹여 줄 거야."

마하라지는 아난다마이의 방으로 뛰어 들어가, 누군가 친견을 하고

아난다마이 마.

있는 것을 방해했다. 그는 담요를 사방으로 휘젓고 날아다니는 다섯 살짜리 아이 같았다. 그는 거기에 앉아 있는 아난다마이에게 소리쳤다. "마! 먹여 줘요. 먹여 줘요, 마!" 그녀는 크게 웃기만 했다. 그러고는, 엄청난 식사를 가져오게 했다. 그는 그것을 맛본 다음, 그것을 모든 신자들에게 나눠주었다. 그는 그녀를 '마'(엄마)라고 불렀고, 그녀는 그를 '파'(아빠)라고 불렀다.

라마크리슈나와 마찬가지로, 아난다마이가 어렸을 때는, 수명이 짧은 시대라 조혼의 관습이 있었다. 니르말라는 아주 어렸을 때 결혼했다. 그녀는 남편의 형의 가족과 함께 살았고, 남편은 일자리를 찾기 위해 다카 등지로 여행했다. 결국 그녀의 남편은 다카의 공원에서 관리자로 일하게 되었다. 니르말라는 그곳에서 그와 가정을 꾸렸다.

그녀는 때로 삼매 상태에 들어가 복잡한 요가 아사나와 무드라(몸짓)를 수행하면서도 요리와 청소 등 주부로서의 의무를 다했다. 때로 그녀는 황홀경에 빠져 바닥에 뒹굴었고, 음식은 타버렸다. 그녀가 깨어났을 때는 물질계와의 접촉점을 잃고 넋을 잃은 것 같은 상태가 잠시 이어졌다.

그녀의 남편은 다행스럽게도 그녀의 특별한 자질을 알아차렸다. 결국 그는 그녀의 제자가 되었다. 그녀는 젊은 시절에 숨이 막힐 정도로 아름다웠고, 천상의 광휘가 빛나고 있었다. 그녀는 결혼의 현실적인 면에는 전혀 관여하지 않았다. 그녀는 늘 신에 도취된 상태에서 살았다. 나중에 그녀는 남편이 성적인 생각을 해본 적도 없다고 말했다. 어쨌든, 그가 무의식적으로라도 충동을 느끼는 낌새를 보이면, 그녀는 삼매에 빠졌다.

'어머니'는 고빈다지의 사원에 딸린 경내 1층에 머물고 계셨다. 작가가 두 명의 여성과 함께 방에 들어갔을 때는 밤 11시쯤이었다. 전등이 하나 켜져 있었다. 방에 들어가자 그들은 '어머니'가 기쁨에 넘쳐 미소를 지으며 앉아 계시는 것을 발견했다. 그녀의 몸 전체가 눈부신 빛의 구체처럼 창백하고 밝게 빛났다. 인간의 모습에서 나오는 그 놀라운 광채는 우리의 모든 상상을 뛰어넘는 것이었다. 그녀의 몸은 너무나 강렬하고 위안을 주는 빛으로 빛나서, 방 전체가 신성한 하늘 기운으로 가득 차 있는 것 같았다.[21]

다카에서 '마'는 강렬한 영적 수행을 한 것으로 보인다. 그녀는 나중에 이러한 수행법에 입문한 것은 아니었다고 말했다. 오히려, 그녀를 통해서 수행법이 만들어진 것처럼 보인다. 그녀는 자신의 영적 직관이나 내적 충동을 따르고 있다고 말했다. 그녀의 성스러움, 초월적인 상태, 빛나는 현존에 영향을 받은 헌신자들이 그녀 주위로 모여들었다. 집에서는 키르탄 모임이 자주 열렸다. '마'는 요리를 했고, 모두가 공물을 나누어 먹었다.

신의 '이름'을 부르는 소리는 그녀에게 깊은 영향을 미쳤다. 그녀는 무슨 일을 하든 중단하고 황홀경에 빠져 땅에 쓰러지곤 했다. 때로 그녀는 꼼짝도 하지 않고 누워 있었지만, 어떤 때는 발가락으로 균형을 잡고 손을 높이 둔 채 눈도 깜박이지 않았다. 때로 그녀는 몸을 굽혀 요가 아사나나 무드라를 했고, 가만히 서 있거나 숨을 크게 들이쉬며 리드미컬하게 몸을 흔들기도 했다.

그녀의 춤은 파도처럼 우아하게 물결칠 수도 있고, 믿을 수 없을 정도로 빠르게 소용돌이칠 수도 있다. 그녀의 움직임은 마치 번개 같았고, 눈으로 따라가는 것이 거의 불가능했다. 때로 그녀는 폭풍우 앞에 흩날리는 마른 나뭇잎처럼 황홀경에 빠져, 땅 위를 이리저리 구르곤 했다. 그런 순간이면 그녀는 발전기 같았다. 겸손한 그 주부는 낯선 사람들 앞에서 얼굴을 가린 채 세상을 아랑곳하지 않고 내달리고 춤을 추었다.

대니 골만(자가나스 다스)과 나는 하리드와르의 칸칼 근처에 있는 아난다마이 마의 작은 아쉬람으로 그녀를 친견하러 갔다. 우리는 '마가 작은 사원 계단에 앉아 인도의 부통령과 이야기를 나누고 있는 것을 발견했다. 수백 명의 사람들이 모여 있었다. 마침내 부통령이 떠났고, 아난다마이 마는 어느 방으로 들어갔다.

대니와 나는 이야기를 나누며, 다르샨을 하는 곳에 우리가 마지막으로 남을 때까지 남아 있었다. 황혼이 가까웠고, 음식이 요리되고 있었고, 저녁 푸자를 드리기 위한 종소리가 들렸다. 때로 우리는 흰색 옷을 입은 아난다마이 마가 마치 떠다니는 것처럼 한 건물에서 다른 건물로 걸어가는 것을 보았다. 그녀를 보는 것만으로도 우리는 지복의 물결로 넘쳐 흘렀다.

마침내 그들은 우리에게 떠나라고 말했다. 사원 문을 닫아야 할 때가 되었다는 것이다. 우리는 일어나서 가려고 했고, 바로 그때 아난다마이가 옆문으로 나오더니 우리가 가는 길 바로 옆에 있는 다르샨 구역을 가로질러 걸어갔다. 그녀는 몽유병을 앓고 있는 것처럼 보였다. 그녀는 우리 바로 앞에서 머뭇거렸다. 그녀는 지나가다가 멈춰서더니 우리가 그녀의 발을 만지도록 허락했다. 깊은 숲속의 적막 속에서 누군가의 어깨 위에 앉은 한 마리 새처럼, 사람에게

> 나는 당신의 영성이 무르익기를 기다리지 않습니다.
> 갠지스강의 흐름처럼 나는 모두 위에 나의 연민을 부어주기 위해 나아갑니다.
> 이것이 나의 본성입니다.
> 이것이 나의 존재입니다.
>
> —출처 미상

다가가 코를 비비는 사슴처럼, 우리는 그녀의 발을 만졌다. 너무나 순수하고, 세상의 손길이 닿지 않은, 너무나 근본적이고 순수한 것과 연결되는 소중한 순간이었다. 신비롭고 강렬한 순간이었다. 그녀는 계속해서 걸음을 옮겼다. 우리는 성전을 떠났다. 아무런 인정도 받지 못한 채로 끝나 버린 것이다. 그녀는 우리를 쳐다보지도 않았다. 그것이 다르샨이었다. 우리는 우리 자신의 깊은 곳을 만졌다. 우리는 사랑 그 자체를 만진 것이었다.

> 그녀의 고요한 바다 위에서 분주한 마음들이 풀어져 내리고, 저마다 자신들의 내적 고요함에 따라 저절로 생각들이 떠다닌다.
>
> —출처 미상

　1927년경부터 그녀는 남편이자 헌신자인 바이지와 함께 인도를 여행하면서 이후 55년 동안 계속해서 여기저기를 떠돌아다니는 삶을 살았다. 인도 전역의 사람들이 그녀와 접촉하게 되었고, 영적인 인도를 받기 위해 그녀에게 의지했다. 그녀는 아이, 아내, 영적 지도자의 릴라를 연기하면서, 순간 순간 어머니로서의 다양한 면을 보여주었다. 크리슈나의 장난기 많은 연인인 라다의 사랑에 찬 기쁨, 칼리의 열렬한 보호, 시타의 다르마적인 완벽함, 그리고 샥티의 신비한 우주 에너지⋯.

　그녀에게는 진짜로 개인으로서의 정체성이 없었다. 때로 그녀는 자신이 살았던 지역의 다른 순수한 성자의 자질을 닮은 구석을 보여주기도 했다. 그녀는 그런 면이 그녀를 통해 나오도록 허용하고, 그 성자처럼 걷고 말하기 시작했다. 그녀의 인내력은 놀라웠다. 그녀는 피곤해하지 않았다. 그녀가 요가난다에게 "나는 똑같아."라고 말했던 것처럼, 그녀가 어디에 있든 한결같은 면모를 보여주었다.

헌신자들은 그들 가운데 있는 이 놀라운 존재를 알아내고 묘사하려고 끊임없이 노력했다. 그녀가 여러 차례 공표했듯이, 그녀는 신자들에게 그들의 개인적인 영적 필요에 따라 현현했다. 그녀에게는 자신만의 다른 아젠다가 없었기 때문에, 모든 사람이 그녀를 다르게 보는 것은 전혀 놀라운 일이 아니다. 그녀는 학자와 함께 우파니샤드의 세세한 점을 논의할 수도 있었고, 가난한 농부와는 임박한 딸의 결혼에 대해, 사두와는 그의 수행 과정에 대해 논의할 수도 있었다. 그녀는 각 사람을 각자의 수준에 맞게 인도했다.

'마'는 아쉬람에 음식을 밤새도록 보관하게 하지 않았다. 그녀는 모든 것을 다 요리하고 나눠주게 하였고, 다음날에는 신선한 음식을 구하거나 사도록 했다. 한번은 그녀의 신자 중 한 명이 엄마가 밤에 음식을 원할 경우에 대비해 여분의 밀가루 봉지를 보관해 두었다. 오후 9시쯤 그녀는 나와서 버터와 밀가루로 납작빵을 요리하기 시작했다. 두 개 정도가 한 끼 분량이었다. '마'가 먹기 시작했다. 그녀는 먹고 또 먹고 계속해서 먹었다. 무려 64개를 먹었다. 그녀는 "내가 내 양을 다 채우려면, 우주 전체를 다 먹어치워야 할 거예요."라고 말했다.

쉬르디 사이 바바

사이 바바의 출생에 대해서는 알려진 바가 거의 없다. 그의 이름은 아무런 힌트도 주지 않는다. 사이 바바는 실제로 이름이라고 할 수도 없다. '사이Sai'는 페르시아어로 '성자'를 뜻하고, '바바Baba'는 '아버지'나 '할아버지'를 뜻하는 힌디어인데, 이 용어는 종종 거룩한 사람들에게 붙여진다. 그는 거지처럼 보였지만, 그의 남루한 외모와 예측할 수 없는 행동은, 지고한 깨달은 존재의 위장술이라고 할 수 있다.

그의 초기 생애는 불확실성의 구름에 가려져 있다. 정보가 정확하다면, 그는 8세에 집을 떠나 무슬림 신비주의자의 지도 아래 12년 동안 금욕 생활을 했을 것이다. 그는 코란과 힌두 의식儀式 사이를 오갔고, 모든 종교적 신념을 가진 헌신자들이 있었기 때문에, 타당성이 있어 보인다.

그는 1854년경에 처음으로 마하라슈트라의 외딴 마을인 쉬르디에 왔다가 다시 떠났다. 1868년에서 1872년 사이에 그는 돌아와서 그곳에 반세기 동안 계속 머물렀다. 쉬르디는 가장 가까운 기차역에서 6시간 거리에 있었다. 기차역에 가는 유일한 방법은 마차를 이용하는 것이었다. 그 당시에는 특히 상당한 노력이 필요했다. 머물 곳도 없고, 전등도 없고, 기본적인 편의시설조차 없었다. 1918년 10월 15일, 사이 바바의 대열반(그의 죽음) 이후, 쉬르디는 1960년대와 1970년대까지 무명으로 자취 없이 사라졌다가, 그 이후 다시 순례자들을 끌어들이기 시작했다.

그가 처음 도착했을 때, 마을 사람들은 그가 미쳤다고 생각했다. 그는 성자라는 어떤 개념에도 맞지 않았다. 때로 그는 힌두교도처럼 행동했지만, 알라 신을 부르기도 했다. 치유사로서의 놀라운 능력과 다른 사람들에 대한 그의 헤아릴 수 없는 연민을 알게 된 후에야, 마을 사람들은 그를 성자로서 존경하기 시작했다.

그들은 점차, 다른 한 성자가 묘사한 대로, '똥 더미 속의 보석'이 자신들 속에 있다는 것을 깨달았다. "그가 왜 쉬르디를 거처로 선택한 것인지는 아무도 몰랐다. …개인적인 이유가 있었다면, 그것은 그의 삶의 전체 상황만큼이나 이상했다. 몇 년 후, 그가 이미 유명해졌을 때, 그는 한 헌신자에게 한 나무 아래를 파라고 말했다. 그가 처음 그곳에 도착했을 때 앉아 있었던 나무였다. 무덤이 발굴되었고, 그는 그것이 이번 생이 아니라 전생에 그의 구루였던 분의 무덤이라고 선언했다."[22]

사이 바바는 매일 아침 밖에 나가서 음식을 구걸했다. 그들은 그가 미친 고행자라고 생각했지만, 일부 마을 사람들은 그에게 음식을 주었고, 그는 여섯 번째 집 앞에 서서, 점토 항아리에 공양물을 섞곤 했다. 그는 항아리를 속이 보이게 들고 다녀서, 자신이 먹기 전에 동물들이 먹을 수 있게 했다. 죽기 이틀 전까지, 쉬르디에 거주한 60년 동안 이 일과를 계속했다.

마을에는 작은 하누만 사원과 황폐한 진흙벽 모스크가 있었다. 처음에 사원 사제는 그가 무슬림이라고 생각했기 때문에, 그를 들여보내지 않았다. 그래서 바바는 모스크에 거주하게 되었다. 나중에 그 사제는 사이 바바에게 크게 헌신하여, 남은 생애 동안 그를 섬겼다. 1885년 사이 바바가 3일 동안 삼매에 빠졌을 때, 그는 이 사제에게 자신의 몸을 지켜달라고 부탁했다. 일부 마을 사람들은 그가 죽은 줄 알고 시신을 불태우고 싶어 했지만, 그 사제는 완강하게 막았다.

사이 바바는 약 10인치 너비의 좁은 널빤지 위에서 잠을 잤는데, 이 널빤지는 얇은 누더기 옷으로 만든 끈으로 모스크 천장에 매달려 있었다. 등불이 양쪽 끝에서 밤새도록 타올랐다. 그가 어떻게 널빤지로 오르락내리락했는지, 어떻게 떨어져 내리지 않도록 유지했는지는 미스터리였다.

음식 외에도, 등불에 쓸 기름이 조금 필요했는데, 가게 주인들에게 기름을 구걸하곤 했다. 한번은 그들이 그를 놀리려고 기름을 주기를 거부하자, 그는 평정심을 잃지 않고 모스크로 그냥 돌아갔다. 마을 사람들은 무슨 일이 일어날지 보려고 그를 따라다녔다. 그는 물동이를 들더니, 아무렇지도 않게 등잔에 물을 채웠다. 그러자 마치 기름을 부은 것처럼 밝게 타오르는 것이었다. 경외심을 품은 마을 사람들은 그의 발 앞에 엎드려 용서를 구했다.

수십 년에 걸쳐 점점 더 많은 헌신자들이 쉬르디에 순례를 왔고, 그는 마을 사람들의 삶에 중심이 되었다. 많은 사람들이 그를 자신들의 구루로 여기게 되었다. 그는 비유나 완곡어법을 써서 말했다. 예배 후에 헌신자들에게 다음과 같이 말했을 때와 같이, 우주적 스케일로 직접적인 표현을 할 때도 있었다.

당신이 좋아하는 곳에 있으십시오. 무엇이든 당신이 선택한 것을 행하십시오. 당신이 하는 모든 일을 나는 다 알고 있다는 것을 잘 기억하세요. 나는 모든 이들의 '내부 통치자'이며, 모두의 가슴 속에 자리 잡고 앉아 있습니다. 나는 모든 생명체, 움직이는 세계와 움직일 수 없는 세계를 두루 감싸고 있습니다. 나는 이 우주의 쇼를 지휘하는 '통제자'입니다. 나는 모든 존재들의 어머니이고 근원입니다. 세 가지 구나(특성)의 조화, 모든 감각들의 추진자, '창조자', '보존자', '파괴자' 입니다. '나'에게 주의를 돌리는 사람은 전혀 해를 끼치지 않겠지만, '나'를 잊어버린 사람에게는 '마야'가 채찍질하고 매질할 것입니다. 모든 곤충들, 개미들, 눈에 보이는 것들, 움직일 수 있는 것들, 움직일 수 없는 것들의 세계가 나의 '몸'이고 '형상'입니다.[23]

이것은 『바가바드 기타』 7장에서 크리슈나가 말한 내용, 또한 9장에서 아르주나에게 헌신에 대해 이야기한 내용과 놀랍도록 유사하다.

힌두교인에게는 갠지스강과 야무나강이 합류하는 프라야그(오늘날의 알라하바드)에서 신성한 목욕을 하는 것이 매우 가치 있는 일이다. 수천 명의 힌두교 순례자들이 매년 점성학적으로 지정된 시간에 이 의식을 수행하기 위해 순례 여행을 한다.

한번은 다스 가누가 목욕을 하러 프라야그에 가야 한다고 생각하고, 바바에게 허락을 받기 위해 왔다. 바바가 그에게 대답했다. "그렇게까지 갈 필요가 없다. 프라야그가 여기에 있다. 나를 믿어라." 다스 가누가 바바의 발 위에 자신의 머리를 얹었을 때, 바바의 발가락들에서 갠지스강과 야무나강의 물이 흘러나왔다. 다스 가누는 사랑과 존경의 감정에 압도되어 철철 눈물을 흘렸다.[24]

쉬르디 사이 바바는 때로 불꽃 같은 열정을 보여주었다. 그의 기분은 변덕스럽다고 할 수 있었고, 그의 기괴한 습관은 때로 그의 추종자들을 겁에 질리게 했다. 사람들은 그가 자신의 장腸을 토해내어, 씻은 다음에 다시 삼키는 것을 보았다. 이는 요가 크리야, 즉 정화 작업의 극단적인 변형이다. 언젠가는 한 헌신자가 안을 들여다보았는데, 사이 바바의 팔다리가 그의 방 주변의 여러 곳에 떨어져 나가 흩어져 있는 것이었다. 그는 살인 사건이 일어났다고 경찰에 신고하려 했으나, 범죄에 연루되거나 용의자가 될까 봐 두려웠다. 그런데 다음날, 쉬르디 사이 바바는 아무 일도 일어나지 않은 것처럼 평상시와 똑같이 행동하는 것이었다.

헌신자들은 건강과 기타 여러 문제들을 가지고 와서 그의 도움을

쉬르디 사이 바바와 헌신자들.

끊임없이 간청했다. 쉬르디에 처음 자리를 잡았을 때, 그는 지역에
의사로 알려졌다. 그는 환자들을 진찰하고, 약을 나눠주었다. 처음에
그는 몇 가지 토종 요법을 하게 했지만, 나중에는 불 타고 남은 재만을
주었다. 치료는 항상 성공적이었다. 사람들은 일상적인 장 질환과

피부 질환은 말할 것도 없고 나병이나 페스트, 실명 失明도 고침을 받았다. 절름발이는 걸었고, 불임 부부는 아기를 낳았다. 그러나 가장 주목할 만한 것은, 헌신자들이 세속적인 길을 떠나 영성을 지향하게 됨에 따라, 가슴 중심의 삶으로 변해 갔다는 것이다.

한번은 헌신자들과 함께 앉아 있던 사이 바바가 갑자기 그의 팔을 타오르는 불 속으로 집어넣었다. 급히 그를 끌어냈으나, 그의 팔은 심하게 화상을 입었다. 그는 엄마 등에 업힌 아기가 대장간의 불 속으로 떨어지려고 하는 찰나에 아기의 생명을 구했다고 설명했다. 이 사실은 며칠 만에 멀리 떨어진 한 마을에서 확증되었다. 봄베이에서 의사가 왔지만, 사이 바바는 치료를 거부하고 화상을 입은 팔에 약초 혼합물을 싼 헝겊을 얹는 것만을 허용했다. 며칠 만에 정상으로 돌아왔다.

다른 보고서에서는 그에 대해 더 자세히 설명한다.

그는 기적을 행하면서 "내가 이 일을 하겠다."라고 말하곤 했다. 그러나 "알라께서 바로잡으실 것이다." "알라께서는 통치자이십니다."라는 말을 더 자주 했다. 신을 '파키르'라고 부르는 것이 그의 독특한 습관이었는데, 누군가의 요청을 거절할 때 그는 종종 '파키르는 내가 그렇게 하는 것을 허락하지 않을 것이다.' 또는 '나는 파키르가 나에게 명령하는 것만 할 수 있다.'라고 했다.

그는, 아픈 사람의 생명을 연장시키는 것은 단지 고통을 더 길게 늘이는 것일 뿐이라고 설명할 때도 있었고, 그 사람을 다시 태어나게 하겠다고 약속할 때도 있었다. 문제가 있는데도 축복해 달라는 요청을 받을 때, 그 사람의 운명에는 아이가 없다고 말할 때도 있었다. (그렇다고 해서 이것이 항상 단념하라는 뜻은 아니었다. 한 번은, 그 사람의 운명에는 아이가 없다면서도 자신의 운명에서 아이를 허락하겠다고 선언했다.) 때로는 아무런 설명도 하지 않고 "알라께서는 통치자이십니다." "파키르(신)께서 나를 그렇게 하도록 허락하시지 않을 것이다." 라고 말하며, 간단하게 거절했다.

한 여인의 어린 아들이 코브라에게 물렸는데, 그녀는 소리를 지르며 사이 바바에게 치료를 해 달라고 간청했지만, 사이 바바는 해주지 않았고, 그 아이는 죽고 말았다.

가장 나이 많은 신자 중 한 명인 H. S. 딕시트가 그에게 간청했다. "바바, 그녀의 울음소리는 정말 가슴이 아프네요! 나를 위하여 그 아들을 살려주십시오."

놀라운 일은, 양파로 한 아이의 눈을 치료한 사건에서처럼, 그가 그렇게 할 수 있다는 것에 대해 신자들은 조금도 의심하지 않았다는 것이다.

사이 바바는 이렇게 대답했다. "이런 일에 얽히지 마세요. 지금까지 일어난 일이 최선입니다. 그는 이 몸을 갖고서는 할 수 없었던 특별히 선한 일을 할 수 있도록 다른 몸으로 이미 들어갔습니다. 내가 그를 다시 이 몸 안으로 끌어들이면, 그가 들어간 새 몸은 이 몸을 살리기 위해 죽어야 할 것입니다. 나는 당신을 위해 그렇게 할 수도 있지만, 그 결과를 고려해 보셨습니까? 당신이 책임을 질 수 있나요? 책임을 질 준비가 되어 있나요?"[25]

사이 바바는 마치 어미 암탉처럼 가깝고 먼 곳에서 제자들을 모았다. 그는 그들의 영적, 물질적 보살핌을 모두 맡았으며, 때로는 여러 생애에 걸친 관계를 암시했다. 신자들은 그의 사랑의 아우라 속에서 번성했다. 그의 날개 아래에서 그들은 헌신 속에 성장했고, 자신들의 구루로서 그에게 모든 것을 내맡겼다. 그 대가로 그는 그들의 영적 발전을 지도하고 책임을 떠맡았다.

사이 바바는 그를 믿고 사랑을 바친 사람들에게 엄청난 축복을 돌려준다. 그는 인도에서 가장 사랑받는 성자 중 한 사람으로 남아 있다. 인도 전역의 대시보드와 상점 주인들의 제단에서 그의 사진을 볼 수 있는데, 헌신자들을 돕기 위해 자신의 힘을 사용하는 데 있어서 그가 발휘한 전설적인 관대함 때문일 것이다. 많은 사람들은, 그가 여전히 현존하고 있고 자신들에게 은덕을 베푸신다는 믿음을 가지고 있다.

야네슈와르

야네슈와르(야나데바라고도 함)는 중세 시대 마하라슈트라의 성자였다. 그는 너무 오래전에 살았기 때문에, 그의 실제 삶과 전설을 구별하기가 어렵다. 그의 이름 야네슈와르는 '모든 곳에 퍼져 있는 신의 지혜'를 의미한다. 그는 대중적인 마라티어로 『바가바드 기타』에 대한 기념비적인 주석을 썼는데, 이 책은 여전히 널리 읽혀지고 있으며, 단순히 『야네슈와리』라고 불린다.

야네슈와르는 1271년에 태어났다. 인도는 무슬림 침략자들의 공격을 받고 있었고, 곳곳에서 정치적, 영적 격변이 일어났다. 야네슈와르는 마이스터 에크하르트, 페르시아의 루미, 스페인 태생의 아랍 신비주의 시인 모히우딘 이븐 알아라비와 동시대 사람이었을 것이다. 그의 깊은 영적 성취 외에도 야네슈와르는 산스크리트어로 쓰여진 『바가바드 기타』의 위대한 가르침을 일반 사람들이 접근할 수 있도록 대중 언어로 풀어썼다.

그는 신동이었다. 그는 아마 19세였던 1290년에 『야네슈와리』를 썼을 것이다. 사이 바바는 종종 그것을 신도들에게 추천했다. 25세에 야네슈와르는 깊은 명상에 빠져서 나오지 않았다. 그는 젊은 나이에 죽었지만, 오래 산 대부분의 성자들보다 더 많은 일을 성취했다.

그의 몸은 부패되지 않았다. 인도에서는 몸을 떠나는 이런 방식을 '살아있는(jivit) 삼매'라고 한다. 사람들은 결국 그의 주변에 마하사마디 무덤을 짓고, 그 위에 사원을 세웠다. 사원의 내부 성소는 무덤 바로 위에 있는데, 강력한 전자기장이 흐른다고 한다. 제단의 돌인 시바 링감, 즉 남근에 머리를 대면, 마치 샥티, 우주 에너지가 진동하는 것을 느낄 수 있다는 것이다.

야네슈와르의 가족들은 모두가 요가 수행자였다. 그의 아버지 비트탈판트는 가장이자 성자였다. 그의 형인 니브리틴나타(1273~97)는 그의 구루였다. 그의 여동생 묵타바이(b. 1272)는 위대한 신비주의 시인이었다. 그의 남동생 소파나(b. 1273)도 열렬한 신자였다. 모두가 성자로 존경을 받는다. 그러한 가족은 종교적 열정으로 가득 찬 문화에서 존경을 받을 것이라고 생각하기 쉽다. 그러나 그렇지 않았다. 이들의 영적인 삶이 브라만 정통주의와 카스트 제도와 충돌했기에, 가족의 이야기는 비극으로 얼룩지게 된다.

비트탈판트는 브라만으로, 저명한 마을 촌장의 아들이었다. 그는 이웃 마을 촌장의 딸인 라쿠마바이와 결혼했으며, 그녀는 모든 면에서 그를 깊이 사랑했다. 비트탈은, 영성을 추구하는 사람들이 그렇듯이, 가족 생활을 몸에 맞는 옷처럼 느껴 본 적이 없었다. 라쿠가 크게 실망할 일이 벌어진 것은, 자녀가 다 자라기도 전에 비트탈이 순례 여행을 떠났기 때문이다. 그는 베나레스에서 위대한 구루인 라마난다에 의해 입문했다. 그는 자신이 가장이라는 것을 밝히지 않은 채 독신과 출가자의 길을 서원했다.

라쿠의 가족은 인드라야니강 위에 형성된 성스러운 도시인 알란디에 살고 있었는데, 운명에 따라, 구루 라마난다는 그곳에서 멀지 않은 성스러운 중심지인 나식에서 열리는 행사에 초대되었다. 가는 도중에 그는 하룻밤을 묵었고, 구루의 자격으로 라쿠의 아버지인 마을 촌장으로부터 융숭한 음식 대접을 받았다. 저녁 식사 자리에서 라쿠마바이의 결혼 여부를 눈치 채게 된 라마난다는, 그녀에게 자녀를 갖도록 축복했다. 열네 살에 자녀가 없는 과부가 된 그녀가 이런 제안에 눈물을 흘렸을 때, 대화가 이어지게 되어, 그는 그의 새로운 제자가 그녀의 빗나간 남편이라는 것을 알게 되었다. 그는 자신의 축복을 잘 이행하겠다고 약속하면서, 비트탈에게 가서 가족의 의무를 다시 행해야 한다고 명했다. 몇 년 후에 야네슈와르와 그의 형제자매들이 태어난다.

그러나 상황은 좋지 않았다. 엄격한 카스트 제도의 지배를 받는 지역의 브라만들은 비트탈의 서약으로 인해 그가 브라만 카스트에 속할 수 없다고 선언했다. 그의 구루의 명령에도 불구하고 그들은 그와 그의 젊은 가족이 브라민으로 돌아가는 것을 허용하지 않았다. 그와 그의 가족은 말 그대로 소외된 존재, 불가촉천민이 되었다. 비트탈은 생계가 막연해졌고, 전망도 없었다. 그의 자녀들에게는 그들을 브라민 사회에 데려오는 '신성한 실 의식'*이 금지되었다.

우리 현대인의 생각에는 이것이 기껏해야 불편한 정도로 들릴지 모르지만, 엄격한 계층 문화에서는 낙인이 찍힌 것이나 마찬가지였다. 아무도 그들과 함께 식사하지 않았고, 물도 함께 나누어 마시지 않았다. 어떤 아이들도 그들과 놀 수 없었다. 그들은 마을 외곽에서 살아야 했다. 경건을 열망하고 엘리트 제사장 계급의 특권적인 구성원으로 성장했지만, 이제는 가족을 부양할 수 없게 된 데다 자신이 속한 공동체의 어르신들과 갈등을 겪는 한 남자의 수치심과 절망을 상상해 보라.

비트탈은 최선을 다했다. 그는 큰아들 니브리티의 '실 의식'을 위해 그의 브라만 친구들이 남아 있는 다른 마을로 데려갔다. 정글을 헤치고 돌아오던 중 그들은 호랑이를 만났다. 그의 아버지는 그에게 도망치라고 말했다. 니브리티는 근처의 동굴로 피신했는데, 거기에서 한 요기를 만났다. 가히니나스는 그의 구루가 되어 그에게 요가를 통해 훈련시켰고, 니브리티는 둘째아들 야네슈와르를 가르쳤으며, 야네슈와르는 이후 형인 니브리티를 자신의 구루로서 존경했다.

고향으로 돌아간 가족에게는 여전히 불가촉천민이라는 낙인이 찍혀 있었다. 자신의 죄를 속죄하고, 적어도 자녀들의 오점이라도 지워지기를 바라는 소망을 품고, 비트탈은 성스러운 강에 몸을 던져 죽었다. 상심한 미망인도 뒤따라 사망했다. 아이들은 고아가 되었고, 조부모의 도움을 받기는 했지만, 대부분은 그들 자신에게 맡기는 수밖에 없었다. 그런데도 자신들이 더 신성하다고 우월의식에 빠진 브라민들은 인정이 남아 있지 않았다.

가장이 된 니브리티는 가문이 사회에 재흡수될 수 있도록 하는

---

* 어린 소년을 대상으로 영적 교육의 시작을 알리는 일종의 입문식.

'정화의 편지'를 받기 위해 그의 형제자매들을 브라만의 또 다른 성지인 파이탄으로 데려갔다. 제사장들은 움직일 생각이 없는 것 같았다. 아이들은 자신들이 평범한 아이들이 아니라는 것을 확실히 보여주어야 했다. 야네슈와르는 "신의 능력이 여기에 임재한다면, 말 못하는 동물이라도 베다를 암송할 수 있을 것이다."라고 말했다. 그러고는 지나가는 물소 위에 그가 손을 얹자, 물소가 베다를 낭송하기 시작했다. 제사장들은 그제야 마음을 바꿔 먹었다.

이어지는 시간 동안, 야네슈와르는 완전한 깨달음을 얻고 가타에 대한 주석인 『야네슈와리』를 쓴다. 『야네슈와리』는 19세의 아이가 썼음에도, 분명 고도로 진화된 영혼의 작품이다. 형제자매들은 아버지의 오랜 친구인 스와미 사치다난다와 함께 나식 근처 네바사에 있는 그의 아쉬람에서 한동안 살았던 것으로 보인다. 야네슈와르가 치명적인 질병에 걸린 그를 다시 살려냈다는 이야기가 있다.

야네슈와르와 그의 형제자매들을 만나러 알란디에 온 한 위대한 요기는 이렇게 전한다.

창가데바는 타피강 유역에서 1,400년 이상을 살았던 위대한 싯다였다. 그의 스승은 바테슈와르였으며, 그로부터 그는 많은 신비한 힘을 얻었다. …주 비슈누의 화신이라는 야나데바(야네슈와르)의 명성과 영광에 대해서 소문을 들은 그는, 야나데바를 만나기 위해 알란디를 방문했다. 그는 대규모 수행원을 거느리고 위풍당당 알란디에 도착했다. 그 자신은 호랑이를 타고 있었고, 짐꾼들을 부리기 위해 살아있는 뱀을 채찍으로 쓰려고 들고 다녔다. 야나데바와 그의 여동생, 그리고 두 형제는 [돌담의] 난간 위에 앉아 햇볕을 쬐고 있었다. 위대한 싯다가 찾아왔다는 것을 알게 된 야나데바는 경의를 표하고 싶었다. 그래서 그는 무감각한 벽을 향해 창가데바의 방향으로 움직이라고 명령했다. 그런데 보라! 벽이 움직였고, 야나데바의 일행 모두가 창가데바와 대면했다. 창가데바는 이 기적에 당황했다. 그의 부풀어 오른 에고는 찔림을 받았고, 즉시 그는 그의 위대함을 깨닫고는 야나데바의 발 앞에 엎드러졌다.[26]

야네슈와르의 대열반 이후 200여 년이 지난 후 전해지는 이야기에 따르면, 에크나스(1533-99)라는 마라티의 성자는 야네슈와르가 그에게 와서 "나무 뿌리가 내 목으로 파고들며 자라고 있습니다. 이리로 와서, 처치를 좀 해주시겠습니까?"라고 말하는 환상을 보았다. 에크나스는 밤중에 몰래 가서 무덤을 파 보았다. 낮에 할 수 없었던 것은, 불경한 일이라는 이유로 난리가 날 것이 틀림없기 때문이었다. 과연, 나무뿌리가 관 속을 파고 들어가 있었다. 그래서 나무뿌리를 제거해 주었다. 그는 또 거기에서 야네슈와르의 위대한 저작물을 발견했다.

야네슈와르가 쓴 것으로 알려진 네 편의 문학 작품은 모두 그가 21세 때에 완성한 것이다. 그의 놀라운 깨달음에 대해 우리가 알게 된 것은 그의 어휘를 통해서이지만, 그 자신은 자신의 표현 능력의 한계를 절감한다. 그는 깨달은 순간을 '신의 음식을 먹은 것 같은 체험'이라고 묘사했는데, 꽃 향기처럼 여운이 오래 가는 독특한 표현이다.

시바와 샥티의 하나됨

그리하여 나는 우주 최초의 무한한 부모이신 신과 여신께 경의를 표합니다.

서로를 끌어당기는 사이, 사랑하는 자는 자신의 넘쳐나는 사랑으로 사랑받는 자가 되나니, 그들의 육신은 하나가 되어, 같은 음식을 먹습니다.

깊은 열망 속에서 그들은 서로를 삼키고, 둘로 존재하기를 좋아하기에 서로가 서로에게 빛과 향기를 발산합니다.

그들은 완전히 같지도 않고, 완전히 다르지도 않지요. 우리는 그들의 진짜 본성을 알지 못합니다.

즐기고자 하는 그들의 열망은 얼마나 강한지요! 그들은 이 열망을 통해 하나가 되고, 우스갯소리를 하면서도 그들의 하나됨은 깨지지 않습니다.

그들은 분리를 너무 두려워해서, 우주의 형상으로 아이를 낳았음에도, 하나이면서도 둘이고 둘이면서도 하나인 그들의 이중성은 방해를 받을 수 없습니다.

여신이 있는 것은 신을 통해서이며, 여신 없이는 주님도 있을 수 없습니다. 그들의 존재가 있는 것은 서로가 있기에 가능한 것.

오! 그들의 하나됨은 얼마나 달콤한지요! 위대한 세상은 그들이 살기에 너무 비좁지만, 그들은 아주 작은 입자 안에서라도 행복하게 살아갑니다.

그들 둘은 서로가 서로의 목적이고, 둘 다 서로가 서로의 주인입니다. 둘 다 서로의 동료인 것에 행복해합니다.

모든 공空의 정수는 그녀를 통해 푸루샤*가 되었고, 샥티**는 주님을 통해 자신의 특별한 존재를 얻었습니다.

---

* 우주의 순수 의식. '비활동적이고 변하지 않으며 영원하고 순수한' 특성을 지닌다.
** 우주의 원초 에너지. 우주 전체를 관통하여 흐르는 우주의 활동적인 힘 또는 에너지.

시바 자신이 자신의 사랑하는 분을 만들었으니, 사랑하는 분이 없으면 시바는 자신의 개성을 잃어버립니다.

그녀의 형상은 세상 속에 구현된 신과 신의 영광에서 나왔으나, 그녀의 형상 자체는 시바에 의해, 시바 자신으로부터 창조되었습니다.

그녀는 자신의 모습 없는 남편과 자신의 우아한 모습을 부끄러워하면서, 우주의 이름들과 모습들의 장식으로 그를 꾸며 주었습니다.

그녀는 그의 형상이요, 그녀의 아름다움은 그녀의 연인이신 그분 때문입니다. 그들은 서로가 서로에게 섞여들며 잔치를 즐기고 있습니다.[27]

바가완 니티야난다

인도의 영성의 원천인 베다는 의식의 네 가지 상태, 곧 깨어 있음의 상태, 꿈의 상태, 깊은 잠의 상태, 그리고 투리야, 즉 더 이상 몸과 동일시하지 않고 잠도 없고 꿈도 꾸지 않는 요가 상태에 대해 묘사한다. 그 너머에는 모든 망상이나 기대가 없는 투리야티타turyatita, 즉 '투리야 너머'라고 불리는 신성한 지복의 상태가 있는데, 이는 둘이 없는 '하나임'의 상태로, 그 자리에서는 모든 현상이 진아 안에서 살고 거주한다. 내가 우주가 되고, 우주가 내 안에 있다. 바가완('주님') 니티야난다('영원한 행복')는 그 상태에서 살았다.

나의 구루인 마하라지는 자신이 니티야난다를 알고 있으며, '좋은 사두'라고 말했다. 마하라지의 그런 표현은, 우리의 불교 스승인 무닌드라가 '깨달은 자'를 '좋은 사람'이라고 부를 때처럼, 매우 절제된 표현으로서 큰 칭찬이었다.

니티야난다.

　말과 개념을 완전히 초월한 사람을 어떻게 말로 설명할 수 있겠는가?
그런 존재는 겉으로 보는 것만으로는 참으로 알기가 어렵다. 니티야난
다는 '몸-의식을 넘어선 존재'를 뜻하는 아바두트avadhoot로 간주되었
다. 그는 1920년대 혹은 1930년대에 망갈로르에서 일부 신도들에게
자신의 상태를 설명하면서, 항상 그랬듯이, 자신에 대해 3인칭으로

말했다.

한 아바두타는 죽음과 탄생을 정복했다. 그는 몸에 대한 의식이 없다. 아바두타는 모든 구나(특성)를 뛰어넘었다. 그는 '전지전능한 빛'을 아는 사람이다. 그는 '나'에 대한 의식이 없다. …마을에 가서 사람을 만나면, 누구를 만나든 다 기뻐한다. 그는 이리저리 움직이지만 오고 간다는 생각이 없다. 그에게는 배고픔이라는 것이 없다.

그는 먹을 것을 많이 얻으면, 실컷 먹는다. 먹을 것을 얻지 못해도, 누구에게도 달라고 하지 않는다. 그에게는 독을 주는 자나 우유를 주는 자나 똑같다. 그를 때리는 자들이나 그를 사랑하는 자들이나 그에게는 똑같다. 아바두타에게 우주는 아버지이고, 어머니이고, 뗄 수 없는 관계이다. 그는 우주가 되고, 우주는 그가 된다. 우주가 그의 안에서 하나로 합쳐졌다.[28]

니티야난다는 개인 소유물이 없었다. 완전히 초연한 상태에서 매우 단순한 삶을 살았다. 그는 정글에서 명상을 하면서 지냈고, 허리에 간단한 천만 걸쳤다. 동이 트기 전에 목욕을 하고, 몇 년 동안은 남들이 주는 것만 먹었으며, 나중에는 과일이나 채소만 먹었다. 그는 신자를 모으지도, 조직을 만들지도, 가르치지도, 책을 쓰지도 않았다. 그의 현존의 힘은 그 자체로 완전했다. 그는 늘 '하나임'의 상태에 있었다.

몸짓, 웅얼거림, 그리고 때로는 몇 마디 말로, 신도들에게 자신만의 수수께끼 같은 메시지를 전달했다. 하지만 그는 길게 설명할 수도 있었고, 때로는 꿈 속에서 지시를 내리기도 했다. 그를 찾는 사람들에게 부어지는 사랑과 은혜는, 그가 말했듯이, 신으로부터 자동적으로 흘러나왔다. 육신의 근접성이나 상대적 시간을 뛰어넘어 연결이 이루어졌다. 누군가 그에 대해 생각하는 곳에는 어디든 그의 영향력이 가 닿았고, 1961년에 몸을 떠났지만 그 영향력은 여전히 계속 이어지고 있다.

니티야난다는 '완벽한 요기'인 싯다였다. 태어날 때부터 그랬던 것 같고, 아주 어린 시절부터 그 점은 명확해졌다. 그의 어린 시절은 마치 성경 이야기 같다. 이야기는 19세기로 접어드는 1897년경, 남인도 서해안을 따라 있는 사우스 칸나라 지역의 칸항가드 근처에서 시작된다. 한 버전에 따르면, 불가촉천민인 한 여성이 정글에서 땔나무를 주워 돌아오던 중 포대기에 싸인 남자아기를 보고는, 자식이 없는 우니암마라는 친구에게 주었다(혹은 팔았다). 우니암마는 기쁜 마음으로 아기를 입양하고, 람이라고 이름을 지었다. 그녀는 매우 독실한 사람인 이쉬와르 이예르라는 변호사의 집에서 가정부로 일하고 있었다. (니티야난다 자신이 뒷받침하는 이야기에서는, 우니암마가 강둑에서 뱀이 똬리를 틀어 보호하고 있는 어린 니티야난다를 발견했다고 한다.) 불가촉천민이었던 그 여성은 람을 자신의 자식으로 키웠다. 그녀가 죽자 그녀의 고용주인 이슈와르 이예르가 그 고아를 맡았다.

이예르는 자신의 자녀들이 있었지만, 어린 람에 대한 사랑이 깊어져서 양아버지 역할을 했다. 그는 그를 사원들이나 성지 순례에 데리고 다녔고, 나름대로 교육을 시켰다. 소년에게는 그것이 유일한 배움이 된다. 함께 여행하던 중에, 그는 어린 람이 자신의 가장 난해한 질문에도 척척 대답을 하여 자신의 타고난 영적 갈망을 충족시켜 줄 수 있다는 것을 발견했다. 집안에 있을 때, 람은 여느 아이들처럼 장난꾸러기였다. 하지만 이웃집 물탱크에 뛰어들었다가 비정상적일 정도로 오랜 시간

니티야난다.

나오지 않는 등, 급격하게 다른 모습을 보여줄 때가 적지 않았다.

람이 열 살쯤 되었을 때, 그의 나이 많은 후원자는 그를 베나레스로 가는 순례 여행에 데려갔다. 그 여행 중 어느 시점에서, 젊은 람은 이예르를 떠나면서, 다시 만나게 될 것이라고 다짐했다. 그다음에 일어난 일에 대해서는 확실하게 알려진 바가 거의 없지만, 람은 히말라야에서 떠돌았고, 그곳에서 위대한 쿤달리니 요기로 유명해지게 된 것 같다. 약속대로 그는 열여섯 살쯤에 집에 돌아왔다. 이예르는 그를 만나게 된 것이 너무 기뻐서, 람이 이후에 알려지게 된 이름인 니티야난다('영원한 행복')를 계속 반복했다. 니티야난다가 돌아온 지 얼마 지나지 않아, 이예르는 심하게 아팠다. 그는 니티야난다의 무릎 위에 머리를 누이고 죽었다. 그의 죽음 이후, 니티야난다는 다시 여기저기를 떠돌았다. 순례지들을 방문하고, 동남아시아를 거쳐 더 먼 곳을 돌아다녔다.

그는 돌아와서, 그가 처음 발견되었던 울창한 정글로 둘러싸인 동굴에서 한동안 명상을 하며 살았고, 그 후에는 칸항가드의 해안에 있는 오래된 요새 자리로 이사했다. 군인들이 사용했던 동굴들이 있었는데, 니티야난다는 그 동굴들을 명상실과 아쉬람으로 개조했다.

니티야난다는 한때 높은 나뭇가지 위에 똑바로 균형을 잡고 서 있곤 하여, '수행하는 원숭이'로 알려졌다. 헌신자들이 오면, 그는 나뭇잎들을 아래로 떨어뜨려 주었다. 나뭇잎은 질병을 치료하거나 축복을 가져다주곤 했다. 이해하기 어렵고 예단하기 어렵긴 하지만, 그는 치유사로 알려졌으며, 사람들, 특히 가난한 사람들을 돕기 위해 많은 일을 했던 것 같다.

어느 날 시력을 잃은 한 남자가 나무 아래 무리 속에 서 있었다. 사람들은 저마다 니티야난다가 떨어뜨린 나뭇잎들을 주워 집으로 돌아갔지만, 그 맹인은 혼자 남아 있었다. 그는 스승님께 시력을 회복해 달라고 조르면서, 자신은 생계를 꾸릴 수 없어 가족에게도 부담이 된다고 하소연했다. 상당한 시간이 흐른 뒤, 니티야난다가 그에게 다가와, 나무 잎사귀로 그 남자의 눈을 문질렀다. 아무 말도 하지 않았고, 어떤 변화도 즉시 나타나지 않았다. 그러나 다음날 아침에 일어났을 때, 그 사람은 두 눈이 보였다. 시력이 회복되어 앞을 볼 수 있게 된 것이다.[29)]

나중에 그가 봄베이 북쪽의 가네쉬푸리라는 작은 마을로 이사했을 때, 그를 친견하기 위해 수백 명의 사람들이 줄을 섰다. 그는 거의 말을 하지 않았다. 그는 단지 "흠"이라고만 말하고는, 특정한 방식으로 고개를 돌렸다. 몇몇 사람들은 그의 웅얼거림과 몸짓을 읽고 해석하는 법을 배웠다. 누군가 와서 말한다. "바바지, 제가 이 주식을 사야 할까요?"라고 하면, 그는 "흠"이라고 웅얼거렸고, 그러면 그들은 그 주식을 사서 갑자기 큰돈을 벌곤 했다. 헌신자들 중 일부는 부자가 되었다.

니티야난다의 행동은 때로 너무 파격적이어서 미친 것처럼 보이기도 했다. 한 번은 그가 소를 따라가다가 소가 피해서 달아나자, 그 소가 이제 막 쏟아낸 신선한 똥을 움켜쥐고 입에 집어넣었다. 누군가가 그런 장면을 보았다는 것이다. 인도 사람들은 그러한 행동을 '거룩한 광기'로 분류한다. 몸 의식을 초월한 사람의 예측할 수 없는 본성이 그런 행동을 하게 한다는 것이다.

범주와 개념을 뒤집는 것은, 그러한 구체적인 표현의 일부일 뿐이다. 깨달은 존재의 행동은 합리적인 판단이나 이해를 뛰어넘는다. 그런 행위들은 고양감이나 혐오감을 불러일으킴으로써 자기 관념에 따라 판단하기 일쑤인 에고를 무너뜨릴 수 있다. 사람들은 니티야난다라는 존재의 통일된 힘이 강렬한 사랑과 결합되어 나타나는 기행이라고 느꼈고, 그럼으로써 아주 혼란스럽고 기괴한 행동까지도 받아들이고 허용했다.

미친 사람과 신성한 광기의 차이는 진동에 있다. 니티야난다와 함께하면, 너무나 많은 샥티와 사랑이 그 미묘한 에너지 장 안으로 들어온 모든 사람을 고양시켰다.

언젠가 나는 정신병원에 입원해 있는 형을 면회한 적이 있다. 그는 자신을 그리스도라고 생각했다. 그는 자신이 신이라고 말했다.

그래서 내가 말했다. "그럼 나도 신이네."

그는 반대했다. "아니야, 넌 이해하지 못해."

내가 느낄 수 있었던 것은 그의 과대망상증뿐이었다. 나는 "형이 갇혀 있는 것은, 형은 형 말고도 우리들 역시 모두가 신이라는 사실을 부인하기 때문이야."라고 대답했다.

니티야난다는 말한다.

평등의식은 이 세상에서 가장 위대한 것이다. 사람들은 그림자들을 뒤쫓느라 미쳐간다. 아주 소수의 사람들만이 보이지 않는 것(미묘한 것)을 뒤쫓느라 미쳐간다. [신을 향한] 진정한 광기는 매우 희귀하다. 10만 명이나 20만 명 중 한 명에게서나 발견된다. 많은 사람들은 한 가티카(시간 단위로 24분) 안에 16가지 일을 처리하려고 애쓰다가 미쳐간다. "나는 이것을 원해. 저것을 원해. 이것은 이렇게 다르고, 저것은 저렇게 달라." 이렇게 미친 얘기를 한다. 다양한 동기에서 이것에 빠져서 즐기고 저것에 빠져서 즐기는 것은, 광기에서 나오는 것이다. 위대함은 광기에서 나온다. 현실을 바로 보는 것은 전혀 다른 종류의 광기이다. 탄생과 죽음으로부터의 해방은 신성한 광기이다. 진실을 깨닫지 못한 사람은, 눈에 보이는 현실에 화를 낸다. 모든 사람은 이런저런 광기를 갖고 있다. 수많은 사람들이 집, 다이아몬드와 보석, 금, 재산을 소유하고 있다. 그들은 태어날 때 이것을 가지고 오지 않았으며, 죽을 때에도 가지고 가지 않을 것이다.[30]

니티야난다는 다르마살라(순례자 쉼터)와 아쉬람을 건설하고, 명상 동굴을 짓는 등의 프로젝트를 벌이고, 나무를 심었다. 해안의 오래된 요새인 칸항가드의 산기슭에는 땅속 깊이 동굴이 뚫려 있는데, 그중 일부는 니티야난다가 직접 손으로 판 것이다. 대규모 굴착 공사와 도로 건설을 위해 그는 현지 노동자들을 고용했다.

그는 매일 빳빳한 새 지폐로 노동자들에게 급여를 지급했다. 때로 그는 허리춤에서 정확한 양의 지폐를 꺼내곤 했다. 노동자들이 임금이 잘못 지불되었다고 호소하자, 니티야난다가 빈 주먹을 폈다가 쥐었고, 그러자 정확한 잔돈이 노동자의 손 안에 떨어지는 일도 있었다.[31] 몇 번인가는 하루 일과가 끝날 때 노동자들에게 "정글에 올라가 보면, 바위마다에 2루피씩이 있을 거예요."라고 말했다. 그들이 길을 따라가면서 각자 마음에 드는 돌을 하나 집어드니 거기에 2루피씩 놓여 있었다. 각자 하나의 바위뿐이었고, 이미 집어든 다음에 다른 바위를 들쳐보아도 거기에는 돈이 없었다.

경찰은 벌거벗고 다니는 바바가 새 루피 지폐를 소지하고 있다는 소식을 듣고, 혹시 위조지폐가 아닌지 의심했다. 한 조사관과 그의 상사가 그를 만나러 와서 "바바지, 이 새 돈들은 어디서 나오죠?"라고 물었다.

니티야난다도 걱정스러운 표정을 지으며 말했다. "이리 오세요!

내가 보여줄게요."

그들은 뙤약볕 아래 길을 떠났다. 곧 그는 정글로 향했고, 악어와 뱀이 들끓는 늪에 도착했다. 니티야난다는 악어, 뱀, 벌레가 들끓는 늪 속으로 허리춤까지 차는 물 속으로 손을 뻗더니 새 루피 지폐 묶음을 건져내어 경찰 앞으로 던졌다. 지폐에는 물이 전혀 묻어 있지 않았다.

그가 말했다. "여기가 내가 인쇄기를 보관하고 있는 곳이에요. 들어와서 보세요!"

겁에 질린 경찰들은 고개를 숙이고 사과한 뒤, 늪지에서 뛰쳐나갔다. (언젠가는 부랑죄로 투옥된 적이 있었다. 감방 안에 갇힌 그를 본 간수는 감방 밖에서도 그를 보았고, 결국 그를 석방하기로 결정했다.)

젊었을 때 니티야난다는 기이하게 활력을 주는 힘을 가지고 있었고, 끊임없이 움직였으며, 때로는 놀랄 만큼 신속했다. 스와미 묵타난다는 버스 운전사가 길을 따라 가고 있는 니티야난다를 태우지 않고 지나쳐 간 사건에 대해 이야기했다. 몇 마일 떨어진 다음 정류장에, 니티야난다가 버스를 기다리고 있는 것이었다. 운전사는 그를 태우지 않은 채 다시 그곳을 떠났다. 이런 일이 세 번이 거듭되었다. 충격을 받은 운전사는 결국 니티야난다가 가고 싶은 곳 어디든 그를 태워주겠다고 겸손하게 제안했다. 니티야난다는 사라져버렸다.

칸한가드 근처 남쪽에 있는 그의 아쉬람 근처에는 철도가 운행되고 있었고, 니티야난다는 기차를 타곤 했다. 승무원이 표를 보여달라고 하면, 그는 허리춤에서 표를 뭉치로 꺼내어 보여주곤 했다. 니티야난다는 모든 클래스의 수백 장에 달하는 표로 화환을 만들어서 내보이며,

승무원에게 한 장만 선택하라고 했다.[32]

그에 관한 다른 이야기도 전해지고 있다.

다음은 이 시기에 대해 입증된 몇 안 되는 이야기 중 하나이다. 무대는 팔라니로, 거기에서는 주 수브라만야(힌두 신화에서 주 가네쉬의 형제)이 우두머리 신이다. 그 당시의 니티야난다를 마음속으로 그려 보자. 그는 괴짜 부랑자처럼 보이고, 그의 몸은 엄혹한 고행에 의해 뼈만 남은 것처럼 앙상했지만, 여전히 건강하게 빛났다. 어느 날 늦은 아침, 그는 팔라니에 있는 성소의 마지막 몇 계단을 오르고 있었는데, 아침 예배를 마친 후 성소의 문을 잠그고 있던 사제가 내려오고 있었다. 니티야난다는 그에게, 문을 다시 열고 신 앞에서 아라시(빛)를 흔들도록 요청했다. 사제는 떠도는 사람이 감히 사제인 자신에게 그런 요구를 한다는 사실에 놀랐고, 니티야난다에게 아침 예배 시간이 이미 끝났다고 퉁명스럽게 말했다.

니티야난다는 마치 그 말을 듣지 못한 것처럼 계속 걸어갔다. 사제는 니티야난다가 성소를 돌아다니다가 뒤쪽에 있는 무슬림 제단에서 예배를 드릴 것이라고 기대했지만, 사원 종소리가 들리기 전까지는 걱정하지 않았다. 그가 뒤를 돌아보았을 때, 성소의 문이 열려 있고 신의 자리에 앉아 있는 니티야난다와 보이지 않는 손에 의해 앞에서 아라시가 흔들리는 것이 보였다. 그는 어안이 벙벙해졌다. 그러더니 한순간에 아무것도 보이지 않았다. 그러다가 니티야난다가 성소에서 나왔고, 요기답게 시선을 위쪽으로 향하고는 한동안 한쪽 다리로 서 있었다. 그의 발 앞에 많은 돈이 쏟아졌다. 너무나 분명했다. 돈의 출처가 순례자들이었는지, 방문객들이었는지, 보이지 않는 근원이었는지는, 확실하지 않다. 어쨌든 니티야난다는 스승 노릇 하기에 조금도 부족함이 없는 존재라는 것이 분명해 보였다. 순례자들은 그에게 머물도록 설득했지만, 그는 거절했다. 그는 '아침 식사 센터'(산야스들에게 하루에 한 끼의 죽을 제공하는 곳)를 위해 써 달라면서, 산야스들의 리더에게 많은 돈을 내놓았다. 나중에 밝혀진 바에 의하면, 현지 산야스들은 자신들이 팔라니에 머무는 동안 적어도 한 끼의 식사를 제공해 달라고 한동안 주께 기도를 했다고 한다.[33]

파다비드리 마을(남부)에서는 오만한 대금업자가 개 카트를 몰고 마을의 좁은 거리를 함부로 다니는 바람에, 보행자가 부상을 당하는 일이 적지 않았다. 어느 날, 이 대금업자가 평소처럼 무모하게 달리고 있을 때, 길을 가로막고 있는 바바를 발견했다. 그는 개 카트를 멈춰 세우고 거기에서 내리더니, 분노에 차서 바바의 맨등에 말채찍을 휘두르기 시작했다. 바바는 잠자코 있을 뿐, 아무 반응을 보이지 않았다. 그런데 놀랍게도, 무례한 고리대금업자는 말채찍이 자신의 등을 내리치는 것처럼 심한 고통을 느꼈고, 뜨거운 열기로 몸이 타오르는 것 같았다. 그는 거리에 쓰러져 죽고 말았다.

악의 자리에 선을. 증오의 자리에 사랑을. ―우디피(남부)에서 바바는 처음에 조롱과 학대를 당했다. 사람들은 그에게 모래와 돌을 던지고, 그를 미치광이로 취급했다. 그러나 마을의 연례 '전차의 날' 축하행사에서, 바바가 '보복'으로 거리에서 행진하는 '거룩한 수레'를 향해 모래 한 줌을 던지는 모습이 목격되었다. 그러나 놀랍게도, 전차에 떨어진 모래가 은화와 금화로 변하는 것이었다. 바바를 욕하고 조롱했던 사람들은 그의 발 앞에 엎드려 용서를 구했다.

바바는 한때 그의 은총으로 큰 재산을 모은 할랭디 마을의 사업가 집에 머물었는데, 그 사업가와 함께 마을 근처 정글에 다녀온 적이 있었다. 그곳 정글에서 그 사업가는 바바가 스리 하누만과 소통하고 있는 모습을 보게 된다. 스리 하누만은 찬란한 빛의 오라를 갖고 있었다. (그리고 그는 영원한 생명을 가지고 있다고 믿어지며, 칼리 유가 시대인 오늘날에는 일반인의 눈에 보이지 않는다고 한다.) 바바는 사업가에게 그 일을 혼자만 간직하라고 경고했다. 그런데 어느 날 그 사업가는 아내에게 그 사실을 말하고 싶은 유혹을 느꼈다. 직감으로 정글 사건이 폭로되고 있다는 것을 알게 된 바바는, 조용히 집에서 나와 곧바로 파바니에강으로 돌진해 들어갔고, 뒤를 밟고 있었던 사업가 일행은 그에게 돌아오라고 애원하며 용서를 구했다. 그 당시 강에는 홍수로 물이 넘칠 정도로 많았고, 그를 실어다 줄 배는 없었다. 바바는 곧장 강물 위를 걸어 강 건너편에 닿았다. 그를 뒤따르던 사람들과 강둑에 있던 사람들은 그가 물 위를 걸어가는 모습을 보고

니티야난다.

놀라지 않을 수 없었다.[34)]

홍수로 범람하는 파바니에강을 걸어서 건넌 것을 보면, 니티야난다가 반대편으로 가고 싶어 했던 것이 분명하다. 그러나 장마철이었고 강이 범람했기 때문에, 뱃사공은 거절했다. 한 사람을 건네주기 위해 위험을 무릅쓰고 싶지 않았기 때문일 것이다. 니티야난다는 두 번 생각하지 않고, 그냥 걸어갔다. 영적 스승들이 기적 같은 일들을 벌이는 동기에 관한 그의 말은 매우 설득력이 있다. 1953년 이 유별난 사건의 의미를 설명하라는 요청을 받았을 때, 니티야난다는 다음과 같이 말했다.

이 사람이 파바니에강을 건널 당시, 강이 범람하여 뱃사공이 감히 가려고 하지 않았다는 것은 사실이다. 그러나 내가 강물을 건넌 것은 어떤 동기에 의해서가 아니었다. 그 일은 자동적으로 일어났다. 그 순간 내 기분이 그랬다. 하지만 강물 위를 걸어서 건넜다는 것이 무슨 소용이 있겠는가? 그것은 단지 뱃사공에게 뱃삯 몇 푼을 빼앗았다는 것을 의미할 뿐이다. 누구나 보통 사람처럼 살아야 한다. …무한 의식이 확립된 사람은 침묵한다. 모든 것을 알고 있으면서도 아무것도 모르는 사람처럼 돌아다닌다. 여러 곳에서 많은 일을 하고 있을지라도, 겉으로 보기에는 아무 일도 하지 않는 것처럼 살아간다. 마치 영화관의 관객처럼, 그는 항상 진행되는 모든 일에 한 사람의 목격자로 남아 있을 것이며, 즐거운 일이나 즐겁지 않은 일에 영향을 받지 않을 것이다. 모든 것을 잊고 초연할 수 있는 것, 그러한 홀로 있음이 지고의 존재 상태이다.[35)]

평소 말수가 적고 때로는 무뚝뚝하기
까지 한 니티야난다의 겉모습은 그의 신
자들과 그에게로 온 모든 사람에 대한
무한한 연민의 바다를 연결하기 어렵게
만든다. 그는 자신을 야나(지혜)의 길을
가는 사람으로 묘사했지만, 깨달음의 최
종 상태에서는 야나와 박티, 곧 지혜와
사랑이 수렴되어 나타난다는 것에 대한
모범 사례로서 니티야난다 자신보다 더

> 동정심에서 누군가에게
> 돈을 주거나
> 음식을 주는 것이
> 박티(헌신)가 아니다.
> 박티는 사랑이다.
> 만물 안에서 이것이다 저것이다
> 분별함이 없이
> 신을 보는 것이 박티이다.
> —니티야난다[36]

나은 증거는 없을 것이다. 실제로, 수많은 순례자들과 헌신자들의
관심을 끌었던 것은, 그의 발 앞에서 엎드려 보호받을 곳을 찾는 사람에
게는 누구에게나 도움을 베풀었던 그의 사랑의 능력이었다. 특히 그가
한 곳에 정착하고 있을 때에는, 더욱 더 그랬다. 가네슈푸리는 처음에는
외딴 정글이어서 접근하기 어려운 곳이었지만, 나중에는 수천 명의
사람들이 그를 친견하기 위해 길게 줄을 서곤 했다.

니티야난다가 탁월한 치유자로 널리 알려짐에 따라, 그는 가끔씩
다른 사람의 고통스러운 상태를 자신의 몸으로 가져와 대신 앓으며
회복에 박차를 가했다. 겉보기에 치료할 수 없을 것 같은 상태도 그의
면전에서 치유되곤 했지만, 개인적인 카르마의 흐름을 되돌려놓기를
거부하는 경우도 적지 않았다.

한번은 한 미망인이 선천적으로 눈이 먼 여섯 살 난 딸을 스승님께
데리고 가서 시력을 회복시켜 달라고 간청했다. 니티야난다는 "그러나

그 아이는 태어날 때부터 빛을 본 적이 없어요. 왜 고집하는 겁니까?"
라고 말했다. 하지만 그녀는 계속해서 간청했다. 그러자 니티야난다는
"아이가 원하는 것이 무엇인지 물어보게 하세요."라고 말했다. 엄마는
아이에게 원하는 것이 무엇인지를 물었고, 아이는 "엄마를 한 번 보고
싶어."라고 말했다. 스승은 아무 대답도 하지 않고, 잠시 후 그들에게
떠나라고 말했다. 엄마가 먼저 아이를 목욕시키고 아이를 의자에
앉힌 다음, 엄마가 다음에 목욕을 하는 것이 그들의 습관이었다.
이날 그녀가 목욕을 하고 나오자, 어린 소녀가 벌떡 일어나 그녀에게
달려오더니 눈으로 볼 수 있게 되었다고 소리쳤다. 그러나 소녀의
기쁨은 몇 분밖에 지속되지 않았다. 다시 실명된 것이다. 스승은 아이의
운명에 간섭하고 싶지 않았을 것이다. 설령 도움을 주더라도, 그 구제책
은 카르마의 법칙을 방해할 것이다. 그런데 엄마가 애원을 하니까,
아이가 원하는 것을 내면의 소리를 말하도록 내버려두었고, 그래서
엄마를 한 번 보고 싶다는 말이 저절로 나온 것이었다. 그렇게 소원은
이루어졌다.[37]

니티야난다의 존재는 물질적인 것이든 영적인 것이든 그의 축복을
구하는 사람들에게 엄청난 영향을 미쳤고, 지금도 여전히 계속되고
있다. 그는 또한, 음식이나 건강, 돈 같은 인간의 기본적인 필요를
구하기 위해 온 사람들에게 기꺼이 베풀었다. 특히 초기에는, 가난한
아이들과 불우한 사람들을 위해 자신의 손으로 직접 요리를 하여
큰 잔치를 열곤 했다. 신자들이 감사하면서 그에게 헌금으로 남긴
돈은 가난한 사람들을 먹이는 데에 쓰여졌다. 한 명의 거지조차 그냥
지나치지 않는 이 단순한 남자의 사랑은, 만물의 '하나임' 안에서 완전히

흡수되어 있었다.

데오리아 바바

데오리아 바바는 헌신의 길을 걷는 수백만 명에게 영감을 준 박티 요기였다. 그는 인도에서 가장 유명한 사두였을 것이다. 우리는 수백만 명의 사두와 순례자들이 모이는 대축제인 쿰바 멜라스에서 그를 만나곤 했다. 대나무와 풀로 엮어 지은 그의 초막 주위에는 그를 친견하기 위해 많은 사람들이 모여들었다. 그는 매 시간마다 다르샨을 주러 나타나곤 했다. 때로 그는 자신의 오두막에서 담요나 음식을 꺼내오곤 했다. 자신이 가장 좋아하는 『복 있는 사람의 이야기』라는 책을 나누어 주기도 했다. 그의 작은 오두막에 어떻게 보관할 수 있었는지 의아스러울 정도로 많은 것들을 나누어줄 때도 있었다.

데오리아 바바는 '종교적 학식이 많은 이'를 뜻하는 '판디트'로도 알려졌다. 그는 오직 사랑의 길만을 가르친 진정한 요기였다. 우리는 그가 겨울에 몇 달 동안 야무나강 옆에 머물기 위해 브린다반에 올 때마다 그를 보았다.

1990년대 초반 그가 사망했을 때, 그의 나이는 150세 이상으로 기록되었다. 많은 사람들은 200세 이상이라고 말했다. 물론 확실하게 아는 사람은 아무도 없었다. 우리는 그의 수많은 제자들 중 한 명을 만났는데, 90세가 넘은 매우 존경받는 구루였다. 데오리아 바바는 정기적으로 한 번씩 몇 달 동안 혼자서 동굴에 은둔했는데, 그곳에서 요가를 통해 몸을 재생시킨다고 전해진다. 그는 벌거벗은 채로 살았으나, 은밀한 부위를 사슴 가죽으로 덮고 다녔다. 그는 그 사슴 가죽을

데오리아 바바. 사진 라메슈와 다스.

방석으로도 사용했다. 그가 많은 신자들을 축복하기 위해 자리에서 일어나는 드문 순간들에는, 그것을 허리에 두르고 있는 것을 볼 수 있었다.

그를 보는 것은, 그랜드 캐니언이나 히말라야를 보는 것처럼, 자연의 장엄미를 느끼게 해주었다. 그는 사람들을 끌어당기는 다정한 마음씨의 소유자였다. 그는 젊은이와 노인을 가리지 않고 '아이들'이라고 불렀다. 헌신자들의 물질적, 정신적 복지에 대한 그분의 따뜻한 관심은, 사랑이 넘치는 조부모를 연상시켰다. 나는 그가 재산을 잃을 위기에 처한 부자를 꾸짖는 것을 본 적이 있다. 그는 초막집 안에서 벌거벗은 채 서서, 아무것도 부족함이 없는 왕의 권위를 가지고 말하였다.

사람들은 세속적인 문제들을 갖고 그에게 왔다. 그의 싯디, 곧 초능력의 은혜로 건강이나 부가 증진되기를 바라는 마음들이었다. 수백 명의 군중이 뙤약볕 속에서 그가 나타나기를 하염없이 기다리곤 했다. 때로 그는 오두막 바닥의 뚜껑문을 통해 사탕을 던졌고, 때로는 과일을 끝도 없이 던지기도 했다. 때로는 사람들이 그의 발을 만질 수 있도록 뚜껑문을 통해 다리를 내려뜨리기도 했다. 각계 각층의 신자들이 있었지만, 그는 주로 떠돌이 수도승들의 사두 구루였다. 그는 수백만 명의 사두들로부터 최고의 존경을 받았다.

다다 무케르지는 데오리아 바바와 님 카롤리 마하라지에 대해 다음과 같이 말했다.

[님 카롤리] 바바가 삼매에 들어간 후, 데오리아 바바는 그의 신자들에게 여러 차례 그에 대해 이야기했다. 그는 "그는 자유롭고 깨달은 영혼이에요. 어떻게 그가 묶여 있는 채로 있을 수 있겠습니까?"라고 말했다. 그러고는 바바지의 헌신자들이 그의 주변에 울타리를 세웠는데, 그것은 그를 그런 식으로 붙잡아 놓을 수 있다고 생각했기 때문이라고 말했다. "어떻게 이런 일이 가능했을까요? 그런 울타리가 없었다면, 그는 여기에 한동안 더 머물렀을 것입니다."[38]

위대한 성자인 데오리아 바바는 매년 마그 멜라 기간이나 쿰바 멜라 기간 동안에 알라하바드에 온다. 몇 년 전에 그는 여기에 있었고, 우리가 잘 아는 그의 신자들 중 일부가 사트상을 위해 우리 집에 왔다. 그들은 자신들이 전날 밤 데오리아 주변 모래 위에 앉아 있었는데, 누군가 와서 예전에는 님 카롤리 바바에게 가곤 했지만, 이제 그가 없으니 갈 수가 없다고 말했다. 데오리아 바바는 그에게 소리쳤다. "무슨 소리야? 그런 성인이 어디를 갈 수 있다고 그래? 그는 전에도 이런 종류의 트릭을 몇 번이나 썼다고! 그는 살아 있어. 앞으로도 항상 살아 있을 거야!"[39]

쿠마온의 성자들

델리 북동쪽의 나이니탈과 알모라를 둘러싸고 있는 히말라야 산기슭은 평원에서부터 6천 미터 높이의 봉우리에 이르는데, 쿠마온 산지로 알려져 있다. 마하라지는 성자들, 사두들, 요기들의 전통적인 거처인 이 지역을 자주 방문했다. 산지에 사는 사람들은 평야에 사는 사람들과 다르다. 험한 지형에다 이 지역이 티베트인, 네팔인, 중국 상인들이 오가는 교차로였기 때문일 것이다. 또 알렉산더 대왕에게까지 거슬러 올라가는 침략자들 때문에 생긴 인종 혼합으로 인해서일 수도 있다. 영국 통치 기간에 지배계급은 평원의 숨막히는 더위를 피하기 위해 고지대를 탐냈고, 북부 우타르 프라데시주의 여름 수도를 나이니탈에 세웠다.

쿠마온의 위대한 성자들에 대한 지식의 대부분은, 크리슈나 쿠마르

(K.K.) 사에게서 나온 것이다. 그는 '신들의 놀이'(릴라)를 경험했으며, 어린 시절부터 이들 성자들의 이야기에 푹 빠져 지냈다. 그는 어린 시절의 이러한 접촉에 대해 다음과 같이 말했다.

나는 어렸을 때 이런 이야기를 들었다. 나는 이들 위대한 성자들의 헌신자들에 의해 그런 분위기에 끌려 들어갔다. 그들은 나에게 와서 나와 함께 앉았다. 이 연령대의 어린이들에게 이런 성자들의 이야기에 대해 물어보면, 대개 지루해할 것이다. 지금은 대부분의 아이들이 놀고 싶어 하는 시대이다. 내가 어떻게 이런 성자들과 사랑에 빠졌는지 모르겠다. 이것 자체가 기적이다!

님 카롤리 마하라지를 만났을 때, 나는 대여섯 살 정도였다. 아버지는 내가 혼자서 그를 만나러 가도록 허락하시지 않고, 나의 조카와 함께 가라고 했다. 사람들이 님 카롤리 마하라지와 함께 앉아 있었다. 나는 성자들이 숲속에 산다고 생각했다. 성자라고 하면서 누군가의 집에 찾아오다니, 어떤 성자인지 궁금해서 조카에게 물어보았다. 그런데 마하라지가 물었다. "걔가 지금 무슨 말을 하는 거지? 쟤가 뭐라고 그래?" 조카는 조금 당황했다. 마하라지는 "나에게 말해 봐! 말해 보라고!"라고 재촉했다. 그래서 조카는, 내가 성자들은 숲속에 살고 있으며 사람들이 살고 있는 집에는 찾아오지 않는 줄 알았다고 말했다. 나는 "우리 집에 오실래요?"라고 말했다. 그런데 그분이 자리에서 일어나 우리 집으로 오셨다. 집에 있었던 사람들은 매우 화가 났다.

그 일로 아버지는 처음으로 님 카롤리 마하라지를 뵙게 되었다. 집에 도착했을 때 마하라지는 하이라칸 바바가 잤던 침대가 어디에 있는지 물었고, 그 위에 누웠다. 그는 아버지에게, 아버지 외에는 아무도 몰랐던 하이라칸 바바가 아버지에게 어떤 만트라를 주었느냐고 물었다. 그것이 전환점이었다. 나의 아버지는 여러 성자들을 만났지만 그때부터 님 카롤리 마하라지의 신도가 되셨다. 그리고 그것은 내 인생에 큰 영향을 미쳤다. 대부분의 사람들은 이런 성자들의 은총에 대한 느낌을 이해하지 못한다.

사람들은 마하라지와 함께 있는 것을 즐겼지만, 내가 경험한 것처럼 즐긴 사람은 아무도 없었던 것 같다. 신자의 90%는 어른들이었고, 성자들조차 어른들과 장로들에게 존경을 표했다. 하지만 나는 어린아이에 불과했고, 나의 자유분방함 때문에 누구든지 나를 쫓아낼 수 있었다. 하지만 그런 일은 없었다. 그것도 그분의 은총이었다. 한번은 마하라지께서 나에게 항상 어린아이처럼 지내야 한다고 축복(혹은 저주?) 하신 적이 있다. 그래서 나에게는 나만의 헌신 방식이 있다.[40]

세 명의 쿠마온 싯다, 즉 하이라칸 바바, 솜바리 바바(또는 솜바리 마하라지), 슈리 발 브라흐마차리 마하라지는 가장 위대한 축에 속했지만, 이 지역의 성자들이 그들만은 아니었다. 이 위대한 존재들의 삶은 신비롭게 서로 얽혀 있으며, 그들 모두가 쿠마온 산지가 완전한 존재들이 머무는 곳으로 꼽히게 된 것에 기여했다고 할 수 있다.

모두 K.K.의 가족과 친분이 있었고, 그는 여러 해에 걸쳐 우리에게 그에 대한 이야기를 들려주었다. K.K.는 신뢰할 만한 출처와 함께 세세하게 이야기했다. 그는 떠다니는 소문에 대해서는 그 정확성을 믿을 수 없다는 발언을 덧붙였다.

하이라칸 바바

하이라칸 바바는 1880년대부터 1920년까지 쿠마온 지역의 산기슭과 인근 정글에 자주 나타났던, 거의 신화에 가까운 힘을 지닌 싯다였다. 그의 출신은 신비롭다. 티베트 라마승들과 함께 있는 모습을 본 사람들도 있었고, 티베트 스타일의 옷을 입고 기도바퀴를 사용하는 모습을 본 사람들도 있었다. 그는 하이라칸이라는 작은 마을 근처에 기적적으로 나타난 후, 하이라칸 바바로 알려지게 되었다. 하이라칸이라는 이름은, 소화기 질환에 효험이 있다는 나무(미로발란)의 이름을 따서 붙여졌다. 성자들에게는 장소나 상황에 따라 이름이 주어지는 경우가 많았지만, 그들이 어디서 왔는지, 근원을 아는 사람이 아무도 없는 경우도 적지 않다. 마을 사람들은 며칠 동안 밤마다 근처 산꼭대기에서 눈부신 빛을 보았다고 말했다. 그 빛은 마을 근처에 다시 나타났다. 그 빛 속에는 스물다섯 살쯤 되어 보이는 한 남자의 빛나는 몸이 있었고, 마을 사람들은 그를 존경심으로 맞았다.

성자는 너무나 어린아이 같은 성격을 갖고 있어서, 여성들에게 깊은 모성애를 불러일으켰다. 그에게는 모든 여자가 '어머니'였다. 그가 가까이 다가가면, 여자들의 가슴에서 젖이 쏟아지기 시작했다. 심지어 여러 해 동안 젖이 말라 있었던 여자들의 가슴에서도 그랬다. 때로 그는 그 가슴에서 젖을 먹기도 했는데, 이는 이따끔씩은 스캔들의 원인이 되었다. 그러다가 한 여자의 남편이 집에 왔다가 바로 그런 장면을 목격하고는, 오해했다. 남편은 문을 잠그고 누군가 그곳을 지키게 한 뒤, 경찰을 부르러 갔다. 그들이 돌아와서 문을 열자, 방에는 여자만 있었고, 하이라칸 바바는 사라지고 없었다. 그 방에는 다른 출입구가 없었다.

구마니는 가족과 함께 산기슭에 있는 할드와니 마을 외곽에 사는

하이라칸 바바. 사진 K.K. 샤.

문맹 농부였다. 천성적으로 그는 신실한 사람이어서, 세속적인 것과는
상당히 거리가 있었다. 어느 날 하이라칸 바바가 그의 농장에 왔다.
구마니는 그를 그의 구루로 받아들였다. 구마니는 1년 내내 하이라칸을
섬기고, 먹여주고, 헌신적으로 돌보았다. 하이라칸이 머물 수 있도록
오두막을 한 채 짓기도 했다. 하이라칸에 대한 구마니의 깊은 믿음은,

성자의 기적과 큰 사랑으로 보답을 받았다. 한번은 구마니가 좀 떨어진 사라다강에서 목욕하고 싶다고 한 적이 있었다. 하이라칸은 공중으로 날아가서, 그를 그곳에 데려다주었다. 구마니의 깊은 존경심과 사랑은 그를 전설적인 헌신자로 만들었고, 그는 고양된 상태에서 죽었다고 한다.

부유한 변호사인 판디트 브홀라 다트가 할드와니로 가던 중에, 바위 위에 앉아 웃고 있는 하이라칸을 지나쳤다. 자존심이 센 브홀라 다트는 하이라칸이 자신을 놀리고 있다고 생각하여, 화가 나서 그와 맞섰다. 하이라칸은 그를 비웃었던 것이 아니라 히말라야의 높은 바드 리나스 사원의 종이 아래로 떨어져서 사람들이 종을 다시 달려고 온갖 노력을 다했지만 성공하지 못했기 때문이라고 말했다. 브홀라 다트는 그 사람이 미친 게 틀림없다고 생각했고, 그가 그를 조롱하고 있는 것이 틀림없다면 돌아가서 그를 때려 주어야겠다고 결심했다. 그가 가장 가까운 기차역에 멈춰서 전화를 걸어 보니, 수백 마일 떨어진 사원에서 실제로 종이 방금 전에 떨어졌다는 것이었다. 이 사람은 도대체 그 사실을 어떻게 알았을까? 더 알아보았지만, 여전히 마찬가지 였다. 그는 자신이 성자를 만났다는 것을 깨닫고는, 사과하기 위해 다시 정글로 가서 하이라칸을 찾았다. 그는 위대한 헌신자가 되었고, 하이라칸의 아쉬람에서 명상 수행을 하면서 말년을 보냈다.

하이라칸 바바의 존재는 빔탈 호수에 댐을 건설할 때, 산에서 사는 사람들에 의해 처음으로 주목되었다. 그는 다른 일꾼들과 함께 무거운 돌을 들어올리고 흙을 파서 옮기고 있었다. 2~3주 후에 감독은 그가 다른 노동자들처럼 급여를 모으지 않고 있다는 사실을 알아차렸다.

그 시점에서, 그는 사라졌다. 이전에도 이 댐을 건설하려는 시도가 여러 차례 있었지만, 장마철 동안에 매번 무너졌다. 이번에는 프로젝트가 성공적이었다.

하이라칸이 알모라 근처의 산속에 머물고 있는 동안, 한 남자가 와서 자신에게 바가완의 다르샨을 주라고 고집했다. 그는 신을 보고 싶어 했다. 하이라칸은 그에게 계속 가버리라고 했지만, 어느 날 그 남자가 돌아와서 하루 종일 계속 요구하고 소리를 질렀다. 마침내 그는 하이라칸에게 욕을 하기 시작했다. 하이라칸은 그 남자를 자기 앞에 앉혔다. 잠시 후 그 남자는 벌떡 일어나 비명을 지르며 숲 속으로 달려갔다. 하이라칸은 그 남자가 평생 미쳐서 지낼 것이라고 말했다. 그가 한 일은 그에게 '신성한 어머니'의 여러 광선 중 한 광선의 한 부분을 보여준 것뿐이었지만, 그 사람이 고집했기 때문에 하는 수 없이 그렇게 한 것이다.

하이라칸은 글을 조금 남겼으나, 그의 글씨는 알 수 없는 언어로 되어 있다. 이 언어는 고대 팔리어나 네팔어, 어쩌면 브라흐미라고 불리는 고대 언어가 혼합된 것으로 보이지만, 아무도 이 언어를 알지 못한다. 힌디어, 산스크리트어, 티베트어의 고대 형태일 수도 있다. 사람들은 그가 틀림없이 티베트를 여행했을 것이라고 생각한다. 그는 힌디어, 네팔어, 산악지대 사람들의 방언을 혼합하여 사용했다. 때로는 "원하는 대로 이루어지리라."와 같은 축복을 내리기도 했는데, 이 축복은 해석에 따라 의미가 달라질 수 있었다.

하이라칸 바바가 동시에 한 곳 이상에 나타난 사례가 여러 번 있었다. 몇몇 신자들이 행운을 빌러 순례지로 갔는데, 그는 그곳에서 그들을

하이라칸 바바.

만날 것이라고 말했다. 그들이 유일하게 이용 가능한 교통수단으로
그것에 도착했을 때, 그들은 그곳에서 자기들을 기다리고 있는 그를
발견했다. 그들이 집으로 돌아왔을 때, 그곳의 신자들은 그가 떠난
적이 없다고 주장하면서, 그가 그곳에서 행사에 참석했음을 확인했다.

나이니탈 외곽에는 시파히 다라에 하이라칸 바바가 신성한 불 의식
을 거행했던 작은 사원이 있다. 의식의 일부로 버터 기름을 불에 바치게
된다. 하지만 버터 기름이 떨어졌기 때문에, 하이라칸은 대신 물을
사용하여 제물을 바쳤다. 그런데도 불이 더 높이 타올랐다. 그는 또한

K.K.의 집에서 마찬가지로 물로 불이 필요한 푸자를 행했다.

마지막으로 몸을 입은 하이라칸이 목격되었을 때, 그는 네팔 국경 근처 아스코트의 칼리강과 고리 강가강이 합류하는 지점의 급류가 흐르는 강으로 걸어 들어가고 있었다. 아스코트의 통치자는 존경의 표시로 하이라칸이 탄 가마를 운반하는 것을 도왔다. 1970년대에 우리는, 하이라칸이 사라졌을 때 그 자리에 있었던 당시 80세쯤 되었던 한 여성을 만났다. 당시 그녀는 어린 소녀였다. 그녀는 자신들이 네팔 국경 근처 고리 강가까지 올라갔다고 말했다. 신자들은 한 강둑 위에 모두 하이라칸과 함께 있었다. 하이라칸은 그녀에게 "내 손을 잡으세요."라고 말했고, 다음 순간 그녀는 자신이 강 반대편에 있다는 것을 알았다. 그는 사라지고 없었다. 다른 목격자들은 그가 강 속으로 걸어 들어가 사라졌다고 말했다. 어떤 사람들은 그가 결코 몸을 떠나지 않았으며, 여전히 살아 있으면서 신자들에게 다르샨을 주고 있다고 말한다.

1950년대에는 그는 프랑스에서 스웨덴의 예술가인 닐스 올프트 크레산더와 그의 아내에게 나타났는데, 유럽 옷을 입고 있었다. 그다음 에는 러시아의 상트페테르부르크(당시 레닌그라드)와 스탈린그라드에서 동시에 각각 남편과 아내에게 나타났다. 그 후 크레산더는 알모라 근처 카살 데비에 살았는데, 코사니 근처에 하이라칸 동상을 세웠다.

1958년 할드와니 근처 카트가리아 정글에 있는 하이라칸 아쉬람에 새로운 사원이 건립되었을 때, 동상 위에 밝은 빛이 나타났다. 빛 속에 하이라칸이 보였고, 나이든 신자들은 황홀경에 빠져 실신할 지경 이 되었다.

언젠가 하이라칸은 자신의 눈으로 직접 마하바라타 전쟁을 보았다고 말했다. 어떤 사람들은 그가 그 당시부터 불멸의 존재였을지도 모른다고 생각했고, 어쩌면 그의 머리 속에는 전설에 나오는 보석이 박혀 있을지도 모른다고 추측했다. 쿠르파탈 근처 마을에 사는 한 남자는 하이라칸을 시험하고 싶은 마음이 간절했다. 그는 하이라칸을 자신의 마을로 초대하여 자신의 집에 묵게 했다. 그곳에 도착한 하이라칸은 그 남자에게 자신이 목욕하는 것을 도와줄 수 있는지 물었다. 그는 성자가 옷을 벗는 것을 도운 다음 목욕을 시키고 말렸지만, 그 과정에서 그의 몸에 있을지 모른다고 생각했던 보석이나 다른 징후를 찾아볼 생각조차 하지 못했다. 하이라칸은 "성자를 시험해서는 안 된다."라고 말했다.

K.K.의 삼촌이자 이웃이었던 나이든 신도 후바의 말에 따르면, 어느 날 하이라칸이 파드마푸리에 있는 솜바리 바바를 방문했다. 솜바리는 자리에서 일어나 존경의 표시로 하이라칸 바바에게 자신의 자리를 양보했다. 하이라칸 바바가 말했다. "바바, 배가 아프네요. 신선한 우유를 좀 주세요." 때는 이미 해질녘이었고, 산에서 사는 사람들은 매우 미신적이었다. 해가 진 후에는 소의 젖을 짜면 안 되었다. 솜바리는 아쉬람 위의 농가 중 한 곳으로 사람을 보냈다. 그곳에서 한 노파를 만났는데, "아, 젖 짜는 걸 깜빡했네. 지금은 너무 늦었지만, 누군가 젖을 먹어야 한다면, 좋은 일이지."라고 말했다. 노파는 젖소에서 짠 아직 따뜻한 신선한 우유를 그들에게 주었다. 이것은 하이라칸 바바를 위한 것이었을까, 아니면 이 노부인을 위한 은총의 손길이었을까?

솜바리 바바

힌디어로 월요일은 시바에게 신성한 날인 '솜바르Sombar'이다. 매주 월요일 솜바리 바바는 사람들을 먹였다. 한 냄비만을 이용해 많은 신도들을 위해 요리하거나, 자신의 동굴로 돌아가 뜨거운 납작빵과 다른 음식들을 꺼내곤 했다. 그는 매우 소박하고 자기 비판적인 사람이 었다. 그는 자신의 신자들을 어린이라고 부르며, 그들을 한데 모으는 것은 집착일 뿐이라고 말했다.

그는 현재 파키스탄에 해당하는 펀자브 북서 변경 지역의 즈헬룸강을 따라 위치한 마을인 핀드 다단 칸에서 태어났다. 그의 아버지는 판사였다. 그는 분명히 교육을 받았지만, 그의 어린시절에 대해서는 알려진 바가 거의 없다. 그에게는 카슈미르의 수피 구루가 있었을 수도 있다.

쿠마온 산지에서 솜바리 바바는 강들의 합류 지점에 아쉬람을 세웠다. 파담푸리와 카카리가트에 있는 그의 두 아쉬람은 고립되고 외로운 장소였으며, 하나는 깊은 숲에 있었고 다른 하나는 강둑을 따라 있었다. 그 두 아쉬람을 오가면서 살았으며, 강 근처의 동굴에 거주하기도 했다. 그는 히말라야의 한겨울에도, 시냇물이 얼음이 녹은 봄에도, 하루에 두세 번씩 목욕을 했다. 허리에 두르는 간단한 천과 상체를 덮는 얇은 옷뿐이었다. 그는 1919년 파담푸리에서 몸을 떠났다. 두 장의 사진만 남아 있다. 사진을 찍으려고 하는 시도가 있었지만, 그의 허락이 없을 때는 사진이 나오지 않았다. 카메라 렌즈가 깨진 적도 있었다.

솜바리 바바는 한 청년에게 아쉬람을 떠나지 말라고 말했다. 시간이

늦었고, 밤에 정글을 통해 걸어가야 했기 때문이다. 그 남자는 그의 조언에 귀를 기울이지 않고 길을 떠났다. 그는 산속에서 호랑이에게 물려 죽었다. 또 한번은 솜바리가 한 헌신자에게 그날 밤 떠나는 기차를 타지 말라고 말했다. 그 사람은 가지 않았고, 그날 밤 많은 사람들이 목숨을 잃는 대형 열차 사고가 일어났다. 이러한 성자들의 릴라(유희)는 이해하기 어려울 수 있다. 그것들은 관련된 사람들을 위한 그 순간의 가르침들로서, 그것을 가슴으로 느끼려면 상당한 믿음과 통찰력이 요구된다.

카쉬푸르 출신의 부자인 랄라 라드헤이 쉬얌은 간이 의자에 앉힌 채 솜바리로 이송되었다. 그는 매우 아팠고, 거의 임종 직전이었다. 그는 솜바리 바바에 대해 듣고는 죽기 전에 축복을 받고 싶다고 말했다. 그는 체중이 많이 줄어 있었고, 몇 주 동안 하루에 우유조차 한 티스푼 이상 먹을 수가 없었다. 솜바리가 말했다. "그를 강으로 데리고 가서 목욕을 시키시오." 그곳은 얼어붙은 계곡이었다. 그의 동료들은 "그러나 바바지, 그러면 그 사람이 죽게 될 것입니다"라고 항의했다. 그는 그들에게 자신이 말한 대로 하라고 말했다. 그런 다음 그는 안으로 들어가서 밥과 야채를 버터 기름과 함께 요리하여 그 남자의 입에 강제로 넣어주었다. 그 사람은 다시 살아났고, 40년을 더 살아서 여섯 명의 손자를 보았다.

솜바리 바바는 나이 든 신자인 고빈다 람 칼라가 파담푸리 아쉬람에 머물도록 허용했다. 어느 날 저녁 솜바리는 그에게 감자 세 알을 주면서 모두 먹으라고 말했다. 그는 강으로 내려가서 하나를 먹고, 또 하나를 먹었다. 그 후 그는 마치 신들이 사는 일곱 번째 천국에 있는 것 같은 느낌을 받았다고 말했다. 그는 단지 감자를 먹었을 뿐인데, 신과 여신의 세계로 옮겨졌던 것이다.

언젠가 한 사두가 와서 고빈다 람에게 음식을 구걸했다. 솜바리는 특별히 그에게 감자 세 알을 모두 먹으라고 말했지만, 그는 마지막 감자를 사두에게 주었다. 그가 돌아오자 솜바리가 물었다. "그걸 다 먹었나요?" 고빈다 람은 "마하라지, 두 개만 먹어도 배가 불렀습니다."라고 말했다. 솜바리는 아무 말도 하지 않았다.

고빈다 람은 나중에 그가 감자 두 알만 먹음으로써 영적으로 감당할 수 있는 만큼의 것만 얻었다고 말했다. 그가 느끼기에는, 그 사두가 세 번째 감자를 먹으면, 몸을 떠나 신과 하나가 될 것 같았다. 세 번째 감자는 해방이었을지 모르지만, 그는 무슨 일이 일어날지 몰랐고 준비도 되어 있지 않았다. 그는 그것을 '소화'할 능력이 없었다.

물론 이것은 모두 솜바리 바바의 릴라(놀이)였다. 그것이 바로 성자들의 아름다움이다. 그들은 무언가를 하고, 헌신자들에게 무슨 일인가를 하게 한다. 그/그녀가 순했는지 안 했는지 알지만, 말없이 지낸다. 그들은 누구에게도 강요하는 법이 없다. 세 번째 감자를 먹게 되면 어떤 일이 일어났을지에 대해 아는 사람은, 솜바리 외에는 아무도 없다. 그 순간을 지켜보고, 내맡기는 수밖에 없다.

여름이면 솜바리는 매우 더운 카카리가트에 머물렀다. 겨울에는 매우 추운 파담푸리에 머물곤 했다. 그는 편안함을 좇지 않았다. 두 곳을 여행하면서 그는 카이마에 들렀다가 (지금은 님 카롤리 바바의 아쉬람이 있는) 카인치의 동굴에 들렀다. 알려진 바에 따르면, 그는 먼저 파담푸리에 왔다. 그의 이쉬타 데바(개인적인 신)는 시바였으며,

시바 사원들을 지었다. 그는 겨울에도 면으로 된 얇은 옷만 입고 해시시를 파이프에 담아 피우곤 했다. 그는 항상 신과 하나인 상태인 푸르나 싯다purna siddha였다. 그에게는 푸자나 사다나가 필요하지 않았다. 그가 한 일은 무엇이든 헌신자들을 위한 일이었다. 그것이 싯다의 특성이다.

그는 작고 두꺼운 차파티를 화덕에 구워 만들곤 했다. 매일 두 개를 만들어서 반으로 쪼갰다. 소와 까마귀와 물고기에게 반 조각씩을 주고, 나머지 반 조각은 자신이 먹었다.

K.K.의 아버지는 경찰서 조사관으로서 일하기도 했는데, 근무를 위해 두세 마리의 말이 배당되었다. 지역을 순찰하러 갈 때에는, 카카리 가트나 파담푸리에서 솜바리를 만나곤 했다. K.K.의 아버지는 솜바리를 집안 어르신으로 대하고, 딸들의 결혼 문제에 이르기까지 인생사를 모두 그에게 물었다. K.K.의 아버지가 파담푸리로 떠날 준비를 할 때, 솜바리는 말하곤 했다. "바와니 다스, 당신의 딸들은 당신이 오기를 기다리고 있다가, 이 바바가 자신들에게 무엇을 보냈는지 물을 것 같네요." 그러면서 그는 자매들에게 특별한 공물을 선물로 보냈다 (K.K.는 아직 태어나지 않았을 때의 일이다).

우르바 다트 판데는 영국 식민지 시대에 나이니탈에 있는 그 지역 산림 사무소의 서기였던 그의 아버지에 관한 이 이야기를 들려주었다. 산림 사무소 서기는 좋은 자리였는데, 은퇴를 앞두고 있었다. 영국인 사무관과 그의 아내, 그리고 판데는 말을 타고 알모라에서 나이니탈로 돌아가는 중이었다. 그는 영국인 상사에게 파담푸리에서 성자를 친견하고 가고 싶다고 말했다. 영국인은 그가 일할 시간에 맞추어 나이니탈에 도착해야 한다고 말했다. 제 시간에 돌아오지 않으면 직장을 잃을 수도 있다고 경고했다. 늦은 시각이었음에도, 어쨌든 다르샨을 하러 갔다. 자신의 일자리 때문에 신경이 곤두서서, 길을 서둘렀다.

그가 도착하자마자 솜바리 바바는 그에게 칠룸(마리화나)을 만들게 하고, 강에서 목욕을 하고 음식을 준비하게 했다. 판데는 제 시간에 돌아가야 하는 것에 대해 정말로 걱정하기 시작했다. 마침내 떠나게 되었을 때는, 너무 늦어서 직장을 잃게 될 것이라고 확신했다. 솜바리는 "걱정하지 마세요!"라고 말했다.

그는 파담푸리 트레일이 나이니탈로 향하는 말 트레일과 다시 합류하는 곳에서 영국인 장교와 그의 아내를 발견했다. 두 마리의 거대한 코브라가 길을 막고 있어서 말들이 뒷걸음치는 바람에 그들은 한 시간 이상 지연되었던 것이다. 판데가 그곳에 도착하자마자, 코브라는 다른 곳으로 가버렸다. 영국인 장교는 자신들의 생명을 구해준 그에게 너무 고마워했다. 판데는 직업을 그대로 유지할 수 있었을 뿐만 아니라 알모라 근처의 넓은 땅을 할당받았다. 그의 가족은 이 땅을 여전히 소유하고 있다.

20세기로 접어들 무렵, K.K.의 처남인 인드라 랄(I. L.) 샤와 한 친구가 나이니탈에서 알모라에 있는 고등학교로 역사 시험을 보기 위해 걸어가고 있었다. 당시에는 도로가 없었고, 마을과 마을을 연결하는 길을 따라 가고 있었다. 2박 3일의 걷기 여행이었다. 인드라 랄은 솜바리 바바와의 첫 만남을 이렇게 묘사한다.

60여 년 전 내가 아직 10대였던 어느 봄날 이른 오후, 나는 고등학교 시험을 치르기 위해 친구들 두 명과 함께 나이니탈에서 알모라를 향해 길을 떠났다. 저녁 무렵 우리는 길가 상점에서 하룻밤을 보내고 다음날 아침에 다시 길을 떠날 참이었다. 우리가 잠을 자려고 준비하고 있을 때, 노인인 가게 주인이 오더니 아침에 알모라로 가기 전에 한 사두를 친견하라고 제안했다.

기분 좋게 서늘한 어두운 봄밤이었다. 우리는 가이드와 함께 높이 매달린 다리를 건너고 모래가 많은 땅을 지나 사두가 머물고 있다는 외딴 동굴로 갔다. 근처에는 강이 잔잔하게 흐르고 있었다. 꽤 큰 동굴이 있는데, 희미한 등불이 보였고, 앞쪽에는 모닥불이 피워져 있었다.

강둑에서 우리를 향해 거칠게 외치는 소리가 들렸다. 우리가 신발을 신은 채 아쉬람의 경계를 넘어 무단 침입하고 있다는 것이었다. 어둠 속이라 우리 중 누구도 경계선 같은 것은 보지 못한 터였다. 우리는 잘못을 사과하고, 몇 걸음 뒤로 물러서서 신발을 벗었다. 바바는 우리에게 안으로 들어가 불 옆에 앉아서 자신이 오기를 기다리라고 했다. 우리의 가이드는 말하기를, 바바는 물고기에게 먹이를 주기 위해 하루에도 여러 차례 강으로 간다고 했다.

솜바리 바바가 와서, 우리 맞은편 불 가까이에 앉았다. 그는 키가 작고 나이가 들어 보였으며, 머리는 헝클어져 있고, 몸에는 재를 바르고 있었다. 그는 우리 부모님과 우리 마을에서 열리는 유명한 멜라(축제)에 대해 물었다. 그런 다음 그는, 자신의 오감을 만족시킬 모든 것을 갖추고 있지만 진정한 평화와 기쁨을 찾지 못한 왕의 이야기를 우리에게 들려주었다. 그는 우리에게 프라사드를 주었고, 가이드는 그에게 우리가 시험에서 성공할 수 있도록 축복해 달라고 요청했다. 솜바리 바바는 정직하고 부지런한 사람은 항상 성공한다고 말했다.

우리는 돌아와서 숙면을 취했다. 그 당시 나는 솜바리 바바와

솜바리 바바.

그의 삶에 대해 거의 이해하지 못했지만, 아쉬람에 스며 있었던 신성한 평화와 고요함은 인생에 막 발을 들여놓은 나에게 잊을 수 없는 첫 경험으로 남아 있다.[41)]

인드라 랄은 역사 시험에 대한 생생한 꿈을 꾸었다. 그는 꿈속에서 델리 전투 중 하나인 제2차 파니파트 전쟁에 대한 질문을 보았다. 그는 친구에게 그 꿈에 대해 이야기했다. 친구는 그를 비웃으며, 그 전투는 중요하지 않으며 시험에 나올 것 같지 않다고 말했다. 인드라

솜바리 바바.

랄은 꿈에서 보았던 질문들에 대해 공부를 했다. 그들이 그곳에 도착하여 시험 문제를 받았을 때, 시험지는 인드라 랄이 꿈 속에서 본 그대로였다. 그는 몇 분 동안 솜바리에 대해 생각하며 멍하니 앉아 있었다.

시험 감독은 그를 보고는 왜 가만히 앉아 있느냐고 물었다. 그제야 정신을 차린 그는 열심히 답안을 써 나갔다. 빠른 시간 안에 끝낼 수 있었다. 시험장에서 나오던 친구가 "아, 인드라, 네 말이 맞았어."라고 말했다. 두 사람 모두 솜바리의 축복을 확실하게 이해했다.

인드라 랄은 남은 생애 동안 성자들에게 끌렸고, 그들의 지혜와 사랑을 깊이 음미하고 감사했다. 이렇게 그는 영적인 삶으로 진입했다.

슈리 발 브라흐마차리 마하라지

K.K. 샤는 브라흐마차리의 출현을 다음과 같이 보고한다.

솜바리 바바가 세상을 떠난 지 약 2년 후인 1921~22년에 발 브라흐마차리 마하라지로 알려진 성자가 파담푸리의 한 동굴 근처에 나타났다. 솜바리 바바는 세상을 떠나기 전에 황금빛 청춘의 모습을 하고서 한 성자가 나타날 것인데, 그 헌신자들은 그를 바바의 화신으로 여길 것이라고 예언했다. 그는 그곳의 한적한 동굴에서 살았고, 훗날에야 다른 곳들을 방문했다. …그의 주위에는 빛의 오라가 있었다. …이 요기는 매우 높은 단계에 있었고, 프라나얌 요가*의 완벽한 '싯다'였다. 그는 자기 자신이나 자신의 요가 능력을 드러내지 않았지만, 헌신자들은 그의 말없는 축복과 은총으로부터 많은 혜택을 받았다. 슈리 솜바리 바바와 슈리 하리다칸 바바의 거의 모든 헌신자들은 다르샨을 위해 그를 자주 방문했다. …그는 1959년 알모라에서 이번 생을 마감했다.[42]

솜바리 바바는 몸을 떠나기 전에, 자신은 가겠지만 다른 사람이 대신 올 것이라고 공표했다. 그의 추종자들이 그렇다면 그를 어떻게 알아볼 수 있는지 물었을 때, 솜바리는 "그는 여러분과 놀아줄 거야."라

---

* 전통적인 요가 호흡법. '프라나야마'는 '우주에 녹아 있는 기(氣)를 소우주인 인체에 받아들여 다스리고 확장시킨다'는 의미를 가진다.

고 말했다. 젊은 요기가 파담푸리의 아쉬람 위쪽 한 동굴에 나타났을 때, 그는 거기에 한동안 살고 있었던 것처럼 보였다. 잠시 동안은 그의 존재를 실제로 알아차리는 사람이 없었고, 모습이 보이지 않을 때가 많았다. 그는 발 브라마차리였으며, 태어날 때부터 신에 열중하는 독신주의자였다. 처음에 그는 그 지역 어린이들과 놀고 어른들은 피했지만, 결국 어른들과도 어울렸다. 그는 솜바리 바바가 행했던 것과 동일한 몇 가지 수련을 시작했다. 예를 들면, 솜바리와 마찬가지로 6x6x5피트 상자 안에 들어가 명상을 하고, 프라나야마를 수행하고, 한 번에 2~3일 동안 삼매에 들어갔다.

솜바리의 신자들 대부분은 결국 브라흐마차리 마하라지의 신자가 되었다. 몇 년 후 그들은 그를 공식적으로 자리매김해야겠다고 결정을 내렸고, 그래서 솜바리의 모든 신자들은 그가 솜바리였는지 여부를 확실히 결정하기 위해 모였다. 그 무렵 그들은 그와 함께 정기적으로 다르샨을 가졌다. 매우 비공식적이었다.

브라흐마차리는 그들과 카드 놀이를 하곤 했다. 그는 카드를 자신의 '다섯 번째 베다'(4종의 베다가 있음)라고 부르며, 그것을 미묘한 교육 도구로 사용했다. 그것은 도박이 아니었다. 그는 『마하바라타』에서 판다바 왕자들이 도박으로 그들의 왕국과 자매를 모두 빼앗기고 얼마나 많은 어려움을 겪었는지 회상하면서, 눈살을 찌푸리곤 했다.

솜바리에게 '그는 여러분과 함께 놀아 줄 거예요'이는 말을 들었던 신자는 왕래가 뜸했다. 그 신자가 와서 브라흐마차리와 카드 놀이를 하고 있는데, 갑자기 솜바리가 그에게 말했던 것이 생각났다. 그는 직관적으로 브라흐마차리가 바로 솜바리가 말한 바로 그 사람임을 알 수 있었다.

솜바리의 신자로서 매우 까다롭고 예리한 사람으로 알려진 데비다트 카브드왈 역시 브라마차리를 지켜보고 테스트했다. 그가 브라마차리를 인정하자, 다른 사람들도 확신하게 되었다. 훗날 카브드왈은 자이푸르로 가서 솜바리 바바의 대리석 조각상을 파담푸리에 세웠다. 그것은 여전히 거기에 있고, 생명을 가진 것처럼 느껴진다.

당시 카트고담의 철도역에서 파담푸리까지는 자동차 도로가 없었다. 대리석 조각상은 솜으로 채워진 무거운 상자에 담겨져 버스로 브호왈리에 도착했다. 조각상이 브호왈리에 도착했을 때, 눈이 내리기 시작하더니 점점 더 심해졌다. 파담푸리까지 오솔길로 가려면 아직 수 마일이 남아 있었다. 열 명 가량의 남자들이 몇 명씩 번갈아 가며 조각상을 어깨에 메고 갔다. 그들은 오르막길을 한참 올라간 다음 숲길로 파담푸리까지 가야 했다. 남자들이 완전히 지쳤을 때, 브라흐마차리가 와서 말했다. "무슨 일이죠? 너무 무거워요? 알았어요, 한번 해봅시다." 그러더니 그는 그것을 어깨에 메고 걷기 시작했다. 다들 지켜보면서도 믿기 어려웠다.

브라흐마차리는 나이니탈에서 브호왈리로 가는 길가에 있는 K.K.의 가족 소유의 과수원 안에 그를 위해 지어진 오두막에서 한동안 살았다. 오두막에 2층을 증축할 당시, 브라흐마차리의 지시에 따라 파담푸리에 있는 것과 같은 '지하 상자'가 지어졌다. 그는 헌신자들에게 문이 하나밖에 없는 이 상자 안에 그를 가두게 하고, 3~4일 후에 (음식이나 다른 어떤 것도 없이) 다시 와 달라고 말했다. 그것은 '지하 삼매'였다. 며칠 후 그들이 와서 상자를 다시 열었다. K. C. 테와리는 그들이 어떻게 가서 문을 두드렸으며, 누가 왔는지 보려고 브라흐마차리가 문을 조금 열곤 했던 광경을 묘사했다. 테와리는 브라흐마차리에게서 강렬한 빛이 나와서 똑바로 볼 수가 없었다고 말했다.

향토 역사가인 니티야만드 미스라는 우울증을 앓고 있었다. 어느 날 아무런 목적도 없이 나이니탈의 버스 정류장 주변에 서 있었다. 브라흐마차리의 신자였던 학교 교사인 친구 D. D. 조쉬가 그를 보고는, 브라흐마차리를 만나기 위해 조크히야에 가는데, 같이 가자고 했다. 쿠티까지 6km를 걸어가는 동안, 미스라는 혼란과 긴장으로 가득 차 있었다. 마음속에 들끓는 많은 질문들에 진짜 해결책이 필요하다는 생각이 절실했다.

도착하자마자 그들은 브라흐마차리를 만났다. 브라흐마차리가 다른 신도들과 이야기를 나누는 동안, 미스라에게 이상한 일이 일어났다. 집에 돌아왔을 때, 미스라는 마하라지에게 아무것도 묻지 않고 다른 사람들에게 하는 말만 들었는데, 명확한 응답을 받았다고 말했다. 모든 문제가 해결되었고, 긴장과 우울증이 사라졌다. 미스라는 신자가 되었다. 그는 나중에 우타르 프라데쉬의 주도인 럭나우에서 1941년에 있었던 특별한 만남에 대해 말했다. 브라흐마차리는 럭나우의 클레이 스퀘어에 머물고 있었는데, 그곳 신자의 집에 작은 암자가 있었다. 럭나우에 머물고 있던 아난다마이 마가 그를 방문했다. 그녀가 왔을 때 브라흐마차리가 거기에 없어서, 그녀는 그곳을 떠났다. 브라흐마차리는 암자로 돌아오는 길에, 그녀가 거기까지 왔기 때문에 그녀를 만나야 한다고 말했다. 아난다마이는 좀 떨어진 고마티강 맞은편에 머물고 있었다. 약 10명이 마차를 타고 브라흐마차리와 함께 출발했다.

그곳에 도착한 브라흐마차리는, 아난다마이와 오랫동안 열정적인 대화를 나눴다. 그녀는 그에게 질문을 했고, 그는 대답했다. 그와 동행한 신자들은, 그가 그렇게 말을 많이 하는 것을, 그렇게 활기차게 말하는 것을 본 적이 없다고 말했다. 그런데 님 카롤리 마하라지도 우연히 그곳에 들렀다. 그는 이렇게 말했다고 한다. "갠지스강이 흐르고 있어요. 그릇에 담을 수 있는 만큼 갠지스강에서 물을 퍼 오십시오." 이는 자신의 영적 능력이 허용하는 한 무엇이든 배워서 자신의 것으로 가져와야 한다는 뜻일 것이다. 그 당시의 목격자들은 그 정도 수준의 성자들이 그렇게 함께 모이는 것은 일찍이 본 적이 없다고 말했다.

Notes

제1장 가슴의 길

1. Larry Brilliant, *Fierce Grace* 46:20, Lemle Pictures, 2001.
2. St. John of the Cross, *Living Flame of Love*, trans. Mirabai Starr (unpublished).
3. Tulsi Das, *Sri Ramacharitamanasa* (Gorakhpur: Gita Press, 1968), Sundara Khanda, p. 30.
4. Dr. Martin Luther King, Jr., quoted on The King Center, www.thekingcenter.org/ProgSources/.
5. Seng-ts'an, *Hsin-Hsin Ming: Verses on the Faith Mind*, trans. Richard B. Clarke (Buffalo, NY: White Pine Press, 2001).

제2장 무거운 짐 내려놓기

1. Tukaram, trans. S. R. Sharma (Bombay: Popular Book Depot, 1962), p. 11.

제3장 하나 되기

1. Krishna Das, *Pilgrim of the Heart* audio series, and personal exchange.
2. Tulsi Das, *Sri Ramacharitamanasa* (Gorakhpur: Gita Press, 1968), Uttarakanda, Doha 103a.
3. F. Max Müller, *Ramakrishna: His Life and Sayings* (New Delhi: Rupa, 2006), #89, p. 118.
4. Swami Nikhilananda, trans., *The Gospel of Sri Ramakrishna* (New York: Ramakrishna-Vivekananda Center, 1942), p. 399.
5. Gopaldas, *In Praise of Vallabh*, trans. Shyamdas (Vrindaban: Pratham Peeth Publications, 2002), introduction.
6. Raihana Tyabji, *The Heart of a Gopi* (New Delhi: East-West Publications Fund, 1971), p. 24.
7. *Yugal Gita of Bhagavat*, trans. Shyamdas (Vrindaban: Pratham Peeth Publications, forthcoming).
8. Jayadeva, *Gita Govinda*, trans. Monika Varma (Calcutta: Writers Workshop, 1968).

9. Tulsi Das, *Sri Ramacharitamanasa* (Gorakhpur: Gita Press, 1968), p. 280.

10. Ansari of Herat, 1006–1089 ce.

제4장 다르샨

1. Kabir, *One Hundred Poems of Kabir,* trans. Rabindranath Tagore and Evelyn Underhill (Madras: Macmillan, 1970), 76 (III. 48, *Tusurat nain nihar*).

2. Kabir, *One Hundred Poems of Kabir,* 22.

3. Jnaneshwar, Amritanubhava.

4. Ramana Maharshi, *Talks with Sri Ramana Maharshi* (Tiruvanamallai: Ramanashramam, 2006), p. 165.

5. Shah Latif, in *Sufis, Mystics, and Yogis of India,* ed. K. M. Munshi (Bombay: Bharatiya Vidya Bhavan, 1971), p. 151.

제5장 길을 가리켜 보이는 존재들

1. Kabir, *One Hundred Poems of Kabir,* trans. Rabindranath Tagore and Evelyn Underhill (Madras: Macmillan, 1970), p. 54 (XLVIII, 1.107. *calat mansa acal kinhi*).

2. Swami Vivekananda, "The Experience of Cosmic Consciousness," in Swami Chetanananda, ed. and trans., *Ramakrishna as We Saw Him* (St. Louis: Vedanta Society of St. Louis, 1990), p. 63.

3. Swami Vivekananda, "The Experience of Nirvikalpa Samadhi," in *Ramakrishna as We Saw Him,* p. 70.

4. Swami Ramdas, in *Servant of God: Sayings of a Self-Realised Sage, Swami Ramdas,* compiled by Susunaga Weeraperuma (Delhi: Motilal Banarsidass, 1999), p. 205.

5. Swami Nikhilananda, trans., *The Gospel of Sri Ramakrishna* (New York: Ramakrishna-Vivekananda Center, 1942), p. 129.

6. Ram Dass, *Miracle of Love* (Santa Fe: Hanuman Foundation, 1979), p. 363.

제6장 어둠의 지우개

1. Hakuin, *Zazen Wasan: Song of Zazen.*

2. Jnaneshwar, *Amritanubhava,* trans. Ramchandra Keshav Bhagwat (Madras: Samata Books, 1985), p. 122.

3. Ravi Prakash Pande, *Divine Reality: Shri Baba Neeb Karori Ji Maharaj,* 2nd ed. (Kainchi: Shri Kainchi Hanuman Mandir and Ashram, 2005), #245, pp 202–3, combined with version from Krishna Das.

4. Seng-ts'an, *Hsin-Hsin Ming: Verses on the Faith Mind,* trans. Richard B. Clarke (Buffalo, NY: White Pine Press, 2001).

5. William Shakespeare, *As You Like It,* Act 2, scene 7, ll. 139–43.

6. F. Max Müller, *Ramakrishna: His Life and Sayings* (New Delhi: Rupa, 2006), #123,

p. 127.

7. Swami Abhayananda, *Jnaneshwar: The Life and Works of the Celebrated Thirteenth-Century Indian Mystic-Poet* (Olympia, WA: Atma, 1989), chap. 2, vv. 61, 64–69.

제7장 은총의 길

1. F. Max Müller, *Ramakrishna: His Life and Sayings* (New Delhi: Rupa, 2006), #154, p. 134.
2. Seng-ts'an, *Hsin-Hsin Ming: Verses on the Faith Mind,* trans. Richard B. Clarke (Buffalo, NY: White Pine Press, 2001).
3. Paltu Sahib, quoted D. Sarma, p. 150.
4. Swami Nikhilananda, trans., *The Gospel of Sri Ramakrishna* (New York: Ramakrishna-Vivekananda Center, 1942), pp. 680–81.
5. Dada Mukerjee, *By His Grace: A Devotee's Story* (Santa Fe, NM: Hanuman Foundation, 1990), p. 82.
6. Seng-ts'an, *Hsin-Hsin Ming.*
7. Kabir, *One Hundred Poems of Kabir,* trans. by Rabindranath Tagore and Evelyn Underhill (Madras: Macmillan, 1970), I, p. 1.
8. Mukerjee, *By His Grace,* p. 161.
9. Gampopa, *Jewel Ornament of Liberation.*
10. Ravi Prakash Pande, *Divine Reality: Shri Baba Neeb Karori Ji Maharaj* (Kainchi: Shri Kainchi Hanuman Mandir and Ashram, 2003), #182, pp. 189–90.
11. Arthur Osborne, *Ramana Maharshi and the Path of Self Knowledge* (Newburyport, MA: Red Wheel/Weiser, 1995), p. 142.

제8장 패밀리 맨

1. Dada Mukerjee, *By His Grace: A Devotee's Story* (Sante Fe, NM: Hanuman Foundation, 1990), p. 169.
2. Dada Mukerjee, *The Near and the Dear* (Sante Fe, NM: Hanuman Foundation, 2000), pp. 130–32.
3. Bhusukupada, *Bauddhagan O Doha* No. 43.
4. Mukerjee, *The Near and the Dear,* pp. 40–41.

제9장 내 가슴에 살아 계시는 이

1. Dada Mukerjee, *By His Grace: A Devotee's Story* (Sante Fe, NM: Hanuman Foundation, 1990), p. 169.
2. Arthur Osborne, *Ramana Maharshi and the Path of Self-Knowledge* (York Beach, ME: Samuel Weiser, 1970), pp. 18–19.

3. A. R. Natarajan, *Timeless in Time: Sri Ramana Maharshi* (Bloomington, IN: World Wisdom, 2006), p. 13.

4. Ramana Maharshi, *Bhakti Marga and Yoga Marga*, ed. Sanjay Lohia (Bangalore: Ramana Maharshi Centre, 2004), pp. 34, 36.

5. M. A. Piggot, quoted in Natarajan, *Timeless in Time,* pp. 107–8.

6. Ramana Maharshi, *Bhakti Marga and Yoga Marga,* p. 40.

7. Swami Nikhilananda, trans., *The Gospel of Sri Ramakrishna* (New York: Ramakrishna-Vivekananda Center, 1942), p. 475.

8. Nikhilananda, *Gospel of Sri Ramakrishna,* Introduction, p. 13.

9. Nikhilananda, *Gospel of Sri Ramakrishna,* pp. 13–14.

10. Swami Chetanananda, ed. and trans., *Ramakrishna as We Saw Him* (St. Louis: Vedanta Society of St. Louis, 1990), pp. 43–44.

11. Chetanananda, *Ramakrishna as We Saw Him,* p. 45.

12. Chetanananda, *Ramakrishna as We Saw Him,* pp. 61–62.

13. Chetanananda, *Ramakrishna as We Saw Him,* p. 63.

14. Chetanananda, *Ramakrishna as We Saw Him,* p. 137.

15. Nikhilananda, *Gospel of Sri Ramakrishna,* p. 37.

16. Nikhilananda, *Gospel of Sri Ramakrishna,* p. 37.

17. Nikhilananda, *Gospel of Sri Ramakrishna,* p. 43.

18. Nikhilananda, *Gospel of Sri Ramakrishna,* p. 47.

19. Nikhilananda, *Gospel of Sri Ramakrishna,* p. 72.

20. Paramahansa Yogananda, *Autobiography of a Yogi* (Los Angeles: Self-Realization Fellowship, 1968), p. 457. In a footnote to the passage quoted the author notes: Anandamayi Ma does not refer to herself as "I"; she uses circumlocutions like "this body," "this little girl," or "your daughter."

21. Unknown source.

22. Arthur Osborne, *The Incredible Sai Baba* (New Delhi: Orient Longman, 1970), p. 2.

23. Gunaji, *Sri Sai Satcharita* (Bombay: Sai Baba Sansthan, 5th ed., 1969), pp. 13–14.

24. Gunaji, *Sri Sai Satcharita,* p. 19.

25. Osborne, *The Incredible Sai Baba,* pp. 40–41.

26. Sri Jnanadeva, *Amritanubhava,* trans. Ramchandra Keshav Bhagwat (Madras: Samata Books, 1985), p. 137.

27. Jnanadeva, *Amritanubhava.*

28. Bhagawan Nityananda, *Chidakash Geetha* (S. Kortright, NY: Eden Books, 1981), #55, p. 12.

29. M. U. Hatengdi and Swami Chetanananda, *Nityananda: The Divine Presence* (Portland, OR: Rudra Press, 1984), p. 29.

30. Nityananda, *Chidakash Geetha,* #51.

31. Hatengdi and Chetanananda, *Nityananda,* p. 50, paraphrased.

32. Hatengdi and Chetanananda, *Nityananda,* p. 41, paraphrased.

33. Hatengdi and Chetanananda, *Nityananda,* p. 28.

34. D. R. K. Gaurishankar, *Master Key to Peace: Bhagawan Nityananda.*

35. Hatengdi and Chetanananda, *Nityananda,* pp. 31‒32.

36. Nityananda, *Chidakash Geetha,* #44.

37. Hatengdi and Chetanananda, *Nityananda,* p. 30.

38. Dada Mukerjee, *The Near and the Dear* (Sante Fe, NM: Hanuman Foundation, 2000), p. 121.

39. Dada Mukerjee, *By His Grace,* pp. 159‒60.

40. K. K. Sah, personal communication.

41. Indra Lall (I.L.) Sah diary, courtesy of K. K. Sah.

42. K. K. Sah, "Uttarakhand: The Holy Himalayan Region," *The Pioneer Hill Supplement,* 1970.

생애에 단 한 번만이라도
이런 사랑에 낚일 수 있다면

사람이라면 누구나 사랑으로 태어나 사랑을 먹고 자라고, 사랑을 배우고 확장시키면서 살아간다. 사랑 없이는 한 발짝도 떼어놓기 힘든 것이 인생이다. 람 다스가 본문에서 누누이 말하듯, '인생은 시발역도 종착역도 사랑'이다. 인생의 총결산인 죽음의 순간에 사랑하는 사람들에 둘러싸여 후회 없는 인생을 살았노라 회고하면서 굿바이 할 수 있다면, 참으로 잘 산 인생일 것이다. 죽음이 끝이 아니라 새로운 막이 열린다고 할지라도 다음 생 또한 시발역은 어떤 형태로든 '사랑'이 아닐까.

무릇 생명 있는 것들은 다 사랑으로 인해 태어난다. 부모의 사랑의 얼마나 짙고 옅은지, 얼마나 깊고 얕은지에 상관없이, 모든 사람은 어쨌든 두 사람의 사랑으로 인해 태어난다. 비단 부모의 사랑만이 아니다. 그 부모의 부모로만 거슬러 올라가도 벌써 여섯 명의 사랑이 합동 작전을 펼친 끝에 내가 태어난 것이다. 고조까지 한 단계만 더 올라가도, 나는 14명의 사랑이 합쳐진 끝에 생긴 열매가 된다. 5대만 올라가면 무려 126명의 사랑이 나를 세상에 태어나게 하기 위해 공모했다고 할 수 있다. 10대까지 올라가면 2,046명이 되고, 25대가 되면, 수평적으로 당대만 따져도 3,300만 명이 넘는데, 대대로 내려오면서 돌아가신 분들 모두가 오늘의 나를 태어나기 위해 수고한 셈이니, 모두 합하면 상상을 초월한 숫자가 된다.

진실은 이것이다. 나를 세상에 태어나도록 하기 위해 태초부터 온 인류가 사랑으로 공모를 했다는 것. 이것을 불교에서는 백천만겁난 조우(百千萬劫難遭遇)라고 표현하는 것 같다.

수많은 사랑들이 공모하여 태어난 이 '나'라는 존재 또한, 원하지 않더라도 사랑의 공모에 참여할 수밖에 없는 운명을 지니고 있다. 예외는 없다. '사랑'이야말로 사랑으로 태어난 모든 생명체들의 숙제이자 살아갈 밑천이며 일용할 양식인 것이다.

그럼에도 불구하고 인간들의 사랑 풍경은 '성숙된' 모습을 보이지 못하는 경우가 대부분이다. 그럴 수밖에 없다. 우리 지구인들은 이미 '완성된' 존재들이 아니라 완성을 향해 나아가는 중이기에, 사랑을 배우는 학생들이지 사랑의 달인들이 아닌 것이다. 그러기에 지구에서의 학교 교육은 무엇보다도 사랑을 중심 과목으로 삼는 '사랑 학교'가 되어야 마땅한데도, 현실은 전혀 그렇지 않다. 사랑의 장소인 '가슴'이 아니라 '머리' 위주의 교육으로, 감정과 느낌이 아닌 지성과 논리가 중요시된다. 더구나 물질 위주의 성취 지향적 가치관을 주로 심어줌으로써 학생들을 사회화시키는 데에만 열중한다.

과거의 인간들이 형성해 온 시스템 속에 들어가 저마다 자기 구실과 역할을 하도록 길들이는 데에 중점을 두는 '사회화 교육'은, 본연의 자기에게 충실하기보다는 '내가 아닌 누군가가' '되는' 것을 목표로 삼고, 그러기에 사회화된 어른들은 누구나 페르소나를 쓰고 살아간다. 사회적인 구실과 역할이 적힌 간판이 '나'의 대부분을 차지하고, 본연의 '나'는 늘 뒷방 신세를 면하지 못한다. 페르소나로서의 내가 애쓰고 애써서 아무리 큰 성취를 이룬다고 해도 허망할 수밖에 없는 까닭은, 아무리 '다른 누군가가' 되어 돈과 명예와 권력을 차지한다고 해도 '본연의 나'는 기를 펴지 못한 채 뒷방 신세이기 때문이다.

세상의 다른 모든 생명체들과 마찬가지로 암수 어느 한 가지로 태어나는 남녀 인간은 상대편 성과 합쳐질 때라야 비로소 완전해진 것 같은 느낌을 갖게 되고, 그것이 자연의 질서이지만, 페르소나에 주인 자리를 내준 채로 살아가는 남자와 여자는 벌거벗고 사랑을 나누면서도 진정으로는 벌거벗은 상태가 되지 못하기 일쑤다. 몸으로는 벗고 있어도 마음은 이중 삼중으로 가면을 쓰고 있어서, 서로가 서로에게 자신의 본모습을 내보이지 않는다. 그래서 페르소나들끼리의 사랑은 상대방을 있는 그대로 보는 것이 아니라 각자 '자기가 만든 환상'을 본다. 그래서 사랑한다고 말하고 사랑의 몸짓을 하면서도, 환상과 환상의 엇갈림뿐이다, 그래서 그림자놀이 같은 그들의 사랑은 아무리 애써도 진정으로는 채워지지 않고, 늘 허기와 갈증에 시달릴 수밖에 없다.

진정한 자신이 뒷방 신세만 지고 있어서는 외로움과 허기를 피할 길이 없고, 그렇게 외로운 존재들끼리 나누는 사랑은 "마이너스 × 마이너스 = 플러스"라는 공식에 따라 그럴듯한 합일을 이룬 듯 보여도, 겉보기에만 그럴 뿐, "플러스 × 플러스 = 플러스"의 충만한 합일에는 이를 수 없는 운명을 갖게 된다. '마이너스들끼리의 결합'은 '거지와 거지의 일시적인 의기투합'에 지나지 않는다. 외로운 존재가 다른 외로운 한 존재를 열망하는 가운데 이루어지는 사랑은, 필연적으로 더 큰 갈증과 허기를 반복적으로 불러올 뿐이다. 그래서 늘 속이 헛헛하다.

진정한 자기 자신이 아닌 페르소나들끼리의 사랑은 언제나 '무언가 중요한 것이 채워지지 않은 듯한 느낌' 속에서 살게 한다. 페르소나로서의 삶은 반드시 '무엇인가로 채우지 않으면 불완전하다'는 느낌을 바탕에 깔고 진행되기 때문에, 그들이 나누는 사랑 또한 반드시 상대방에 대한 '요구'가 따르게 마련이다. 그들의 사랑은 있는 그대로 만족하는 법을 알지 못한다. 상대방에 대한 이런저런 요구와 서로에 대한 필요 속에서 나누어지는 사랑은, 사랑이 아니다. 그래서 사랑하는 상대방을 머릿속에 떠올리기만 해도 '웬지 힘이 팔리는 상태'가 된다.

내 사랑은 지금 어디에 있는가? 그 주소를 알고 싶거든, 자기가 사랑하는 상대를 생각할 때마다 '플러스 에너지'를 느끼고 있는지의 여부를 판단해 보면 된다. 물론 플러스 되는 측면도 있을 것이고, 마이너스 되는 측면도 있을 것이다. 그래도 플러스 되는 면이 많다는 쪽으로 생각한다면, 그것은 (페르소나 위주의 삶을 당연하게 여기는) 인간적인 계산법일 뿐이다. 진실한 사랑은 마이너스 되는 측면이 어느 한 군데라도 있으면 안 된다. 모든 것을 다 받아들이고, 생명 자체를 있는 그대로 사랑하는 마음이 되지 않으면, 진정한 사랑의 상태에 있지 않은 것이다.

페르소나 위주의 사랑은 늘 상실과 아픔이 따라다닌다. 그리고 사랑으로 태어나서 사랑을 먹고 살아가는 인간에게 사랑의 식량이 부족하다는 것은, 치명적이다. 근본적으로 크게 돌이키지 않으면 안 된다. 페르소나를 벗어 던지고, 진정한 자기 자신으로 돌아가야 한다.

페르소나 위주의 삶은 결국 언젠가는 심각한 우울증의 증세를 겪을 수밖에 없고, 그 우울증은 '본연의 나'의 소리를 외면하고 억눌러서는 치유될 길이 없다.

이 책의 저자인 리처드 앨퍼트(람 다스)는 '머리' 위주의 교육 시스템에서 최우량 학생이었기에 서른도 안 된 나이에 초일류인 하버드 대학교의 심리학 교수 자리까지 꿰차게 된, 잘 나가는 지식인이었다. 인간의 마음을 탐구하는 최전선에서 LSD를 이용한 '의식 확장 실험'에 나섰다가 교수직에서 파문당한 삼십대의 그에게, 남은 인생은 참으로 아득했을 것이다.

미국 전역을 떠돌던 그가 우연히 인도로 가겠다는 한 수행자를 만나 동행하게 되고, 그럼으로써 만나게 된 그 수행자의 구루를 만난 람 다스는, 벼락을 맞은 듯한 경험을 한다. 처음에 그를 뒤흔든 것은 벼락이 아니라 지진이었다. 바로 그 전날 밤, 그가 암으로 돌아가신 어머니를 생각하고 있었다는 것, 그의 어머니는 비장암으로 돌아가셨다는, 주변의 그 누구도 알 길이 없는 것을, 구루는 훤히 알고 있었다. 구루의 그런 타심통 능력은 어떠한 과학적, 심리학적 유추를 통해서도 해석할 길이 없었기에, 서양 문화에 길들여진 그의 인식 체계는 느닷없는 일격을 당하고 비틀거린다. 그리고 이어지는 최초의 눈맞춤, 둘 사이를 오간 사랑의 번갯불은 불가사의한 수수께끼가 되어, 그의 남은 생애를 무단점거해 버린다.

그는 말한다. 그런 사랑에 한 번이라도 노출되어 본 사람은, 그 이전으로 돌아갈 길을 잃어버린다고. 세상의 사랑은, 설령 부모의 사랑이라 할지라도, 이것 저것 조건이 붙게 마련이지만, 어느 날 낯선 땅 낯선 곳에서 만난 낯선 사람이 그에게 주는 사랑에는 아무런 이유도 조건도 붙어 있지 않았다. 아무런 대가도 기대함이 없이, 그의 존재 자체만으로 사랑을 받고 있다는 느낌을 경험하는 순간, 그 사람은 예전과는 전혀 다른 사람으로 다시 태어날 기회와 동력원을 필요충분하게 부여받은 셈이다.

조건 없는 사랑을 처음 경험하면, 빙하가 부드럽게 녹는 것 같은 느낌을 갖게 된다. 혹은, 당신의 내핵을 뒤흔드는 거대한 지진을 맞은 것처럼 느낄 수도 있다. 강렬하고도 모든 것을 다 감싸안는 사랑을 받게 되면, 당신 자신에 대한 당신의 개념이 변화된다. 드넓은 바다에서 헤엄을 쳐 본 당신은, 그동안 헤엄쳐 온 제한된 자아의 작은 연못에 더 이상 머물 수 없게 된다. 그 열림이 단지 한 순간의 일일지라도, 그 일이 사라져 잊혀졌다 할지라도, 가슴이 열리는 깨어남의 그 순간은 나머지 인생 전체를 물들인다. 뒤로 돌아갈 수는 없다. 궁극의 그 달콤함에 대한 여운은 계속 남아 있어서 부인할 길이 없게 되는 것이다.

눈짓 한 번에 온 세상이 다 바뀌어 버린 셈이지만, 그 눈짓 한 번은 사실 기나긴 과정의 첫 시작에 지나지 않았다. 엄청난 전율과 함께 다가온 그 사랑에 그는 아무런 저항도 하지 못하고 어처구니없이 '낚일' 수밖에 없는 운명이었지만, 번갯불 같은 그 마주침이 어떤 의미를 갖는지는 두고 두고 숙성시켜야 하게 된다.

처음에 그는 구루의 무조건적인 사랑을 자기 자신이 그동안 길들여져 온 개성적이고 낭만적이고 제한적인 사랑의 문법으로 해석하여, 그의 말과 몸짓 하나하나에 웃고 운다. 처음부터 '낡였다!'는 것은 알고 있었지만, 그 사랑이 얼마나 깊고 너른지에 대해서 절감하고 온전히 그 사랑의 바다에 몸과 마음과 영혼을 담그기까지는 그의 전 생애가 소요되었다고 할 수 있다.

그가 몸담게 된 사랑은, 파도가 밀려오면 그 파도와 함께 솟구쳐서 절정에 올랐다가 썰물 때가 되면 다시금 목이 마르게 되는 그런 사랑이 아니다. 상대방의 '감정 날씨'에 따라 웃고 울고, 그러기에 더욱 더 집착하게 되는 그런 사랑이 아니다. 채워지면 세상 모든 것을 다 가진 것처럼 충만했다가도 말 몇 마디에 기분 나빠하고 토라져서 박탈감을 느끼고, 그 사랑이 도망가기라도 하면 가슴에 '총을 맞은 것처럼' 상처를 입게 되는 그런 사랑이 아니다.

세상의 사랑과는 너무 달라서 '한 번도 와본 적이 없는' 낯선 장소에 온 것 같지만, 그러면서도 마치 고향집에 돌아온 것처럼 모든 것을 다 내려놓고 편히 쉬게 되는 그 사랑은, 아무리 깊이 파고 들어가도 그 광맥이 끊어질 줄 모르는 광산과도 같다.

그분의 사랑 안에서 나는 완전히 안전하다고 느꼈고, 두려움과 무가치함을 잠시 내려놓고 나의 영혼 안으로 들어갈 수 있었다.

마하라지와 함께 있을 때는, 세상 전체가 사랑으로 가득 차 있는 느낌이었다. 나는 그것이 그의 현존으로 인해 그렇게 느껴졌다는 것을 깨달았다. 그는 신께 이르는 문이었다. 그의 의식은 나의 의식을 마음대로 가지고 놀아서, 마치 큰 물체가 작은 물체를 끌어당기는 중력처럼 나를 끌어당겼다.

그리하여 그는 마침내 '사랑을 들이마시고 사랑을 내쉰다.' '모든 사람, 모든 것에 사랑을 보내면서, 사랑 안에서 살아간다'.

그는 이제 독자인 당신에게도 서슴없이 고백한다. 이 책 전체를 통해서 나직나직, 그러나 듣는 사람에 따라서는 '천둥 같은 외침'으로 이렇게 속삭인다. "나는 당신을 사랑한다. 아무 이유 없이 사랑한다. 자발적이고, 동기가 없고, 근거가 없는 사랑. 당신이 뭔가를 성취했기 때문에 사랑하는 것이 아니다. 수행자이기 때문에 사랑하는 것이 아니다. 그냥 당신을 사랑한다. 당신은 그것을 받아들일 수 있는가? 무조건적인 이 사랑을 받아들일 수 있는가?"

람 다스가 그랬듯이, 그 사랑은 우리가 눈을 떠야만 비로소 보이기 시작하고, 우리 자신을 열수록 더 많은 것으로 채워주며, 끝내는 그것이야말로 우리 자신의 본질이고 정수라고 속삭인다. 그 사랑의 속삭임을 한 번이라도 들어본 사람은, 다시 예전으로 돌아갈 길을 찾을 수 없다. 작고 초라하고 변덕스럽고 시시때때로 갈증이 일어나는 '옛자아의 집'으로 다시 기어 들어갈 일은 아예 없게 된다. 자발적으로, 기쁨에 차서, 기꺼이, 그런 선택을 하게 된다.

람 다스를 처음 만난 이후, 나는 그와 그의 구루 님 카롤리 바바를 더 깊이 알고 싶었다. 그들 사이에서 오갔을, 그리고 지금도 영혼 상태에서 오가고 있을 '그들의 사랑'에, 그런 '무경계의 사랑 상태'에 접속된 채로 살고 싶다는 소망을 갖게 되었다. 『웰 다잉』과 『닦으면, 스스로 빛난다』, 그리고 이균형 님의 번역으로 출간된 『람 다스의 바가바드 기타 이야기』는 나의 '사랑 심화 학습 과정'에 길라잡이가 되고 별빛이 되어 주었다.

인도에 가서 평생의 구루를 만나 새 사람이 되어 돌아온 '전 하버드 대학교 심리학 교수' 람 다스의 첫 책 『Be Here Now』(정신세계사에서 한국어판도 원제목 그대로 번역 출간)는 200만 부 넘게 판매된 베스트셀러로, 그의 수행 일기장이라고 할 수 있을 정도로 우리를 그의 수행 현장으로 직접 데려가주는 듯한 책이다. 거기에 비해 『지금 사랑하라 Be Love Now』는 79세가 된 람 다스가 '지금 여기에 현존'하는 것만으로는 충분하지 않으며, '사랑으로 현존'해야 비로소 충만한 삶을 영위하게 된다는 것을 절감하면서, 그동안 마음-가슴으로 익히고 익힌 사랑의 열매를 거두어 세상 독자들에게 보내는 선물이라고 할 수 있을 것이다.

람 다스가 가리켜 보이는 '사랑'이 더 많은 이들의 별빛이 되어 저마다의 길을 밝혀주기를! Be Here Now라는 말이 한묶음의 보통명사처럼 쓰이게 되었듯이, 이제는 Be Love Now가 세상 사람들의 화두가 되어지기를! 그래서 '사랑'이 이 지구학교의 주요 공부 과목으로 대두되어 세상이 더 많이 밝고 따뜻해지기를! 그래서 '사랑'이라는 고향집에 모두가 다 안긴 채로 사랑의 기쁨을 노래하면서 살아가기를!

유영일